الإدارة التنفيذية
لشركة هواوي

www.royalcollins.com

الإدارة التنفيذية لشركة هواوي

فهم الثقافة الإدارية للشركة الرائدة في الصين

سون كه ليو

Books Beyond Boundaries

ROYAL COLLINS

الإدارة التنفيذية لشركة هواوي

سون كه ليو

النسخة العربية الأولى عام ٢٠٢٢
By Royal Collins Publishing Group Inc.
BKM ROYALCOLLINS PUBLISHERS PRIVATE LIMITED
www.royalcollins.com

Headquarters: 550-555 boul. René-Lévesque O Montréal (Québec) H2Z1B1 Canada
India office: 805 Hemkunt House, 8th Floor, Rajendra Place, New Delhi 110 008

ISBN: 978-1-4878-0213-4

نشكر برنامج الحزام والطريق للكتب على المساعدة المالية في نشر هذا الكتاب.

We are grateful for the financial assistance of B&R Book Program
in the publication of this book.

تمهيـــد

لقـد قمنـا كخبـراء استشاريين، بتوفيـر بنـاء النظم والاستشـارة الداخليـة فيمـا يتعلـق بعمليـة التنفيـذ في الكثيـر مـن المؤسسـات عـلى المـدى الطويـل، وفي المقابـل، فان العمـل الاستشـاري يمكننـا مـن الحصـول عـلى مزيـد مـن التفكير العميـق والخبـرة في هـذا المجـال. كـما أن هنـاك العديـد مـن الـشركات التـي تريـد أن تصبـح كهـواوي، لذلـك فإنهـا تقـوم بدراسـة ثقافـة الـشركة وعمليـات إدارة فريقهـا والعمليـات التنفيذيـة الخاصـة بهـا، وعـلى الرغـم مـن أن نتيجـة كل تلـك الجهـود المبذولـة تكـون بعيـدة عـن توقعـات تلـك الـشركات.

هنـاك العديـد مـن الأسبـاب خلـف هـذا الفشـل والتـي لـن أقـوم بتحليلهـا واحـد تلـو الآخـر هنـا ولكـن مـا أريـد التركيـز عليـه هـو بنـاء نظـام إدارة الـشركة وهـو مهمـة شـاقة، حيـث يتكـون هـذا النظـام مـن العديـد مـن النظـم الفرعيـة مثـل التـراث الثقـافي والنظـام المؤسسـي ومعايـرة العمليـات وإدارة الأهـداف وإدارة الأداء مـع التركيـز عـلى التفـاني الشـديد في العمـل. لتحقيـق ذلـك، لا يحتـاج مـدراء الـشركات إلى وضـع خطـة تنمويـة طويلـة الأجـل فقـط، بـل يحتاجـون إلى مـا يكفـي مـن الصبـر والمثابـرة. كـما أن أعـمال الـشركة لا يمكـن إنجازهـا دفعـة واحـدة حيـث أنهـا عبـارة عـن مـشروع فعـلي يرتكـز عـلى التفاصيـل.

ممـا يثيـر دهشتنـا أنـه مـن بيـن الـشركات التـي نزودهـا بالمشـورة، هنـاك مـن يمتلـك مـا يكفـي مـن الخبـرة في بنـاء العمليـة التنفيذيـة الخاصـة بـه والتـي تعـود بنتائـج داخليـة جيـدة، حيـث أنـه عندمـا ذهـب فريقنـا الاستشـاري في عـام 2013 إلى تشـانغده في مقاطعـة هونـان لإجـراء مشـورة داخليـة لمجموعـة سـنتو (SNTO)، اكتشفنـا أن الـشركة بنـت "الثقافـة الكفاحيـة مـع التنفيـذ الفعـال" بشـكل مدهـش.

في بعـض الـشركات، شعرنـا بتأثيـر شركـة هـواوي في حيـن أن العديـد مـن الـشركات مـا زالـت تبحـث بشـكل عشـوائي عـلى ثقافـة إداريـة خاصـة بهـا. وكخبـراء استشاريـين، أجرينـا اتصـالات

متعمقـة مـع مـدراء شركـة هـواوي وموظفيهـا العاديـن، كـما أجرينـا تبـادلات مـع أصحـاب العمـل والمـدراء والموظفـين في العديـد مـن الشـركات المشـهورة، وقمنـا بإجـراء تحليـل عميـق لإسـتراتيجية العمـل والإدارة وطـرق العمـل لديهـم. وعلى هـذا الأسـاس قمنـا بزيـارة بعـض مـن مـدرسي الجامعـات الذيـن شـاركوا في وضـع القانـون الأسـاسي وتقديـم المشـورة لشركـة هـواوي وذلـك للحصـول عـلى فهـم أفضـل لتاريـخ التنميـة والجينـات الثقافيـة لشركـة هـواوي. هـذه المعرفـة والخـبرة تشـكل أسـاس هـذا الكتـاب.

لا داعـي لتكـرار إنجـازات هـواوي. فعـلى الرغـم مـن أن شركـة هـواوي بعيـدة عـن الأضـواء، حيـث أن الغالبيـة يرونهـا شركـة اتصـالات مشـهورة بثقافـة الذئـب. لكـن في الحقيقـة، هـذا فهـم مـن جانـب واحـد لشركـة هـواوي. فبالإضافـة إلى حفـاظ هـواوي عـلى ثقافـة الذئـب في الفـترة المبكـرة مـن العمـل الجـاد وريـادة الأعـمال، فـإن شركـة هـواوي لديهـا تقنيـات تنفيـذ الرعايـة الإنسـانية الجيـدة والإدارة العلميـة وآليـات الحوافـز التنظيميـة. كـما أثـار التنفيـذ الدقيـق للموظفـين المتوسـطين والمبتدئـين في شركـة هـواوي غـيرة العديـد مـن الشـركات التـي تعمـل في نفـس المجـال ولكنهـا لم تسـتطع الوصـول إلى جوهـر ثقافـة الشركـة.

يقـدم الكتـاب "الإدارة التنفيذيـة لشركـة هـواوي" تحليـلا دقيقـا جـدا للتفاصيـل الإداريـة والـروح الأساسـية لكفـاءة شركـة هـواوي العاليـة في التنفيـذ. كـما يوفـر هـذا الكتـاب شرحـا منهجيـا لنظـام القـوة التنفيذيـة في شركـة هـواوي والـذي يتكـون مـن 11 جانبـا مـن حيـث المسـؤوليات وتحمـل المسـؤوليات، والتوجـه نحـو تحقيـق النتائـج، والعمليـة والمعايـرة، وإدارة الأهـداف، وإدارة الوقـت، وتوجيـه الموظفـين، والتواصـل والتنسـيق، والتنفيـذ الدقيـق، ومراقبـة العمليـة، ونظـام المكافـأة والمعاقبـة، وإدارة المشـاكل.

يسـتكشف هـذا الكتـاب كل التفاصيـل الكاملـة لتنفيـذ الأعـمال عـن طريـق قيـادة شركـة هـواوي، فضـلا عـن الـتراث الفلسـفي الـذي تم توارثـه مـن رن تشـنغ في، عـراب هـواوي. فالقـارئ لا يتعلـم عـن ثقافـة أعـمال التنفيـذ الفريـدة مـن شركـة هـواوي فقـط، بـل يحصـل عـلى لمحـة عـن عبقريـة قادتهـا أيضـا.

نـود أن نعـرب عـن تقديرنـا للمسـاعدة الهائلـة التـي حصلنـا عليهـا مـن العديـد مـن المـدراء ومـن الزمـلاء في شركـة هـواوي خـلال عمليـة كتابـة هـذا الكتـاب.

وآمـل بـكل إخـلاص أن يـزود هـذا الكتـاب القـراء بـرؤى قيمـة لعملهـم. كـما سـنعطي اهتمامـا كبـيرا لتعليقاتكـم واقتراحاتكـم عـلى أي عيـوب قـد تجدونهـا في هـذا الكتـاب.

المؤلف

المحتويات

الفصل الأول

المسؤوليات وتحمل المسؤوليات

لا يكمن الدور الرئيسي للإدارة التنفيذية في شركة هواوي في اتخاذ ميزة إستراتيجية، بل هو كسب زخم مستدام من عدد هائل من الموظفين القادرين على تحمل المسؤوليات والالتزامات. فشعور الموظفين بالمسؤولية وتحملهم المسؤولية يمكنان شركة هواوي من المضي قدما بسرعة هائلة.

1. هذه مسؤوليتي

يمكن للمسؤولية أن توقظ وعي الأفراد، وتعظم إمكاناتهم، وتحفزهم على بذل المزيد من الجهود. ويختص بذلك أولئك الذين يجرؤون على تحمل المسؤوليات ويمكنهم الحصول على الاحترام من الآخرين.

نمت هواوي من شركة ناشئة في مجال معدات الاتصالات إلى شركة عملاقة عالمية، وذلك بالاعتماد على مجموعة من الموظفين الشجعان الذين يجرؤون على تحمل مسؤولياتهم. على الرغم من أن الأفراد في شركة هواوي كانوا يواجهون ضغوطا هائلة من المنافسين ويعانون من ظروف معيشية سيئة في الماضي مما جعل كل خطوة من خطواتهم إلى الأمام صعبة للغاية، إلا أن رن تشنغ في وموظفي هواوي ما اعتقدوا "أنها ليست مشكلتهم". بل أصبح تفانيهم في العمل الذي يظهر في شجاعتهم على تحمل المسؤوليات، أكبر عامل في نجاح شركة هواوي.

كان ثمة وقت، كانت فيه شركة هـواوي متفائلة بشأن شركة أجنبية وعلى استعداد لشرائها. وفوضت شركة هـواوي تشـانغ بينغ (اسم مستعار) وفريقه تفويضا كاملا لتنفيذ عملية الشراء. وعلى الرغم من أن الشركة كانت تدعمه بشكل جيد وكانت نتيجة المناقشات الداخلية إيجابية أيضا وتؤكد على أهمية أن خطة الاستحواذ سوف تجلب مزيدا من التنمية لشركة هواوي، إلا أن تشانغ بينغ لا يزال يشعر بضغط هائل. بعد كل شيء، كانت الخطة صفقة بقيمة ملايين الدولارات. فإذا لم تقم شركة هواوي بعملية الاستحواذ بشكل صحيح، فإن ذلك لـن يجلب أرباحا في المستقبل، وسيتحول إلى فشل. لم يستطع تشانغ بينغ النـوم لعـدة ليالي، وهو يفكر في ذلك مرارا وتكراراً.

وفي ذلك الحين، قـدم شخص مـا اقتراحاً لتشـانغ بينغ. فبـدلا مـن اتخاذ القرارات بنفسه، عليه وبـكل بساطة الانتظار حتى تقوم قيادة الشركة بإصدار الأوامر إليه ثم قيامه بتنفيذها وفقا لذلك.

بهذه الطريقة، فإنه لـن يكون مسؤولا في حال حدوث أي مشكلة. لكن تشانغ بينغ رفض هذا الاقتراح رفضا قاطعا. وهـز برأسه قائلاً: "لا. إذا كنت لا أتحمل مسؤولياتي بصفتي رئيسا لقسم الأعمال، فكيف للشركة أن تطور أعمالها في هذا المجال؟ كيف لها أن تتخذ قرارا في مثل خطط الشراء الرئيسية هذه؟" وفي وقت لاحـق، صمم على أخذ زمام المبادرة في تحمل المسؤوليات الرئيسية مـن أجل إتمام خطة الشراء بنجاح.

في الحقيقة لقد استفادت شركة هـواوي بشكل كبير مـن هذا الاستثمار في نهاية الأمر. وقد تبين أن الملكية الفكرية والتكنولوجيا الرئيسية لتلك الشركة التي تـم شراؤها قـد عززت بشكل كبير مـن خبرة هواوي في تصميم المنتجات، وبالتالي ساعدتها على تقصير فترة تطوير المنتجات المعنية لمدة عامين.

يعتبر كل فرد جزءا مهما مـن الفريق؛ لذلك، لدينا التزام ومسؤولية لتحمل المخاطر في مجالات الأعمال التي نكون مسؤولين عنها. حيث إنه إذا قام كل فرد باتخاذ موقف غير مسؤول، وخاف مـن اتخاذ القرارات أو قـام بنقل المسؤولية إلى رؤسائه أو زملائه في معظم الأوقات، فإن ذلك سيؤدي إلى فقدان الفريق لقدرته التنافسية. كما يمكن للتردد أن يؤدي إلى فقدان الفرص التنموية للموظفين. لذلك، يجب أن نتعامل بشكل كامل بأخلاقياتنا المهنية ونحافظ على موقف إيجابي في العمل، طالما أننا نحب عملنا، سنمتلك الشجاعة الكافية لتحمل مسؤولياتنا.

وفي هذا الشـأن يعتبر موظفي هـواوي نموذجا جيدا بالنسبة لنا. حيث أنهم عندما يواجهون مشاكل، لا يكون رد فعلهم بتفادي المشاكل، بل لكنهم يسألون أنفسهم: "مـن

سننتظر من أجل مساعدتنا، لماذا لا نعمل بمفردنا؟" وهناك العديد من الأمثلة على ذلك في تاريخ شركة هواوي.

يعتبر سالار دي يوني (Salar De Uyuni) أكبر المستنقعات المالحة في العالم ويقع في مقاطعة دانييل كامبوس في بوتوسي في جنوب غرب بوليفيا ويحظى بسمعة أسطورية حيث يطلق عليه "مرآة السماء" بسبب المشهد الساحر الذي لا ينسى للمكان.

ويقع مكتب فرع شركة هواوي بمدينة فولغا هناك وقد أضاف تفاني الموظفين في شركة هواوي المزيد من الجمال على ذلك المكان.

في إحدى المناسبات، أثناء مرحلة تنفيذ المشروع الذي تم إجراؤه هناك، قرر العميل تغيير هيكله التنظيمي. هذا وتركت تلك التعديلات أثرا سلبيا للغاية على التنسيق الداخلي وأدت إلى تأخير الجدول الزمني لتنفيذ المشروع. حينها قدم تانغ ون (اسم مستعار) بصفته مدير المشروع، اقتراحًا إلى ألكسندر (اسم مستعار)، المدير الإقليمي حينذاك، بأنه خلال الاجتماع الأسبوعي الدوري القادم، يتعين على جميع العملاء تعجيل العملية.

عندما تم عقد الاجتماع الأسبوعي الدوري جاء جميع العملاء، وكان عددهم أكبر من ذي قبل. كان يجب أن تنتهي ساعات عمل العملاء في الساعة السادسة مساءً، وقبل نهاية ساعات العمل بـ20 دقيقة، قدم ألكسندر قائمة بالأسئلة المعدة، ووزعها على العملاء وطلب منهم ملاحظات واضحة قبل إنهاء العمل. من الواضح أن ألكسندر كان مستعدًا لاحتجاز العملاء حتى يقوموا بإنجاز الأعمال.

في الواقع كلما قام أحد العملاء بتسليم ورقة الإجابة إلى ألكسندر، كان ألكسندر يطلب من العميل البقاء لفترة قصيرة حتى يتمكنا من العمل على حل المشاكل معًا واحدةً تلو الأخرى. وقام بفعل ذلك بطريقة هادئة دون التسرع مع أي من الحالات. كانت نهاية ساعات العمل تقترب وبدأ العملاء يفقدون صبرهم ويتحدثون مع بعضهم البعض. على الأرجح، كانوا يشكون من عدم القدرة على إنجاز العمل في الوقت المحدد. تظاهر ألكسندر بأنه لم يسمع أي شيء من ذلك، وطلب من تانغ ون أن يدلي بآرائه من وقت لآخر حتى تم التوصل إلى حل واضح بشأن المشاكل المعنية. ولم ينته الاجتماع إلا بعد الساعة الثامنة مساءً عندما قدم العملاء تعهدات بحل معظم المشاكل.

بعد الاجتماع، سأل تانغ ون ألكسندر كيف يمكنه أن يجرؤ على القيام بمثل هذه "المواجهة" المباشرة مع العملاء. ألم يخف من أن يغضب العملاء منه؟ أجاب الشاب: "يجب أن أكون مسؤولاً عن النتائج. وإلا فإن الكثير من المشاكل لن يتم حلها". لقد كان ألكسندر المحترف بعدم كونه خائفا من تحمل المسؤوليات هو الذي ألهم وحث تانغ

ون وفريقه على مواجهة التحديات المستقبلية. في النهاية، أكمل فريقه بنجاح ما يقرب من 60 نقطة من التحكم في شبكة الراديو. كما تطور تانغ ون من كونه وافدا جديدا في التكنولوجيا اللاسلكية إلى مدير ناضج في المشروع اللاسلكي.

الموظفون في شركة هواوي هم بشر مثلنا. ولكن الفرق يكمن في مثابرتهم على تحقيق أهدافهم والتفاني المهني المتمركز في الحمض النووي الخاص بهم. وهذا ما جعل الموظفين في شركة هواوي يمتلكون الشجاعة في مواجهة الصعوبات، كما سمح لهم بالاستمرار في النمو بشكل أقوى بعد كل صراع.

لذلك على أولئك الذين يشكون من عدم تحقيق أي شيء أو عدم قدرتهم على الحصول على أي فرصة لتطورهم في الشركة، أن يدركوا أن ذلك ليس لأنهم لم يحصلوا على أي فرص، ولكن الحقيقة أنهم يفتقرون إلى التفاني والشعور بالمسؤولية. حيث أنه في الأوقات الصعبة، يميل هذا النوع من الأشخاص دائمًا إلى التملص أو الهروب من الصعوبات وتبني أسلوب عمل سلبي. هذا النوع من المواقف غير المسؤولة يجعلهم يكونون شخصيات هامشية في الشركة تعيق مسار التنمية.

يشكل الموظفون في شركة هواوي مثالاً يحتذى به حيث أنهم يعكسون أن الشعور بالمسؤولية هو أساس القيام بعمل جيد وإنجاز مهنة ناجحة، كما يوفر دعمًا روحيًا هائلًا في التغلب على كل الصعوبات التي يواجهونها في العمل.

كانت وو دي (اسم مستعار) شخصًا شديدة الانتباه وتهتم بأدق التفاصيل، وفي عيون زملائها كانت في بعض الأحيان جدية بصورة كبيرة وحتى "عنيدة". كانت المهمة الرئيسية لوو دي هي تلقي وإصدار الوثائق للإدارات من المستوى الأول. وكانت في كل مرة تتسلم فيها وثيقة تحتاج إلى توزيعها، تقوم وو دي بقراءتها في البداية لفحص وتصحيح جميع الأمور التي لا تتطابق مع المعيار، بما في ذلك رأس المستند، وتباعد الأسطر، والخط، إلخ. وعندما تم تعيينها لتكون المسؤولة عن سداد فواتير الهاتف المحمول، كانت وو دي تقوم بفحص كل اسم ورقم للموظفين في المستند بدقة متناهية. أما بالنسبة لأولئك الموظفين الانتهازيين الذين يخططون لتجاوز مبالغ الدفع أو لديهم فواتير غير متطابقة، فإنه يتم اختيارهم والطلب منهم تقديم المستند مرة أخرى. هذا التفاني في العمل من قبل وو دي أدى إلى تحسين كفاءة العمل إلى حد ما. لأن المشاكل لم تعد بحاجة إلى الانتظار حتى يتم اكتشافها من قبل المحاسبين وثم تصحيحها، والتي تعتبر الخطوة الأخيرة في عملية الدفع، ثم تتكرر العملية بأكملها مرة أخرى. وبالتالي، يمكن للموظفين الحصول على دفوعات في وقت مبكر.

في عام 2005، بدأت الشركة في تعزيز التوحيد القياسي للوثائق الرسمية، وكانت وو دي أول شخص يفي بالمعايير ومن أجل تحقيق ذلك، وضعت أنواعا مختلفة من قوالب وثائق تكنولوجيا المعلومات كمراجع. وفي وقت لاحق، وجدت وو دي أن زملاءها الذين قاموا بصياغة ملفات في الغالب لم يتقنوا معايير العملية حتى الآن، لذلك نظمت تدريبات بشكل تطوعي لتوحيد المعايير وألقت محاضرات في التدريبات. ومنذ ذلك الحين، تم منحها لقبًا جديدًا من قبل زملائها "البروفيسور وو". وقد سألها العديد من الناس، أنه من المقبول التغاضي عن شيء ما في بعض الأحيان، فلماذا كان عليها أن تكون جادة وصارمة حول كل شيء في كل تفصيل؟

أجابت وو دي بابتسامة: "أنا مسؤولة عن أي خلل قد يحدث في المستندات في أي حال من الأحوال. لذا علي القيام بذلك بحذر ووعي شديدين. هذا مهمتي وأنا ملزمة بتحمل المسؤولية". وبفضل مثابرتها وجهودها، نالت وو دي اعتراف جميع القادة والزملاء في قسمها وسرعان ما تمت ترقيتها كقائدة فريق.

في العمل، يجب أن نكون حازمين مع أنفسنا، ونركز على العمل ونبذل قصارى جهدنا لإنجاز المهمة تماماً كما تفعل وو دي. ينبغي لنا أن ندرك أن فكرة ونظرية "الاهتمام بالعمل الخاص فقط" غير مرحب بها من قبل الرؤساء والزملاء، وستؤثر على تطور مهنة الفرد. إن الموظفين الذين يكسبون احترام الآخرين وثقتهم هم في الغالب أولئك الذين يتحملون مسؤولياتهم بشجاعة. كما قال رن تشنغ في مرة: "طريقة الحكم على ما إذا كان الموظف مؤهلاً للترقية كقائد فريق أم لا تكمن في إحساسه بالمسؤولية والشعور بالمهمة. إذا كنت تعتقد أنك تشعر بشيء من المسؤولية، فحاول أن تتحسن بسرعة، وإلا سيتم إقالتك في النهاية". يجب أن نستلهم من كلماته، ونقوم بتطوير الشعور بالمسؤولية، وأن نصبح شخصًا مستعدًا دائمًا لتحمل المسؤولية.

2. كن متفانيا في عملك

أولئك الذين يكونون مستعدين لتحمل المسؤوليات، والذين يتفانون في القيام بعملهم هم من أصول الشركة الأكثر قيمة.

عندما سئل كثير من رجال الأعمال المشهورين في العالم عن "ما هي الأخلاقية الأكثر ضرورة يجب أن تتوفر لدى الموظف؟"، ذكروا جميعهم كلمة واحدة – "التفاني".

كـما يعتبر بيل غيتـس أن التفاني في العمل هـو الأخلاقيـة الأكثر ضرورة التي يجب أن يمتلكها الموظف. وفي كثير مـن الأماكـن في العالم، يثنـي الشعراء عـلى أولئك الموظفين المتفانين في عملهـم حيث يصفونهـم باسم "الخيزران" بسبب مثابرتهـم والالتزام بوظائفهم مثل الخيزران الـذي لا يفلت بسهولة مـن تربته المزروعة حيث تمتد جذوره بعمق.

كـما تعطي شركة هـواوي أهميـة كبيرة لتفاني موظفيها. حيـث أن الجميـع في شركة هـواوي يجتهدون في وظائفهم ويكرسون أنفسهـم لتطوير التكنولوجيا. كما يحب الموظفون في شركة هـواوي وظائفهم وكذلك هـم متخصصون فيما يفعلونه. ويكرسون الاهتمام الكامل لهـا ويلتزمون بواجباتهم التزامـا كاملا.

منـذ 14 فبراير 2011، اندلعت مظاهرات حاشدة في البحريـن وسرعـان ما تصاعدت المظاهـرات إلى صراعـات عنيفة. حيث يقع مركز تشغيل وصيانة المشاريع في هـواوي في تقاطع حيث كان الطرف المعارض والجهة الداعمة يقومـان بأنشطة تضع سلامة أعضاء فريق المشروع تحت تهديد كبير.

في ظل هـذه الظروف، قام الفنيون الرئيسيون لشركة هـواوي بتنفيذ مناوبات لإجراء عملية مراقبة ميدانية عـلى مدار 24 ساعة بـدون توقف للشبكة، وتم إجبارهم عـلى ترك طريق القيادة المـؤدي إلى مركز التشغيل والصيانة الـذي يأخذونها عـادة خلال أيام الأسبوع والـذي يستغرق 15 دقيقة، وبـدلا مـن ذلك قامـوا بتمديد وقتهم عـلى الطريق ما يقرب مـن ساعتين. ومـع مرور الوقت، استمر حجم المظاهرات في التوسع، وبدأت العديد مـن المواقع مزدحمة بشكل كبير مما أدى إلى شـل الشبكة تقريبًا. قرر 14 مـن موظفي الطوارئ مـن فريق المـشروع البقاء في المحطة وخاطروا بحياتهم لمراقبة تطورات الشبكة عـلى مدار الساعة.

في ذلك الوقت، سـافر والد قائد فريق المـشروع لي سي هـان مـن الصين إلى البحرين لزيارة ولده، ولكـن لم يتمكن لي سي هـان مـن إيجاد وقت فـراغ في جدول أعماله المزدحم لمرافقة والده.

كان جميع زملائه ينصحونه بالعودة إلى البيت والبقاء مـع والده لبرهة، لكـن لي سي هـان أجاب: "الآن الفريق يحتاجني أكثر، كيف يمكنني أن أغادر في هذه الأوقات العصيبة؟ أريـد أن أقاتل إلى جانبكم أيها الرفاق."

كان رئيس قسم التكنولوجيا خه هونغ وي مشغولًا في اتخاذ الترتيبـات اللازمة للإجلاء، بمـا في ذلك ترتيب الجداول، والنقل إلى المطار، وحجز تذاكر الطيران، إلخ. وكان يصر عـلى الاتصال أو إرسال رسائل نصية إلى أعضاء فريقه كل يـوم للتأكد مـن أن الجميـع ما زالوا

بخير وأمان، لكن خه هونغ وي لم يكن يمتلك الوقت للاتصال بعائلته وقد اتصل بزوجته مرة واحدة فقط لطمأنتها قائلا: "عزيزتي، لا تقلقي نحن على ما يرام، ونحن نعرف كيف نحمي أنفسنا. كل شيء هنا ليس بالسوء الذي يظنه الناس، من فضلك لا تقلقي علي." مثل هذا بقي فريق مشروع هواوي صامداً في "ساحة المعركة" في البحرين واعتز الولاء على الخوف.

وكما يقال: لا تحسبن المجد تمرا أنت آكله، لن تبلغ المجد حتى تلعق الصبر، فقد اكتسب موظفو هواوي الاحترام من قبل زبائنهم بسبب تفانيهم. كما أنهم تركوا انطباعًا جيدًا لشركة هواوي على عملائها، لذا فإن جميع العملاء يرغبون أن يكونوا أصدقاء مع الموظفين في شركة هواوي ويواصلون التعاون معهم.

لذلك، فإن التفاني في أداء الواجب لا يؤدي فقط إلى إتمام المشروع بنجاح، بل يجذب فرصا للتنمية المستقبلية أيضاً. كما يؤكد ما تم طرحه من قبل روبرت كيوساكي، مؤلف كتاب "الأب الغني والأب الفقير" (Rich Dad Poor Dad)، حيث يقول إن "هؤلاء الموظفون الذين يمتلكون الولاء للشركة والكفاءة في الأداء هم أعظم ثروة للشركة."

وحول التفاني في أداء الواجب، قال رئيس مجموعة فيرجن السيد ريتشارد برانسون ذات مرة: "يمكن القول إن الولاء والتفاني في العمل لهما مكانة مهمة في كل مستوى من مستويات الشركة. في أي شركة، يمكن للموظفين المخلصين في عملهم أن يجلبوا العملاء المخلصين، في المقابل سيجذب العملاء المخلصون المساهمين الذين يتمتعون بحماس كبير. وهذا يدل على أن التفاني وإقامة علاقة شراكة تتسم بالولاء هما من المفاتيح التي تدفع المشاريع الحديثة إلى أن تكون فعالة حقاً."

بالنظر إلى تاريخ التنمية لشركة هواوي، فإنه بفضل مجموعات مختصة من الأفراد في شركة هواوي، استطاعت الشركة النمو من شركة صغيرة إلى شركة عملاقة دولية في غضون 20 عاما. وعندما يتعلق الأمر بالعمل، فيكون لديهم دائما العزم على "البقاء على ساحة المعركة حتى يتم إنجاز المهمة". ويمنحهم تفانيهم بالعمل الشجاعة للتغلب على الصعوبات بالإضافة إلى جعلهم جديرين بالثقة بين عملائهم. وبالتالي، تأخذ هواوي المبادرة وتحتل مكانة رائدة في منافسة السوق.

كان تشه دونغ (اسم مستعار) مديرًا إقليميًا لأحد فروع شركة هواوي في الخارج، وكان مسؤولًا بشكل رئيسي عن ترميم الموقع الإقليمي وقبوله. ولكن حدثت مشاكل بعد فترة وجيزة من تشغيل الموقع: أثناء فترة الترميم، كان هناك تفشٍ كبير لفيروس الإيبولا الرهيب في المنطقة، وكان الموقع الذي يعمل فيه تشه دونغ يقع داخل المناطق المتضررة.

وأصدرت منظمة الصحة العالمية إخطاراً طارئاً إلى فريق مشروع تشه دونغ وعملائه للانتقال إلى منطقة آمنة. تردد تشه دونغ لأنه بمجرد إجراء النقل، سيحتاجون إلى إعادة تعديل خطة التسليم، مما يعني أنهم قد يفشلون في تنفيذ خطتهم الأصلية لتحقيق الهدف بحلول نهاية العام. وأخيراً، اتخذ تشه دونغ قراراً محفوفاً بالمخاطر، وأقنع العملاء بالبقاء لمواصلة العمل.

في ذلك الوقت، كانت المنطقة التي يمكث فيها تشه دونغ تعاني فعليا من نقص حاد في المياه الصحية، والظروف الصحية سيئة جدا ولم يكونوا قادرين على الحفاظ على إمدادات الكهرباء الأساسية. كان تشه دونغ وفريقه لا يتناولون خضاراً طازجة لمدة ثلاثة أشهر، وكل ما يقومون بتناوله هو وجبة محلية تسمى "فوفو Fufu" لحمايتهم من الموت جوعاً.

كان الجميع يعاني من الجفاف الشديد، وكانت بشرتهم جافة جداً ومشققة. ومن أجل إكمال المشروع، قام أعضاء الفريق بتشجيع بعضهم البعض والتشبث بمواجهة الصعوبات. وبعد ثلاثة أشهر من العمل الشاق، اجتازت جميع المواقع الـ104 في المنطقة القبول الأولى (PAC) في النهاية.

وكما هو الحال مع تشه دونغ، كان سونغ جيان بينغ (اسم مستعار) المدير الإقليمي لشركة هواوي في بلد معين. كان متمركزاً عند تقاطع ثلاثة بلدان، حيث تتمركز القوات العسكرية، ويندلع القتال من وقت لآخر. ذات مرة، عندما كان بناء المشروع على قدم وساق، تلقى سونغ جيان بينغ فجأة مكالمة هاتفية تخبره أن بعض القوات العسكرية قد غزت المدينة، وأنه بحاجة إلى إجلاء أعضاء فريقه إلى مناطق آمنة. نظم سونغ جيان بينغ على الفور فريق مشروعه للإجلاء إلى دولة رواندا المجاورة. ومع ذلك، ماذا عن المواد الموجودة في الموقع بعد إجلائهم؟ شعر سونغ جيان بينغ بالقلق من فقدان جميع المواد، لذلك بعد بضعة أيام عاد بهدوء إلى الموقع لجمع المواد. وبعد أن اكتشف أنه لم يتكبد خسارة كبيرة في المواد ولن يؤجل جدول أعمال المشروع، عاد إلى رواندا بارتياح كبير.

هناك العديد من الأفراد مثلهم في شركة هواوي. إنهم يمثلون مئات الآلاف من الأشخاص في شركة هواوي الذين يتشبثون في ساحات المعارك. فهم يجعلوننا نفهم أن التفاني في أداء الواجب لا يدل فقط على إحساس قوي بالمسؤولية المهنية، ولكنه يتطلب أيضاً أن يتحمل الموظف المسؤولية وأن يتفانى في أداء عمله. كما يحافظ الموظفون في شركة هواوي على عزمهم على "التمسك بساحة المعركة حتى يتم إنجاز المهمة" في ظل ظروف صعبة،

وبالتـالي يثبـت تمامًـا تفانيهـم المهنـي المخلـص. هـم في الحقيقة أهـم الثـروات التـي تمتلكهـا شركة هـواوي.

يمنحنـا التفانـي في العمـل الشعـور بالرضـا الـذاتي والاحتـرام لأنفسـنا وهو قوة روحية دائمـة تجعلنـا نشعـر بالرضـا وتدفعنـا للمضـي قدمـا، كمـا يمتلـك التفانـي قوة سـحرية تمكـن أولئك الذيـن يعانـون مـن محنـة مـن نسـيان مشـاكلهم عـن طريـق التزامهـم بمعتقداتهـم واستماعهم بما يفعلون.

3. عد لأرض الواقع وأنجز المهمة

تنقسـم الإدارة الداخليـة لشركـة هـواوي إلى قسـمين: عـدد قليـل مـن كبـار القـادة الذيـن يركزون علـى النظريـة والإستراتيجية، والقـادة العمليـين في المسـتوى القاعـدي الذيـن يتعاملـون مـع مسـائل محـددة. يطلـب رن تشـنغ في مـن الموظفيـن مـن المسـتوى القاعـدي أن يكونـوا عمليـين في العمـل، وأن يهتمـوا بالتفاصيـل، وأن يبـدأوا عملهـم مـن الأشـياء الصغيـرة مـن أجـل وضع أسـاس متيـن لعملهـم.

يعتقـد رن تشـنغ في أن الموظفيـن مـن المسـتوى القاعـدي يجـب أن يكونـوا عمليـين وأن ينجـزوا الأمـور بطريقـة واقعيـة. كمـا هـو الحـال عندمـا نضـع الأساسـات في التربـة، عندمـا يتم ضغـط طبقـة واحـدة، نحتـاج إلى رش طبقـة أخـرى، ثـم نسـتمر بالضغـط عليهـا. بهـذه الطريقـة فقـط يمكننـا الاسـتمرار في إثـراء أنفسـنا وتحقيق إنجـازات جديـدة.

في إحـدى المـرات كان هنـاك وافـد جديـد في شركـة هـواوي أراد أن يحقـق طموحاتـه. لذلـك، أمضـى وقتًـا طويـلاً في إعـداد خطـة تنمويـة إسـتراتيجية تتكون مـن عشـرات الصفحـات. كان يعتقـد أن هـذه الخطـة التـي أخـذت منـه الكثيـر مـن الجهـد سـتكون موضـع تقديـر مـن رن، وحتـى لـو لم تكـن جيـدة جـدًا، ولأنـه كان وافـداً جديـداً، كان رن يظهـر لـه بعـض التشـجيع. وعلـى الرغـم مـن ذلـك، ما أدهشـه هـو قيام رن بإلقـاء هـذه الروايـة الطويلـة مـن الحكمـة في سـلة المهمـلات، وبعدهـا قام رن بانتقـاده بشـدة قائـلا: "لا تفكر دائمًـا في كيفيـة القيـام باختـراع هائـل، ولكـن ابـدأ مـن الأشـياء الصغيـرة وحـاول إنجازهـا."

مـن اللحظـة التـي يتـم فيهـا تعييـن موظـف في مكان مـا في الشركـة، يتـم تحديـد قـدره وقيمتـه وهـذا يتماشـى مـع مبـدأ الترتيـب المنهجـي، وهـو مـا يعنـي وضـع الموظـف في المكان

الصحيح لصالح خدمة العمليات في الشركة والفريق؛ ومن حيث الأداء، يجب أن يكون الموظف المعين قادراً على تحقيق الأهداف المنشودة التي تأتي مع القيام بمسؤوليات الوظيفة لضمان تحقيق أهداف الأداء الشاملة. ويبدو أن هذا الموظف الجديد في شركة هواوي لا يعرف قيمته جيدا بالنسبة للشركة. ولم يكن وضع الإستراتيجيات التنموية تخصصه وذلك سيؤثر سلبا على قدرته على إنهاء مهامه الخاصة بشكل جيد. وبشكل عام، لا يجب تشجيع مثل هذا السلوك في أي منظمة.

وفي هذا الصدد، يؤكد رن أنه لا توجد حيلة يمكن القيام بها عندما يتعلق الأمر بإجراء البحوث العلمية، لأنها تتطلب أن يتعلم الناس ويعملوا بجد من أجل التغلب على الصعوبات. فهو يشجع موظفي شركة هواوي على إنجاز مهمتهم بطريقة واقعية.

ومع تحقيق شركة هواوي المزيد من الإنجازات، فإن موظفيها يتغلبون على العقلية السلبية من خلال كونهم ببساطة جزءًا من المستوى القاعدي واعتماد التفكير البراغماتي بفعالية. هذا النمو العقلي الجديد ينعكس على أعمالهم. لقد أدركوا أن: كل الأعمال العظيمة تبدأ من الأشياء البسيطة، شيئا فشيئا، خطوة فخطوة، إلى أن يتم تحقيق الإنجاز العظيم.

كان زملاء دنغ شياو (اسم مستعار) خبير العمليات في شركة هواوي ينادونه باسم العجوز دنغ. عندما بدأ دينغ شياو عمله في بناء العملية، كان يفكر دائما في إجراء إصلاحات كبيرة وابتكار في العملية، لكنه لاحقا لاحظ أن ذلك غير ممكن، لأنه مجرد قيامه بتعديل بسيط، يحتاج إلى التنسيق بين الإدارات المختلفة، ناهيك عن إجراء تغييرات كبيرة. بعد ذلك، بدأ دنغ شياو بإجراء تحسينات بسيطة بشكل منظم.

إن بناء العملية هو مشروع طويل الأمد، حيث تستغرق نتائجه وآثاره سنوات لتطويرها والكشف عنها. لذلك فيمكن القول إن هذا النوع من العمل بأنه ممل وشاق. على عكس إجراء مشروع التسليم، حيث يمكن للفرد أن يكون خبيرا من الدرجة الأولى في فترة تتراوح بين ثلاث وخمس سنوات، كما يتطلب بناء العملية أن يكون مدير المشروع قادراً على مقاومة الإغراءات من جميع الجوانب وأن يصمد أمام وحدته. أصر دنغ شياو على القيام بالأشياء بطريقة ملموسة ودقيقة وبصبر كبير. وبعد عشر سنوات من العمل الشاق، أصبح خبيراً في مجال بناء العمليات في الشركة.

ومع المثابرة طويلة الأجل، بدأ دنغ شياو من الصفر حتى أصبح في النهاية خبيرا في العمليات. وأصبح ذو قيمة لا غنى عنها في الشركة. حيث أن تحسينا بسيطا في العملية يمكن أن يوفر ملايين يوان أو حتى أكثر من الأموال للشركة. إن الالتزام بأسلوب عملي في العمل

يحتاج إلى مثابرة استثنائية وشخصية فذة؛ و فيما يلي سندرج طريقتين عمليتين للعمل تبناهما الموظفون في شركة هواوي.

أولاً، كن قادرا على معرفة كمن العظمة في الأشياء البسيطة. يميل الناس إلى فقدان اهتمامهم ورغبتهم في القيام بالعمل بعد إجراء نفس المهام لفترة طويلة. وللحفاظ على موقف جديد تجاه عملهم، عادةً ما يعرف الموظفون في شركة هواوي كيفية العثور على الجزء "الممتع" من الأشياء التافهة. على سبيل المثال، قد يبدو أن إدارة المستندات بسيطة، ولكن السكرتيرين في شركة هواوي يعتبرونها مشروعا: أولاً لتوضيح المتطلبات، وتحديد خطوات الإدارة والشخص المسؤول، ومن ثم مراقبة عملية التنفيذ واستكشاف الأخطاء وإصلاحها. إن القيام بالأشياء البسيطة أمر ذو أهمية عظيمة للنمو الشخصي.

ثانيا، التحفيز الذاتي المناسب من وقت لآخر. تكرار نفس العمل يوما بعد يوم يجعل الناس يشكون في قدرتهم وقيمتهم. لذلك بعد الانتهاء من بعض المهام واكتساب المديح من رؤسائك والتقدير من زملائك، لا تنسى أن تشجع نفسك أيضًا، لأنك بذلك يمكن أن تثير حماسك للعمل.

في الوقت الحاضر، تم تبني هذه العقلية البراغماتية العملية من قبل المزيد من الموظفين في شركة هواوي، وانعكس ذلك على جميع الأعمال الأساسية. فإن أقسام المالية والتخطيط والتصميم والإدارة والشهادات وغيرها من الأقسام الأخرى في الشركة، حققت التنسيق الفعال وكفاءة التشغيل على أساس هذه الروح البراغماتية.

يطلب رن تشنغ في من الموظفين في شركة هواوي أن يكرسوا أنفسهم لمهنتهم بموقف هادئ وموحد، وأن يحبوا ما يفعلونه وأن يكونوا بارعين فيه. ذات مرة ذهب رن تشنغ في إلى مختبر هواوي وتجاذب أطراف الحديث مع أحد الموظفين هناك. سأله رن: "هل تفضل أن تقوم بتحسين المنتجات القديمة بشكل مستمر أو تطوير منتج جديد؟" وما أثار دهشة رن أن الإجابة التي قدمها الموظف أثارت غضبه. حيث قال الموظف: "بالنسبة لي، المنتجات الجديدة أفضل، لأنه عندما أغادر شركة هواوي، سيكون لدي فرصة أفضل للعثور على وظيفة جديدة."

غضب رن تشنغ في ليس لأن الموظف قال إنه سيغادر هواوي يوما ما ولكن بسبب موقفه تجاه العمل. حيث كان يركز كثيرا على السعي إلى أشياء جديدة، وبالتالي فهم كل شئ فهما محدودا. ومثل هذا الشخص لن يكون قادرا على تحقيق أي إنجاز عظيم.

في رأي رن تشنغ في، أن أولئك الذين يستطيعون الصمود أمام الوحدة وتكريس أنفسهم لدراسة مجال محدد للغاية هم الذين يمتلكون القدرة على تطوير قدرتهم التنافسية

الأساسية لإحداث فرق.

ويشدد رن تشنغ في على أن ما تحتاج إليه شركة هواوي هو الخبراء، بدلاً من الأشخاص الذين يقومون بكل شيء ولا يتقنون شيئا. من خلال المتخصصين، مثل ميكانيكي اللحام، وعبقري البرمجيات، وفني تجميع الكابلات والهيئات، وخبراء التعبئة، وخبراء الشحن، وأخصائي المستودعات، والطباعة، وغيرهم. إن الجمع بين كل هؤلاء الأشخاص الذين لديهم أشكال مختلفة من الخبرة يمكن أن يجعلهم فريقًا تنافسيًا عظيماً.

4. كن واثقا بنفسك أولا، لتكن مسؤولا فيما بعد

تتغلب الثقة على الخوف. كما قال الملهم الكبير أوغ ماندينو (Og Mandino) ذات مرة: "يعتبر كل فرد أعظم معجزة للطبيعة". لذلك، طالما أننا نمتلك الجرأة على مواجهة صعوباتنا بشجاعة كبيرة، فإن هذه الصعوبات ستذلل من نفسها بشكل طبيعي في الغالب.

يعتبر الموظفون في شركة هواوي أفضل مثال على ذلك. فهم يبنون الثقة الشخصية بشكل مستمر خلال مسارهم في التنمية كما أنهم يغيرون اتجاهاتهم من "التملص" إلى "التفكير" في كيفية التغلب على الصعوبات.

في المرحلة الأولى من إجراء تعديلات على نظام معين، كان أحد الموظفين الجدد في شركة هواوي، ويدعى لي جينغ (اسم مستعار)، يمتلك فكرة ساذجة، كان دائمًا يتمنى ألا يكون هناك مشاكل، وإذا توقف البرنامج عن العمل أو تعطلت منصة الاختبار، اعتاد أن يطلب المساعدة من الآخرين؛ وإذا لم يكن أحد متاحا لمساعدته، فإنه يستخدم كل الوسائل لتجنب المشكلة أو التظاهر بأنها لم تكن موجودة طالما أن المعدات لا تزال قادرة على العمل. لكن في يوما من الأيام حدث شيء ما، أحدث تغييراً جذرياً لدى لي جينغ.

في ذلك الوقت، كان لي جينغ المسؤول الرئيسي عن اختبار مجموعة من المعدات. وفي إحدى الليالي توقفت معدات الاختبار عن العمل فجأة. في ذلك الوقت، كان زملاؤه الآخرون قد غادروا إلى منازلهم. لذلك إذا أراد طلب المساعدة من الآخرين، فعليه الانتظار حتى اليوم التالي. لكن يجب إنهاء فحص المعدات وإعادتها إلى المستودع في نهاية ذلك اليوم. التفت لي جينغ ورأى أن عمال الإنتاج ينتظرون النتائج بفارغ الصبر، لذلك قرر أن يتخذ قراراً صعباً وبدأ حل المشكلة بنفسه. بدأ لي جينغ بفحص المعدات بعناية دقيقة. وبعد فترة وجيزة، قام بتفكيك كل شيء. وأخيراً، وجد المشكلة - تعطلت خسارة الإدراج في

سلك لتردد الراديو. قام لي جينغ على الفور باستبداله بكابل جديد، ثم عادت الآلة إلى العمل "بأعجوبة" مرة أخرى. عندما قرأ لي جينغ تعبيرات التقدير من كل العمال، أحس في قلبه إحساسا كبيرا بالفخر.

أعطت هذه التجربة الناجحة لي جينغ الكثير من الثقة. كل تلك المشاكل التي تسببت له بصداع من قبل، لم تكن صعبة بعد ذلك. كما أن أعمال تحديث وتحميل البرامج يمكن إكمالها ببعض الصبر، كما يمكن اكتشاف معظم المشاكل الأساسية من خلال المراقبة الدقيقة. لم يكن تشغيل منصة الاختبار أمرًا صعبًا، فقد احتاج إلى اتباع الكتيبات والممارسة لعدة مرات فقط بدلاً من انتظار فريق الاختبار لتقديم الدعم. مع هذا الموقف الإيجابي، بدأ لي جينغ في محاولة ترأس مشاريع مختلفة وفي كل مرة تمكن من حل المشاكل بنفسه.

من خلال تجربة لي جينغ، يمكننا أن نرى أنه في معظم الحالات، نحن لا نفقد ثقتنا بسبب أمر يبدو صعبًا للغاية، ولكننا نشعر بأن هناك أمرًا صعبًا للغاية يسبب انعدام الثقة. وطالما أننا بقينا واثقين وشجعان في مواجهة الصعوبات، فإننا نخطو خطوة كبيرة نحو النجاح.

كان هناك شاب أمريكي يدعى هنري وقد نشأ في دار للأيتام. كان رجلا قصيرا وقبيحا بلهجة ريفية قوية. كان يشعر بشعور قوي من الدونية منذ أن كان طفلاً. عندما بلغ الثلاثين من العمر، كان قد فكر في الانتحار.

ذات يوم، قال له أحد الأصدقاء: "قرأت في مجلة أن نابليون كان لديه طفل خارج إطار الزواج يعيش في المنفى في الولايات المتحدة، وكان لهذا الطفل غير الشرعي من نابليون ابن. أعتقد أنك تبدو مثله تمامًا! كلاكما من أقزام بلكنة فرنسية".

لم يكن هنري مقتنعًا بذلك. وبعد عودته إلى المنزل، أمسك بالمجلة وقرأ المقالة بعيانة لفترة طويلة، وفي النهاية توصل إلى استنتاج مفاده أنه ربما كان حفيد نابليون.

بعد ذلك، نظر هنري إلى نفسه بطريقة مختلفة تمامًا. لم يعد غير معتز بكونه قصيرا، بل أصبح فخوراً بكونه قصيراً "كجده" نابليون. كما كان يستمتع بقدرته على التحدث باللغة الإنجليزية بلكنة فرنسية فريدة، الأمر الذي تذكره بجدّه. وعندما كان يواجه صعوبات في العمل أو في الحياة، كان يذكّر نفسه بأنه "حفيد نابليون".

بعد ثلاث سنوات، أصبح هنري رئيس شركة كبيرة. وفوض شخصا ليقوم بالبحث في سجله العائلي واكتشف أنه ليس حفيدًا لنابليون. ومع ذلك، أخذ هنري النتيجة ببرود. وقال: "سواء كنت حفيد نابليون أم لا، لم يعد ذلك يهمني بعد الآن، لأنني وجدت سر النجاح - طالما أنك تمتلك معتقداتك، فإن المعجزات ستحدث".

الثقة هـي عنصر لا غنى عنه لشخص ناجح. يجب أن نكون واثقين في كل مرة نواجه ونحل بها المشاكل. لأنه فقط من خلال ذلك، يمكننا تعزيز قدرتنا على التنفيذ وبالتالي نجعل أنفسنا أقرب من النجاح. وكما قال ونستون تشرشل ذات مرة: "يجب على المرء ألا يتراجع عن الخطر الذي يواجهه ويحاول الهروب منه. إذا كنت تفعل ذلك، سوف تضاعف هـذا الخطر. ولكن إذا قمت بمواجهته فورا، فسوف تقلل الخطر إلى النصف. لا تهرب من أي شئ أبدا!!"

يتغلب الموظفون في شركة هواوي على خوفهم من خلال الثقة بأنفسهم وأن يصبحوا أكثر نضجا في التعامل مع الأشياء.

في عام 2005، تخرجت تشونغ لينغ (اسم مستعار) من الجامعة بعد دراستها هناك لمدة سبع سنوات. مع قلق كبير، جاءت إلى شركة هواوي وأصبحت عضوًا في إدارة الشؤون المالية في السوق لديها. وبعد مرور عام، تم إرسالها وتمركزت في القاهرة لرعاية تمويل السوق في منطقة الشرق الأوسط وشمال أفريقيا.

بعد وصولها إلى المدينة الأجنبية، تم دعوة تشونغ لينغ من قبل رئيسها للاجتماع مع العملاء على الفور. حتى أنه لم يكن لديها وقت للتعرف على بيئة العمل الجديدة بعد. كان الجزء الأول من الاجتماع تقديم عرض تقديمي لما يقارب ساعة، كان من الواضح أن جميع زملاء تشونغ لينغ الذين شاركوا معها كانوا من ذوي الخبرة العالية وكانوا يتسمون للعملاء بثقة من وقت لآخر.

وعلى وجه النقيض، كانت تشونغ لينغ التي كانت تجلس في الصف الأول، متوترة للغاية. كانت يديها تعرقان ولم تستطع التوقف عن عض شفتيها وفرك يديها. وعندما توجه أحد العملاء بالحديث إليها، أصيبت بالذعر تمامًا. كان زميل تشونغ لينغ يجلس بجانبها يربت على يدها مع نظرة تشجيعية على وجهه. صمتت تشونغ لينغ لبرهة، ثم بدأت حديثها باللغة الإنجليزية بطلاقة قائلة: "مرحبا، أنا تشونغ لينغ، ويمكنك مناداتي إيلين". كل شيء صعب في البداية ولكن بمجرد تغلب على خوفها، أصبح لديها الشجاعة للتحدث مع العملاء بحرية وتبادل معلومات الاتصال معهم.

تكيفت تشونغ لينغ مع بيئة العمل في القاهرة بسرعة ولم تعد الفتاة الخجولة الصغيرة التي "سيتورد خديها عندما تتحدث معها". وخلال السنتين في القاهرة، أخذت زمام المبادرة في تنفيذ العديد من المشاريع. على الرغم من أنها واجهت العديد من الصعوبات، فإنها لا تزال تظهر الروح العملية للموظفين في شركة هواوي، وتمكنت من التغلب على تلك المشاكل واحدة تلو الأخرى.

قال عالم النفس سكوت بيك مرةً: "في هذا العالم، طالما أنك تبذل جهودا حقيقية، ستجد أن معظم الأبواب مفتوحة أمامك. الشجاعة ليست غياب الخوف؛ بل هي القيام بالعمل على الرغم من الخوف. يمكن للقليل من الشجاعة أن يحقق نجاحًا غير محدود."

لذلك، من خلال القيام بالكثير من العمل الشاق والمحافظة على الشجاعة للابتسام عند مواجهة الصعوبات، وضعت تشونغ لينغ الأساس لنجاحها في المستقبل. تشونغ لينغ ليست سوى واحدة من الأمثلة في هواوي، لأن هناك عددًا كبيرًا من الأشخاص الذين يثقون بأنفسهم كما هو الحال مع تشونغ لينغ في تلك الشركة.

في عام 2007، وبسبب التغيرات السياسية في بلد معين، كان بعض العملاء يخططون لتأجيل سداد ديونهم لشركة هواوي. وفي ذلك الوقت، كانت ديون شركة هواوي تحت خطر إعادة الشراء من قبل البنك بسبب التغيرات المتلاحقة في وضع السوق. لذلك عندما علم المقر الرئيسي للشركة بهذه الأخبار، قام على وجه السرعة بتشكيل فريقٍ لإقناع هؤلاء العملاء بالتخلي عن فكرتهم وسداد ديونهم في الوقت المحدد.

في هذا الفريق، كانت هناك موظفة شابة تدعى لي يون (اسم مستعار) انضمت حديثاً للشركة. كلما فكرت لي يون في التعامل مع هؤلاء العملاء المغطين بشوارب ثقيلة، كانت تشعر بالتوتر. وعندما كانت في طريقها إلى هذا البلد، كانت لي يون متوترة جدًا، حيث لاحظ رئيس الفريق ذلك وجاءها قائلاً: "يا فتاة، هل تعرفين ما هو الشيء الأكثر أهمية عندما تتعاملين مع العميل؟ إنها الثقة. كل من يمكنه أن يمتلكها حتى النهاية سوف يفوز". هذه الكلمات كانت بمثابة حقنة في الذراع. استجمعت لي يون شتات نفسها وشعرت بارتياح أكثر من ذي قبل.

بعد وصول فريق شركة هواوي الخاص إلى مكان الاجتماع، كان عليهم العبور عبر بوابة شديدة الحراسة مع أشخاص يحملون أسلحة مثل AK47 وMP5. في ذلك الوقت، بدت "الفتاة" هادئة، حتى أنها مازحت زملائها قائلة: "أخيراً تمكنت من رؤية الأسلحة الأسطورية التي كنت قد شاهدتها في لعبة Counter-Strike على أرض الواقع". وخلال المناقشات، لم تكن خائفة من هؤلاء الرجال العمالقة ذوي الشوارب الكثيفة، حتى أنها كانت تقوم بطرح تعليقاتها الخاصة من وقت لآخر. وبسبب أن الموظفين في شركة هواوي كانوا على استعداد تام لهذا الاجتماع، فقد كانت لديهم ميزة خلال المفاوضات. حيث أنهم استطاعوا في نهاية الأمر إقناع عملائهم بنجاح.

إن أكبر عدو لدينا هو عادة أنفسنا. إلى حد كبير، السبب في عدم قدرتنا على التخلص من مشاكلنا هو فقدان الثقة. نحن دائمًا نشكك في إمكانية ائتمانا للمهمة، أو نخاف من

الفشل، إن انعدام الثقة بالنفس له تأثير سلبي على تصرفاتنا وقد يصبح عقبة في طريقنا تجاه النجاح لاحقا. وكما قال سكوت بيك ذات مرة: "إذا كنت محظوظًا بما يكفي لأن تولد شجاعًا، حينئذٍ تهانينا. إذا لم تكن قد طورت هذه الميزة حتى الآن، فقم بغرسها في أسرع وقت ممكن، لأن الناس يحتاجونها حقًا في حياتهم!"

5. كن مستعداً للمساهمة في الجهد

قال ماركس ذات مرة إن النجاح هو تراكم لألاف الإخفاقات. حيث بنيت الحضارة الإنسانية في أيامنا هذه على أنقاض عدد من الصراعات الملحمية. كما يؤمن رن تشنغ في بقوة في هذه الفكرة، حيث كتب في "إحياء ذكرى ليانغ لين" هذه الكلمات المؤثرة:

"يضيء مجد هواوي من آلاف اليراعات. عندما تتوهج، لا يهمها ما إذا كان الآخرون قد رأوا وجهها، أو أي بقعة ضوئية تعطى بها. وعندما لا يكون أحد حولها تستمر في التوهج. إن البريق الذي يوهب من قبلهم ليبقى مجد العلامة التجارية شركة هواوي، إنهم يوهبون حياتهم وشبابهم وصحتهم من أجلنا بكل سخاء".

يؤمن رن تشنغ في أن يانغ لين هي يراعة تمثل ألاف الموظفين في شركة هواوي، هذه اليراعات اللامعة تضيء طريق هواوي نحو التطور، أنهم يضحون بأنفسهم من أجل أن تكون هواوي أقوى وأفضل ويصبحون طوعًا أحجار رصف لطريق هواوي إلى النجاح.

في هواوي، هناك العديد من الأفراد الذين يتفانون بعملهم من دون شكوى، خاصة في مجال تطوير السوق الخارجي، حيث يثبت الموظفون في شركة هواوي تفانيهم بالعمل بشكل كبير.

هذه القصة حدثت على الهضبة الأفغانية القاحلة. حيث كانت الظروف المعيشية هناك سيئة للغاية، وخاصة في فصل الشتاء، عندما تغطي الثلوج الكثيفة الجبال والحقول بأكملها. فالناس الذين كانوا يسيرون على الطريق يمكن أن يلقوا حتفهم من خلال انهيار مفاجئ في أي وقت. وفي الشتاء، كسبت هواوي المناقصة لمساعدة عميل على نقل ما يقرب من 300 محطة قاعدة في الشمال. وبالتالي، سرعان ما وضع الموظفون في شركة هواوي أقدامهم على هذه الأرض.

نظراً لصعوبة مشروع النقل، لم يكن العميل متعاونًا جدًا، مما جعل مضي شركة

هواوي في العمل قدماً صعبا جدا. هذا وقررت الشركة إرسال بعض الموظفين ذوي الخبرة للإشراف على الفريق المحلي وتقديم بعض الدعم الفني حتى يتمكن الفريق من إكمال المشروع في الوقت المحدد. كان المهندس دنغ لي (اسم مستعار) أحد الخبراء الذين تم إرسالهم إلى الفريق. وفي إحدى الليالي، كانوا يجرون أعمال النقل لمحطة قاعدة واحدة حيث انفجر أحد الصمامات في المعدات، وعندما سمع دنغ لي عن ذلك، قرر على الفور تسليم قطع الغيار بنفسه إلى الموقع وتوجيههم لحل المشكلة. نصحه فريق المشروع بعدم الذهاب، لكنه أصر بشدة على الذهاب إلى هناك وطلب منه فريق المشروع الاتصال بهم من حين إلى حين من أجل الاطمئنان عليه. لكنهم فقدوا الاتصال مع دنغ لي بعد مغادرته. وكان فريق المشروع قلقاً للغاية، وسأل الفريق في كل مكان إذا ما سمع أحدهم شيئا عن دنغ لي، وأخيرًا جاءت الأخبار بأن دنغ لي قد وقع له انهيار جليدي في طريقه إلى الموقع.

أرسلت الحكومة الأفغانية فريق الإنقاذ على الفور وبعد 32 ساعة، تم إنقاذ دنغ لي أخيرا من البربخ، حيث حوصر مع العديد من الأشخاص. كان الجميع يعتقد أن دنغ لي سيكون جائعا ويشعر بالبرد لأنه حوصر في بيئة متجمدة تصل درجة الحرارة فيها إلى ما دون الصفر، ولكن ما أثار دهشتهم هو أنه بعد أن خرج دنغ لي من البربخ، أول شيء فعله هو عدم البحث عن الطعام، ولكن الاتصال بالموقع والتأكد من أن الموقع متصل بالإنترنت أم لا. عندما أخبر دنغ لي بأنهم ينتظرون قطع الغيار، فذهب فوراً إلى الموقع بقطع الغيار تلك ولم يعد إلى بيته إلا بعد أن تأكد أن الموقع متصل مرة أخرى. في ذلك الوقت كان قد نسي أنه لم يرتاح أو يتناول الطعام لمدة نحو 40 ساعة متواصلة.

إن شركة هواوي محظوظة جدا في امتلاكها لأفراد مثل دنغ لي، أولئك الأفراد الذين وهبوا أنفسهم للشركة ويعملون بكل ما أوتوا من قوة متناسين أي شيء آخر. هؤلاء الأفراد هم الأبطال الحقيقيون لشركة هواوي كما أنهم الثروة الحقيقية لها. قال رن تشنغ في إنه كان له فرصة قليلة للالتقاء بهؤلاء الموظفين العاديين في هواوي ولكنه يدرك جيدا أنهم كيانغ لين من قسم التسويق، وأنهم يعملون منذ سنوات بكفاءة وليس سعياً وراء الشهرة ولكنهم بكل بساطة وهبوا أنفسهم لعملهم، هؤلاء الناس هم الأبطال المجهولون لشركة هواوي، إن مستقبل هواوي يحتاج إلى مثل هؤلاء الأفراد.

ومع ذلك، فإن شركة هواوي هي منصة كبيرة بحيث لا مفر من وجود بعض الشباب الذين يتوقون للحصول على نتائج فورية. كان هناك موظف جديد يشعر أن رئيسه لم يول أي اهتمام به، لذلك سأل رن تشنغ في: "كيف خلقت شركة هواوي البيئة لنمو موظفيها؟

إذا تـم توفيرنـا دفيئـة زراعيـة بالرمـال والصخـور بغـض النظـر عـن مـدى جـودة البـذور، فلـن ننمـو لنصبـح نبـات." لقـد كان الجـواب الـذي قدمـه رن تشـنغ في فلسفيًّا حيـث قال: "الصحـراء تعتمـد عليـك لتحويلهـا إلى تربـة خصبـة. يجـب أن تكـون لديـك الشجاعـة لتحويـل نفسـك إلى السـماد، وبعدهـا مِكنـك تحويـل الصحـراء إلى تربـة خصبـة. يجـب أن يكـون لديـك روح التضحيـة والتفانـي. إذا لـم يرغب أحـد في التضحيـة بنفسـه وهـو يتمنـى أن تتحـول الصحـراء إلى تربـة خصبـة في يـوم مـن الأيـام ويعتقـد الجميـع أنهـم يأتـون إلى هنا للحصـول عـلى نمـو سريـع وعـلى الآخريـن تقديـم التضحيـات بـدلا مـن قيامهـم أنفسـهم هـم بذلـك، فـإن هـؤلاء النـاس ميؤوسـون. لـذا، فـإن التفانـي الـذي تحدثنـا عنـه هـو تحويلـك إلى السـماد مـن أجـل تحويـل الصحـراء إلى تربـة خصبـة."

يعتقـد رن تشـنغ في أن تطـور شركـة هـواوي لديـه طريـق طويـل لتقطعـه. فتحتـاج الشركـة إلى كل موظـف، خاصـة قـادة الفـرق الذيـن يتحملـون المزيـد مـن الضغـط والمسـؤولية لتكريـس أنفسـهم لعملهـم، ليضعـوا دائـمًا مصالـح الشركـة أمـام المصالـح الشخصيـة وأن يصبحـوا حجـرًا عـلى طريـق الشركـة لتحقيـق النجـاح.

تشجع شركـة هـواوي موظفيهـا الجـدد عـلى أن يكونـوا مثـل الأجيـال القدمـة مـن الموظفـين في الشركـة، بـدون كلـمات خياليـة أو أحـلام كبـيرة، بـل يثبتـون أنفسـهم عـلى أرض الواقـع وينجـزون أعماله.

إنـه مـن المدهـش أن نـرى مـا مكـن أن يقـوم بـه الموظفـون في شركـة هـواوي: حتـى في ليلـة رأس السـنة الجديـدة، تسـلق الموظفـون في شركـة هـواوي برجـا حديديـا بارتفـاع 30 مـترا لصيانـة المعـدات؛ في مسـاء متجمـد تصـل درجـة الحـرارة فيـه لأقـل مـن 30 درجـة مئويـة تحـت الصفـر، كـما كان هنـاك أشـخاص مـن شركـة هـواوي ينتظـرون قطـار النقـل الخـاص بالشركـة خـارج محطـة القطـار في الريـف النـائي في شـمال شرق الصـين؛ في بعـض الأحيـان، يحتـاج الموظفـون في هـواوي إلى الاحتفـاظ بمناصبهـم في الخـارج.

ربمـا يعتقـد بعـض النـاس أن هـؤلاء الموظفـين هـم أزواج غـير كؤيـن أو آبـاء غـير مسـؤولين أو أطفـال غـير بارديـن أو "أغبيـاء" لا يسـتطيعون رعايـة عائلاتهـم، لكـن هـؤلاء الأفـراد هـم الحجـارة التـي تعبـد الطريـق أمـام شركـة هـواوي للنجـاح ولديهـم السـبب الكافـي للفخـر وجعـل أفـراد عائلاتهـم يقدمـون لهـم الدعـم والتفهـم. أتذكـر في منشـور شركـة هـواوي الداخـلي، هنـاك فقرتـان مـن قبـل أحـد أفـراد عائلـة أحـد الموظفـين في هـواوي:

"زوجـي يعمـل في شركـة هـواوي منـذ عـشر سـنوات. في المـاضي، كنـا قـد واجهنـا بعـض الصعوبـات والحـزن في الأيـام التـي قضيناهـا معـا، لكـن معظـم الوقـت كان مليئـا بالسـعادة

والضحك. في بداية الأمر، لم أكن أفهم لماذا يعمل بكل هذا الاجتهاد، ولكن في وقت لاحق توقفت عن التذمر وبدأت في دعمه. وبسبب طبيعة عمله، كان يعمل في عطلات نهاية الأسبوع أو الإجازات، لذلك كان من غير الممكن أن يذهب معي للتسوق. كنت أعد له الطعام وأنتظره لتناول العشاء معه لكنه كان يعود في وقت متأخر جدا. بعد فترة، أصبحت مستاءة للغاية. عندما كنت حاملاً، كنت متأثرة جدا بالحمل، كنت أستفرغ كل شيء أتناوله. لذلك اضطررت إلى المكوث في المستشفى. ساعدني زوجي في الدخول إلى المستشفى ثم عاد إلى العمل على الفور. لاحظ أني كنت مكتئبة بعض الشيء لذا قوى من عزيمتي وقال: "بعد الولادة، سأقوم بقضاء المزيد من الوقت معك ومع طفلنا."

في منتصف يونيو 2009، ولد طفلنا. بقي زوجي معنا لمدة عشرة أيام وتولى العناية بكل شيء: تغيير الحفاضات، وحمل الطفل، وإطعامه الحليب المجفف، وتنظيف المنزل، وأكثر من ذلك. حيث وصفته سيدة كانت معنا في نفس الغرفة بأنه "ممرضة متفوقة". وبعد عشرة أيام، عاد زوجي إلى عمله. كنت مترددة بعض الشيء في السماح له بالذهاب، لكني تذكرت ما كان يقوله دائمًا: "إن الشركة عائلة كبيرة، نحن عائلة صغيرة، ورفاهية عائلتنا الصغيرة تعتمد على الأوضاع الجيدة للعائلة الكبيرة." لذلك لم أطلب منه البقاء معي.

بين "العائلة الكبيرة" و"العائلة الصغيرة"، اختار الموظفون في شركة هواوي خدمة العائلة الكبيرة بكل تفاني من خلال تكريس كل جهودهم. بالنسبة للناس العاديين، هذا يتطلب قدرا هائلا من الشجاعة! لكن الموظفين في شركة هواوي قاموا بذلك من دون ندم، إنهم ليسوا أزواجًا جيدين، وليسوا آباءً مسؤولين، وليسوا أبناء بارين، لكنهم بالتأكيد أكثر الأفراد الذين يثيرون إعجاب شركة هواوي.

واليوم، يمكن لموظفي خدمة عملاء هواوي أن يجلسوا داخل مكان مزود بأحدث الأجهزة والتقنيات المتقدمة. ويجب عليهم أن يشكروا الجيل السابق من الموظفين في شركة هواوي لذلك الإنجاز، حيث أن الجهود العظيمة التي بذلوها قد وفرت هذه البيئة الرائعة. كما أشاد رن تشنغ في مساهماتهم قائلا: "في أيامنا هذه، أنبل شيء هو شعور الناس بالمسؤولية، وأهم شيء هو روح التفاني. كالشموع، أضاء موظفو خدمة العملاء الشركة من خلال التضحية بأنفسهم. واليوم، تتمتع هواوي بسوق جيدة جدا كما كسبت ثقة العديد من العملاء. حيث ينسب الفضل في ذلك إلى زملائنا في مراكز خدمة العملاء الذين حرصوا بشدة على بذل جهود كبيرة وهائلة لتحقيق ذلك."

6. التمسك بموقفك هو مسؤولية فضلا عن كونه فضيلة

هناك بلدة تسمى تشينغشويخه على هضبة تشينغهاي – التبت والتي عرفت منذ فترة طويلة باسم سقف العالم. ثم أصبحت معروفة لدى شركة هواوي بسبب رجل يدعى العجوز خه، الذي كان يعيش في تلك الهضبة الباردة القاحلة لفترة طويلة. وكان مجرد عامل عادي في مجال الاتصالات، فقد كرس شبابه وصحته، وكل ما لديه من أجل مكتب بريد صغير.

كان المكان الذي يعمل فيه العجوز خه هو مكتب بريد قرية تشينغشويخه والذي عرف أيضا باسم مكتب الفرع الأول للنهر الأصفر، كانت قرية تشينغشويخه صغيرة جدا وتقع على الهضبة الباردة في ظروف بيئية صعبة ولكن عند مقارنتها بهضبة التبت البرية فان القرية تعتبر مكانا مزدهرا نسبيا.

وفي نظر السكان المحليين، كان المكان الذي يعمل فيه العجوز خه، هو أغنى مكان في كل بلدة تشينغشويخه. لذلك سيحاول أحدهم سرقته وبالفعل حدث ما كان متوقعا. فخلال إحدى الليالي الباردة، اقتحم العديد من "الضيوف غير المدعوين" الباب بالسكاكين في محاولة لسرقة المكتب. ومن أجل حماية خزنة تساوي 100 يوان تقريبا، أصيب رأس العجوز خه بجروح خطيرة من قبل هؤلاء اللصوص. بينما تم تمزيق وجه زوجته عدة مرات بالسكاكين. ولا يزال بإمكانك رؤية الندوب العميقة على وجهها حتى اليوم. وعلى الرغم من كل ما حدث، عادوا إلى المكان المحزن بعد أن التأمت جراحهم لحماية مكتب البريد الصغير هذا. كانت لديهم أمنية واحدة فقط وهي توصيل الأخبار والمعلومات بأمان إلى عشرات الآلاف من العائلات.

الولاء هو أحد الفضائل الأكثر قيمة للبشر. حيث أنه يمكن ملاحظته من خلال عواطف الناس وسلوكياتهم. فالمخلصون يؤمنون بما يفعلون ويتمسكون به. كما هو موضح في القصة المذكورة آنفا التي كان فيها الزوجان الجريحان على استعداد للتضحية بأوقات حياتهما الجيدة لتأمين قناة اتصال سلسة، هذا هو أفضل تفسير للولاء.

بصفته موظفًا في إحدى الشركات الشريكة لشركة هواوي، جعل العجوز خه الكثير من الموظفين في شركة هواوي يدركون أهمية المثابرة وقيمة الولاء. فنجاح هواوي ليس مجرد مصادفة. بل يعود الفضل إلى موظفيها المحترفين الذين يحبون ويكرسون أنفسهم لما يفعلونه ولا يستسلمون أبداً. إنهم يحققون أهداف هواوي بالإضافة إلى أهدافهم الخاصة. قال رن تشنغ في ذات مرة: "ماذا كان يعرف شيوي ون وي، وتشنغ باو يونغ، ولي يي نان

عـن المبـدل قبـل خمـس أو سـت سـنوات؟ إن الحـد الأقصى الـذي يمكنهـم فعلـه هـو قيـاس مبـدل صغيـر مـن 40 منفـذًا بمقيـاس متعـدد. في السـابق لم يسـمع هونـغ تيـان فنـغ عـن المبـدل بعـد، وهنـا يمكنـك تخيـل أي نـوع مـن الأوضـاع الصعبـة التـي كنـا نعيشـها في ذلـك الوقـت. في الواقـع، لم يكـن لـدى الشركة المـال لشـراء معـدات مثـل جهاز المقيـاس المتعـدد. وفي وقـت لاحـق، كتـب شـيوي ون وي مقالاً بعنـوان "التعـرف عـلى المبـدل مـن خـلال جهـاز المقيـاس المتعـدد ومرسـمة الذبذبـات". ولكـن الآن يمكـن للمبـدل الخـاص بنـا التنافـس مـع المنتجـات مـن الشركات المشـهورة عالميـا في السـوق. يتميـز مبدلنـا بالعديـد مـن الوظائـف، ولكـن الجـودة ليسـت مسـتقرة بعـد."

يمكـن تلخيـص ملاحظـات رن تشـنغ في عـلى النحـو التـالي: لا مكاسـب بـدون آلام. فعندمـا تحافـظ عـلى معتقداتـك بـإصرار كبيـر وتعمـل بجـد في عملـك، فـإن النجـاح سـيأتي إليـك تدريجيـاً. لذلـك، أقنعتنـا نجاحـات كل مـن شـيوي ون وي، وتشـنغ بـاو يونـغ، ولي يـي نـان وغيرهـم في شركة هـواوي بغـض النظـر عـن المناطـق غـير المألوفـة، طالمـا أننـا نريـد أن نحـدث فرقـا، فإننـا نحتـاج إلى بـذل جهـد متواصـل مـن أجـل الوصـول إلى الهـدف وعـدم التراجـع أو الاستسـلام أبـدا.

خـلال سـنة، وصـل مشـروع معـين مـن شركة هـواوي في الخـارج إلى مرحلتـه النهائيـة، لكنـه توقـف بسـبب العديـد مـن المشـاكل: فالمتعاقـدون لم يدفعـوا للعـمال في الوقـت المحـدد؛ والعـمال لم يأخـذوا قسـطا مـن الراحـة منـذ أسـابيع وأصيبـوا بالتعـب الشـديد. حتـى أن تعطلـت الآلات بسـبب مشـاكل فنيـة. كـما قـام مالـك آلـة مسـتأجرة باسـتعادتها، وبـدأ العـمال المتعاقـدون بجمـع أدواتهـم اسـتعدادا للعـودة إلى ديارهـم. وكان موعـد تسـليم المشـروع يقـترب، وإذا فـات الموعـد النهائـي للمشـروع، فـإن كل الجهـود المبذولـة مـن قبـل فريـق المشـروع سـوف تذهـب سـدى. في ظـل هـذه الظـروف، لم يستسـلم فريـق المـشروع، فقـد توصلـوا إلى إجـماع عـلى أنـه مهـما كان ذلـك صعبـا، فإنهـم سـيلتزمون بمـا وعـدوه للعمـلاء.

بـدا الفريـق بالعمـل فـورا. كان سـونغ تشـي مسـؤولا عـن الحصـول عـلى آلـة، وكان رافيـش مسـؤولا عـن التعامـل مـع المتعاقديـن المحليـين، في حـين أن يانـش ذهـب للتفـاوض مـع رئيـس العـمال المتعاقديـن وطلـب منـه إبقـاء العـمال. بعـد ذلـك بوقـت قصـير، اتصـل المتعاقـد وقـال: "أنـا آسـف يـا أخـي، لا أسـتطيع تقديـم المسـاعدة، لقـد عـاد مشـغلو آلاتنـا إلى منازلهـم، أنـا آسـف."

كـما قـال المتعاقـد المحـلي: "آسـف، لقـد فـات الأوان". في ذلـك الوقـت، حتـى أولئـك العـمال الذيـن كانـوا ينتظـرون هنـاك بـدأوا بالعـودة إلى ديارهـم، ولكنهـم وعـدوا بالعـودة فـورا في حـال تـم تزويـد الآلات.

على الرغم من أن المشكلة الأكبر كانت تكمن في العثور على الآلات، إلا أن كل فريق المشروع والموظفين المحليين بدأوا بالعمل عليه. حتى أن بعضهم طلب المساعدة من أسرهم. لكن للأسف استمروا في الحصول على إجابة "آسف، آسف، آسف" عبر الهاتف، وبدون أن يدركوا أنه مرت أكثر من ساعة وظلمت الدنيا تدريجيا.

لم يفقد فريق المشروع ولا الموظفون المحليون الأمل. واستمروا في البحث عن الآلات. والعمل الشاق يؤتي ثماره. فقد استطاعوا أخيرا من تأمين آلة قبل أن يحل الظلام. وقاموا بتقسيم العمل بشكل واضح بينهم، ثم بدأ الجميع العمل في المشروع على الفور: حيث بدأ بعضهم بالاتصال مع المتعاقدين والعمال، وبعضهم يرتب السائقين لشراء الخبز والكولا. مع هطول الليل، كان هناك عدد أقل من الناس في الشارع، ولكن الآلة كانت في مكانها في النهاية. لقد نسي الجميع أنهم لم يستريحوا بشكل جيد لأسابيع، وهرعوا لإصلاح القناة: القياس، والتنقيب، وزراعة الأنبوب، وإعادة لف اللوحة. كان الجميع مشغولين بإنهاء دورهم في العمل تحت الأضواء. أخيرا، أكملت هواوي مهمة الاتصال لخمسة بروتوكولات للتهيئة الآلية للمضيفين (DHCP) في الوقت المحدد.

روح العمل الجماعي لفريق هواوي وأسلوب عمله الجاد مؤثران جدا. موقفهم من عدم التخلي أبدا ملهم حقا.

في الوقت الحاضر، هناك العديد من الشركات، ليس فقط هواوي، ولا سيما تلك التي احتلت قائمة أكبر 500 شركة في العالم، تولي اهتمامًا بالغا لمهارة موظفيهم. كما تولي شركة كوكا كولا (Coca-Cola) أهمية كبيرة لتمتع موظفيها بروح التفاني في عملهم. وتعتقد الشركة أننا في عصر تفجر المعرفة وأن التكنولوجيا والمعرفة العلمية في مختلف المجالات تتغير باستمرار مع مرور الأيام. لكن الشيء الوحيد الذي يجب أن نحافظ عليه هو موقفنا بشأن عدم التخلي عن العمل. وقيمة هذا الموقف دائما.

مثل شركة كوكا كولا، تتخذ شركة هواوي الاحترافية كمعيار أساسي لتقييم الموظفين. حيث يعتقد موظفو شركة هواوي أن موقفهم بشأن "المثابرة وعدم التخلي" في العمل أكثر قيمة من كونهم أذكياء ومجتهدين في العمل. إذا كنت لا تستطيع أن تثابر على التطور في مجال معين، فإن كل جهودك سوف تذهب سدى. على وجه النقيض، إذا كنا مصممين على فعل شيء جيد والوصول به إلى النهاية، فعندئذ سيكون لدينا الشجاعة لمواجهة أي صعوبات وتجاوز كل العقبات، حتى نصل بالعمل إلى نهاية ناجحة.

في باكستان تبنت شركة هواوي عددًا كبيرًا من المشاريع، وكان عليها التعامل مع مجموعات كبيرة من العملاء. كانت بيئة تسليم المشروع معقدة للغاية. بسبب نقص الموظفين، كان المهندس الصيني شيوي يانغ (اسم مستعار) بحاجة إلى تولي منصب مدير للمشروع بجانب صفته كالمهندس. كل يوم بعد قيامه بتجميع المعدات وتقديم التوجيه الفني للآخرين، عليه أن يقوم بتقديم التدريب للمتعاقدين، والإشراف على عملية تنفيذ المشروع، والتواصل مع العملاء.

في ذلك الوقت، تم إرسال شيوي يانغ إلى باكستان حديثا، ولم يكن لديه القدرة على التكيف مع بيئة العمل المحلية. بالإضافة إلى عبء العمل الثقيل، كان يشعر بالكثير من الضغوط ولم يكن بإمكانه النوم جيدًا. وعندما اقتربت المشاريع من الاكتمال، اشتكى زميله الذي كان يسكن معه في نفس الغرفة من أن شيوي يانغ كان يصدر بعض الأصوات المزعجة أثناء نومه عدة ليال متتالية، مما جعله لا يستطيع النوم. وذات ليلة عندما استيقظ زميله على الأصوات المزعجة مرة أخرى، اقترب إلى جانب شيوي يانغ بدافع الفضول ليسمع ما يتمتم به وسمع بشكل مبهم شيوي يانغ يقوم بتعليم المتعاقدين باللغة الإنجليزية كيفية تشغيل الآلة وتصحيحها وحثهم على الانتباه إلى جودة المنتج وعندما سمع زميل شيوي يانغ هذا، أعرب عن إعجابه به بدلاً من "الشكوى" منه. لقد فهم زميله المعنى الحقيقي للاحترافية من خلال تفاني شيوي يانغ في العمل.

لو لم يكن شيوي يانغ مكرساً لشركة هواوي، لما ذهب إلى باكستان ليعاني من الظروف القاسية. لو لم يكن شيوي يانغ مكرسا للعملاء، لما كان يحلم في تعليمهم كيفية تثبيت الأجهزة؛ لو لم يكن شيوي يانغ مكرسا لعمله، لما كان يتحمل تلك المسؤوليات الجسيمة ويحاول القيام بأفضل ما يمكنه لإنهاء جميع المهام. لذلك، يعد التفاني أحد القوى الدافعة لنجاح هواوي بالإضافة إلى كون أكثر الأصول قيمة لشركة هواوي.

يعمل التفاني بطرق متبادلة، كما قال شكسبير ذات مرة: "كن مخلصًا لحبك، ستحصل على الحب المخلص." عندما تكون مخلصا لشركتك، فان شركتك ستضعك موضعا مهما؛ عندما تكون مخلصًا لعميلك، سيثق عميلك بك بكل ثبات؛ عندما تخلص عملك، سيجلب لك عملك السعادة. لذلك، طالما أننا مخلصون للمجتمع، ولشركتنا، ولمهنتنا، فإن النجاح سيقترب منا أكثر فأكثر.

7. كن أحد الأصول لشركتك

قال خبير إدارة الشركات بيتر دراكر ذات مرة: "إن الميزة الحقيقية الدائمة هي معرفة كيفية التعلم وكيفية جعل عملك الخاص يتطور بصورة أسرع من الآخرين". من أجل الحصول على أداء أفضل، يبذل الموظفون في شركة هواوي جهودًا متواصلة في اكتساب معرفة جديدة، وتعزيز مهاراتهم المهنية، وتوسيع آفاقهم. كل هذا مكنهم من أن يكونوا متقدمين في مجالهم.

قال رن تشنغ في ذات مرة: "نحن نشجع موظفينا على تعلم الأشياء بمبادرتهم الخاصة، لا سيما من خلال الممارسة الحقيقية. إذا تمكنت من تلخيص الخبرات مما قمت به في الوقت المناسب وعلى أساس متكرر، فسوف تتمكن من تحسين نفسك بسرعة كبيرة. كما يوفر تطور الشركة فرصا متكافئة للجميع. إذا أراد أحدهم مواكبة العصر، فعليه تطوير نفسه بشكل مستمر. و"في هذا الصدد، ذكر رن بالتحديد حادث" الاستقالة الجماعية لقسم التسويق في شركة هواوي".

في عام 1996، استقال فريق الإدارة العليا في قسم التسويق في شركة هواوي بأكمله من وظائفهم، بما في ذلك سن يا فنغ، ثم بدأوا جولة جديدة من المنافسة الوظيفية. هذا الحادث المثير للجدل المعروف، في واقع الأمر، هو حالة نموذجية للتحسين الذاتي للموظفين في شركة هواوي. فبعد مرور عام، ذكر سن يا فانغ هذا على وجه التحديد في خطاب له حول الدوافع والأهمية وراء هذا الحادث قائلا:

"كنا نواجه عملاء يتمتعون بقدرة أكبر على اتخاذ القرارات كما يتمتعون بسنوات طويلة من الخبرة والخبرة العميقة في جلب المشاريع الخارجية. لذلك، كان هؤلاء العملاء يقيموننا بالمعايير الدولية. نحن نواجه مشاكل عدم وجود نظام قيادة حديث بالإضافة إلى توجيه الأعمال فيما يتعلق بمبيعات المنتجات المتنوعة. لقد أصبح هذا النوع من القيادة المتمثلة في 'أن الرئيس يأتي في المقدمة'، مسجلا في التاريخ فقط."

من الواضح أن الاستقالة الجماعية لم تكن نقدًا ذاتيًا لشركة هواوي فقط، بل أيضًا عملية لإدراكها لنواقصها، حتى تتمكن من مواصلة التقدم وتعميق معرفتها المهنية. وفي وقت لاحق، أعرب رن تشنغ في عن تقديره العالي لموقف قسم التسويق تجاه التعلم، وقد دعا الآخرين للتعلم من قسم التسويق.

يعتبر التحسين الذاتي العنصر الأكثر أهمية للنجاح. حيث أن هناك عدد قليل من الأشخاص يولدون بقدرات استثنائية، وغالباً ما يكون الفائزون الحقيقيون أولئك الذين لا

يرضون بالوضع الحالي ويجبرون أنفسهم على الاستمرار في التعلم، ومواصلة التقدم والنجاح خطوة بخطوة. قال نابليون هيل ذات مرة: "هناك الكثير من الناس في العالم لم ينجزوا أي شيء لأنه من السهل أن يشعروا بالرضا. إن الخطوة الأولى للتحسين الذاتي هي عدم البقاء على ما أنت عليه. إن عدم رضاك عن الوضع الراهن يمكن أن يساعدك على تحقيق نجاح جديد."

ومن بين هؤلاء الأشخاص الناجحين الذين تطوروا من خلال التعلم المستمر ليكونوا قادة الأعمال، يجب أن نذكر "أول رئيسة تنفيذية نسائية في العالم"، رئيسة مجلس إدارة شركة هيوليت-باكارد (Hewlett-Packard) والرئيسة التنفيذية السيدة كارلي فيورينا. تخصصت كارلي فيورينا في القانون عندما كانت طالبة جامعية، وعلى أساس منطقي، كان يجب أن تصبح محامية بدلاً من قائد في شركة مبتكرة مثل HP. على الرغم من أنها درست التاريخ والفلسفة، لا شيء من هذه يقع ضمن المعايير في أن تصبح قائدة في شركة HP.

في وقت لاحق، أخبرت كارلي فيورينا أحدهم ما يلي: "يعد التعلم المستمر أهم عنصر أساسي للرئيس التنفيذي الناجح. من خلال التعلم المستمر، أقصد أن نلخّص باستمرار الخبرات السابقة من العمل، وأن نستمر في التكيف مع البيئة الجديدة والتغييرات وأن نستمر باختبار أساليب العمل والكفاءة."

"في شركة HP، ليس أنا فقط من يحتاج الاستمرار في التعلم أثناء العمل، ولكن HP بأكملها لديها آلية لتشجيع الموظفين على الدراسة. من حين لآخر، نجلس معا للتواصل مع بعضنا البعض من أجل فهم الآخرين، والتعرف على التطور الجديدة للشركة وتعريف أنفسنا بالتحركات القادمة لهذه الصناعة. هذه الأشياء الصغيرة تضمن أن نستطيع مواكبة العصر وإيجاد طريقة أفضل لتجديد أنفسنا في العمل."

لذلك، إذا أردنا الفوز بالمنافسة الصعبة، يجب أن نكون مثل كارلي فيورينا وموظفي شركة HP، للحفاظ على التعلم والاستفادة من التجارب، ونكون حريصين على اكتساب معرفة جديدة. نحن بحاجة إلى مواجهة الحياة بتواضع، وإدراك أن المعرفة لا حدود لها وليست هناك نهاية للتعلم. وكما قال إسحاق نيوتن: "أنظر إلى نفسك كطفل يلتقط الصدف عن الشاطئ بينما المحيط عميق بعمق المعرفة."

في عام 1994، أصبح لي ده (اسم مستعار) عضوًا في شركة هواوي. كانت مهمته لصق أشرطة الاسم أثناء عملية تجميع المبدل. وبعد أن عمل لبضعة أيام، وجد لي ده أنه يكرر العمل نفسه كل يوم، وبغض النظر عن مقدار الجهد الذي يبذله، كانت كفاءة العمل لا تزال منخفضة للغاية. ومن أجل تغيير هذا الوضع، اشترى بعض الكتب حول المبدل و

ACD. ثم بدأ يتعلم منها في وقت فراغه. وفي الوقت نفسه، بادر لي ده في التحدث مع بعض كبار الموظفين للتعرف على المنتجات. وأخيرًا، حصل على فهم واضح للمبدل، مما أدى إلى تحسين كفاءة عمله في لصق شريط الاسم.

بعد ذلك بوقت قصير، دخلت شركة هواوي رسميا في مرحلة الإتاج التجريبي لنظام الاتصال اللاسلكي (ETS). في ذلك الوقت تم إرسال لي ده إلى ورشة عمل ETS وكان مسؤولا عن أعمال التجميع للمحطة. ولأنه لم يكن ذو خبرة في عملية التجميع، بادر لي ده إلى دراسة ملفات التصميم الخاصة بعملية التجميع في مصنع التجميع العامة. التزم بتعلم القليل عنها كل يوم حتى أتقن المعرفة الأساسية لنظام المعالجة بأكمله.

عندما كان لي ده يعمل في مصنع التجميع، أيقن أن المصنع يحتاج إلى مخطط لسير العمليات في ذلك الوقت لم يكن مصنع التجميع مزودا بأجهزة الكمبيوتر بعد، لذلك سيتم رسم المخطط يدويًا وذلك استغرق وقتا طويلا ولم يكن المخطط يبدو جيدًا. لذلك قرر لي ده القيام بدور ريادي ودفع ماله الخاص لشراء جهاز الكمبيوتر وبدأ بتعلم برنامج الأوتو كاد Auto CAD (نوع من برامج الرسومات). وفي وقت لاحق، أصبح لي ده الخبير الوحيد لبرنامج الأوتو في ورشة العمل. ونتيجة لذلك تم تحسين كفاءة وجودة أعمال التصميم بشكل ملحوظ. ومنذ ذلك الحين، تم تجهيز مصنع التجميع بمخططات جديدة تماما.

إن السبب وراء تطور لي ده المستمر وجعله أصلا من أصول الشركة هو رغبته القوية بالتحسين الذاتي وقدرته على وضع ما يطمح إليه موضع التنفيذ. وقد قال لي ده في وقت لاحق إنه: "خلال السنوات الست التي أمضيتها في شركة هواوي، لم أتوقف عن التعلم أبداً. ليس لديّ مُثل عليا أو أهداف طموحة، لكن الغرض من تعلم تلك الأشياء هو القيام بالعمل بشكل جيد وجعله أسهل." من الواضح أنه في ظهر لي ده، أنه لا يوجد طريق مختصر للتطور، ولكي تتطور، عليك الاستمرار في التفكير والتعلم بجد وتطبيق المعرفة المستفادة في الاستخدام العملي.

يستمر المجتمع بالتقدم. عندما يتغير العالم الخارجي مع كل يوم يمر، تود كل شركة أن يكتسب موظفوها مهارات جديدة لخلق قيمة أكبر للشركة. لذلك على كل واحد منا مواكبة العصر. فقط من خلال تعلم شيء جديد وتحقيق بعض التقدم كل يوم، يمكننا تلبية احتياجات تنمية الشركة والتبرز وسط المنافسة الشديدة في السوق.

الفصل الثاني

التوجه نحو تحقيق النتائج

إن إعطاء الاهتمام لاحتياجات العملاء والتركيز على توفير منتجات وخدمات قيمة يوفر القوة الدافعة نحو التقدم في الإدارة التنفيذية لشركة هواوي وتدرك الشركة أهمية ذلك في مساعدتها على إحراز تقدم عظيم.

1. التركيز على الأعمال الأساسية وكن واقعيا

قال معلم إدارة الأعمال العظيم بيتر دركر ذات مرة: "لا يمكن لأي شركة أن تفعل كل شيء، حتى لو كان لديها ما يكفي من المال، فلن يكون لديها ما يكفي من المواهب." بهذا القول، لم يكن دركر يشتكي من قلة المواهب ولكنه كان يذكرنا بضرورة التركيز على الأعمال أساسية والعمل على الأشياء التي لدينا ميزة تنافسية فيها.

وهناك قصة مشهورة:

يحكي أنه كان هناك رجلان يحفران الآبار. كان لدى أحدهما اهتمامات واسعة وهوايا مختلفة بينما كان الآخر رجلًا صادقًا يعمل بجد ويركز في عمله. وبعد أن بدءا في الحفر، حفر الرجل الذي يمتلك الكثير من الهوايا أول بئر ولم يجد به ماء فانتقل إلى مكان آخر ليبدأ الحفر من جديد، لكنه لم يحظ بشيء. بينما فكر الرجل الآخر بطريقة أخرى، حيث أنه استمر في حفر نفس البئر وكان مقتنعا أنه سيكون ماء في مكان ما هناك بالأسفل. بعد قليل، خرج الماء من هذا البئر. وعندما أظلم اليل، أصبح الرجل الأول عطشا ولم ينته إلا

ليرى أن الشخص الثاني يشرب ماءً طازجا بجانب بئر عميق. واستدار ثم نظر إلى تلك الحفر الضحلة وراءه، وأدرك السبب الكامن وراء الاختلاف في نتيجة عملها فجأة.

ترتكب الكثير من الشركات ومدراءها الأخطاء عندما تفقد التركيز على الأعمال الأساسية. حيث أنهم يغيرون أفكارهم في كثير من الأحيان كما أنهم يتعاملون مع الأشياء بسطحية، لذلك، بطبيعة الحال لن تكون النتائج مرضية للغاية. لقد علمتنا هذه القصة أن أفضل طريقة للفوز في منافسة السوق هي توجيه كل طاقتك وجهودك على نقطة واحدة مثل التركيز على الأعمال الأساسية للشركة وبطبيعة الحال فإن ذلك سيعود عليك بنجاح كبير.

في بداية تأسيس شركة هواوي، اعتقد رن تشنغ في نفسه أنه من السذاجة اختيار مجال الاتصالات، لأن آفاقه التنموية غير واضحة. ولكن منذ أن قرر رن تشنغ في العمل في مجال الاتصالات، قام بتخصيص كل موارده لهذا الهدف المنفرد والاستمرار في الاستثمار في هذا المجال. وبعد 10 سنوات من العمل الدؤوب والتطور، أصبحت هواوي شركة عملاقة عالمية. خلال ذلك الوقت، توفرت العديد من الفرص الاستثمارية في كل من الصين والخارج في مجالات العقارات وسوق الأوراق المالية التي كانت أكثر ربحا من مجال الاتصالات والتي كانت تعتبر فرصة ضخمة بالنسبة للكثير من رجال الأعمال، حينها تخلت العديد من الشركات التي قامت بتأمين حصة معينة من السوق مثل شركة هواوي، عن أعمالها الأساسية التي كانت تتمتع فيها بميزة تنافسية، وبدلاً من ذلك، تحولت إلى بدء أعمال تجارية جديدة في مجالات أخرى. وعندما كانت شنتشن في حالة من فقاعات السوق العقارية وسوق الأوراق المالية، اختارت العديد من الشركات الاندماج في هذه المجالات المربحة جدا، على أمل الحصول على حصة ضخمة، ولكن هواوي لم تتبع هذا الاتجاه.

في عام 1998، ألقى رن تشنغ خطابا بعنوان "كم المدة التي يمكن أن تبقى فيها شركة هواوي ناجحة"، والتي عبر من خلاله على تصميمه على جعل شركة هواوي موردا للمعدات. كان يريد الشركة التركيز على تطوير التكنولوجيا، وإصلاح أعماله الأساسية في مجال الاتصالات. على الرغم من أن الكثير من الأشخاص كانوا ضد هذه الفكرة في بداية الأمر، إلا أنه بعد فترة من الكفاح، تم وضعه كالهدف الأسمى.

يعتقد رن تشنغ في أن شركة هواوي تشبه عدسة محدبة تركز طاقة الشمس إلى نقطة واحدة، بحيث يمكن أن يتجاوز مقدار الطاقة حزمة بسيطة من الضوء. وإذا تمكنت شركة هواوي من التركيز على الأعمال الأساسية الخاصة بها في مجال الاتصالات والعمل على التطور التكنولوجي، فإنها ستتمكن من تحسين قدرتها التنافسية من خلال الاحتراف

والاختصاص في مجالها مما سيمهد طريقها للنجاح.

ومن بين أكبر 500 شركة في أنحاء العالم، فإن العديد منها خطا نفس خطى شركة هواوي التي ركزت على الأعمال الأساسية من منطلق براغماتي وركزت جميع جهودها ومواردها على الأعمال الأساسية، هذه الشركات مثل شركة كنتاكي المتخصصة بالوجبات السريعة وشركة كوكا كولا المتخصصة في المشروبات الغازية وشركة هاير المتخصصة الصينية في مجال إنتاج الأجهزة المنزلية.

ومن أجل تعزيز قدرتها التنافسية الأساسية، تتبنى هواوي إستراتيجية تنافسية تتمثل في "تعديل منظومة الأعمال التجارية، وتجاهل الأعمال غير الأساسية، وبناء القدرة التنافسية الأساسية"، وبالتالي، يمكنها توفير معظم طاقتها ومواردها من الأعمال غير الأساسية. وكنتيجة لهذه الإستراتيجية، بحلول نهاية عام 1999، قامت هواوي بتأسيس شراكة مع شركة واحدة فقط، على الرغم من أن العدد ارتفع في عام 2003 إلى أكثر من 200 شركة، وجميع الشركاء بشكل عام إما شركات هندسة اتصالات أو شركات ناشئة أنشأها الموظفون الداخليون لشركة هواوي. تقوم شركة هواوي بتزويد شركات التعاون هذه بالتكوين والتشغيل والصيانة والإصلاح وغيرها من الأعمال غير الأساسية حتى تتمكن نفسها من التركيز على تطوير أعمالها الأساسية.

ومع ذلك، فيما يتعلق بإدارة الأعمال، لا تحتاج الشركة إلى التركيز على أعمالها التنافسية الأساسية فقط، بل على جميع مديريها أن يفعلوا نفس الشيء. حيث يأخذ المدير على عاتقه مسؤوليات لإنهاء العديد من المهام الشاقة كل يوم. ومن أجل إنجاز كل هذه المهام، يحتاج المرء إلى التفاني الكامل، ولكن لا أحد لديه طاقة لا تنضب أو وقت غير محدود. لذلك إذا لم يتمكن المدير من التركيز على مهامه الأساسية، فإنه لن يكون قادراً على الحفاظ على حبه لعمله على المدى الطويل، الأمر الذي سيؤدي بكل تأكيد إلى خسارة للشركة.

وللحفاظ على التركيز على الأعمال الرئيسية يتطلب من المدير أن يكون متفانيا ومهتمًا بل مهووسًا بعمله. كما يحتاج إلى أن يكون قادرا على تحمل الشعور بالوحدة والإغراءات المحيطة به. وكما قال رن تشنغ في "نطلب من موظفينا الرئيسيين التركيز على أعمالهم. وتحمل هذه الجملة شعورا كبيرا بالمسؤولية." على جميع القادة في شركة هواوي التفكير في كلمات السيد رن تشنغ في بشكل دقيق لفهم المعنى العميق الذي تحمله.

لا تطلب شركة هواوي من مديرها التركيز على الأعمال الأساسية فقط، بل من موظفيها أيضا. يطلب رن تشنغ في عدد أقل من الامتحانات للموظفين لأنه يعتقد أن

الكثير من الامتحانات سوف تشتت تركيزهم وتمنعهم من تقديم مساهمات أكبر في عملهم. إذا قامت الشركة بإجراء الكثير من الاختبارات لموظفيها، فإن ذلك سيكون في صالح أولئك الذين يجيدون الامتحانات ولكنهم ليسوا ماهرين في عملهم، في حين أن أولئك الذين يتمتعون بمهارة في العمل ولكنهم ليسوا بجيدين في الامتحانات قد يعانون من فشل فيها. وفي كلتا الحالتين لا أحد يستطيع تخصيص كل وقته وجهده من أجل أداء أفضل في العمل.

لدى شركة هواوي تقليدًا حيث أنه إذا كان الموظف يعمل حتى الساعة 9:00 مساءً، فعندئذ يمكنه الحصول على عشاء مجاني. لذلك يتهكم بعض الموظفين قائلين: "يدعوني رئيسي لتناول العشاء كل ليلة." وهذا يربك الكثير من الناس: "كيف يمكن لرئيسك أن يدعوك لتناول العشاء كل يوم؟" ولكن في حقيقة الأمر أنه إذا كان موظفو هواوي ما زالوا في الشركة حتى الساعة التاسعة مساء، بغض النظر عن أنهم يعملون لوقت إضافي أو أنهم باقون لوقت متأخر، سيتم تقديم لهم عشاء مجاني. وقد أدى هذا النوع من الإجراءات الشكلية إلى حد ما، إلى زيادة عبء الموظفين وعدم تشجيعهم على إمضاء مزيد من الوقت على مهامهم الرئيسية. في هذا الصدد، شدد رن تشنغ في على بعض النقاط في الخطاب الذي ألقاه في عام 2010: "لا يمكننا أن نحصر أنفسنا بشكل صارم في الشكلية. يجب علينا تقليل الاجتماعات والامتحانات لتمكين موظفينا من الحصول على مزيد من الوقت للتركيز على عملهم."

واليوم، يشبه الموظفون في شركة هواوي مجموعة من الذئاب التي تفضل التخلي عن الفريسة الصغيرة السهلة وتوحد قواها لمطاردة حيوانات الرنة أو غيرها من الفرائس الكبيرة. هذا هو السبب الذي يجعل هذه الذئاب تحافظ على الفرائس للتمتع لها. وهو أيضا السبب الرئيسي وراء التزام هواوي بمجال الاتصالات وامتلاكها القدرة القوية على التنفيذ.

2. التوجه نحو التسويق التجاري

كما أشار رن تشنغ في في مقالته بعنوان "كم المدة التي يمكن أن تبقى فيها شركة هواوي ناجحة" قائلا "نحن بحاجة إلى التركيز بشدة على تسويق المنتجات، يجب أن يكون نظام التقييم بأكمله موجها للتسويق لتعزيز نضوج فريق البحث لدينا. يجب أن يتحمل مديرو منتجاتنا المسؤولية طوال العملية من تطويرها واختبارها وإنتاجها إلى خدمة

ما بعد البيع والتسويق، ولتنفيذ نظام إدارة متكامل يغطي شريان الحياة الكامل للمنتج. وذلك يتطلب منا تأسيس إحساس بالسلع، مما يعني أنه بدءًا من التصميم، نحتاج إلى بناء ميزاتنا في التكنولوجيا والجودة والتكلفة والخدمة. وهذا هو أيضا قضية إدارة القيمة."

يؤكد رن تشنغ في على أن جميع أعمال شركة هواوي أو تقييم أدائها يجب أن يتمحور حول التسويق وهذا يوضح أهم المتطلبات الأساسية في التطبيق لدى شركة هواوي، ألا وهو تلبية احتياجات الزبائن وخلق قيمة للشركة.

قامت شركة Bell بتطوير منتجات أشباه الموصلات، حيث تعد سويسرا أول دولة تقوم بصنع ساعة بمهارة فائقة، لكنها كانت مختلفة عن اليابان التي نجحت في تحويل التكنولوجيا إلى سلع أساسية واكتساب القيمة السوقية المناسبة. وكما يقول الناس في شركة هواوي دائمًا إن التكنولوجيا تُستخدم لكسب الأموال، في حين أن التقنيات التي يمكن بيعها هي التي تمتلك القيمة فقط.

مرت شركة هواوي بالكثير من الدروس التي لا تنسى خلال عملية تنميتها.

في عام 1992، كان تشنغ باو يونغ على استعداد لقيادة عشرات المطورين لتطوير مبدل OSN. وفي ذلك الوقت، كان لديهم فقط خبرة في تطوير مبدلات المقسمات الهاتفية الفضائية SPC ولم يعرفوا شيئاً عن مبدل OSN. لذا، قرّروا تطوير مقسم هاتفي فضائي SPC وتم تسميته JK1000.

في عام 1990، بلغت حصة الهاتف الثابت في الصين 1.1% فقط، وذلك احتلت المرتبة 113 في العالم. في عام 1992، قدرت شركة هواوي أنه وفقًا للهدف الإجمالي لصناعة لاتصالات في الصين، سيصل معدل انتشار الهاتف الثابت من 5% إلى 6% بحلول عام 2000، وبالتالي، فإن مبدل SPC الرقمي المتقدم لم يعد مناسبًا للصين.

مع ذلك، لم يكن هذا التقدير صحيحًا على الإطلاق. فبحلول عام 2000، كان معدل انتشار الهاتف الثابت في الصين أعلى بعشر مرات من المعدل المتوقع، وهو ما ينبأ بمستقبل JK1000.

بعد أن قامت شركة هواوي ببذل كل جهودها ومواردها واستثمارها الضخم في مجال البحث والتطوير في مجال مبدلات المقسمات الهاتفية الفضائية SPC، تم إطلاق JK1000 أخيراً في السوق. وفي أوائل عام 1993 حصلت على إذن للوصول إلى الشبكة الوطنية من وزارة البريد والاتصالات في شهر مايو. كانت هواوي مليئة بالعزم والتفاؤل في تحقيق فوز ساحق في السوق.

وبحلول نهاية عام 1993، أصبحت تكنولوجيا التحويل الرقمي التي يتحكم فيها

البرنامـج تحظـى بشـعبية كبيرة، وبالتـالي فـإن حصـة السـوق مـن المقسـم الهاتفـي الفضائـي JK1000 الـذي أصدرتـه شركـة هـواوي حديثًـا كانـت معرضـة للخطر، وسرعـان مـا تم استبدالـه بمبـدل SPC الرقمي.

هـذه التجربـة المريـرة جعلـت السـيد رن يـدرك أنـه يجـب عـلى فريـق البحـث والتطويـر لشركـة هـواوي أن يحـول اعتمـاده مـن التكنولوجيـا إلى السـوق، ويركـز عـن كثـب عـلى التسـويق التجـاري للمنتجـات ولا يبـدل أي جهـود في تطويـر "التكنولوجيـا الراقيـة في العـالم التـي لا يمكـن بيعهـا". كمـا طلـب السـيد رن تشـنغ في مـن موظفـي شركـة هـواوي ألا يكونـوا مثـل موظفـي Bell في الفـترة المبكـرة الذيـن كانـوا يدركـون كيفيـة تطويـر تقنيـات جديـدة ولكنهـم لم يهتمـوا بكيفيـة تحويـل هـذه التكنولوجيـا إلى منتجـات تجاريـة.

يجـب أن يكـون كل جهـد مبـذول في العمـل موجهـاً نحـو النتائـج. وهـذا ليـس مجـرد طلـب لقسـم البحـث والتطويـر لاتخـاذ التسـويق كهـدف فقـط، بـل هـو دعـوة لجميـع الموظفيـن مـن الإدارات المختلفـة لتنظيـم عملهـم مـع وجـود التسـويق التجـاري في أذهانهـم. وبهـذه الطريقـة فقـط يمكننـا الاستفـادة الكاملـة مـن المـوارد المتكاملـة والجهـود المتضافـرة لتحقيـق التسـويق التجـاري للمنتـج النهائـي أو الخدمـة. وتعطـي هـواوي الدعـم الكامـل لدمـج جميـع أقسـامها مـن حيـث التسـويق والبحـث والتطويـر مـن أجـل الحصـول عـلى حصـة في السـوق.

في عـام ١٩٩٦، ظهـرت فـرص لمنتجـات شبكـة الوصـول (AN) بشـكل مفاجـئ في سـوق الاتصـالات السـلكية واللاسـلكية في الصيـن بسـبب سـماح وزارة البريـد والاتصـالات للمكتـب السـابق للتحويـل بتبنـي وحـدات المسـتخدمين الأخـرى مـن خـلال الواجهـة التقنيـة V52. ومـع ذلـك، في بدايـة الأمـر، لم يكـن تطويـر منتجـات شبكـة الوصـول مـن قبـل فريـق البحـث والتطويـر في شركـة هـواوي جيـدًا، نظـرًا للصـراع بيـن منتجـات شبكـة الوصـول وقسـم أعمـال المبـدلات، حيـث يعتـبر قسـم أعمـال المبـدلات هـو القسـم الأكـبر في قسـم البحـث المركـزي في شركـة هـواوي. ومنـذ المرحلـة الأوليـة، تم تطويـر منتجـات شبكـة الوصـول مـن قبـل قسـم واحـد فقـط، في حيـن كانـت مـوارد البحـث والتطويـر الداخليـة غيـر كافيـة، لذلـك كان التقـدم في التطويـر بطيئًـا نوعًـا مـا. وبالنظـر إلى أن حصـة منتجـات شبكـة الوصـول لشركـة ZTE التـي تعـد منافسـا قديمـا بالنسـبة إلى شركـة هـواوي، ارتفعـت بشـكل كبـير في السـوق، إلا أن حصمهـا الجديـد شركـة UT Starcom كانـت تنمـو بسرعـة مـع منتجـات شبكـة الوصـول، لذلـك أرسـل قسـم التسـويق بشركـة هـواوي العديـد مـن التقاريـر التحذيريـة إلى مقرهـا الرئيـسي. وقـد استدعـى رن تشـنغ في رئيـس قسـم البحـث المركـزي لي يـي نـان حينـذاك إلى مكتبـه ووبخـه بقسـوة. وكان هـذا بمثابـة دعـوة لإيقـاظ لي يـي نـان.

بحلول نهاية عام 1996، أنشأت قسم البحوث المركزي فريق مشروع خاصا بين الأقسام المختلفة لتطوير منتجات شبكة الوصول الجديدة. كان الفريق يتألف من أفراد من قسم أعمال الوسائط المتعددة، وقسم أعمال المبدلات، وقسم أعمال النقل، وقسم الأعمال اللاسلكية. وكان الغرض من إنشاء فريق المشروع الجديد هذا هو تشارك الموارد والجمع بين مزايا المنتجات والتكنولوجيا لزيادة القدرة التنافسية الجوهرية للشركة.

قام كل قسم أعمال بإرسال موظفيها الرئيسيين للانضمام إلى فريق المشروع. حيث تعاون جميع أعضاء الفريق في حل المسائل الفنية وإعداد المعلومات الفنية تحت إشراف القيادة العامة لفريق المشروع. بالإضافة إلى الموظفين الرئيسيين، عقدت جميع أقسام الأعمال مشاورة مشتركة حول القضايا المتعلقة بمنتجات شبكات الوصول وأحداث التطورات في المنتجات الخاصة بها من أجل تكييفها مع النسخة الجديدة من منتجات شبكة الوصول الخاصة بشركة هواوي. بعد إنشاء فريق المشروع المشترك بين الأقسام، حققت شركة هواوي اختراقات في قضية التقنية الرئيسية للمنتجات الجديدة في غضون ثلاثة أشهر، وطرحت تطبيقات حول كيفية إنشاء شبكة الوصول بطريقة مبتكرة وتطوير خدمات الاتصالات الجديدة (مثل الوصول إلى خدمات ETS اللاسلكية ومؤتمرات الفيديو). وبفضل التعاون الكامل بين جميع أقسام الأعمال في شركة هواوي، أصدرت الشركة منتج شبكة الوصول الجديد الخاص بها الذي كان منافسًا عاليًا من حيث الوظيفة والتكلفة.

كان السبب في أن منتجات شبكة الوصول الخاص بقسم البحوث المركزي في شركة هواوي لم يعمل بشكل جيد في مرحلتها الأولية لأن القسم قام بعمل التطوير بشكل مستقل وفشل في تشارك المعلومات والموارد مع الأقسام الأخرى. وبالتالي، فإن المنتجات المطورة لا يمكن أن تتطابق مع الوحدات الأخرى. وفي وقت لاحق، أنشأت الشركة فريق البحث والتطوير عابر الأقسام وأجرت مشاورات مشتركة لتنسيق مطالب ومتطلبات جميع الجوانب وأخيراً حدد أفضل تصميم لمنتج شبكة الوصول وحقق اختراقا في التقنية الرئيسية. لذلك، يمكننا أن نرى أهمية التركيز نحو النتائج في تنفيذ الأعمال. إذا لم نفكر في النتيجة، فإن جميع الموارد والفرص سوف تذهب سدى.

لزيادة تعزيز التفكير الموجه نحو التسويق التجاري وتنفيذه في شركة هواوي، يجب أن تلتزم جميع الأعمال بمبادئ التقييم والتقويم الموجهة نحو النتائج وتقبلها.

قال أحد مدراء المشاريع في شركة هواوي ذات مرة: "قبل أن أصبح مديرًا، كنت أعمل دائمًا حتى منتصف الليل ولم أكن أستريح في عطلات نهاية الأسبوع. كنت أعيش في كل يوم حياة مجتهدة، كنت أعيشها بين الشركة والمنزل، وهذا ما جعلني أحصل على التقدير من

رئيسي. وفي ذلك الوقت، كنت أعتقد أن العمل الإضافي يساوي العمل الجاد. ولكن بعد ترقيتي مديرا للمشروع، بدأت في حث أعضاء فريقي على العمل لساعات إضافية كل يوم لإظهار قيمتهم. ومع ذلك، فقد أخبرني رئيسي يوما أن تقييم كفاءة عمل الشخص لم يكن لمعرفة ما إذا كان متعبًا أم لا، أو أنه عمل وقتًا إضافيًا أو لا، أو أنه عمل وقتًا إضافيًا أو لا، ولكن بالنظر إلى نتائج العمل التي قدمها."

العمل الإضافي لا يعني العمل بجد؛ كما أنه لا يمكن قياس العمل الجاد أو الحكم عليه بساعات العمل الإضافي. أشار مدير شركة هواوي إلى أن تقييم العمل يجب أن يكون موجهاً نحو النتائج المحققة. وذلك يعني أن جميع التقييمات يجب أن تكون موجهة للتسويق التجاري.

بغض النظر عن مقدار الجهد الذي يبذله أي قسم أو موظف، إذا كانت النتيجة سيئة أو منخفضة الكفاءة، فإن كل ما تم القيام به لن يكون مفيدًا للشركة على الإطلاق. لذلك، ينبغي أن يكون تقييم العمل موجها نحو تحقيق النتائج.

وإذا كنت لا تهتم بالتسويق التجاري، حتى إذا كان منتجك جيدًا وعملت بجهد كبير، فإن ذلك سيقوض أو يقلل أداء الشركة.

٣. كن واضحا فيما تريد التوجه إليه

بالإضافة إلى تنفيذ التفكير الموجه نحو التسويق التجاري، يجب علينا أيضًا أن نكون واضحين في أهداف العمل. العمل كالصيد، والفريسة هي هدفك. يجب عليك معرفة وتحديد الهدف الخاص بك قبل اتخاذ الإجراءات أولا.

وجود هدف واضح هو الخطوة الأولى في العمل. فمن خلال وجود هدف واضح، يمكننا وضع الأمور في نصابها الصحيح وإتمام المهمة بسهولة.

قد يبدو هذا سهل الفهم، ولكن لا يتم تنفيذه بشكل صحيح من قبل الناس في عملهم. حتى بالنسبة لشركة ناجحة مثل شركة هواوي، في مرحلتها الأولية، أهمل العديد من الموظفين مبدأ العمل هذا.

في المرحلة الأولية من تأسيس شركة هواوي، غالبًا ما كانت تعاني من تحقيق نتائج لا تتوافق مع الأهداف المتوقعة. وغالبًا ما تجعل هذه المشكلة الشركة في ورطة. وخلال ذلك الوقت، كان كل من قسم التخطيط وموظفي شركة هواوي يتعرضون لضغط كبير.

لذا، أرسلت الشركة موظفين مختصين للتحقيق في هذه المشكلة. وبعد زيارة بعض الموظفين، اكتشف المحققون أن معظم الموظفين لم يعرفوا الجدول الزمني والموعد النهائي للمهام المسندة إليهم، ولا الطرق التشغيلية ومعايير التنفيذ.

واعتاد هؤلاء الموظفون على دمجهم في عمل جاد متواضع فورا بعد تعيينهم في مهام معينة دون قضاء الوقت في التفكير فيما يجب أن يكون الهدف.

وبعد هذه التجربة المريرة، قرر موظفو هواوي التفكير في أنفسهم ووجدوا أن المشكلة كانت في طريقتهم للعمل: بعد أن قبلوا مهامًا معينة، بدأوا العمل على الفور دون أن يعرفوا بوضوح الهدف منها. هذا جعل عملهم بلا هدف.

في بعض الأحيان يقوم الموظفون بتغيير أهدافهم أثناء التنفيذ، أو حتى في أسوأ السيناريوهات، وجدوا أن النتائج لا تلبي الهدف على الإطلاق إلا عند الانتهاء من عملهم.

في أغلب الحالات يكون الفائز من يحدد أهدافا واضحة وليس من يجهد نفسه بالعمل طوال اليوم، يجب تشجيع روح العمل الجاد في حين أن أساليب العمل للفائز هي أكثر قيمة للتعلم. وفي مثل هذه الظروف، طرح رن تشنغ في فلسفة العمل التي تنطلق تحت شعار "تحديد الهدف قبل إطلاق النار."

يذكر هذا الشعار الموظفين في شركة هواوي بضرورة تحديد أهداف واضحة وعدم إضاعة الموارد القيمة، كما أكد رن تشنغ في مقال في له:

"عندما نواجه منافسة دولية شرسة، يجب علينا أن نعزز قدراتنا المستقبلية في تحليل متطلبات العملاء المستقبلية واتجاهات تطوير التكنولوجيا، والتخطيط للمستقبل واتخاذ الاحتياطات، من أجل تحويل وضعنا السلبي بشكل جذري ومحاولة اللحاق بالآخرين كقادم متأخر في هذه الصناعة؛ يجب علينا تعزيز الفهم الدقيق لاحتياجات العملاء، وتحسين معدل نجاح تحقيق الهدف، والحد من الاستهلاك غير الضروري؛ كما نحتاج أيضًا إلى تعزيز الإدارة على متطلبات الخط الأمامي، وتقديم وعود منطقية حتى نترك وقتًا كافيًا للخط الخلفي للتسليم، ونخفف من إمكانية تنظيم فريق الطوارئ للعمل على حل المشاكل."

إذا، كيف وضع الموظفون في شركة هواوي كلمات رن موضع التنفيذ؟ دعونا نأخذ الموظفين في قسم المبيعات في شركة هواوي كمثال، عادة ما يحددون العملاء المستهدفين ثم يقومون بعد ذلك بفحص معلومات العملاء ويأخذون كل حالة البيع كمشروع. وعند تنفيذ عملية البيع، يقومون بتحديد الأهداف خطوة بخطوة ضمن الخطة. على سبيل المثال، يتم تحديد جدول عمل لتأمين حصة سوقية بحد أدنى 50% من مشروع واحد والاستعداد للحصول على 80% وبذل الجهود من أجل الحصول على 100%.

ومن ثم، سيبدأ فريق المشروع في الكفاح من أجل تحقيق هدف 100٪. حيث يقوم بتسجيل جميع المعلومات المتعلقة بالعملاء والمزايا والعيوب لمنافسي شركة هواوي، فضلاً عن الإستراتيجيات التي يعتمدها المنافسون، وذلك من أجل وضع خطة عمل مفصلة. ومجرد الانتهاء من وضع الخطة، سيبدأ جميع أعضاء فريق المشروع في العمل عليها.

إن عملية "الهدف - الخطوة - الإجراء" تجعل هواوي تشهد ارتفاعا متزايدا في المبيعات. والنتائج في كثير من الأحيان بالمعنى الحقيقي تحقيق الأهداف بنسبة 100٪. والأهم من ذلك أن "روح الذئب" لموظفي شركة هواوي يتم تنفيذها بدقة من خلال هذه التفاصيل.

4. لا تتعجل في أي شيء

مهما كانت الصناعة التي نعمل فيها، فإذا حققنا شيئًا في عملنا، فسوف يكون لدينا شعورا بالرضا. هذا النوع من الرضا الذاتي يمكن أن يعمينا عن الواقع ويجعلنا أكثر ثقة في القيام بعملنا. ماذا سيحدث إذا أصبحنا أكثر ثقة؟ إن الثقة يمكن أن تجعلنا نصبح شجعان ومتهورين، ومن ثم سنبدّل موقف عمل حذرا وموجّهاً بالتفاصيل ونبدأ بالقيام بالأمور بطريقة متهورة دون أخذ تقييم المخاطر والوقاية منها في عين الاعتبار. وبطبيعة الحال، لا يمكن للاندفاع تحقيق أي آثار إيجابية، بدلا من ذلك ربما يؤدي إلى فشل الفرد أو حتى الشركة بأكملها.

أجرت مجموعة ستاندش الأمريكية (American Standish Group[1]) تحليلاً إحصائيًا لمعدل نجاح أكثر من 8400 مشروع في عام 1994، حيث أظهرت النتائج أن: أكثر من 34٪ من المشاريع فشلت تمامًا في تحقيق الأهداف العامة. وأكثر من 50٪ من المشاريع لم تكن ناجحة، ولم يحقق سوى أقل من 16٪ من المشاريع هدفها العام.

ربما تعتقد أن هذا التحقيق لا يمكن أن يظهر العلاقة الوثيقة بين مشروع فاشل ونقص تقييم مخاطر العمليات والتنبؤ بها، لأن فشل المشروع قد ينتج أيضًا عن سوء الإدارة أو مستوى عالٍ من صعوبة المشروع نفسه. ومع ذلك، إذا كنت شاهدت التجارب الحقيقية لموظفي شركة هواوي، فسوف تبدد شكوكك قريبًا.

---

1. معهد أمريكي متخصص في متابعة نجاح وفشل مشاريع تكنولوجيا المعلومات.

كانت التكلفة الإجمالية لأول مشروع لدخول السوق في مقاطعة H أكثر من 8 ملايين يوان صيني. كان هذا المشروع بمثابة فرصة نادرة لشركة هواوي خلال فترة بدايتها. وعلى الرغم من أن المهلة الزمنية المحددة للمشروع كانت شهرين فقط، إلا أن شركة هواوي قاولت المشروع ووعدت بإنهائه في الوقت المناسب.

ومع بدء المشروع، اكتشف موظفو هواوي وجود بعض المشاكل المحتملة التي تمنع إكمال المشروع في غضون شهرين. كان مدراء الشركة يذهبون إلى موقع المشروع مرارًا وتكرارًا للتنسيق مع العملاء على أمل في تأجيل الموعد النهائي. ولكن ما حدث قد حدث؛ ولم تتمكن الشركة من السيطرة على السوق وإقناع عملائها، ولم يكن لديها بديل سوى تنفيذ المشروع. كانت النتيجة بالطبع كارثة. بلغت التكلفة الإجمالية للمشروع 12 مليون يوان صيني، وبعد عام واحد، لم يستطع المشروع الحصول على موافقة مبدئية. كانت أول صفقة لشركة هواوي في دولة E هي مشروع شبكة المدينة بقيمة إجمالية تزيد عن 4 ملايين دولار أمريكي. كان يتطلب العقد أن يشتمل المشروع على معدات كابلات بصرية وخدمة هندسية، وهو مشروع تسليم مفتاح نموذجي[2]. وبعد توقيع العقد، كان كل من المكتب التمثيلي والإدارة الإقليمية والشركة بأكملها متحمسا للغاية لذلك. ولكن عندما دخل المشروع مراحل تطوير مختلفة، تلاشت الإثارة والسعادة التي كانت تتوهج على وجوه الجميع واستبدلت بالتشاؤم والاكتئاب. لم يتم الانتهاء من المشروع، ولكن الشركة كانت قد خسرت مليوني دولار أمريكي، لذلك عليها الاستمرار في الاستثمار في هذه الهاوية، لأنه إذا انسحبت من المشروع، فإن الشركة ستعاني من خسارة أكبر.

توضح لنا كلتا الحالتين أنه من الممكن مواجهة المخاطر أثناء تنفيذ المشروع. وإذا لم نكن حذرين في إدارة المخاطر المحتملة والعمل بجد لحل المشاكل التي نواجهها، فإننا سنواجه احتمالًا كبيرًا للفشل.

الثقة ليست كافية للقيام بعمل جيد. نحن بحاجة إلى وضع أقدامنا على الأرض وإرساء قراراتنا على التحقّق الحذر. بهذه الطريقة فقط، يمكننا استخلاص استنتاجات علمية وتمكين العمل التالي من أن يكون له تأثير حقيقي يمكن أن يعود بالفائدة على الفريق بأكمله.

تسعى شركة هواوي دائمًا إلى تحقيق تطور سريع، لا سيما خلال السنوات العشر الأولى الأكثر أهمية في تاريخها، حيث كان يأمل الجميع في أن تحتل الشركة مكانتها في سوق

---

2. الترجمة المباشرة هي تسليم المفتاح، مما يعني القدرة على توفير كل شيء يحتاج إليه العميل عند التسليم. ويمكن تفسيره كحصول العميل على النتيجة الفورية بعد الاستثمار.

الاتصالات بسرعة. لكن ظل رن تشنغ في يتمسك بأسلوب العمل الحذر ولا يقبل بالمشاريع بتهور من أجل توسيع هواوي بشكل أسرع. قال رن ذات مرة إن خطط التوسع تحتاج إلى إجراء تحقيق دقيق كأساس؛ على خلاف ذلك، لن يساعد التوسع في تطوير الشركة، بل يؤدي إلى أسوأ السيناريوهات، حتى انهيار الشركة بأكملها.

في واقع الأمر، من الواضح أن كل وظيفة لها بعض المخاطر غير المرئية ويجب اكتشافها من خلال جهودنا أو حكمة الفريق. وإذا تمكنا من معرفة أسباب المشاكل، فنحن بالفعل في منتصف الطريق لحلها.

في شركة هواوي، عندما يريد الموظفون حل مشكلة معينة فإنهم يتعاملون معها بإحدى الطريقتين، الأولى هي العصف الذهني وذلك من خلال التنبؤ بالمخاطر المحتملة عن طريق تحليل الفريق للوضع؛ والثانية استخدام الطريقة التجريبية مثل أخذ المشاكل المتكررة في المشاريع السابقة في الاعتبار لتجنبها في المشروع التالي.

كما يلتزم موظفو هواوي بالمبادئ الثلاثة التالية للتعرف على المخاطر:

- المبدأ الأول: رؤية الأشياء من منظور طويل الأجل بدلاً من الاقتصار على المسألة الحالية؛
- المبدأ الثاني: عدم التركيز على جانب معين، بل رؤية الأشياء بطريقة شاملة؛
- المبدأ الثالث: عدم عزل المشكلة ولكن رؤية طبيعتها الأساسية.

من خلال التعرف على المخاطر، يمكننا تحديد المشاكل في المهمة. ومن ثم يمكننا إجراء تقييم للمخاطر، أي تقييم إمكانية وجود مخاطر محتملة وتأثيرها على المشروع. فمن خلال التعرف على المخاطر وتقييمها، يمكننا بشكل أساسي التنبؤ بدقة بجميع العوامل التي قد تؤثر على إكمال المشروع. ولكن هذا لا يكفي لضمان أن يتم الانتهاء من العمل بسلاسة. يجب أن نضع دائمًا خطة موجهة لتجنبها، وهي الهدف النهائي لتقييم المخاطر.

5. ترتيب الأولويات لمهامك

بمجرد أن يكون لدينا هدف عمل واضح وقمنا باتخاذ الاحتياطات اللازمة ضد جميع أنواع المخاطر، نحتاج فقط إلى تكريس أنفسنا لهذه المهمة. خلال هذه المرحلة من التنفيذ، يعد تحديد أولويات مهامك حسب أهميتها وإلحاحها أمرا ضروريا.

قد يبدو الكثير من الموظفين الذين لم يتلقوا تدريباً فعالا دائماً مشغولين مثل النحلة. ومع ذلك، فإن موقفهم الدؤوب قد لا يزيد من فاعلية العمل بشكل كبير ولا يجعل الأمور أكثر تنظيماً. هم عادة لا يفهمون لماذا هناك الكثير من العمل للقيام به ولماذا يحتاجون حتى للعمل بعد العودة إلى المنزل أيضا؟

هذه المشكلة شائعة جدا. فالعديد من الناس الذين لم يتقنوا أساليب العمل العلمية سيواجهون مشاكل مماثلة، لأنهم لا يستطيعون تحديد أولويات المهام المختلفة وفقًا لأهميتها وإلحاحها، وبالتالي فهم دائمًا منهمكين في العمل بدون خطة أو غرض.

في الواقع، يُعد الافتقار إلى القدرة على تحديد أولويات الأمور وفقًا لمستوى أهميتها أحد الأسباب الرئيسية التي تجعلهم مشغولين بطريقة غير مرغوب فيها. فهم يقومون بفعل ما يتبادر إلى الذهن كل يوم بدلا من وضع جدول زمني للأشياء ذات الأولوية العالية.

وبالتالي، ينتهي بك الأمر دائمًا إلى معالجة الأمور العاجلة ولكنها ليست هامة وتضع الأمور المهمة جانبا، ولن تهتم بها إلا إذا تذكرتها أو كان لديك وقت في المستقبل.

أحد أهم مبادئ العمل في عملية التنفيذ في شركة هواوي هو إعطاء الأولوية للمهام قبل تنفيذها، بحيث يتم الاهتمام بالأشياء ذات الأهمية الكبرى أولاً، مما سيحقق نتائج أفضل.

يمكننا النظر إلى كيفية قيام خبير الكفاءة بتوجيه الناس حول هذه القضية.

التقى تشارلز شواب (Charles M Schwab)، رئيس شركة بيت لحم الأمريكية للصلب مع خبير الكفاءة آيفي لي (Ivy Lee). حيث أخبر شواب آيفي لي أنه على الرغم من أنه يعرف كيف يدير الشركة، إلا أنه غير راضٍ تماماً عن وضع الشركة. وقال له: "أخبرني عن طريقة للاستفادة بشكل أفضل من وقتي، وإذا نجحت، سأمنحك مكافأة سخية."

قال آيفي لي إنه يمكن أن يعطي شواب شيئًا واحدا من شأنه أن يزيد أداء الشركة بنسبة ٥٠٪ على الأقل، ويستغرق ١٠ دقائق فقط. ثم سلم شواب ورقة فارغة قائلا له: "أكتب كل الأشياء التي يجب عليك القيام بها غدًا ثم قم بترقيمها وفقًا لأهميتها. غدا،

ستبدأ من مهمة رقم 1، وتكرس جهودك حتى تقوم بإنجازها، ومن ثم بدء المهمة التالية. وبهذه الطريقة ستنهي بالتأكيد أهم شيء في نهاية اليوم."

بعد بضعة أسابيع، أرسلت شواب لآيفي لي شيكًا بقيمة 25 ألف دولار أمريكي مع رسالة مرفقة به، كتب فيها شواب أن لي أعطاه أكثر الدروس قيمة في حياته. وبعد خمس سنوات، أصبح هذا المصنع الصغير غير المعروف أكبر مصنع مستقل للصلب في العالم.

تخبرنا هذه القصة الواقعية حقيقة واحدة: جميع المهام لها ترتيب في أولوياتها، فمن خلال تحديد أهمية الأشياء وإلحاحها، يمكننا القيام بعملنا بكفاءة.

قال معلم الإدارة العظيم بيتر دراكر ذات مرة: إن العادة الجيدة في العمل هي وضع أهم الأشياء أولاً ومن ثم إنجاز كل شيء واحد تلو الآخر. وفقا لفكرة بيير داركر، لا يهم مدى ثقل أعباء العمل أو عدد المشاريع التي لدينا، إذا كان لدينا عقل واضح وطريقة عمل صحيحة لرعاية الأشياء وفقًا لأولويتها، سنكون مشغولين ولكن بطريقة منظمة.

بالنسبة إلى شركة هواوي، نظرًا لأن سياسة إدارة الشركة هي تناوب الوظائف، فيجب على موظفي هواوي التناوب في وظائف مختلفة والتعامل مع الكثير من العمل في فترة قصيرة. لذلك، تركز هواوي بشكل كبير على تدريب موظفيها وتعليمهم الطريقة العلمية للقيام بالأشياء.

إذن كيف يقوم الموظفون في شركة هواوي بعملهم اليومي؟

في عام 1998، استقالت لي مي (اسم مستعار) من وظيفتها المريحة في ذوي الياقات البيضاء وأصبحت سكرتيرة إدارية في أحد مكاتب شركة هواوي في جنوب غرب البلاد. تطلبت وظيفتها الجديدة منها الإشراف على جدولة السيارات وإرسالها، وإدارة الموارد البشرية، والشؤون اليومية للمدير، والتواصل مع العملاء المحليين. كانت لي مي تشبه رئيس الشؤون الداخلية، وكانت غارقة في مثل هذه الوظيفة المزدحمة بالعمل.

ومع ذلك، بعد أن تلقت لي مي التدريب من الشركة، تعلمت كيفية عمل الترتيبات الشاملة للأشياء. لقد طبقت الفلسفة الأساسية للعمل - وأعطت الأولوية لكل شيء وفقًا لأهميته وإلحاحه وقامت بتصنيف جميع الأعمال البسيطة بطريقة منظمة، مما أدى إلى زيادة كفاءة عملها بشكل كبير.

في معظم الأوقات لا نتعرض للتشتت أو الفوضى في أعمالنا، ولكننا ببساطة نشعر بالارتباك في أذهاننا. إذا تمكنا من الالتزام بمبدأ "الأشياء الأكثر أهمية أولاً" وإبقاء الأشياء المهمة بعيدة عن الأمور التافهة، فبغض النظر عن مدى صعوبة أو تعقيد مهامنا، يمكننا التعامل معها بطريقة منظمة.

6. اجعل عملك صحيحا في المحاولة الأولى

من المهم الاهتمام بالتفاصيل أثناء تنفيذ العمل من أجل إنهائه بطريقة متميزة. فقط من خلال التقليل من إهدار الوقت والموارد والطاقة، وجعل كل شيء صحيحا في المحاولة الأولى، يمكننا تعظيم إنجازاتنا.

ومع ذلك، فإنه أمر طبيعي للغاية إهمال بعض الأفراد للتفاصيل أثناء عملهم من أجل إنهائه بشكل سريع وفي بعض الأوقات علينا إعادة العمل بشكل كامل مرة أخرى وهذا لا يقلل من كفاءتنا في العمل فقط، بل يهدر المزيد من الموارد. في الواقع، ذلك لأن الناس ليسوا حذرين من إنجاز العمل في المرة الأولى.

كان حدث مفاجئ لشركة هواوي.

خلال عيد الربيع في عام 1999، واجه مكتب العينة في شركة هواوي مشكلة في محطة القاعدة بشكل مفاجئ. وتراكمت الشكاوى من مستخدمي شمال شرق الصين. في ليلة رأس السنة الجديدة، انطلق "فريق الطوارئ" بقيادة مدير التطوير في عجلة نحو المنطقة الشمالية الشرقية شديدة البرودة من الصين. وبعد وصول فريق الطوارئ، كانت المشكلة الأولى التي واجهها هي أن محطة القاعدة بنيت على برج حديدي بارتفاع 30 مترًا، لذا كان عليهم الصعود إلى أعلى البرج لتحليل المشكلة وتحديد سببها. وكان القيام بذلك في فصل الشتاء خطيرا جدا. ولم يكن لدى أعضاء فريق الطوارئ وقت للقلق على سلامتهم وخاطروا بحياتهم لتسلق البرج. في الأيام القليلة التالية، خرجوا في ليلة شتوية متجمدة عدة مرات لمعرفة سبب الفشل في المحطة.

وبعد أسبوع، وجدوا السبب أخيرا وهو أن درجة الحرارة منخفضة جدا مما تسبب في عطل في محطة القاعدة. بمجرد أن ظهرت النتيجة، كان رد الفعل الأولي لمطوري المشروع هو "أنه لم يكن مستحيلا" لأنهم كانوا على يقين من أن محطة القاعدة نجحت في اجتياز اختبار درجة الحرارة 40 درجة مئوية تحت الصفر، والذي أثبتته البيانات التجريبية. وفي النهاية، عاد فريق الطوارئ إلى شنتشن لعقد اجتماع على الفور، وحلّل التقارير التجريبية السابقة، وأخيرًا وجد المشكلة.

نظرًا لضيق الوقت المحدّد قبل الموعد النهائي لتسليم المنتج، عمل المطوّرون والمختبرون معا في إجراء التجارب البيئية. وفي ذلك الوقت، تم وضع صندوق الاختبار لإعداد اختبار بيئي في مبنى فوتشغ (Fucheng) في شيشيانغ بمدينة شنتشن، في حين كان المبدل الذي يستخدم للربط مع محطة القاعدة يقع في مبنى جيانتشنغ. ثم جاء شخص

ما بفكـرة "ذكيـة": لم تكـن هنـاك حاجـة لربـط محطـة القاعـدة بالمبـدل؛ مجـرد تطبيـق برنامـج اختبـار لتحفيـز الشـرط الحقيقـي سـيكون كافيـا. وبالتالـي، لم يؤخـذ خطـر محطـة القاعـدة في الاعتبـار. لذلـك، واجتازوا الاختبـار "بسـلاسة".

هنـاك الكثيـر مـن العمـل غيـر الضـروري الـذي يحـدث بسـبب الجهـد غيـر الكافـي. مثـل النهـج "الـذي" الـذي اتبعـه مطـور شـركة هـواوي في الطبيعـة، والـذي يفتقـر للدقـة والصرامـة تجـاه العمـل، ممـا دفـع الموظفيـن في شـركة هـواوي لدفـع أثمـان باهظـة: فـكل أعضـاء فريـق الطـوارئ أصيبـوا بنـزلات بـرد سـيئة، كمـا اسـتهلكت الشركـة الكثيـر مـن المـوارد لحـل هـذه الحالـة الطارئـة، ومـا كان أكثـر ضـرراً هـو أن الحادثـة قـد أثـرت بشـكل خطيـر علـى مصداقيـة المنتـج وتركـت انطباعـا سـلبيا عـن الشركـة لمستخدميهـا.

لذلـك، فـإن "أن تكـون دقيقًـا وصارمـا وأن تقـوم بإتمـام العمـل بشـكل صحيـح في المـرة الأولـى" هـو أهـم المتطلبـات الأساسيـة بالنسـبة إلى الموظـف. إذا لم نتمكـن مـن القيـام بإكمـال العمـل بشـكل جيـد في المـرة الأولـى، يمكننـا أن نتسـبب في إنفـاق المزيـد مـن التكاليـف وخفـض كفـاءة العمـل بالكامـل.

يدعـو رن تشـنغ في بشـدة إلى أسـلوب تسـوية الأمـور دفعـة واحـدة في شـركة هـواوي. إذا كان يجـب علـى شـركة هـواوي دفـع المزيـد مـن الجهـد والمـوارد بسـبب عـدم الاهتمـام بالمشـكلة في المـرة الأولـى، فلـن يكـون لـدى الشركـة أي أمـل.

شـدد رن في مؤتمـر حـول نظـام هـواوي للبحـث والتجـارب علـى مـا يلـي: "العمـل هوايـة، وقـوة دافعـة للتفانـي، كمـا هـو فرصـة وتحـد. ويجـب علـى المـرء أن يهتـم بـكل شـيء سـواء كان مؤثـرا أو تافهـا. فقـط مـن خـلال تكريـس نفسـه بـكل إخـلاص، ودراسـة الأشـياء بصرامـة وبعنايـة، يمكـن أن يوجـد أنـاس عظمـاء مثـل ألبـرت أينشـتاين، ومـاري كـوري، ووات وبيـل... هـل يمكـن أن يكـون لدينـا مختـرع عظيـم مثـل أديسـون الـذي لم يتلـق أي تعليـم منتظـم؟

غالبًـا مـا يذهـب رن تشـنغ في إلى بعـض الـدول المتقدمـة مثـل ألمانيـا واليابـان، لأن الموظفيـن في هـذه الـدول معروفـون بأسـلوب العمـل الصـارم والمتفانـي. إنهـم يسـعون إلى إنجـاز العمـل بشـكل مثالـي في المحاولـة الأولـى الأولـى. ومـن وجهـة نظـر رن تشـنغ في، يبـدو أن الموظفيـن اليابانييـن يتمتعـون بـروح مـن الصرامـة والاهتمـام بالتفاصيـل المشـفرة في جيناتهـم والتـي تـترك تأثيـرا علـى النـاس الذيـن يعملـون معهـم.

ذات مـرة كان هنـاك صينـي عـاد مـن اليابـان. خطـط لفتـح مطعـم للمأكـولات اليابانيـة في مسـقط رأسـه. فقـام أولاً باختيـار 10 مواقـع محتملـة للمطعـم، وحققهـا بعنايـة وأدرج جميـع مزايـاها وعيوبهـا التـي تتعلـق بموقعهـا الجغرافـي، والمناطـق المحيطـة بهـا، وتخطيـط المطعـم علـى

التوالي. وبعد إجراء الكثير من المقارنات، خفض عدد المواقع على القائمة إلى ثلاثة مواقع. وفي وقت لاحق، قدم قائمة أكثر تفصيلاً وكلف شركة استشارية للمعلومات بإجراء أبحاث السوق. وبعد كل ذلك، حدد الموقع الذي يريد أن يختاره.

عند القيام بديكور المطعم، صمم بعناية المطعم الكامل بما في ذلك المطبخ والحمام والقاعة، وحتى الجزء الخارجي من المطعم. ويمكن القول إنه كان يولي اهتمامًا كبيرًا بكل التفاصيل. بعض أصدقائه "لم يفهموا" وشكوا من أنه بعد عودته من اليابان، أصبح مفرطا للاهتمام مثل اليابانيين ولم يعد صريحا. وبعد الانتهاء من أعمال الديكور، شعر هؤلاء الأصدقاء الذين اشتكوا من اهتمامه المفرط كم كان المطعم دافئًا ومريحًا.

بعد أن كان كل شيء جاهزًا، لم يستطع صديقه الانتظار لحثه على فتح المطعم وقال له إنه إذا تمكّن من تشغيل المطعم بوقت مبكر، سيكون بإمكانه كسب المزيد من المال. لكنه لم يهرع إلى ذلك وقرر جمع اقتراحات للمطعم لمدة أسبوع آخر. وقال: "في اليابان، لا يمكنك جعل العميل ينتظر أكثر من 5 دقائق. لا يمكنك جعلهم يشعرون بأي استياء. الآن، لست متأكداً مئة بالمئة من فتح المطعم بعد، لذلك أحتاج إلى مزيد من الوقت للعثور على الأخطاء والمشاكل المحتملة؛ أحتاج إلى التأكد من أن المطعم مثالي من البداية".

إن السبب في أن العديد من الشركات اليابانية الكبيرة قوية للغاية يعود إلى حد كبير إلى أسلوب عملها الصارم وقدرتها على جعل الأشياء مثالية من البداية. في اليابان، إذا ارتكبت خطأ واحداً، فسيتعين عليك الاستقالة من الشركة لأنه لا يوجد شيء اسمه فرصة ثانية في ثقافة الشركة اليابانية. ربما هذا هو السبب في أنه لدى اليابانيين الكثير من الشركات ضمن قائمة أكبر 500 شركة في العالم مثل تويوتا وسوني وباناسونيك وتوشيبا وغيرها.

ولتعميم أسلوب العمل الصارم والدقيق في موظفي شركة هواوي، فإن رن تشنغ في يقوم بأخذ بعض موظفي هواوي الرئيسين لزيارة ألمانيا واليابان والولايات المتحدة. وفي كل مرة عادوا فيها من زياراتهم، كان لديهم مختلف الأنواع من المشاعر والتأملات. كتب أحد مديري شركة هواوي ما يلي بعد أن زار شركة مصنعة لإمدادات الطاقة في بوسطن بالولايات المتحدة:

"إن روح العمل الواقعي والجدي ومواصلة تحسين أسلوب العمل والأجواء الأكاديمية غير المحافظة لدى الأمريكيين جديرة بالتعلم. خلافا للشعب الصيني، لا يمتلك الأمريكيون مُثُلًا كبرى أو تخيلات غير واقعية، ولا طموحًا فارغًا للبلاد أو لمصلحة أكبر. هذا بلد لديه أناس يضعون أقدامهم في العمل ويرفعون رؤوسهم في الحياة. وإن سفينة الفضاء، والسيليكون واسع النطاق، وأجهزة الكمبيوتر الفائقة، والمحطات الطرفية فائقة الصغر،

ومعدات الاتصالات المتطورة، ومعدات الاختبار، وما إلى ذلك، كلها أخترع من قبل الشعب الأمريكي الذي يعمل بجد، وهو أمر لا يمكن أبداً أن يسلبه الآخرون."

يأمل السيد رن تشنغ في أن يكون موظفو شركة هواوي مثل موظفي اليابان والولايات المتحدة وألمانيا الذين يعملون بطريقة واقعية ويحاولون القيام بالأمور بشكل صحيح في المرة الأولى. وستكون منتجات هواوي عاجلاً أم آجلاً بنفس جودة المنتجات التي تنتجها شركات عالمية المستوى، ومن ثم يمكن لشركة هواوي أن تكسب الثقة والاحترام من زبائنها تدريجياً وأن تحقق هدفها المتمثل في "كونها مورداً عالميًا للمعدات".

في الوقت الحاضر، يقوم الموظفون في شركة هواوي بكل شيء بدقة عالية وينفذوه على أكمل وجه من المرة الأولى مثلما رغب فيه رن تشنغ في. كما تم اعتماد هذا النوع من أسلوب العمل على نطاق واسع من قبل موظفي هواوي.

ذات مرة، كان رئيس قسم الإدارة في شركة هواوي تشنغ شو شنغ غائبا عن اجتماع الشركة حول "اللقب والمستوى الوظيفي" بسبب بعض الشؤون الطارئة، لذلك طلب من أحد مرؤوسيه حضور الاجتماع نيابة عنه. وخلال الاجتماع، سلم هذا الموظف قائمة حول "اللقب والمستوى الوظيفي" لقسم التسويق إلى سن يا فانغ، التي ألقت نظرة عليها وتساءلت: "هل رأى تشنغ شو شنغ هذه القائمة؟" فوجئ هذا الموظف بمثل هذا السؤال وأجابه بتردد: "لقد رآه على الأرجح." استدارت إليه سن يا فانغ بسرعة وانتقدته قائلا: "لا يوجد شيء اسم 'على الأرجح'، إما أنه قد رآه أو لم يره!"

علينا تسوية جميع المسائل في خطوة واحدة، وذلك ليس بالانتهازية أو السعي للنجاح بالسرعة. يجب أن نضع في الاعتبار التكلفة التي قد ندفعها إذا "خدعنا" في العمل. يجب أن نتعلم من موقف الرجل الذي فتح المطعم الياباني، والتصرف كما فعلت سن يا فانغ بعدم استخدام كلمات مثل "على الأرجح". مثل القفز عبر فجوة واسعة، لا يمكننا القفز مرتين للوصول إلى الجانب الآخر، يجب أن نكمله في قفزة واحدة. أو سوف نتفتت إلى قطع.

7. افعل العمل وافعله جيدًا

عندما يواجه كثير من الموظفين انتقادات من الرئيس، يجادلون دائمًا بالقول "فعلت ذلك"، لكن ما "تم فعله" لا يعني بالضرورة أنه "تم إنجازه جيدا". إنهم يأملون في أن يفهم رئيسهم أنهم يعملون بجد فقط. على الرغم من أن كل النتائج الموجهة نحو الأداء

تتطلب الحكم عليها استنادا إلى المساهمة النهائية لها.

الموظف الـذي يعتبـر أن "الانتهـاء مـن العمـل" بنفـس معنـى "إكمـال العمـل بشـكل جيـد" هـو في الواقـع فعـل نموذجـي لاستبدال الهـدف. اقتـرح أحـد خبـراء الإدارة الأمريكيين مصطلحًـا يسـمى "أثـر اسـتبدال الأهـداف": قلـق الفـرد بشـأن كيفيـة إنهـاء المهمـة سـيؤدي إلى تحويـل انتباهـه تدريجيًـا وتحريـك رأيـه في اكتشـاف المشـكلات الفنيـة مثـل التقـدم في العمـل والأسـاليب، مما يجعلـه ينحـرف عـن متابعـة الهـدف الـذي بـدأ بـه. بعبـارة أخـرى، يتـم اسـتبدال سـؤال "هـل تـم الانتهـاء مـن العمـل" بالتدريـج بـ"كيـف نكمـل العمـل".

عادة ما يكون "أثر استبدال الأهداف" ناتجا عن عاملين:

أثنـاء العمليـات لأي مؤسسـة، يكـون الموظفـون إمـا مركّزيـن بشـكل مفـرط علـى السـعي إلى الكـمال أو التمسـك بالتقاليـد، أو التركيـز علـى مـا هـي الأسـاليب أو التقنيـات التـي يجـب تطبيقهـا لتحقيـق الهـدف مـع إهـمال الهـدف نفسـه. ممـا جعـل سـلوك الشـخص "منحرفًـا" و"في غـير محلـه". لذلـك ربـما عملـوا بجـد، ولكـن النتائـج غـير مرضيـة إلى حـد مـا!

روح العمـل الـدؤوب تسـتحق الإعجـاب والتشـجيع. ولكـن عندمـا تنغمـس في شـيء مـا، تحتـاج إلى البحـث مـن وقـت لآخـر للتحقـق ممـا إذا كنـت تتجـه إلى الاتجـاه الصحيـح، وإذا مـا كانـت الطريقـة التـي يتـم تطبيقهـا مناسـبة، وإذا كانـت القضيـة التـي تعمـل عليهـا ذات قيمـة؟ فقـط مـن خـلال متابعـة عملـك وتحديـد مـا إذا كان علـى المسـار الصحيـح، يمكنـك التأكـد مـن أنـك لـن تفقـد نفسـك أثنـاء العمليـة.

عندمـا كانـت شـركة هـواوي تصمـم CT2 (نـوع مـن نظـام الاتصـالات اللاسـلكية)، خصصـت الشـركة كميـة كبـيرة مـن المـوارد للتطويـر. وقـد أنشـأت فريقًـا للمشـروع في البدايـة وأعقبـه عـدة أشـهر مـن الدراسـة في تقنيـة CT2 الجديـدة. وفي وقـت لاحـق، وقعـت هـواوي عقـد تعـاون لشـبكة CT2 العامـة مـع مكتـب الاتصـالات في قوانغتشـو. وخـلال فـترة البحـث والتطويـر، واجـه فريـق المشـروع مشـكلة كبـيرة فيـما يتعلـق بتطويـر تـردد الراديـو اللاسـلكي. بسـبب نقـص المعرفـة حـول تكنولوجيـا CT2، علـى الرغـم مـن أن جميـع الباحثـين غمـروا أنفسـهم في تطويـر المنتجـات، إلا أنهـم لـم يحققـوا أي إنجـاز تكنولوجـي كبـير.

في هـذه المرحلـة، ظهـر تطـور جديـد في السـوق، حيـث حقـق تطويـر الشـبكة العامـة للنظـام العالمـي للاتصـالات المتنقلـة (GSM) اختراقـا كبـيرا، في حيـن أن CT2 لديهـا العديـد مـن العيـوب الفنيـة. لذلـك، في النهايـة، أصبحـت CT2 – وهـي تقنيـة قضـت هـواوي قرابـة عامـين في تطويرهـا – قديمـة. كانـت جميـع الجهـود عبثـا ولـم تحصـل شـركة هـواوي علـى أي عائـد مـن السـوق.

في وقت لاحق، أمعنت شركة هـواوي في أسباب حدوث هـذا الخطأ: أولاً، عندمـا بدأت الشركة المشروع، لم تقم بإجراء أي استطلاع أو تقييـم؛ حيـث كانت بعض الـدول مـن ذوي الخبرة التقدمـة في تطويـر تكنولوجيا تـرددات الراديـو اللاسلكية، في حين كانت شركة هـواوي تعمل بسرية.

عملت شركة هـواوي بجد مـن أجل تحقيق CT2؛ ومع ذلك، لم تسـتمر في التحقـق مـن نفسـها لتظل متماشية مـع الهدف النهائي، ولكنها اسـتمرت في تطويـر المنتجـات بالاستناد إلى الأحكام الذاتيـة. وعـلى الرغـم مـن أنها عملت بجد خـلال عمليـة تطويـر، كانـت النتائـج سـيئة للغايـة في نهايـة الأمـر.

يجب أن نكون حذرين في منع هـذا النوع مـن الأوضاع مـن الحدوث. يجب أن نعمل بطريقـة موجهة نحو تحقيق النتائـج أو الأهداف، والتوقـف عـن التفكير في الأمـر مـن وقت لآخر للتأكـد مـن أننا لم نبتعـد عـن هدفنا. وبعد التدقيـق المسـتمر، تخلصت شركة هـواوي تدريجيـاً مـن أساليب العمل التي حلت بموجبها العمليـة محـل الهدف، واستخدمت الأفكار الموجهة نحـو تحقيـق النتائـج أثنـاء تنفيـذ كل مهمـة.

كثير مـن النـاس غالبا مـا يفقدون أنفسهم في العمليـة دون أن يلاحظوا ذلك، وهـم غير مدركين تمامـا لمـدى اكتمال الهدف. بعبارة أخـرى، لا توجد وسيلة فعالة لمراقبة عمليـة إتمـام الهـدف النهـائي. فيمـا يتعلـق بهـذه المشـكلة، تلعب بطاقة إدارة الأهداف في شركة هـواوي لإدارة مشروعـات الشركة دورًا كبـيرًا.

إذا ألقيت نظـرة فاحصـة عـلى البطاقـة، فهـي تشـمل جميـع الأنشطة المتعلقـة بـإدارة الأهداف والـتي لا تغطـي فقط الأهداف والالتزامـات الخاصة بالمسـؤولية (بمـا في ذلك المحتوى المسـتهدف والمتطلبـات والمواعيـد النهائيـة للإتمـام)، ولكـن أيضًـا الـشروط والتفويـض المقدم مـن المديـر.

كما ينـدرج في بطاقة إدارة الأهداف قائمـة بالتدابير والجـدول الزمني لتحقيق الأهداف. حيـث يقوم الشخص المسـؤول عـن الهدف بممارسـة ضبـط النفس، ويقـوم مديـره بمراقبـة إشرافيـة للتأكـد مـن إدارة الجـدول بشـكل جيد مـن كلا الجانبـين.

وبسبب أن بطاقـة إدارة الأهداف توفر أهداف المـشروع ومعايـيره ومتطلبـاتـه لتحقيـق الهـدف، فيمكـن اسـتخدامها مـن قبل الشخص المسـؤول لإجـراء التقييـم الـذاتي عـلى نتائـج المـشروع الجـاري وكذلـك بالنسـبة للمدير لأخذها كمرجـع في تقييـم النتائج.

حددت شركة هـواوي الأهداف والمقاييس والمواعيـد النهائيـة عـلى بطاقـة إدارة الأهداف وتسـتخدم هـذه البيانـات كمعايـير في تقييـم إكمـال الأهـداف. كـما تقـوم بتقييـم تنفيـذ تلـك

الأهداف مـن خـلال الجمـع بيـن التقييـم الـذاتي واختبـار المديـر. والغـرض مـن ذلـك هـو التحكـم في التقدم المحـرز مـن قبـل الموظفيـن وتحفيزهـم.

لا تحتـوي بطاقـة إدارة الأهـداف عـلى شـكل ثابـت، ويمكـن تصميمهـا وفقًـا لخصائـص المهـام المختلفـة. لتشـكيل تبايـن بـصري واضـح بيـن أهـداف المهمـة وتنفيذهـا، يمكـن أيضًـا تقسـيم الاسـتمارة إلى عموديـن إلا وهـما "الخطـة" و"الواقـع"، مـما يسـهل عـلى النـاس متابعـة التقـدم وحالـة التنفيـذ للأهـداف، وبالتـالي تعديـل وتـيرة العمـل وزيـادة جـودة العمـل في الوقـت المناسـب.

لذلـك، عندمـا نبـذل جهـودًا متواصلـة لتحقيـق أهدافنـا، يجـب أن نكـون قادريـن عـلى التراجـع عـن عملنـا في الوقـت المناسـب وإعـادة التفكيـر فيـما إذا كان العمـل الشـاق الـذي قمنـا بـه بالفعـل هـو الـذي يدفعنـا نحـو الهـدف النهـائي أم لا. إذا وجدنـا أنفسـنا قـد انحرفنـا عـن المسـار الصحيـح، فمـن الـضروري تصحيـح أنفسـنا عـلى الفـور. خـلاف ذلـك، حتـى لـو "قمنـا بالعمـل"، فـإن النتائـج لـن تظهـر أننـا "قمنـا بعمـل جيـد".

الفصل الثالث

العملية والمعايرة

تحسـن العمليـة والمعايـرة أداء شركـة هـواوي في تنفيـذ أعمالهـا، وتمكنـان الشركة
مـن القيـام بتنفيـذ أكـثر دقـة وكفـاءة في التعامـل مـع حجـم ضخـم مـن الأعمـال،
وبالتـالي سـجلت هـواوي قفـزة كبـيرة إلى الأمـام لـكي تصبـح شركـة مـن الدرجـة الأولى.

1. تبسيط العمل وتحسين العملية

أثنـاء تنفيـذ عملنـا، يجـب علينـا أن نعـرف كيفيـة تبسـيط العمـل. فمـن خـلال تحسـين
العمليـة، يمكننـا جعـل كل حلقـة سـهلة وبسـيطة. وبالتـالي، سـوف نقلـل مـن الوقـت الـذي
نسـتنفذه لإكمال المهمـة، كـما سـنخفض معـدل الخطـأ إلى حـد كبـير.
قال مقال من منشورات هواوي الداخلية:
"لقـد بذلنـا المزيـد مـن الجهـود في إعـادة بنـاء عمليـة الأعمال باسـتخدام ISO9001 لتنظيم
كل أمـر ووضـع الأسـاس لإدارة الشـبكة المفتوحـة في المسـتقبل؛ مـن خـلال تطبيـق برمجيـات إدارة
MRP II، قمنـا ببرمجـة عمليـة أعمالنـا، وتحقيـق الإدارة الإلكترونيـة المباشرة مـع تحليـل البيانات،
وبالتـالي عززنـا الإدارة الشـاملة لشركتنـا مـن حيـث خطـة العمـل (الميزانيـة)، والتحليـل الإحصـائي،
والمحاسـبة التجاريـة (الاقتصاديـة).
مـن أجـل ا تقصـير عمليـة العمـل وزيـادة الدقـة وتعزيـز الكفـاءة بشـكل كبـير، أنشـأنا
منصـة إدارة مهنيـة مفتوحـة متعـددة الطبقـات ومتعـددة المسـتويات لضـمان تطويـر أعـمال

الشركة بشكل سريع. وكان لكل منصة مركز للواجبات يحدد بوضوح توزيع العمل والمسؤولية. من خلال التنسيق بين مراكز الواجبات متعددة المستويات، تم تأسيس منصة الإدارة المفتوحة. بغض النظر عن وقت أو مكان أو مستوى للموظف، يمكنه الحصول على دعم فوري ومباشر وسريع."

من هذه الحالة، يمكننا أن نرى أن العملية لها تأثير كبير على كفاءة العمل. ولهذا السبب، تأخذ الشركات الناجحة مثل شركة هواوي دائمًا تبسيط العملية في عين الاعتبار وتبسط كل مهمة لتحقيق إدارة الوقت بكفاءة عالية.

وقد أشار أحد كبار المديرين في شركة هواوي ذات مرة قائلا: "واحدة من هواياتي المفضلة هي تحليل تخطيط الشبكة لعملية الأعمال، لأن التخلص من حلقة غير مهمة في السلسلة سيؤدي إلى تقليل إمكانية تأخير المهمة، وهو ما يعني توفير الكثير من الوقت. وفي السنتين الأخيرتين، تخلصت من أكثر من 70 حلقة زائدة عن الحاجة في العمل، وحسب التقدير التقريبي، وفرت أكثر من 3000 ساعة. ذلك يساوي أكثر من 120 يومًا!"

ينص "قانون تريسي" على أن الصعوبات في أي مهمة تزيد مع تربيع عدد الخطوات في المهمة. لذلك، فإن الإدارة عالية الكفاءة تحتاج بالتأكيد إلى عملية مبسطة. بينما في هواوي، يدرك المشاركون في العملية على كيفية استخدام "قاعدة تحليل ECRS" بفعالية لتبسيط أعمالهم وتحسين العملية.

إن "قاعدة تحليل ECRS" ترمز إلى الحذف (Eliminate)، والدمج (Combine)، وإعادة الترتيب (Rearrange)، والتبسيط (Simplify).

- **الحذف**

إذا كانت القيمة التي تم تحقيقها في نهاية العملية لا تلبي توقعات الناس، فإن تطبيق العملية قد فقد معناه والاستمرار في العمل واستهلاك المزيد من الموارد سيكون بلا جدوى. فقط عن طريق حذف جميع الخطوات المتكررة في عملية ما، يمكننا استغلال الموارد المحدودة في العملية الأخرى وبالتالي تقصير دورة العملية بشكل عام.

في عام 2009، أصدر رن تشنغ في أمراً لجميع موظفي شركة هواوي بأن يتم تمكين كل موظف في الجبهة الأمامية باتخاذ القرارات بشكل مباشر! في الماضي، كان قد مر بالكثير من الصعوبات لجعل مثل هذه المؤسسة الضخمة تحت سيطرته، لكن، يبدو أن الموظفين في الجبهة الأمامية قد فقدوا شغفهم وذكائهم اللذين ظهرا خلال المرحلة الأولية من تأسيس الشركة، كما وجد أن هناك الكثير من نقاط التفتيش طوال عملية الشركة. حيث أعاقت

نقاط التفتيش هذه التبادل السلس بين صانعي القرار والموظفين وكذلك خفضت كفاءة أعمال هؤلاء الموظفين.

يعتقد رن تشنغ في أن الخطوة الأولى في تبسيط عملية العمل وزيادة الكفاءة هي حذف الحلقات الزائدة عن الحاجة. وعند تطبيق هذه الطريقة، نحتاج إلى إيلاء الاعتبار الكامل للإدارة الداخلية للشركة.

- **الدمج**

لا يكمن دور الدمج في قدرته على توحيد جميع الأجزاء في كامل فقط، بل في إضافة الكثير من المزايا وإزالة العيوب. في هواوي، إذا لم يكن بالإمكان التخلص من أي من عمليات التشغيل الحالية، فسيقوم المدير بتغيير طريقة تفكيره ويحاول دمج بعض العمليات معًا بشكل مناسب وفحص ما إذا كان يعمل أم لا. فالدمج يعني جمع شيئين أو أكثر من الأشياء أو العمليات في واحد.

(1) دمج العمليات والأدوات

في العديد من الحالات، لا يتم توزيع الطاقة الإنتاجية بشكل صحيح بين مختلف العمليات، فبعضها يعاني من نقص في عدد الموظفين، في حين أن البعض الآخر يكون مكتظا بالموظفين، وبالتالي فإن إجراء تعديل مناسب والجمع بين هذه العمليات معا يمكن أن يقضي على العيوب مع الحفاظ على المزايا وتحقيق النتائج الفورية في كثير من الحالات.

(2) دمج الحلقات المتصلة

لتقسيم مهمة واحدة إلى عدة أجزاء وتعيينها لأشخاص مختلفين يمكن أن يزيد بشكل ملحوظ من سرعة العمليات اللوجستية والمعلوماتية الداخلية. لكن التسليم من شخص إلى آخر في الخطوة التالية سيزيد من فرصة ارتكاب الأخطاء. لذلك، من أجل تجنب الأخطاء التي يمكن أن تحدث أثناء التسليم، يمكن للشركة تفويض العديد من الخطوات طوال العملية إلى شخص واحد.

عادة ما تقوم شركة هواوي بتعيين موظف واحد للإشراف على العملية الكاملة لمنتج واحد أو خدمة واحدة – من بداية تلقي الطلب حتى ترتيب التسليم أو من بداية الخدمة حتى نهايتها. ويسمى هؤلاء الموظفون "موظفو الحالات" أو "مدراء الحالات" في المنظمات التي تعمل في مجال الخدمة، يعملون كنقطة الاتصال الوحيدة بين العملاء والشركة.

(3) دمج الحلقات المتشابهة

كما يقول المثل، الممارسة تجعل من الكمال. بالنسبة للحلقات التي تتكون من نفس المهام أو المهام المماثلة، يمكن دمجها معًا وتعيين شخص واحد لإكمالها لتقليل إهدار الأيدي العاملة والوقت.

في عام 2007، برئاسة قسم الموارد البشرية في الشركة، أعادت شركة هواوي تحليل مسؤولية الموظف لديها في وظيفته وعملية تشغيله. وبعد التحليل، جمعت هواوي العديد من الحلقات التشغيلية المتشابهة، وبالتالي حسنت كفاءة التشغيل لكل حلقة فردية.

- **إعادة الترتيب**

ما يسمى بـ"إعادة الترتيب" هو ترتيب جميع الإجراءات في تسلسل جديد وفقًا للمنطق، أو بعد تغيير ترتيب العناصر المعينة المعنية الأخرى، إعادة تجميع جميع الحلقات لجعل العملية تجري بشكل أكثر كفاءة وبطريقة منظمة من خلال تغيير ترتيب الحلقات المختلفة (مثل تبديل عملية العمل لخطوتين متصلتين، وتغيير حركة اليد إلى حركة القدم، وتعديل موقع المعدات في موقع الإنتاج وما إلى ذلك) تتكون عملية من بعض الحلقات أو المئات منها. إذا تم ترتيب الحلقات بطريقة غير مناسبة وغير منطقية، فقد يؤدي ذلك إلى حدوث فوضى وارتباك كبير مما قد يؤدي إلى إطالة أمد العملية.

ألقى رن تشنغ في خطابا في حفل احتفالي بإنجازات السوق والبحوث في هواوي، وطلب أن: "يشارك الموظفون في الإدارة، ويواصلون تحسين عملية العمل وجودته ... وإصلاح جميع العمليات غير المنطقية". منذ ذلك الحين، بدأ الموظفون بإدخال تغييرات على الإجراءات غير المجدية وإعادة ترتيب الحلقات غير المناسبة.

- **التبسيط**

يمكن تبسيط الحلقات المعقدة من خلال التقنيات الحديثة، مثل تكنولوجيا المعلومات. يمكن أن تكون تكنولوجيا المعلومات أداة قوية لتسريع العملية. إذا كان لعملية ما أساس متين، فيمكن لتكنولوجيا المعلومات أن تعزز قدرتها بشكل كبير.

لنأخذ جمع البيانات ونقل البيانات كمثال. استخدمت شركة هواوي آلات بدلاً من القوى البشرية للقيام بجزء من أعمال جمع البيانات وبالتالي خفض معدل الأخطاء البشرية؛ ذلك قلل نقل البيانات الآلي من ازدواجية إدخال البيانات في النظام وأنقذ الناس من المشاكل التي تسببها البيانات غير المتطابقة. وقد وفر هذان الجانبان لهواوي الكثير من الوقت.

في الواقع، كلما كانت العملية أكثر تعقيدًا، كلما كان هناك حاجة أكبر لتبسيطها وتحسينها. كما أن استخدام "قاعدة تحليل ECRS" في كل حلقة من العملية يمكن أن تجعل العملية المعقدة بسيطة وتقلل من الوقت اللازم لإنجاز المهمة بشكل كبير.

2. سر على درب الأمريكيين

في مجتمعنا الحديث، يتم تطوير المعرفة والتكنولوجيا باستمرار، وبمجرد توقفك لبرهة، فإنك ستستخلف كثيراً عن الآخرين. يوجد قانون إهلاك للمعرفة معتمد على نطاق واسع بين الشركات المدرجة في قائمة الشركات الـ500 الأكثر ثروة حيث ينص هذا القانون على أنه: "إذا ذهبت سنة واحدة دون أن تتعلم، ستهلك كل المعرفة التي لديك بنسبة 80%." الأشياء التي تتعلمها اليوم قد تكون قديمة في الغد. قد تكون معظم المفاهيم المعروفة عن هذا العالم في الوقت الحاضر مسجلة في التاريخ في أقل من عامين.

ولذلك، فإن الموظفين في هذه الشركات لديهم توافق، إلا وهو من أجل الحفاظ على المكانة الرائدة، يجب على الناس مواكبة العصر وعدم التوقف أبدًا عن التحسين الذاتي. ومع ذلك، كيف يمكننا مواكبة العصر؟ يعتقد الكثير من الناس أننا يجب أن نحقق غرض التحسين الذاتي من خلال التعلم المستمر، مما يعني أننا بحاجة إلى أخذ زمام المبادرة في الدراسة الجادة لمواكبة الآخرين.

تستحق هذه الروح المتفانية في العمل تشجيعها ولكن لا يمكنها أن تضمن إتقان أكثر المعارف والتكنولوجيا الأكثر تقدما، وأحيانا حتى من المحتمل أن تقودك إلى الطرق الالتفافية.

لقد أدرك رن تشنغ في هذا الأمر وفكر في نفسه قائلاً: "في الماضي كان لدينا سوء فهم حول كيفية تحسين القدرة التنافسية الجوهرية للشركة؛ كما أكدنا بشكل كبير على أهمية حقوق الملكية الفكرية وافترضنا أنه سيكون من الأفضل إذا فعلنا كل شيء بأنفسنا. كان هذا المفهوم كان خاطئًا لأنه لم يرفع مستوى قدرتنا التنافسية الجوهرية من جانب الأعمال. لذلك، على الرغم من امتلاكنا لحقوق الملكية الفكرية المستقلة، إلا أن المنتجات التي طورناها لم تكن قادرة على اللحاق بسرعة التقدم في السوق، بالإضافة إلى أن جودتها وقدرتها التنافسية كانت سيئة للغاية، فما الفائدة من وجود مثل حقوق الملكية الفكرية المستقلة هذه؟

في ظل هذه الظروف، هل كان هناك أي "طريق مختصر" يمكن أن تتخذه هواوي؟ كان لدى رن تشنغ في فكرة وهي: شراء "زوج من الأحذية الأمريكية"، وتعلم خبرة الإدارة من الشركات الغربية العملاقة وحماية شركة هواوي من بعض المنعطفات التي قد تواجهها أثناء تطويرها.

أوضح رن تشنغ في في كتاب "البقاء على قيد الحياة هو القاعدة الذهبية للشركة" رأيه في إدخال الموارد الأجنبية مباشرة. حيث قال رن تشنغ في: "بدأت هواوي كشركة صغيرة. نشأت في الصين التي لم تكن مواردها الخارجية كافية مثل أمريكا. واستند تطورها إلى الأحكام الذاتية، لذلك كان تطورها غير منطقي وغير علمي وغير منتظم. ونحتاج إلى استخدام تجربة وأساليب أمريكا كمرجع، وهو ما يعني أننا بحاجة إلى اقتراض حكمة الأمريكيين".

بحلول نهاية عام 1997، ترأس رن تشنغ في وفدا لزيارة الولايات المتحدة. لم تكن تلك رحلة لمشاهدة معالم المدينة، بل كانت جولة عمل تتألف من زيارات للعديد من الشركات الأمريكية ذات الشهرة العالمية بما في ذلك Cisco وIBM وHP وBell Labs، على أمل في الاستفادة من أنظمة الإدارة من هذه الشركات. خلال تلك الرحلة، درس رن بشكل خاص وضع تطوير المنتجات ونموذج إدارة سلسلة الإمداد لـIBM. وأخيرا قررت شركة هواوي التعاون مع IBM ودفعت عددًا كبيرًا من العمولات إلى العشرات من الخبراء من IBM من أجل مساعدة شركة هواوي في إجراء إصلاح شامل وواسع النطاق لكافة أشكال الإدارة.

وضعت هذه الرحلة إلى الولايات المتحدة الأساس لاحقًا لإدخال هواوي نظام الإدارة على المستوى العالمي. وكما أوضح رن تشنغ في: "فقط من خلال التعلم بدقة من مثل هذه الشركات العملاقة الدولية، يمكننا أن نأخذ عددا أقل من الطرق الالتفافية ونوفر الكثير من المال بعدم ارتكاب الأخطاء. تم تلخيص تجارب IBM من أخطائها في الماضي والتي كلفتها مليارات الدولارات. إن الصعوبات التي واجهتها هي كنز للبشرية."

في أغسطس عام 1998، أطلقت هواوي رسميا برنامج "إستراتيجية وخطة تكنولوجيا المعلومات" مع IBM من أجل البدء في التخطيط لإصلاح شركة هواوي في مجال الأعمال ومشاريع تكنولوجيا المعلومات في غضون السنوات الثلاث أو الخمسة القادمة، بما في ذلك IPD (تطوير المنتجات المتكاملة)، وISC (سلسلة الإمداد المتكاملة)، وإصلاح نظام تكنولوجيا المعلومات، والتوحيد المالي الرباعي، وغيرها من البرامج التي كان مجموعها ثمانية برامج. بالإضافة إلى ذلك، قامت هواوي باستيراد "نظام إدارة الرواتب والوظائف" من شركة HAY

Group الشهيرة للموارد البشرية، فضلاً عـن نظام التأهيل المهني البريطاني (NVQ) في نظام إدارة التأهيل المهني للشركة. ومنذ ذلك الحين، بدأت حملـة شاملـة وواسعة مـن الإصلاح في عملية إدارة الأعمال بأكملها في شركة هـواوي.

وقدر رن تشنغ في جميع الفوائد التي جلبتها مثل هـذه "الاستعارة" إلى شركة هـواوي. كما قال ذات مـرة: "حتـى الآن (حتى عـام 2005)، لم تخترع هـواوي أي منتج، كان عملها الأساسي هـو إجراء بعض التحسينات في وظائف أو خصائص المنتجات التي طورتها الشركات الغربية أو لزيـادة قدرتها علـى التكامل. تتمتع منتجاتنا بمزايا مـن حيـث التحسينات التكنولوجيـة المتمثلـة في تصميمها الهندسي والتحقيق الهندسي؛ ومـع ذلـك، بالمقارنة مـع المنافسين الأجانب الذيـن لديهم العشرات أو حتى أكثر مـن مائة عام مـن الخبرة، لا يـزال لـدى هـواوي طريق طويل يجب أن تقطعه. بالنسبة إلى التكنولوجيا الجوهرية التي لا تملكها، فعـادةً ما تتكسبها شركة هـواوي مـن خـلال الشراء أو دفع رسوم ترخيص حقوق الملكيـة الفكريـة الخاصة بها مباشرة، مـن أجل تحقيق إدخال المنتج إلى السوق الدولية والتقدم التدريجي للبقاء في السوق التنافسية. هـذا أرخـص بكثير مـن عـدم استخدام حقوق الملكية الفكرية هـذه ومحاولة تطوير المنتج بطريقـة أخـرى. ولأننا دفعنـا ثمـن هـذه التكنولوجيا، فإننا نحقـق التعايـش السلمي مـع الشركات الغربيـة."

في الواقع، غالباً مـا تواجه هـواوي عقبـات في تكنولوجيا تحقيق هندسـة المنتجـات، بما في ذلك الخوارزميـات، وتقنيـات التبريـد، وتكنولوجيا المعالجـة، والطاقة، والمصابيح الموفرة للطاقة، ومـا إلى ذلـك، مـما يخلق عقبـات أمـام تطويـر الشركة. ولحل هـذه المشـاكل، لا تستطيع هـواوي الاعتمـاد بشكل كامل علـى البحـث والتطويـر المستقل؛ وإلا ستفقد الشركة فرصها في السوق، لـذا تستطيع هـواوي تقصير الفجوة مـع الآخريـن مـن خـلال شراء التكنولوجيا مباشرة ومـن ثم تطوير مزاياها الخاصة بناءً علـى ذلـك.

وكما كتـب جـون ب. كوتر، الأستاذ بجامعة هارفارد في كتابه "قلب التغييـر": "غالباً مـا تكون أكبر عقبة أمـام التغيير هـي مجموعـة الأفكار الموروثة مـن المنظمة". في ذلك الوقت، جمعـت هـواوي مـا يقرب مـن 10000 مـن مواهب تكنولوجيا المعلومـات البـارزة في الصين التي كانت أفكارها مليئة بجميع أنـواع الأفكار ومعظم هـذه الأفكار هـي شكوك.

أدرك رن تشنغ في أنه فيما يتعلق بالمعرفة والتكنولوجيا الجديدة، ينبغي أن يكون لـدى موظفي هـواوي القـدرة علـى التعرف علـى عيوبها وأن يجرؤوا علـى تغييرها، وتحقيـق إنجـاز مـن خـلال تبني التغييرات التي تـم إجراؤها علـى أنفسهم وعلـى النظام بشجاعة.

3. من الصواب إعادة تصميم العملية

في الواقع، عندما كانت شركة هواوي في طريقها إلى إصلاح العملية وتحسينها، واجهت الشركة الكثير من الصعوبات وعانت من الكثير من الألم.

في أغسطس عام 1998، بدأ مشروع "إستراتيجية وخطة تكنولوجيا المعلومات" الذي تعاونت بها هواوي مع IBM رسميًا. حيث كان الهدف الرئيسي من المشروع هو تخطيط وتصميم عملية الأعمال ونظام دعم تكنولوجيا المعلومات اللذين سيكونان مطلوبين للشركة في غضون السنوات الثلاث أو الخمس القادمة. يتكون المشروع من 8 أجزاء، بما فيها تطوير المنتجات المتكاملة، سلسلة الإمداد المتكاملة، إصلاح نظام تكنولوجيا المعلومات، التوحيد المالي الرباعي (توحيد النظام المالي والحسابات، توحيد الترميز، توحيد العملية وتوحيد المراقبة).

في عام 1999، أشار فريق IBM الاستشاري في تقريره البحثي إلى أن مستوى إدارة سلسلة الإمداد في هواوي كان متخلفًا جدًا عن تلك الشركات الرائدة متعددة الجنسيات: فقد وصلت نسبة OTD (التسليم في الوقت المحدد) على طلبات الشركة إلى 50% فقط، في حين بلغت هذه النسبة في الشركات الدولية الرائدة 94%. وكان معدل تداول المخزون في شركة هواوي 3.6 مرات في السنة فقط، في حين كان المعدل للشركات متعددة الجنسيات 9.4 مرات في السنة؛ كما كانت مدة دورة تنفيذ الطلبات لشركة هواوي تتراوح بين 20 و25 يومًا، في حين كانت المدة المتوسطة للشركات متعددة الجنسيات حوالي 10 أيام. وبالتالي، أشار استشاريو IBM إلى أن إدارة سلسلة الإمداد التابعة لشركة هواوي اشتغلت بـ20% فقط من كفاءتها، لذا كان هناك مجال كبير للتحسين.

بعد فترة طويلة من البحث، أكد فريق IBM الاستشاري أن كفاءة إدارة سلسلة الإمداد في هواوي كانت منخفضة للغاية، ولكن مجرد تعزيز السيطرة على سلسلة الصناعة لن يكون كافياً، يجب على الشركة أن ترفع مستواها "من البداية إلى النهاية بشكل كامل"، وهذا يعني من شراء المواد الخام إلى إدارة العملاء وجميع الحلقات الأخرى في سلسلة الصناعة، كما يجب على شركة هواوي إعادة دمج المواد الخام والتصنيع والقناة والعلامة التجارية والموارد الأخرى وإعادة تصميم عملية التشغيل الجديدة من خلال الاعتماد على مزاياها التنافسية الفريدة.

لذلك، عندما نجد أن العملية برمتها غير معقولة، يمكننا أن نتعلم من ممارسات شركة هواوي: فنقوم بإلغاء العملية الحالية ونقوم بتحسين العملية من خلال تطبيق طريقة أخرى.

من خلال إجراء فحص شامل في كل حلقة للعملية برمتها، فإذا كان هناك أي مشكلة، فسوف نبدأ في النظر في إعادة تصميم العملية. وعلى الرغم من أننا بحاجة إلى إعادة تصميم عملية جديدة تمامًا، إلا أن ذلك التغييرات يجب أن تستند إلى الفهم الكامل للمهمة. لذلك، يجب على موظفي هواوي الالتزام بالخطوات الثلاث التالية في تصميم العملية الجديدة:

الأولى هي الحصول على فهم عميق للعمليات القائمة. على الرغم من أن الفهم الدقيق لجميع التفاصيل سيكون غير ضروري، ولكن يجب إتقان جميع العمليات الأساسية. وبعد ذلك، سيقوم موظفو هواوي بتحديد العوامل التي تسببت في مشكلة أثناء القيام بحلقة معينة أو من 6 إلى 8 خطوات جوهرية في العملية من خلال تطبيق تحليل "الأسباب الخمسة" ("5 why")[1] وقبل نهاية هذه المرحلة، سيكتشفون أيضًا الخطوات الرئيسية لكل عملية ونتائجها على العمليات الحالية.

بعد ذلك، سيبدأ موظفو هواوي بتصميم عملية جديدة. وفي عملية تحويل الأفكار إلى التصميم، سوف يلجأ الموظفون إلى تقديم المشورة بشكل مكثف حول العملية والأفراد والتكنولوجيا. وفي الوقت نفسه، سيقومون بإجراء العديد من المراجعات المتعمقة. طوال العملية بأكملها، سيأخذون على عاتقهم القيام بالشيء الصحيح باستخدام أفضل الطرق وأسرعها وأسهلها وأكثرها اقتصادا" كمبدأ لتصميم العملية الجديدة.

بعد اكتمال تصميم العملية الجديدة، سيقوم الموظفون في شركة هواوي بإجراء اختبار تجريبي جزئي. وبالنظر إلى مدى خطورة تصميم العملية الجديدة، لن يتم إجراء الاختبار التجريبي الجزئي في العملية الجوهرية، ولكن سيتم ذلك في العملية الإضافية. لأن إجراء الاختبار في مثل هذه العملية التي توجد فيها قاعدة جيدة من الموظفين وفهم عميق لدى الإدارة يمكن أن يظهر التأثير بشكل أسرع دون أي تأثير ضار على العملية الجوهرية، كما سيترك أقل قدر من التأثير السلبي على العمل.

للحصول على مزيد من التحقق الشامل حول مدى كون الخطة علمية ومناسبة، يقوم الموظفون في شركة هواوي بإجراء الاختبار على عدة أجزاء تجريبية في وقت واحد، أو اختبارها لفترة طويلة، أو تكرار نفس الاختبار لجولات متعددة للحصول على معلومات أكثر مصداقية.

---

1. تم اقتراحه لأول مرة من قبل ساكيشي تويودا، والمعروف أيضًا باسم "تحليل الأسئلة الخمسة"، أي أن يسأل الفرد نفسه "لماذا" خمس مرات متتالية على طول تطوير سؤال واحد من أجل معرفة السبب الجذري. في الممارسة الحقيقية، لا يقتصر على خمس مرات ولكن حتى تجد السبب الجذري للمشكلة.

وفيما يتعلق بالتنسيق بين مختلف الحلقات للعملية الجديدة: خلال فترة التنفيذ، يحتاج الموظفون إلى تبادل المعلومات مع زملائهم الآخرين، والتحقق من المشكلة وحلها في حالة حدوث خطأ ما؛ بينما خلال تصميم العملية الجديدة، يجب مراعاة التناغم بين الناس والتكنولوجيا والإدارة والعوامل الأخرى بشكل كامل. كما تعتبر أعمال التنسيق بين مختلف الحلقات مرحلة مهمة نسبيا لتصميم العمليات الجديدة.

لجعل العملية الجديدة أكثر تنسيقا، تتبع هواوي القواعد التالية على النحو التالي:

أولاً، تحتاج شركة هواوي إلى ضمان تبادل سلس للمعلومات. لذلك، تتبنى شركة هواوي تكنولوجيات المعلومات مثل تدفق العمل وبوابة الويب من أجل تحقيق تبادل المعلومات بشكل سلس وفعال والتعاون بين جميع حلقات العملية.

ثانيا، تحتاج إلى زيادة قدرة الشخص الذي يدير كل حلقة ومحاولة الحفاظ على طلب دعم منخفض يأتي من الحلقات الأخرى، وبالتالي تبسيط التنسيق بين مختلف الحلقات.

لم تكن الموارد البشرية التي خصصتها هواوي لشمال إفريقيا كافية إلى حد بعيد، لذلك كان على كل موظف تم توظيفه هناك أن يكون متعدد الاستخدامات. كما كان العملاء هناك يطلبون حكما فوريًا وشاملاً للمشاكل، ويتوقعون من شركة هواوي أن تقدم حلًا وخطة تسليم في أسرع وقت ممكن. ومن أجل التعامل مع مختلف الطلبات من العملاء، كان موظفو هواوي الذين عملوا في الجبهة الأمامية لشمال إفريقيا بارعين في أنواع مختلفة من العمليات. يمكن أن يتخذ فريق محلي متكون من مدير للعملاء وخبير للحلول ومتخصص في تقديم الخدمات قرارًا في الموقع بشأن أي مشكلة تتعلق بعقد المشروع. حيث يجعل هذا النوع من وضع التشغيل ذو الكفاءة العالية العملية بأكملها بسيطة وسلسة للغاية، وحصل على تقدير عال من قبل العملاء.

بالإضافة إلى ذلك، نحتاج أيضًا إلى تقليل التبادل المباشر بين مشغلي الحلقات المختلفة.

وقد تم تحسين عملية الشراء في شركة هواوي من خلال قاعدة البيانات التشاركية التي تم إنشاؤها لتبسيط التنسيق بين الأقسام، وخفض التبادل المباشر بين المشغلين لمختلفة الحلقات وبالتالي توفير الوقت وخفض إمكانية سوء الفهم من خلال تجنب الاتصال المتكرر.

وأخيرًا، نحتاج إلى تطبيق "الهندسة الموازية" من وجهة نظر كلية. إن الشراكة بين أي طرفين في عملية ما هي علاقة بين العملاء والخدمة بشكل نسبي، وهي عبارة عن علاقة تغذية راجعة ثنائية الاتجاه بدلاً من علاقة خطية أحادية الاتجاه. وهذا يتطلب التنسيق والتعاون بين مختلف الحلقات لكسر القيود من حلقتها الخاصة واعتماد فلسفة

"الهندسـة الموازيـة"، والاسـتفادة الكاملـة مـن اتصـالات الشـبكة وقاعـدة البيانـات التشـاركية ونظـام المؤتمـرات عـن بعـد لتنسـيق مختلـف الأنشـطة المسـتقلة والموازيـة، ومحاولـة تجنـب النزاعـات بيـن موظفـي التشـغيل في حلقـات مختلفـة.

لا يعنـي الانتهـاء مـن تصميـم عمليـة جديـدة نهايـة التحسيـن الخـاص بهـا. حيـث يطلـب رن تشـنغ في مـن جميـع المشـغلين الاسـتمرار في تحسيـن كل خطـوة تاليـة، لأنـه فقـط مـن خـلال الحفـاظ عـلى سـير منسـق بيـن جميـع الحلقـات، يمكـن للشركـة تحقيـق غرضهـا الأصـلي في إعـادة تصميـم العمليـة.

4. إصلاح جميع العمليات غير المعقولة

سـواء خـلال فـترة تحسيـن العمليـة، أو الاختبـار أو مرحلـة نضـج عمليـة جديـدة، كانـت شركـة هـواوي مسـتمرة دائمًـا في تحسيـن عملياتهـا ومحاولـة ضمـان الأداء الأمثـل لعمليـة التشـغيل. دائمًـا مـا نسـمع الكثـير مـن النـاس يشـتكون مـن الصعوبـات والكفـاءة المنخفضـة التـي يواجهونهـا خـلال تنفيـذ المشروع. في الواقـع، ذلـك بسـبب أننـا لم نـدرك عـلى العمليـة غـير المعقولـة، ممـا أدى إلى وجـود أعمـال شـاقة ومرهقـة خـلال التنفيـذ. كما قـال خبـير الإدارة الشـهير مايـكل هامـر: "ليكـن عنـدك عمليـة أفضـل مـن لا شيء، ووجـود عمليـة تجاريـة جيـدة أفضـل مـن عمليـة سـيئة، ولكـن حتـى تلـك العمليـة الجيـدة تحتـاج إلى التحسيـن". لذلـك، يجـب أن يكـون المشـغل جيـدا في تحسيـن عمليـة سـيئة، والتخلـص مـن التعقيـدات، وجعـل التنفيـذ بسـيطا وسـهلا قـدر الإمكـان.

يوجـد في خـط منتجـات التواصـل الرقمـي لشركـة هـواوي مثـل هـذه الحالـة:

في عـام 2008، بسـبب الحجـم الكبـير لنسـخة معينـة مـن منتـج، جـرت أعمـال الصيانـة ببـطء شـديد. بالإضافـة إلى ذلـك، كان المنتـج يحتـاج إلى التحديـث باسـتمرار، فتلقـت الشركـة الكثـير مـن الشـكاوى مـن العمـلاء. وبعـد تحليـل الحالـة، اكتشـفت هـواوي أن سـبب هـذه المشـكلة كان يكمـن في عـدم وجـود توجـه نحـو النتائـج وعـدم وجـود مسـؤوليات محـددة. لـذا بمجـرد ظهـور مشـكلة، فـإن الجميـع يتنصـل مـن مسـؤوليته ويلقـي اللـوم عـلى الآخريـن. كان الموظفـون معتاديـن عـلى الاعتمـاد عـلى الآخريـن وإلـزام أنفسـهم بالمجموعـة. إذا كان هنـاك شيء جيـدًا، لم يكـن يعـرف المديـر أي شـخص يجـب مدحـه، وإذا كان هنـاك عيـب مـا، كـما لم يكـن يعـرف أي شـخص يجـب انتقـاده. وبالتـالي، لا يمكـن حـل مشـاكل العمـلاء بسرعـة. وذات مـرة،

اشتكى أحد مدراء الاختبارات من وجود مشكلة انتقلت إلى 26 شخصًا قبل أن يتم الاعتناء بها من قبل شخص ما. وكانت الكفاءة منخفضة جدا.

قام القسم الذي أشرف على خط المنتج بإصلاح شامل من حيث العملية التنظيمية. تم تحديد "مجال المسؤولية" داخليا بشكل واضح، الأمر الذي مكن الموظفين في التطوير وتصميم النظام وتحديد الحلول والتسويق وغيرها من المجالات الأخرى من أداء واجباتهم الخاصة؛ كما قام القسم خارجيا بترتيب الموظفين الرئيسيين لاتباع خدمة العملاء والاستماع إلى متطلبات العملاء وآرائهم وشكاواهم وزيارة العملاء للاعتذار. وبعد سلسلة من عمليات التوحيد القياسي والهيكلة، شكل خط الإنتاج تخطيطًا واضحًا للمسؤولية الداخلية وتماسكًا جيدًا بين عملياته المختلفة. وقد تم تبسيط عملية التصنيع بمقدار النصف، وتم تحسين دورة إنتاج شرائح التواصل الرقمي بنسبة 50 في المائة. وبالتالي، فإن خط الإنتاج قد حقق طفرة رائعة.

في وقت لاحق، عندما استدعى قسم التواصل الرقمي هذه الفترة من التاريخ، قال الموظفون بعاطفة كبيرة: "لقد ساعدنا النقد الذاتي على إزالة الأجزاء المتكررة وغير الفعالة في عملياتنا التنظيمية، مكننا من التخلص من مشاكلنا وقادنا إلى حالة جديدة من العمل."

استناداً إلى تحليل منهجي لعملية الأعمال السابقة، تعمل شركة هواوي على إصلاح عملياتها بالتخلص من جميع الأجزاء غير المعقولة وفقًا لخصائص التطوير الخاصة بالشركة، وبالتالي تجعل عملية أعمالها أكثر فعالية وأقل تكلفة وقادرة على الاستجابة السريعة للتغييرات في الطلب.

وكما أكدت هواوي في "قانون هواوي الأساسي" أن: " تحسين مستوى التكامل المبرمج والأتمتة والمعلومات لإدارة العمليات لتكييف نفسها باستمرار وفقًا لتغيرات السوق ومتطلبات الأعمال الجديدة للشركة، وتبسيط وإتقان العمليات وأنظمة الأعمال الحالية هم مهمة الشركة طويلة المدى."

بالإضافة إلى ذلك، تحدد هواوي أساسيات ومعايير عملية الأعمال الخاصة بها. حيث شدد قانون هواوي الأساسي على أن "إنشاء وإكمال نظام مؤشر إحصائي وتقييم شامل موجه نحو العمليات هو المفتاح لتنفيذ المساءلة النهائية عن النتائج وتعزيز إدارة العمليات. كما أن درجة رضا العملاء هي جوهر نظام مؤشر التقييم. حيث يقوم المسؤول عن مختلف المواقف في عملية الأعمال بممارسة سلطته المعتمدة من العملية، وتحمل المسؤوليات التي تنظمها العملية، والامتثال للقواعد التي تحددها العملية، واعتبار الإجراء التالي كمستخدم له لضمان الجودة والتشغيل الفعال للعملية".

فيما يتعلق بإعادة هندسة العمليات، يمكننا تحديد الأجزاء غير المعقولة من العملية من خلال التحقق من تكرار استخدامها، ومن خلال التعديلات المناسبة يمكننا جعل العملية أكثر بساطة وعملية ومعقولية. حيث يحكم الموظفون في شركة هواوي على معقولية كل جزء من العملية بطرحهم ثلاثة أسئلة حول "من، أين، متى"، وإذا كان هناك جزء غير معقول في عملية معينة، فإنهم سيقومون على الفور بإيقاف العملية بأكملها ويقومون بها مرة أخرى للتأكد من الحفاظ على جميع حلقات العملية في التسلسل الأمثل.

لدى رن تشنغ في قلقه بشأن عملية الإصلاح. حيث يعتقد رن أن العملية الفعالة يجب أن تنفذ بشكل ثابت على المدى الطويل. ويأمل أن يحافظ الموظفون في شركة هواوي على استقرار العملية بدلا من إجراء ابتكار مرتجل في العملية. وقد أشار رن تشنغ في في مقالته بعنوان "شتاء هواوي" إلى أنه: "على الرغم من أننا نحتاج إلى الابتكار في الإدارة والنظام، ولكن بالنسبة لشركة عادية، فإن الإصلاح المتكرر سيؤدي إلى الإخلال بالأوامر الداخلية والخارجية ويجعل من الصعب الحفاظ على بيئة مستقرة. عندما نذكر الإصلاح، يجب أن نعرف ما الذي نريد إصلاحه بالضبط؟ هذا سؤال جدي؛ ويجب على جميع الأقسام أن تكون حذرة جدا في هذا الموضوع. ينبغي أن تكون العملية الفعالة قادرة على العمل بثبات لفترة طويلة؛ يجب ألا نغيرها بسهولة بسبب بعض المشاكل الصغيرة لأن نتائج التغيير ستقابل بتكلفة التغيير". لذلك يمكننا أن نرى أن إعادة هندسة عمليات الشركة هي في الحقيقة قضية خطيرة يجب تنفيذها بعد الفحص والاختبار الصارمين لتجنب "الاحتفاظ بالقروش وتبذير الأموال الطائلة."

5. التحجر والتحسين والتوطيد

خلال عملية إجراء الإصلاح الداخلي، اقترح العديد من الناس أنه فيما يتعلق بتكنولوجيا الإدارة الدولية المتقدمة، يجب أن "نستند إلى الظروف الوطنية للصين والوضع الفعلي، ونغيرها أولاً بشكل ما ثم نطبقها بشكل انتقائي". وشكك بعض الناس فيما إذا كانت "الأحذية الأمريكية" مناسبة لشركة هواوي أم لا، حتى يعتقد بعض موظفي هواوي "المتعجرفين" أن عملية الإدارة القائمة في شركة هواوي أفضل من عملية إدارة شركة IBM، لذا لم يكن هناك شيء يمكن تغييره.

لقد أثار أولئك الموظفين المتعجرفين غضب رن تشنغ في، حيث وجه انتقادات شديدة

لهم خلال اجتماع داخلي للموظفين قائلا: "أكره الناس الأذكياء الذين يميلون إلى التفكير كثيرًا بأنفسهم لمجرد أنهم قرأوا بعض الكتب أكثر من الآخرين، بعض الناس لا يفهمون ما هو عملية الأعمال وبدأوا بتقديم "وصفة عملية"، وبالتالي، فإن هذه العمليات لديها مشاكل طوال الوقت. سنقوم بتوظيف أشخاص بناءً على نتائج التدريب والامتحانات، حتى ولو اعتبر بعض الناس أنفسهم أفضل من شركة IBM، إذا لم يتمكنوا من اجتياز الامتحان، فسيتم إقالتهم."

كان رن تشنغ في أكثر من يمتلك إيمانا راسخا في تنفيذ الإصلاح الداخلي لشركة هواوي. حتى أشار إلى هذا الإصلاح أنه "حركة تغيير الحياة". لأنه قبل إدخال تطوير المنتجات المتكاملة (IPD) لشركة IBM إلى شركة هواوي، لم يكن لدى الشركة فعليًا خطة للبحث والتطوير، وكانت تعمل مع كل حالة تحت تعليمات القيادة. فكر الموظفون في شركة هواوي على أنه بالرغم من أنهم قاموا بتقديم IPD، لكن شركة هواوي لديها خطة البحث والتطوير الخاصة بها، إلا أن التقييم المقابل سيظل فنيا بدلاً من متوجها نحو العمل. سيعمل معظم الناس على ذلك إذا اعتبروه مجديًا دون الأخذ بعين الاعتبار عامل السوق. ومع ذلك، طلب رن تشنغ في من هواوي تنفيذ الإصلاحات بشكل فعال لأنه يعتقد أن نقص خطة والبحث والتطوير يمكن أن يؤدي بسهولة إلى تزامن الطلب على المنتج مع تطور التكنولوجيا، وفي النهاية لا يمكن إصدار المنتجات الصحيحة إلى السوق في الوقت المناسب، أو بسبب التقييم الذي جاء من حكم شخصي من صناع القرار دون النظر في متطلبات السوق، فليس لدى المنتج سوق على الإطلاق.

من أجل تطبيق IPD بشكل حازم، شرح رن تشنغ في للموظفين في هواوي قائلا: "يرتبط IPD ارتباطًا وثيقًا ببقاء الشركة وتطويرها في المستقبل. يجب أن تعترف المنظمات وإدارات هواوي على جميع المستويات بأهميتها. ومن خلال التجربة المؤلمة 'بقطع أرجلنا لملائمة الأحذية الأمريكية' في مقابل للاستمتاع بنظام التشغيل السلس."

إن التعبير الصيني الأصلي عن "قطع الأرجل لملائمة الأحذية" يأتي من أحد المقالات التي جمعت في كتاب أدبي صيني تقليدي يدعى "هواي نان تسي"، والذي استخدم فيه تعبير "قطع قدمك لتلائم الأحذية، أو قطع رأسك لتلائم حجم القبعة." ويتم استخدام التعبير لوصف أولئك الذين يطبقون تجربة الآخرين بشكل ميكانيكي دون النظر إلى وضعهم الفعلي. لتسريع وتيرة شركة هواوي من التدويل، يفضل رن تشنغ في إجراء قطع "قدم الشركة" لارتداء "أحذية" شركة IBM أو غيرها من الشركات مع تكنولوجيا الإدارة ذات المستوى العالمي، لذلك يمكننا أن نرى عزم رن تشنغ في في دفع هذا الإصلاح.

في نوفمبر عام 1999، اقترح رن تشنغ في للمرة الأولى الخطوات الثلاث لإصلاح عملية الأعمال في شركة هواوي: التجمد أولاً ثم التحسين ثم التوطيد في النهاية. حيث طلب رن تشنغ في من الموظفين في شركة هواوي التركيز على فهم واستيعاب الإصلاح في السنوات الثلاث الأولى، ثم إجراء التحسينات المناسبة. وهذا يعني أنه في المرحلة الأولى، يجب على موظفي هواوي قبول تكنولوجيا الإدارة التي تم إدخالها مؤخرًا "بشكل سلبي" و"تام ". وعندما يكون لديهم فهم شامل حول تشغيل النظام بأكمله، يمكنهم إجراء بعض التعديلات والتحسينات لتشكيل نظام إدارة يناسب شركة هواوي على أكمل وجه.

فيما يتعلق بهذه الخطوات الثلاث، حذر رن تشنغ في موظفي هواوي في اجتماع لقادة الشركة من أنه: "يجب ألا تقوموا بأي ابتكارات ساذجة في غضون السنوات الخمس القادمة، مهما كان ما يقوله المستشارون وأي طريقة يريدون استخدامها، حتى تعتقدون أنها غير معقولة، لا يسمح لكم بإجراء أي تصرف. وبعد خمس سنوات، عندما يتم إتقانهم النظام، يمكنني أن أسمح لكم بإجراء بعض التغييرات في أجزاء معينة، أما بالنسبة للتغييرات الهيكلية، فيجب الاهتمام بها بعد 10 سنوات."

يثبت تطوير هواوي أن الخطوات الثلاث المتمثلة في "التجمد أولا، ثم التحسين، والتوطيد في نهاية المطاف" التي اختارها رن تشنغ في لإصلاح عملية الأعمال هي المنهج الأكثر حكمة. كما أن هناك عدد كبير من كبار المفكرين الذين يعملون في شركة هواوي، ولكل شخص رؤيته الفريدة الخاصة به. وإذا تجاوزت الشركة الجزء الخاص في تطبيق طريقة الإدارة المُدخلة وقامت بتحسينها بشكل مباشر، سيقوم الموظفون بتطبيق مجموعة من القواعد الجديدة وفقًا إلى تجربتهم الشخصية، ونتيجة لذلك سيصبح الإصلاح غيبيا وعرضة للخلافات الداخلية. وكما قال رن تشنغ في، إن موظفو هواوي أذكياء ومن السهل لهم تشكيل أفكارهم وآرائهم. وعندما لم يكن هناك توافق في الآراء، كان من السهل تشتيت الانتباه. بالإضافة إلى ذلك، غالباً ما يضر إدخال طريقة الإدارة الجديدة بمصالح بعض الأشخاص الذين من المحتمل أن يقدموا أعذارًا خلال مرحلة "التحسين"، مما يصبح قوة مقاومة للإصلاح.

في مرحلة "التجمد"، كانت الشركة تواجه ضغطًا داخليًا. وقال أحد الموظفين الذين عملوا في وقت سابق في فريق دفع تطوير المنتجات المتكاملة إنهم تعرضوا للانتقادات من قبل قسم البحث والتطوير وقسم المبيعات اللذين اتهما بأن كل ما قام به أعضاء فريقهم هو إما إنفاق أموال الشركة أو لعب الغولف. لكن لم يستسلم رن تشنغ في.

بعد أن مر موظفو هواوي بالفترة الصعبة من "التجمد"، بدأ رن تشنغ في بمطالبة

موظفي هـواوي بتطبيـق طريقـة الإدارة هـذه بمرونـة بالتوافـق مـع الظـروف الوطنيـة للصيـن، مـما أدى إلى دخول إصلاح الشركة مرحلة التحسين؛ وفي وقت لاحق، قامت الشركة بإضفاء طابـع مؤسـسي عـلى النتائـج المحسنـة كـما قامـت ببرمجتهـا ومعايرتهـا، ممـا يجعلهـا جاهـزة لمرحلـة التوطيـد، وهـذا يـدل عـلى أن شركـة هـواوي حققـت تقدمًـا كبيرًا فـي نظام الإدارة.

سـأل موظـف رن تشـنغ فـي ذات مـرة قائـلا: "لقـد دعونـا بعـض الخبراء الألمان للعمـل معنـا، وخـلال التعـاون معهـم، كنا نتصارع مـع أنفسنا ولم نستطع التوقف عـن التسـاؤل لمـاذا يجـب أن نسـتمع إليهـم فـي كل شيء؟ ومـاذا يجـب أن نتعلـم مـن هـؤلاء الخبراء الألمان؟" أجـاب رن تشـنغ فـي بعـزم قـوي: "أعتقـد أنه يجـب عـلى الأطفال أن يتعلمـوا كيفيـة المـشي أولا، ثـم كيفيـة الركـض. ونحـن سـاذجون جـدا الآن، لذلك نحـن بحاجـة لتعلم منهـم. وعندما نتقـن أسـاليبهم الإداريـة وأنظمتهـم بشـكل جيـد، يمكننا أن نضـع أفكارنا فـي ذلك. نتعلـم شـكلها أولا، ثـم مضمونهـا. هـذا هـو مبـدأ هـام لهـواوي للتعلـم مـن الشركـات الأجنبيـة. عندمـا نتعلـم IPD مـن IBM، قمنـا بنقل بعـض الموظفين مـن الأقسام المختلفـة، في البدايـة كانـوا ينتقـدون أسـلوب IBM، لذلك طردتهـم مـن الفريـق. نحـن بحاجـة إلى التعلـم مـن IBM بكل إخـلاص، إنهـا مدرستنا، ويمكننـا اقتراح وجهـات نظرنـا وأفكارنـا الخاصـة بعـد أن نكتسب فهمًـا شاملا لمعرفتهـا ... في الحقيقـة، كانـت تجربـة التعلـم مـن الآخريـن مؤلمـة ولكـن خرجـت هـواوي مـن الصعوبـات فـي نهايـة الأمـر."

فـي عـام 2003، غـادر عـشرات مـن خبراء IBM شركـة هـواوي، ممـا يشـير عـلى توقـف مـشروع إصلاح الأعـمال فـي هـواوي بشـكل مؤقـت. فـي ذلك الوقت، قامـت هـواوي بتشـكيل نظـام الإدارة مـع دعـم تكنولوجيـا المعلومـات والتحكـم المركـزي فـي توليفـة مـن الإدارة الهرميـة التـي كانـت قـادرة عـلى الاسـتجابة السريعـة لطلـب العمـلاء. مـع توسـيع حجـم شركـة هـواوي بشـكل متزايـد، أظهـر نظـام IPD الـذي واجـه سـابقاً معارضـة داخليـة أهميتـه. وأخـيرًا، أدرك الكثـير مـن موظفـي شركـة هـواوي الهـدف النابـع مـن التفكيـر والرؤيـة المسـتقبلية الـذي خصصـه رن تشـنغ فـي فـي حملتـه "لقطـع أرجـل شركـة هـواوي لتلائـم الأحذيـة الأمريكيـة".

6. تحقيق الإدارة الموحدة

إذا كانـت المؤسسـة تريـد البقـاء وسـط المنافسـة الشرسـة فـي السـوق، فـإن المنتجات عاليـة الجـودة والخدمـة المتجاوبـة للعمـلاء هـي القـوة الأساسـية. إن القـوة الدافعـة الحقيقيـة وراء

تحسين المنتجات والخدمات المستمرة هي آلية تشغيل جيدة للشركات، فضلا عن المواهب المتميزة. لذلك، فإن بناء نظام موحد هو قضية يجب على كل قائد الشركة اعتبارها. وفيما يتعلق بمسألة حول ما إذا كانت هواوي تحتاج إلى نظام إدارة موحد، أجاب رن تشنغ في: "في المرحلة الأولية من تنمية هواوي، اعتمدت أكثر على قيادة الشركة، وبالتالي فإن الشركة يمكن أن تغتنم الفرصة وتمضي قدما بقوة كاملة. وبعد دخول الشركة مرحلة التنمية، يجب عليها الاعتماد على الإدارة الموحدة والأكفاء الذين يعرفون كيفية إدارتها."

في فترة التنمية المبكرة لشركة هواوي، لم تكن اللوائح والإجراءات مثالية بعد، لذا كان المدراء يتخذون القرارات استنادًا إلى خبرتهم وقدراتهم. في ذلك الوقت، اعتاد المرؤوسون على استشارة رؤسائهم في كل شيء، حتى بعض القيادات العليا اعتاد على التشاور بشكل ميكانيكي مع رؤسائهم. على الرغم من وجود مجموعة واضحة من القواعد يمكنهم الرجوع عليها واتخاذ قرارات مستقلة، إلا أنهم ما زالوا يفضلون انتظار رؤسائها لاتخاذ قرارات بشأن كل شيء، الأمر الذي قلل بشكل كبير من كفاءة العمل وكذلك شجع العادات البيروقراطية السيئة. كما قال رن تشنغ في، خضعت قوة الإدارة الرئيسية لسيطرة رجال الأعمال والأشخاص الذين أتقنوا التكنولوجيا الرئيسية. الكثير من الأشياء ليس لها معايير ولا أنظمة للإشارة إليها على الإطلاق.

مع تنمية شركة هواوي المستمرة وزيادة حجم أعمالها، لم يعد قرار رجال الأعمال يغطي بشكل فعال جميع الجوانب في إدارة أعمال الشركة. ومن وجهة نظر موضوعية، كانت الشركة بحاجة إلى تطوير وتطبيق نظام إدارة علمية وعملية أعمال حسب وضع أعمالها. فقط من خلال هذه الإدارة الموحدة، يمكن للشركة تلبية متطلبات صناعة الخدمات بكفاءة وفعالية.

وفي هذا الصدد، نشرت شركة هواوي مقالًا داخليًا بعنوان "المعيار ليس حبر على ورق"، وطرحت فيه انتقادات تجاه أولئك الذين فشلوا في الامتثال للعملية والمعايير. وأشار المقال إلى أنه: "كمستخدم فردي، قد لا تدرك مدى أهمية المعيار، ولكن كمركز لخط ساخن داخلي لتقنية المعلومات في شركة تصنيع كبيرة، نشعر بشكل عميق بحتمية وضع وتنفيذ المعايير. في الوقت الحاضر، تتطور تكنولوجيا المعلومات بسرعة ويتم تحديث المنتجات بشكل سريع. وإذا كانت الشركات الكبرى مثل شركتنا التي لديها أكثر من 10000 موظف لا تعمل على توحيد بيئة الحوسبة، فإن كل قسم أو فرد يختار تكوينات مختلفة لمنصة الأجهزة والبرمجيات وفقًا لاحتياجاته الخاصة، ثم ستغطي الأنظمة نطاقًا واسعًا من الاختيارات. لذلك عندما يصادف أحد الأشخاص خطأً، سيكون من الصعب العثور على فني

جيد قادر على إصلاح جميع أنواع الأنظمة، على الرغم من أن جميع الأفراد في مركز اتصال تكنولوجيا المعلومات يشاركون فيه، قد لا يكونون قادرين على التعامل مع كل تلك الأشياء الغريبة ومشاكل البرامج والأجهزة غير المنتظمة، ناهيكا عن تراكم الخبرة."

الإدارة الموحدة هي تغيير النمط القديم لـ"حكم الأفراد" إلى الطريقة العلمية لـ"حكم القانون". على الرغم من أن جوهره يتحول في النهاية إلى إدارة منهجية، مما يعني تقييد الإدارة بالقواعد، إلا أن هناك لا يزال بعض الاختلافات بين الإدارة الموحدة والتنظيم المنهجي. لا تحتاج الإدارة الموحدة إلى أن تستند إلى النظام فحسب، بل تحتاج أيضًا إلى أن تكون مقترنة بسلسلة من التدابير مثل البرمجة والتوحيد القياسي والتكوين وأتمتة المعطيات، لتشكيل إدارة مع اتخاذ قرار علمي وعملية قياسية وتقييم منهجي.

ولتحقيق إدارة العمليات الموحدة في شركة هواوي، في عام 1995، وظفت شركة هواوي البروفيسور وو تشون بوه والعديد من الأساتذة الآخرين من جامعة الشعب في الصين لصياغة قانون هواوي الأساسي. خلال عملية وضع قانون هواوي الأساسي، أعطى شخص ما رن تشنغ في نسخة من دستور الولايات المتحدة في القرن التاسع عشر، قرأ رن تشنغ في الدستور وقال: "اليوم، لم يعد مضمونه بارعا بعد الآن، ولكنه قاد الولايات المتحد لمدة 200 عام من تنميتها، ووضع الأساس لرفاهيتها اليوم." لذلك، كان رن تشنغ في يأمل أيضًا أنه حتى لو لم يعد قانون هواوي الأساسي ذا قيمة بعد 20 عامًا، يجب أن يكون قادر على تنظيم أعمال موظفي هواوي وتقديم التوجيه لهم، وتحديد المبادئ الأساسية الموحدة والمنظمة وعناصر نجاح الشركة بشكل منهجي، وذلك من أجل تحويل حكمة رجال الأعمال إلى حكمة الشركة وتوارثها باستمرار.

وحول ميراث هواوي، قام رن تشنغ في بمقارنته مع شركة سيمنز وغيرها من الشركات العملاقة الدولية. يعتقد رن تشنغ في أن هواوي لديها مشغلون بارزون أكثر من شركة سيمنز. ومع ذلك، كانت مبيعات هواوي متخلفة عن شركة سيمنز، لذلك كان هناك سبب. قال رن تشنغ في ذات مرة: "منتجات سيمنز لديها ميراث جيد. إن العديد من المشغلين، وخاصة المشغلين في شبكات الاتصالات الثابتة، يتعرضون دائمًا لضغوط من سوق رأس المال، لذا يجب عليهم تخفيض النفقات الرأسمالية ... لا يمكن لشركة هواوي التركيز فقط على التحكم في أسعار منتجات الأجهزة وتخفيضها، بل تحتاج أيضًا إلى تقليل سعر الحل الشامل، بما في ذلك البرامج والخدمات والمصروفات الأخرى ذات الصلة. لذلك، إذا أرادت شركة هواوي إنشاء علامتنا التجارية الخاصة في العالم، يجب أن يكون لدينا منتج متوارث مفتوح، وهذا يعني أنه يجب تطوير جميع المنتجات بدقة وفقًا لمواصفات معينة، لا يحتاج المشغلون إلا

إلى ترقية المنتج بعد الشراء، لا يحتاجون لاستبدال مجموعة كاملة من المعدات."

في عام 1998، قامت شركة هواوي بإدخال شهادة التأهيل المهني البريطاني (NVQ) وأقامت أولاً نظام شهادة التأهيل في قسم السكرتارية، كما وضعت قواعد سلوك السكرتارية. كان هدف شركة هواوي لإدخال معايير التأهيل هو مساعدة الشركة على تحقيق التوحيد القياسي. وفي هذا الصدد، قال رن تشنغ في: "لدى المملكة المتحدة لوائح رقابة قانونية وقواعد أعمال موحدة تنتمي إلى أعلى المعايير في العالم. يمكنك النظر إلى المستعمرات البريطانية، كلها تتمتع بحكم القانون الجيد. وذلك يرجع إلى أن البلاد لديها بيئة قانونية شاملة وبناء قانوني دقيق."

حققت هواوي نجاحًا كبيرًا في مشروعها التجريبي حول إصلاح نظام التأهيل الذي لم يحل مشكلة قانون السكرتير المهني فحسب، بل عزز أيضًا حماس وكفاءة عمل السكرتيرين بشكل كبير. وهكذا، بدأ قسم الموارد البشرية في شركة هواوي في تطوير نظام التأهيل لقطاعات أخرى.

كان العديد من الموظفين في شركة هواوي رافضين لنظام الإدارة الموحدة الأجنبي الذي أدخله رن تشنغ في، لكن رن يعتقد أن هواوي بحاجة إلى الوقوف على أكتاف العمالقة لتحقيق تنمية أكبر. قال رن تشنغ في: "لقد ارتكب أشخاص آخرون شيئًا خاطئًا أمامنا واتخذوا العديد من الطرق الالتفافية للتعرف على الحقيقة اليوم، إذا لم نستفد من تجاربهم، وقمنا بتجربة كل شيء بأنفسنا، فإننا سنضيع وقتًا ثمينًا في شبابنا." لذلك تدفع شركة هواوي سعراً باهظاً للغاية لتوظيف خبراء من العديد من شركات التكنولوجيا الفائقة ذات المستوى العالمي لمساعدة شركة هواوي على تحقيق الإدارة الموحدة بشكل منهجي.

من خلال إدخال تكنولوجيا الإدارة الدولية المتقدمة ووضع قانون هواوي الأساسي، حققت شركة هواوي إصلاح عملية الشركة. حيث قامت بتحسين وتوحيد نظامها وعمليتها ومراقبتها وترميزها والجوانب الأخرى وفقًا لمتطلبات "الأحذية الأمريكية". وفي وقت لاحق، يمكن لكل مدير في شركة هواوي العمل على عملية موحدة معينة وبالتالي تحقيق "إدارة جامدة" تمامًا: كما يمكن للمدراء لعب الغولف كل يوم بينما لا تزال الشركة قادرة على الحصول على تنمية صحية ومستدامة. حتى الآن، قامت شركة هواوي بخطوة إلى الأمام لتصبح شركة دولية.

قال رن تشنغ في: "أعتقد أن هذه الإدارة الجامدة ستصبح أكثر ثراءً وسلاسة مع مرور جيل بعد جيل. وبعد مرور آلاف السنين، وليس عقودًا، ستصبح أنظمة الإدارة الجامدة هذه مثالية ومليئة بالحيوية. هذه هي حياة الشركة."

7. بناء ثقافة التنفيذ التي لا تعتمد على الناس

إذا كانت إحدى الشركات ترغب في استقرار طويل الأجل، فيجب أن يكون لديها نظام لإدارة العمليات تتجاوز البطولة الفردية، فإن تحقيق "الحكم عن طريق عدم التدخل" هو القوة الدافعة الأصلية وراء التنمية المستدامة للمؤسسات.

"الحكم عن طريق عدم التدخل" هو أعلى مستوى من الإدارة مما يعني أن المؤسسة يمكن أن تحقق الأهداف المحددة دون الاعتماد على التحكم البشري. في نموذج الإدارة هذا، لم تعد المؤسسة تعتمد بشكل كبير على المدراء، ولكنها تلهم حماس الموظفين عن طريق التحكم الداخلي لتحقيق الإدارة الذاتية والتحكم في النفس، وهو الخيار الوحيد لشركة هواوي للحفاظ على الاستقرار على المدى الطويل.

تلقى وارن بافيت الذي يتمتع بسمعة "إله الأسهم" في وقت ما، رسالة فاكس غريبة في مكتبه الموجود في مدينة أوماها بولاية نبراسكا. كان المرسل استشاريًا لإحدى الشركات المصنعة للمركبات الترفيهية. أوصى الاستشاري بافيت بإنفاق 800 مليون دولار أمريكي لشراء شركته. قام بافيت بقراءة الفاكس بعناية ووجد أن حصة الشركة في السوق كانت متفائلة نسبيا وليس لديها أي دين. لكن 800 مليون دولار كانت عبارة عن جزء كبير من رأس المال كان ضخمًا مما يكفي لأية شركة للنظر بعناية للغاية. في نهاية المطاف، قرر بافيت شراء الشركة، في حين أن الشخص الذي تم تعيينه ليكون المسؤول عن الشركة كان رجل يدعى بيتر ليغ. بعد مراسم التوقيع، قال بافيت لليغ: "لا تتوقع الحصول على مشورة وتوجيه منّي مرتين في السنة."

يصر وارن بافيت على مبدأ "الحكم عن طريق عدم التدخل" على مدى العقود القليلة الماضية، وإدارة شركة بيركشاير هاثاوي بقيمة سوقية تبلغ مليارات الدولارات على أساس الحدس. لم يجر بافيت كل الأمور بطريقة شاملة، حيث أنقذ الشركة من الكثير من الإدارة التقليدية، ولم يطلب من مدرائه الفرعيين أن يقدموا له تقارير كثيرة. كان يقضي معظم وقته في مكتبه، وهي غرفة لم تكن مجهزة بالكمبيوتر، ووجه تعليمات للصفقات التي تبلغ قيمتها عمومًا مئات الملايين من الدولارات. أدرك بافيت أنه فقط من خلال الحد من تدخل صناع السياسة وتحقيق "الحكم عن طريق عدم التدخل"، يمكن للشركة أن تكون أقل اعتمادًا على الناس قدر الإمكان.

في عام 1998، دخلت شركة هواوي في فترة ريادة الأعمال الثانية. في هذا العام، ارتفعت مبيعات هواوي بستة أضعاف عما كان عليه خلال عام 1995، حيث بلغ حجم أعمالها

الإجمالي 8.9 مليار يوان صيني، ما يثير الإعجاب هو أن هواوي قد حققت بشكل أساسي هدفها الإستراتيجي المتمثل في "تطويق أسواق المدن من خلال المناطق الريفية ومن ثم احتلال المدينة". حيث شوهدت منتجات هواوي الجوهرية في المدن الرئيسية بالبلاد. وفي سوق المبدلات، تجاوزت شركة هواوي شركتي Lucent وSiemens العملاقتين عالميا وأصبحت واحدة من أكبر شركتي توريد.

أمام هذه الإنجازات الكبيرة، لم يكن رن تشنغ يرغب في أن يكون "طائرا" يحلق عاليا في السماء بينما كان يقود مجموعة من "الإوز" التي لا تفهم شيئًا على الإطلاق. كان رن تشنغ يعتقد في أن الإدارة العليا من هواوي كانت لتحقيق "الحكم عن طريق عدم التدخل". وتحقيق هذا الهدف يطلب من مدراء هواوي بتنفيذ ممارسة طويلة الأمد "للقيام بالأشياء وفقًا لرغبتهم دون خرق القواعد". إن خلق الأبطال داخل الشركة لن يؤدي إلى تقويض عملية الشركة فقط، ولكن في أسوأ السيناريوهات، سيؤدي إلى تقسيم الشركة.

وأعرب رن تشنغ في عن أمله في ألا تصبح هواوي شركة لشخص واحد. وقد انتهت الحقبة التي تم صنع فيها القرارات على أساس حدس العديد من الرؤساء التنفيذيين. كان من الخطأ أن يعتاد الموظفون الرئيسيون الذين يعملون طوال العملية على مطالبة رؤسائهم بصنع قرارات بشأن كل قضية. بالنسبة للشؤون التي كان لديها بالفعل لوائح أو ممارسات شائعة، لم تكن هناك حاجة لطلب قرار أو تصريح من الرئيس، بل يجب أن تتم معالجتها على الفور. في هذا الصدد، دعا رن تشنغ في الموظفين إلى أنه: "يجب علينا التخلص تدريجيا من الاعتماد على التكنولوجيا والأكفاء ورأس المال، وذلك من أجل قيادة شركتنا من عالم الضرورة إلى عالم الحرية وإنشاء آلية أكثر معقولية."

اعتبر رن تشنغ في التطور المبدئي لشركة هواوي كخطوة بداية، وخلال هذه الفترة كانت الشركة صغيرة الحجم نسبيا مع عدد قليل من الأفراد. كما اعتمدت هواوي على السلوك الفردي لرجال الأعمال الذين كانوا يقومون بالتسويق والإدارة على أساس الحدس والمشاعر. وعندما بدأت الشركة تدريجياً بتوسيع نطاقها، أصبح التحول من السلوك الفردي المتمثل في "اتخاذ قرار شخصي" إلى الإدارة المهنية أمراً لا مفر منه. احتاجت شركة هواوي إلى دخول المرحلة الثانية لريادة الأعمال بهدف استكمال تكامل جميع جوانب العمل مع المعايير الدولية أو الممارسات الدولية، وبالتالي لتشكيل عملية لا تعتمد على الناس.

قال رن تشنغ: "التقليل التدريجي من تحكم رجال الأعمال المباشر في شركة ما يمكن أن يجعل تغيير القيادة منفصلاً عن التطوير المستقبلي للشركة. نهر اليانغتسي هو أفضل مثال للحكم دون تدخل. سواء كنت تعتني به أم لا، فإنه يتدفق على مر العصور."

يتمنى رن تشنغ في أن تكون هواوي مثل نهر اليانغتسي، وتكون قادرة على المضي قدما نحو النجاح بشكل تلقائي بدون قيادة أو قوة دافعة.

تعد الاستقالة الجماعية في شركة هواوي حدثًا مهمًا خلال الفترة الانتقالية للشركة من المرحلة الأولى إلى المرحلة الثانية في ريادة الأعمال. وعند التفكير فيما حدث في الماضي، فإنها ما تزال تمسنا بعمق.

خلقت الاستقالة الهائلة تقليد إفساح المجال لموهبة أفضل مؤهلة ومهدت إلى تعيين وفتح مقدمة من تعيين رؤساء فرق بشكل حر. لم يقتصر الدوران الوظيفي على تدريب كبار الموظفين فحسب، بل يجب أيضًا تطوير القوى الجديدة، والأهم من ذلك، تركت هذه الروح أثرًا على جميع القادمين الجدد التالين.

اليوم في هواوي، يمكن ترقية قادة الفرق أو خفض ترتيبهم، فقد كان مفهوم دوران المنصب الوظيفي متأصلاً في أذهان الناس. بالإضافة إلى ذلك، بدأت شركة هواوي أيضًا في تعميم نظام إدارة تأهيل القادة بشكل تدريجي، وعملت على تطبيق مؤشرات الأداء الرئيسية لكل عنصر، وأصبح تدريب وتقييم قادة فرق العمل أكثر مؤسسية واحترافية. منذ ذلك الحين، اتخذت هواوي خطوة كبيرة في الطريق إلى الإدارة المحترفة.

8. تطوير عادة عمل موحدة

يعتمد العمل الفعال على إقامة النظام والقواعد، وهذا ويمكن للقواعد أن تشرف علينا وتجبرنا على التصرف بأنفسنا، وبالتالي يعطينا إحساسًا بالقيود الداخلية والانضباط الذاتي، وهو إشراف فعال نحو تنفيذ تقدم العمل. وبهذا المعنى، يمكن للناس أن ينجزوا عملهم بشكل جيد وبطريقة منظمة، وفي الوقت نفسه، يوفرون الكثير من الوقت.

كان أحد عادات العمل لي كا شينج، رئيس مجلس إدارة شركة هونغ كونغ تشونغ كونغ هولدنجز المحدودة، محط إعجاب الناس بشدة حيث كان جدوله منظما. عندما يذهب إلى الفراش، كان يستيقظ كل صباح في الساعة 5:59 صباحاً، ثم يستمع إلى الأخبار ويلعب الغولف. ومن ثم يذهب إلى الشركة. في كل صباح، كان لي كا شينج يتلقى قائمة إخبارية عالمية لليوم تسلم إلى مكتبه، وبناءً على الموضوعات، يقوم باختيار المقالات التي يريد أن يقرأها وفقًا لرغبته الخاصة، وبعد ذلك يتم ترجمتها من قبل المتخصصين. عادة، تعطيه هذه التقارير حول القطاع الاقتصادي إلهاما في قضايا مختلفة.

كان يحب أن يتعرف على جميع أنواع التغطية الأخبارية ثم يربطها ويقارنها بشركته الخاصة، ويكتشف مشاكل شركته، ويناقش كيفية تغييرها خلال الاجتماعات. ومع ذلك، لم يكن شخصًا يحب الحصول على المعلومات وحل المشاكل من خلال الاجتماعات التي لا نهاية لها. على سبيل المثال، خلال اجتماعات Hutchison Whampoa وشركة هونغ كونغ شيونغ كونغ المحدودة Hong Kong Cheung Kong Holdings Ltd، لا يقض أكثر من 15 دقيقة للاستماع إلى كل تقرير، بينما كان يفضل قضاء معظم أوقاته في القراءة والتحليل واتخاذ قرار بنفسه.

عادةً ما ينتهي لي كا شينج من العمل في الساعة السادسة مساءً كل يوم. بعد عودته إلى المنزل، باستثناء إجراء بعض المكالمات الدولية، كان لديه أيضًا عمل دوري آخر وهو القراءة المسائية.

من العدل أن نقول إنه من حيث الوقت، كان لي كا شينج ترتيبه الخاص الذي كان متمسكا به، لم يسمح لنفسه أبداً بأن يكون كسولاً أو يضيع الوقت.

الوقت عادل للجميع. فقط من خلال الاستفادة المعقولة من الوقت، يمكننا الاستفادة منه بشكل أكبر. وحالة لي كا شينج هي مثال رائع. بينما في شركة هواوي، فإن قاعدة الالتزام بالروتين خلال العمل هو ما يسعى الموظفون في هواوي إلى تحقيقه.

عادة ما يقوم موظفو هواوي بتحديد أوقات عملهم الأكثر كفاءة وازدحامًا وإبلاغ الآخرين عنها: من فضلك لا تزعجني خلال هذه الفترة! إذا كان لديهم سكرتير، فسيطلبون منهم إخبار الزائرين بما يلي: "في هذه الفترة، (باستثناء ××) لن ألتقي أي شخص."

على سبيل المثال، بنسبة إلى الباحثين: على الرغم من أن بيئة العمل الخاصة بهم هادئة جدا، إلا أن بعض الباحثين المنهمكين ما زالوا يعلقون علامة على باب مكتبهم يعلمون الآخرين أنهم في منتصف شيء ما، لذا يرجى عدم الإزعاج.

من خلال هذه الطريقة، يخبرون أنفسهم أيضًا: خلال هذه الفترة، يجب عليهم التركيز على القيام بمهمة معينة دون أي إزعاج.

وهكذا، أنشأ الموظفون في هواوي نظام عمل جيدا وفي الوقت نفسه زاد من كفاءة العمل.

يعتاد الكثير من الناس على عادة العمل الموحدة، لكنهم غالباً ما يضيفون بعض الأفكار الخاصة بهم أثناء عملية التنفيذ.

اعتادوا على تجاهل معيار العمل المحدد مسبقا بشكل تام والقيام به بطريقتهم الخاصة. ربما تكون فكرتهم صحيحة في بعض الأحيان، لكن في معظم الأوقات، يمكنها

ببساطة جعل الأعمال أكثر تعقيدًا.

متطلبـات هـواوي لموظفيهـم هـي: بمجـرد بـدء العمليـة، يجـب عـلى الموظفين القيـام بذلـك وفقـا للعمليـة الموحـدة ويتـم مراقبـة حالـة التنفيـذ لـكل خطـوة لضـمان تقـدم المهمـة وفقـا للخطـة وزيادة كفاءتهـا عـلى هـذا الأسـاس.

قبـل عـام 2001، كان بإمكـان معظـم موظفـي هـواوي إنهـاء مهامهـم بشـكل أو بآخـر، في حـين أنهـم لم يفكـروا في الحـالات الناجحة والفاشـلة وتحويـل هـذه التجـارب إلى عمليـة ثابتة، مـما يرفـع الكفـاءة بشـكل كبـير. وبعـد عـام 2001، بـدأ رن تشـنغ في بالتركيـز عـلى إنشـاء العمليـة، وبنـاءً عـلى ذلك، تمـت إضافة المحتـوى ذي الصلـة إلى الـدورات التدريبيـة للموظفين الجـدد. وعـادة مـا تكـون الـدورة الثالثـة مـن تدريـب الموظفـين الجـدد تدريبًـا لربـط الأسـلاك لمـدة يومـين.

قامـت هـواوي بإجـراء صـارم حـول كيفيـة ربـط الأسـلاك. يجـب عـلى الموظـف الجديـد أن يقـوم بعمليـة ربـط الأسـلاك وفقًـا للعمليـة: أولاً، يحتـاج إلى توصيـل خطـوط الكهربـاء وخطـوط التنبيـه وخطـوط نصـف الموجـة عـلى التـوالي، ثـم ربطهـا بدقـة في تسلسـل معـين، ويجـب أن يكـون الخـط الملـون في الخـارج دون أي تقاطـع. بعـض الموظفـين الجـدد لم يتمكنـوا مـن إكمالهـا ليـوم كامـل بينـما كان بإمكـان بعـض الموظفـين إكمـال المهمـة في غضـون سـاعة واحـدة. لماذا كان هنـاك فـرق كبـير في الوقـت؟ كان السـبب في ذلك هـو أن الأوائـل لم يتقنـوا العمليـة الصحيحـة، بينـما أتقـن الآخـرون الحلقـات بشـكل دقيـق وكامـل للعمليـة لذلك أكملـوا جيـداً جميـع الجوانـب الرئيسـية، مـما مكنهـم في إنجـاز المهمـة في أقصـر وقـت.

لذلك، إذا كانـت هنـاك طـرق عمـل ومعايـير وخطـط عمـل أقـل اسـتغرابًا وأكـثر تفصيـلاً، فسـيتم تحسـين مسـتوى التنفيـذ وكفـاءة العمـل لدينا.

عـلى الرغـم مـن أننـا نحتـاج إلى التعامـل مـع نفـس العمـل كل يـوم، إلا أنـه لا يـزال يتعـين علينـا توحيـد معايـير العمـل لدينـا وتحسـينها باسـتمرار؛ وبالتـالي، سـوف يـزداد بشـكل كبـير أداء عملنـا وكفاءتنـا.

الفصل الرابع

إدارة الأهداف

يتيح نظام الإدارة الجيدة للأهداف والنموذج الدقيق لإدارة المشاريع لشركة هواوي قدرًا كبيرًا من الكفاءة في تطوير العديد من مشاريع عالية الجودة وبناء النظام، كما يساعدها في الحصول على المزيد من الحصص في السوق بسرعة.

1. القفز لالتقاط الخوخ

معظم أهداف العمل التي فشلت في تحقيقها كانت بسبب غموضها، ولم يتم وضع لها توجيهات وإرشادات واضحة، وبالتالي، كانت نتائج التنفيذ بعيدة كل البعد عن الهدف الأصلي.

عندما كان لي كاي فو يعمل كمدير تنفيذي لشركة مايكروسوفت، حدد لنفسه هدفا وهو: "التعرف على المزيد من الناس، وزيادة التأثير". لكنه سرعان ما أدرك أنه لم يكن هناك أي طريقة لتقييم تنفيذ هذا الهدف، لذلك كان بحاجة إلى إيجاد هدف أكثر قابلا للتنفيذ.

لذلك، قرر تناول الغداء أو العشاء مع شخص مؤثر كل أسبوع، وخلال الوجبة، قام ضيف هذه الوجبة بتقديم شخص مؤثر آخر له. في هذه المرحلة، كان هدفه هو تناول وجبة واحدة مع شخص واحد في الأسبوع، وبعد تناول الوجبة، يجب أن يتعرف على شخص آخر. وفي وقت لاحق، لم يرض لي كاي فو بهذا الهدف وكان مقتنعاً بأن الغرض من

توسيع الشبكات الاجتماعية الشخصية هو جعل العمل أكثر نجاحًا. وبالتالي، كان عليه أن يفكر أيضًا في مقدار المعلومات التي يريد الحصول عليها من الوجبات الأسبوعية، وتبين لاحقا أن عددًا كبيرًا من الموظفين في قسمه قد تم تقديمهم له بهذه الطريقة.

لذلك، لا يحتاج الهدف العملي إلى أن يكون مفصلاً فقط، بل يجب أن يكون قابلا للتحقيق أيضًا. بعبارة أخرى، يمكن أن يكون هدفنا "القفز لالتقاط الخوخ" ولكن ليس "القفز لالتقاط النجم".

في هذا الصدد، يمتلك الموظفون في شركة هواوي الحكمة. إنهم يولي أهمية كبيرة بالوضوح لأهداف عملهم. ويدرك الموظفون في شركة هواوي جيدًا أنه من خلال وضع هدف واضح في ذهنهم فقط، يمكنهم ضمان التنفيذ السلس للمهمة بالإضافة إلى التحكم الكامل في الجدول الزمني والعملية. حتى رن تشنغ في قال: "لم أفكر في أي فكرة عظيمة، كل ما أفكر فيه هو ما سأفعله في العامين المقبلين وكيف أفعله ..." وهدف للسنتين أو الثلاث سنوات القادمة لا يبدو أنه سيكون نبلاً جدا، ولكن بمجرد أن يفكر المرء في هذا الأمر وحدد "كيفية القيام بذلك"، أصبح الهدف أكثر وضوحا. من خلال هذا الهدف المحدد جيدا، يستطيع الموظفون في شركة هواوي اختيار أقصر وأسهل طريقة وفقا لذلك، وبالتالي تحقيق أقصى قدر من الكفاءة.

وبناء على ذلك، يجب أن يكون أي هدف قابلاً للقياس، وبالتالي يمكننا الحكم بوضوح على فعالية النتائج أثناء أو بعد التنفيذ. على سبيل المثال، "نحن نخطط لزيادة إنتاجيتنا بشكل كبير" و"نحن نخطط لتحقيق زيادة سنوية في إنتاجيتنا بنسبة 20%"، بالنسبة للهدف الأول من الصعب معرفة مقدار الزيادة التي يمكن تحقيقها ويمكن وصفها بالكبيرة فقط، أما بالنسبة للهدف الثاني فان الزيادة تم تحديدها "بما نسبته 20%"، مما يجعل تحقيقها أسهل.

تولي شركة هواوي أهمية كبيرة لمبدأ القابلية للقياس أثناء إدارتها للهدف. عندما يقوم الموظفون بتنفيذ الهدف، سوف يأخذون بالتأكيد الوقت والكمية والجودة – وتعتبر هذه المؤشرات الكمية الأساسية الثلاثة – في الحسبان. كما تخدم هذه المؤشرات الثلاثة كشرط للعمل المعين ومؤشر لقياس نتائج العمل. فجميعها تلعب دورا لا غنى عنه في العملية بأكملها.

يقوم قسم التخطيط في شركة هواوي بتصميم خطوات أو وحدات عمل مستقلة نسبيًا، وفقًا للمواصفات التي تم تحديدها في العملية الأساسية، ثم تعيين الجدول الزمني والكمية ومؤشر الجودة. بالنسبة إلى الأهداف التي يمكن قياسها بشكل مباشر، يتم قياسها

بالأرقام، مثل كمية الإنتاج ووقت الفحص وما إلى ذلك. أما بالنسبة إلى تلك التي لا يمكن قياسها كمياً، سيتم تقييمها من خلال منظور الوقت والجودة، مثل درجة رضا الموظفين عن خدمة الإدارة الوظيفية، يمكن إظهارها من خلال معدل الشكاوى أو سرعة الخدمة؛ يمكن إظهار جودة مسودة وثيقة من خلال معدل الموافقة، أو مقدار الوقت الذي يستغرقه للحصول على الموافقة، وما إلى ذلك.

دعونا نأخذ فحص الحضور كمثال. وسيتم تحديد هدف العمل الخاص به على النحو التالي: "لإكمال فحص الحضور لعشرين ألف شخص في غضون أربع ساعات، إعداد ورقة حضور، وتقديم تقرير إلى السلطة التنفيذية الإدارية". ويشمل هدف العمل هذا ثلاثة مؤشرات كمية: الوقت – "خلال 4 ساعات"، الكمية -"فحص عشرين ألف شخص من الحضور"، والجودة – "تشكيل ورقة حضور وتقديم تقرير إلى السلطة التنفيذية الإدارية". نتيجة لذلك، يمكن لموظفي هواوي أن يشكلوا بوضوح مفاهيم مؤشرات "الكمية" الثلاث ويضمنوا التنفيذ الدقيق. قد يؤدي النقص في أي مؤشر إلى نتيجة بعيدة عن الهدف. على الرغم من أنه قد يكون هناك موظف مختلف يقوم بنفس المهمة، إلا أنهم سيحققون متطلبات الأهداف، ويمكنهم إنهاء نفس العدد من المهام تحت نفس المستوى وفي الوقت المناسب.

أخيرا، عندما يقوم الموظفون في شركة هواوي بإدارة الهدف، فإنهم يولون الكثير من الاهتمام للإدارة الكمية. ومع ذلك، وفي كثير من الحالات، لا يمكن قياس جميع الأهداف كميا. وعلى سبيل المثال، سيكون من الصعب قياس أهداف مثل التجربة النفسية والقيم والاتجاه العام. ومع ذلك، عندما يضع موظفو هواوي معايير قابلة لقياس الهدف، فإنهم سيتبعون مبدأ "قياس كل ما يمكن قياسه، وتأهيل الذي لا يمكن قياسه" لتحديد العمل بشكل جيد ونتائجه المتوقعة، وبالتالي التأكيد على معيار تقييم موحد وواضح.

كان سن وي (اسم مستعار) مسؤولاً عن التوظيف في شركة هواوي. وبما أن عمله كان من الصعب تحديده كمياً، فقد تبنت الشركة هدفاً نوعياً: من ناحية لتلبية متطلبات القوى العاملة للشركة من أجل تطوير المنتجات الجديدة في قسم البحث والتطوير الخاص بها؛ ومن ناحية أخرى، لاستكمال المهام المتعلقة بإدارة الموارد البشرية.

يمكن إزالة الهدف الأول من منظور أهداف الشركة من أجل دعم إستراتيجية الشركة التي تتضمن أساسًا: معدل التوظيف المطابق، وما إذا كان الشخص في المكان المناسب وفي الوقت المناسب؟ وهل تلبي جودة الموظفين الجدد احتياجات العمل؟ وهل سيستقيل الموظفون الجدد في وقت قصير؟

الهدف الثاني يعتمد أساسـا عـلى مسـؤوليات الوظيفة. لضمان عمل القسم بسلاسة، يمكن تقسيم الهـدف إلى عـدد مـن المؤشرات الكمية، بما فيها التقارير في الوقت المناسب عـن معلومـات المـوارد البشـرية للشركة، وخفض التكاليف عـلى إدارة الموارد البشرية، وما إلى ذلك.

وهكـذا، تصبح حالـة العمل واضحة مثـل ضـوء النهار، في حـين أن هـذا هـو بالضبط ميزة الهـدف النوعي. بعد الانتهاء مـن العمل، عـلى الرغـم مـن أنـه لـن يكـون هنـاك تقييم لإكمال الهـدف بدقـة مثـل الأهـداف الكمية، فإنـه لا يـزال بإمكانـه تقديم مخطط للتقييم.

عند تحديد الهـدف، سـواء كان كميًـا أو نوعيًـا، لـن تسـتخدم هـواوي أوصافًا صعبة مثـل "الفهم الأساسي" أو "التحكم"، لأنـه لا يمكـن أن يتـم تحديـد مـا إذا كان الهـدف قـد تـم تحقيقه أم لا، وفي المقابل، يهـدر وقـت العمـل الفعـال لـدى الموظفين ويقلـل مـن كفـاءة العمل.

2. التصويب قبل إطلاق النار

هنـاك مبـدأ تـم تسـجيله في تحفـة العلـوم العسـكرية الصينيـة الكلاسـيكية "فن الحرب" تقول: "خطـط قبـل الممارسة، واكتسب بعد المعرفة،" بمعنـى أنـه يجب عـلى المـرء أن يكـون حكيمـا وأن يفكر في المعركة قبـل أن يحاربها لضمان فرصة أفضل بكثير للفوز. عمليـة اتخـاذ القـرار متشـابهة للغايـة، فقـط مـن خـلال "التصويب قبـل إطلاق النار"، يمكن للمـرء زيـادة معدل النجـاح في ضرب الهـدف.

هنـاك قصة عـن الحصـان والحمـار: في عهـد أسـرة تانغ، كان هنـاك حمـار وحصـان، وكانا صديقـين حميمـين. في عـام 627، تـم اختيـار الحصـان مـن قبـل المعلـم البـوذي تشيونتسـانغ كوسـيلة نقلـه للذهـاب إلى الهنـد لدراسـة البوذية.

في وقت لاحق، عـاد الحصـان إلى تشـانغآن محمـلا بالكتب المقدسـة البوذية. ذهـب عـلى الفـور إلى المطحنـة لزيـارة صديقـه القديم الحمـار، الـذي لم يـره منـذ سـنوات. قال الحصـان للحمـار أنـه عـبر الصحـراء الواسـعة، وتسـلق فـوق قمـم شـاهقة، ومـر عـبر البراكين السـاخنة خلال السـنوات الماضية... فاجـأت تجربـة الحصـان الرائعـة الحمـار بشـكل كبـير. تنهـد الحمـار وقال: "لم أكـن أتخيـل حتـى المـشي إلى هـذا الحـد، كيف قمت بذلك؟" أجـاب الحصـان: "في الواقع، كنـا أنـا وأنت نمـشي أكـثر أو أقـل مـن نفـس المسـافة لهـذه السـنوات. لكن الفـارق الوحيـد هـو أنني كنـت أسـير باسـتمرار نحـو نفـس الاتجـاه - الهنـد، بينـما كانـت عينـاك مغطيتـين وتـدور حـول الطاحونة. كنـت أنـا والمعلـم البـوذي تشيونتسـانغ نمتلك هدفا كبيرا،

كنا نسير بإصرار نحو نفس الاتجاه، لذلك دخلت عالمًا جديدًا."

تخبرنا قصة الحصان والحمار أنه إذا لم يكن لدى الشركة هدف، فسيكون حالها مثل الحمار الذي يدور حول الطاحونة يومًا بعد يوم، وسيكون النجاح دائمًا على "الجانب الآخر". على عكس ذلك، إذا وضعنا هدفًا واضحًا وناضلنا من أجله، يمكننا أن نكون مثل ذلك الحصان الذي لم يحصل على الكتب المقدسة للبوذية فحسب، بل وسع آفاقه أيضا.

في الصين، يشكو بعض الرؤساء والمدراء في الشركات الصغيرة والمتوسطة الحجم من أنهم "مشغولون ومتعبون جدا!" أنهم يأكلون الوجبات السريعة أثناء إجراء المكالمات الهاتفية. يذهب تسنغ تشينغ هو، المدير العام لشركة "واهاها" الرائدة في صناعة المشروبات في الصين إلى العمل في السابعة صباحًا وينتهي من العمل بعد الساعة الحادية عشرة مساءً. ويكتب أكثر من 200 تقرير حول المبيعات كل عام ويحافظ على هذا التقليد لأكثر من عشرات أعوام.

مقارنة بذلك، يبدو أن مديري الشركات الدولية العملاقة لديهم أسلوب حياة أكثر راحة. يبدو أنهم ليسوا متعبين أو قلقين كل يوم، بل هم منتعشون، ويحافظون على توازن جيد بين العمل والحياة الشخصية. على سبيل المثال، يحتاج مدير عام واحد من جنوب الصين إلى قضاء عدة أيام في المكتب كل شهر على الرغم من أنه يمتلك أكثر من 10 شركات فرعية وأكثر من 2000 متجر. ومع كونه مشجعه لكرة القدم، خلال نهائيات كأس العالم عام 2004، كان بمكنه البقاء في اليابان وكوريا الجنوبية لفترة طويلة جدا لمجرد أن يكون "مشجعا محترفا".

مع عمل إدارة الشركة، لماذا بمكن لبعض الناس أن يكونوا مرتاحين وناجحين في إدارة الشركة، في حين يجب على الآخرين بذل جهد مضن ويفشلوا فيما بعد؟ يقول السيد تشانغ ون مينغ من تايوان، وهو متدرب على يد بيتر دراكر المعروف بكونه أبو الإدارة: "إنهم مشغولون، لكن هل يقضون أوقاتهم وطاقتهم في الأمور الصحيحة؟ نحتاج أولاً إلى التأكد مما إذا كانوا مشغولين بالأشياء الصحيحة والقيام بها بالطريقة الصحيحة، لأن المدير الجيد يجب ألا يكون مشغولاً جدا". في الواقع، يجب علينا التعامل مع كل شيء بمبدأ "التصويب قبل إطلاق النار" للقيام بالأعمال بشكل صحيح وجيد.

كقادم جديد في مجال الاتصالات، شدد رن تشنغ في عدة مرات في شركة هواوي على أهمية "التصويب قبل إطلاق النار".

عندما تركز شركة هواوي على التواصل مع عملائها بصبر، فإنها لا تقوم بذلك عبثا، بل تنفذ كل خطوة وفقًا للخطة المعدة. يحدد الموظفون في شركة هواوي أهدافهم الأساسية

وأهدافهم المنشودة أولا استنادًا إلى وضعهم وقدراتهم، ومـن ثـم يضعون خطة مـشـروع وفقًا للأهداف المنشودة. وبهـذه الطريقـة، فهـم لا يضمنـون فقط فرصة جيدة للنجاح، بـل يتجنبـون أيضاً إضاعة وقتهم وطاقتهـم دون جـدوى.

قبل أن تطارد مجموعـة مـن الذئـاب فرائسها، تقوم بقضاء عـدة أيـام في مراقبـة واتبـاع الفرائس. خلال هـذه العمليـة، لا تقـوم خلالهـا بـأي حركة دون هـدف. لذلك، نـادرا مـا تضيع الذئاب الفرائس في حياتها. إن الطريقـة التي يتبعها موظفو هـواوي للقيام بأعمالهم تشبه مجموعـة الذئـاب، فهـم لا يضيعون أي هـدف يطمحون إليه. هـذا هـو السبب في أن هـواوي تمكـن مـن تحقيـق معجـزة أخـرى مـن الـشركات الصينيـة في الساحة الدولية.

3. بناء التفكير المنهجي

عندمـا يتعلـق الأمـر بالعمـل، نعتقد غالبًا أنه إذا كان لدينا هـدف واضح، فـإن كل مـا نحتاج إليه هو العمل بجد لتحقيقه. ومع ذلك، أثناء التنفيذ، يشتكي الكثير مـن النـاس مـن أنه بغـض النظر عـن مـدى صعوبـة عملهم، فإنهم لا يتمتعون دائمًا بمـا يكفـي مـن الوقت وفعاليـة كافية.

ويرجـع ذلـك إلى أن الأشخاص غالبًا مـا يكونـون محاصريـن بسبب عقليـة خاصة بهـم. ويفعلون الأعمال وفقا لحسهم الباطني أو خبرتهم، أو حتى يتبعون المنهجية التي يتبعها الآخرون بشكل أعمى. إنهـم لا يدركـون تمامًا مشاكلهم الخاصة، في حين أنهـم يفترضون أنهـم يتبعون الاتجاه الصحيح.

واجـه موظفـون مـن معهـد أبحاث معين في شركة هـواوي المشكلة التاليـة: لقد اعتادوا على البـدء بالمهمـة الموكلة إليهم فـور تشكيل إطار أولي لهـا. ومع ذلك، بعـد أن بـاشروا العمل حدثت مشكلات عديدة باستمرار، مثل دخـول المشروع مرحلة التطويـر ولكن المعهـد لم يشتر البرمجيات اللازمة. ومشكلة أخرى، عندمـا كانوا على وشك اختبـار المعـدات، وجـدوا أنه تنقصهـم العديد مـن الأسـلاك. وعند الانتهاء مـن تصميم الترميز لكل وحدة، لم يتمكنوا مـن ربـط هـذه الوحـدات بسبب التغـيرات في المقاييس، لـذا أضطـروا إلى القيام بذلـك مرة أخـرى. لأنهم لم يقوموا بوضـع جـدول زمني محـدد بشكل واضح، لم يتمكنوا مـن اتباع خطة العمـل. وأخـيرا، كان عليهـم أن يستخدموا جميـع المـوارد التي يمكنهم العثور عليها لتعديـل وإصلاح المهمـة المعينـة باستمرار لإنجازها.

سـارع موظفـو هـواوي "غـير الصبوريـن" بالدفـع بأنفسـهم إلى المرحلـة التكنولوجيـة دون الحصـول عـلى فكـرة واضحـة عـن عمليـة التطويـر بأكملهـا. نتيجـة لذلـك، أضاعـوا الكثـير مـن الوقـت في بـدء المشروع مـن جديـد. وفي النهايـة، قـال مديـر معهـد أبحـاث هـواوي بأسـف شـديد إن عـلى الجميـع التفكـير في كيفيـة القيـام بالمهمـة قبـل البـدء بهـا.

لـذا، علينـا أن نأخذهـا بعـين الاعتبـار أيضًـا عندمـا نحـاول تحقيـق هدفنـا. يجـب علينـا أولا التفكـير في حـل ومـن ثـم النظـر في التكنولوجيـا. الطريقـة الصحيحـة في التفكـير هـي شرط أسـاسي لحـل مشكلـة مـا. إذا كانـت الأفكـار خاطئـة، فـلا يهـم كـم مـن الجهـود قـد تـم بذلهـا، سـتكون الجهـود دون جـدوى.

اسـتنتج أبـو الإدارة الحديثـة بيـتر دركـر: "أن أكـثر الأشـخاص الموهوبـين عـادة مـا يكونـون الأقـل فاعليـة، لأنهـم لا يدركـون أن الموهبـة بحـد ذاتهـا ليسـت إنجـازًا ولا نتيجـة، فهـم لا يعرفـون أن موهبـة الشـخص يمكـن أن تنتـج التأثـيرات فقـط مـن خـلال العمـل المنظـم والمنهجـي." في الحقيقـة ينطبـق هـذا عـلى جميـع الأعمـال. عندمـا نحـدد هدفًـا، لا ينبغـي لنـا أن ننـدفع إلى البـدء بـه، ولكـن نفكـر فيـه مـن أجـل إيجـاد طريقـة لفعـل الأشـياء، وبهـذه الطريقـة يمكننـا تقليـل إمكانيـة بـذل جهـد مـن دون جـدوى منـه.

تعلمـت هـواوي الـدرس. ومنـذ ذلـك الحـين، أصبـح موظفوهـا يفكـر في الحلـول قبـل البـدء في أي مشروع. بعـد أن يقـوم موظفـو شركة هـواوي بتحديـد أهدافهـم، يحافظـون عـلى هدوئهـم وصبرهـم أثنـاء التفكـير في خطـة العمـل. وعندمـا كانـوا يطـورون أسـواقاً جديـدة، رغـم عـدم إلمامهـم بالمـكان والسـكان المحليـين، فإنهـم يحافظـون عـلى موقـف إيجـابي بـدلاً مـن أن يكونـوا متلهفـين إلى الإنجـازات ويهرعـون إلى العمـل. حيـث كان هـذا ذو أهميـة حيويـة لنجـاح هـواوي.

وعنـد النظـر إلى الخلـف، نجـد أن مـا قامـت بـه هـواوي، في جوهـره، هـو عمليـة نفسيـة لمواجهـة الواقـع والتكيـف معـه. إن مواجهـة الواقـع والتكيـف مـع التغيـيرات هـي قـول أسـهل مـن كونهـا فعـلا، لأنهـا ليسـت تغيـيرا نفسـيا (مواجهـة الواقـع) فقـط، بـل هـي ممارسـة المفهـوم (التكيـف مـع التغيـيرات).

بعبـارة أخـرى، يجـب أن نجمـع بـين جميـع المـوارد الحاليـة (بمـا في ذلـك المـوارد التـي قـد نحصـل عليهـا مـن خـلال بـذل الجهـود) والأهـداف قصيرة وطويلـة الأجـل المقبلـة، ووضـع خطـة عمـل معقولـة بعـد النظـر بعنايـة والتفكـير الحكيـم لتحقيـق أهدافنـا.

في الواقـع، نحـن في عمليـة صنـع القـرار كل يـوم. عـلى سـبيل المثـال، عندمـا نأخـذ مهمـة، يجـب علينـا التفكـير في كيفيـة إتمامهـا بشـكل فعـال واختيـار أفضـل خطـة عمـل وفقًـا لذلـك، هـذه هـي مشكلـة القـرارات التـي يجـب أن نواجههـا باسـتمرار.

كيف يمكن أن نتخذ قرارا صحيحا؟ هذا هو المكان الذي يبدأ التفكير فيه. فقط من خلال الممارسة المستمرة لقدراتنا في التفكير الكلي، يمكننا أن ننجح في حل المشتط وتحليل المخاطر والمشاكل المحتملة، ووضع خطة عمل ملموسة وفقًا لذلك. تلعب القدرة على التنبؤات المستقبلية وإدارة المخاطر دورًا مهمًا في تقليل هدر الوقت والطاقة.

4. تحسين خطة العمل

بعد تقويم الأفكار حول العمل، يبدو أن العديد من الناس يعرفون ما يحتاجون إلى فعله ولا يمكنهم الانتظار لتحقيق أهدافهم. ومع ذلك، أثناء التنفيذ، من السهل جدًا بالنسبة لنا الحصول على أفكار أخرى ثم تجاهل الأفكار الأصلية. سيشكك العديد من الموظفين في أفكارهم السابقة خلال عملية التنفيذ: "ما الذي كنت أفكر به في البداية؟ لماذا أشعر أن الأفكار السابقة كانت خاطئة؟" في أسوأ السيناريوهات، كان لديهم بالفعل الحلول الأكثر فعالية، ولكن بسبب "المرونة في التعامل مع حالات محددة"، خلقوا الكثير من الأعمال غير الضرورية، وبالتالي لم يتمكنوا من إكمال المهمة.

"كانت الأفكار الأولية صحيحة، لكن الأفكار الجيدة لم يتم تنفيذها"، هذه ظاهرة شائعة. لفترة طويلة، إما أننا تجاهلنا عملية المناقشة قبل صياغة خطة العمل، وبدأنا في العمل فور استلام المهمة؛ أو قضينا بعض الوقت في اكتشاف أفكار العمل ولكن بدون تعريف واضح لما يجب علينا القيام به. ونتيجة لذلك، لم يكن بالإمكان تحقيق الفكرة الصحيحة.

كان شي هوي (اسم مستعار) أحد الموظفين في أحد مكاتب شركة هواوي. ذات مرة، طلب منه رئيسه تخطيط وترتيب فعالية تجارية. ومع ذلك، لم يكن النتيجة النهائية للفعالية مثاليًا كما كان يتصور. قال شي هوي بأسف شديد: "في البداية، كان لدي تصميم عام للفعالية بأكملها. لقد توصلت أيضًا إلى العديد من الأفكار المثيرة للاهتمام والإبداعية. لكنني افترضت بما أن العملية برمتها كانت واضحة جدا في ذهني، فان الفعالية سينجح بشكل جيد. وبالتالي، لم أذكر كل التفاصيل الخاصة بالفعالية بأكملها. ومع ذلك، عندما بدأت الفعالية، اكتشفت أن هناك الكثير من الأشياء التي نسيت القيام بها، مثل عدم وجود ميكروفون ونظام صوت في الموقع، ولا توجد بطاقات طاولة مطبوعة لأسماء الضيوف وما إلى ذلك. اعتقدت أنه إذا كان لدي أفكار مثيرة وخطط مثالية، لم أكن بحاجة إلى

الاهتـمام بـأي تفاصيـل. مـا لم أكـن أدركـه مـن قبـل هـو أن العديـد مـن التفاصيـل كانـت ضروريـة بالفعـل."

هـذا مثـال نموذجـي عـلى وجـود الأفـكار دون تحديـد المهـام. إذا وضعنـا خطـة جيـدة لجميـع المهـام التـي ينبغـي القيـام بهـا بعـد أن نفكـر فيهـا بشـكل واضـح، فإننـا سـنكون قادريـن عـلى تنفيـذ الفكـرة بشـكل كامـل وتحقيـق الهـدف بشـكل منظـم.

كتـب رجـل الأعمـال الأمريكـي ريتشـارد سـلوما في كتابـه "إدارة بـلا هـراء": "فيمـا يتعلـق بالخطـة، تأخـير الجـدول الزمنـي لضمـان التنفيـذ الناجـح في المسـتقبل أفضـل مـن البـدء بسرعـة دون أن يكـون هنـاك إطـار للعمـل في المـكان، وإلا سـيفشل النـاس في تحقيـق هـدف الخطـة في نهايـة المطـاف." لذلـك، يجـب عـلى الجميـع وضـع خطـة مناسـبة حـول الـشيء قبـل البـدء في العمـل عليـه. وفيمـا يتعلـق بـإدارة خطـة موظفـي شركـة هـواوي، فقـد لخصهـا شـخص مـا عـلى أنهـا "ثلاثـة عنـاصر ضروريـة" – يجـب أن يكـون الهـدف طموحًـا، ويجـب أن تكـون الخطـة مفصلـة، ويجـب أن تكـون الإعـدادات كافيـة.

تنقسـم عمليـة تطويـر المنتجـات في هـواوي إلى سـت مراحـل: المفهـوم، التخطيـط، التطويـر، الاختبـار، الإصـدار، وإدارة دائـرة الحيـاة. ووفقًـا لتوجيهـات الاستشـاريـن مـن شركـة IBM، فقـد قامـت شركـة هـواوي بتوسـيع فـترة التخطيـط لتطويـر منتجاتهـا، مـع إيـلاء أهميـة أكـبر لوضـع خطـة للتكنولوجيـا والتنفيـذ خـلال فـترة التخطيـط. كـما تتطلـب هـذه الطريقـة أن تدخـل الشركـة مرحلـة التطويـر والاختبـار بعـد أن تكـون خطـة تطويـر المنتـج ذات جـدوى عاليـة، لـذا فهـي لا تحتـاج إلى البـدء مـن جديـد بسـبب الخطـة غـير الواقعيـة أثنـاء التنفيـذ. بالتـالي، يتـم تقصـير دائـرة تطويـر المـشروع.

لذلـك، بغـض النظـر عـما نفعلـه، نحتـاج إلى قضـاء بعـض الوقـت في معالجـة أفكارنـا. وفقًـا لهـدف العمـل والأفـكار التـي تـم تصميمهـا سـابقًا، يجـب أن نخطـط بعنايـة للمهـام القادمـة، وأن نجعلهـا مفصلـة بقـدر الإمـكان لتجنـب فقـدان شيء مـا. وخـلال هـذه الفـترة، يمكننـا تدويـن الأفـكار التـي تـدور في عقولنـا، وذلـك مـن أجـل تقديـم تذكـير جيـد فعندمـا نبـدأ بإنشـاء قائمـة كاملـة. وبعـد أن نحـدد القائمـة بدقـة ونقـوم بالترتيبـات المناسـبة لهـا، يمكننـا أن نجعـل التنفيـذ بطريقـة منظمـة.

مـا نحتـاج إلى التفكـير فيـه خـلال عمليـة التخطيـط هـو تقييـم مناسـب لقدراتنـا عـلى التنفيـذ. يجـب علينـا القيـام بقـدر مـا تسـمح بـه مواردنـا وقوتنـا. كـما نحتـاج إلى التأكـد مـن أن خطـة عملنـا المسـتقبلية هـي أمـر يمكـن تحقيقـه. خـلاف ذلـك، بغـض النظـر عـن مـدى واقعيـة خطـة العمـل، إذا لم نتمكـن مـن تنفيذهـا، فـإن الخطـة سـتكون مجـرد "أمنيـة".

ذات مـرة، كان هنـاك مـزارع اسـمه بـاركر هـوم، أراد أن يمتلك مسـاحة كبيرة مـن الأرض. وأخـيرًا، أتيحت لـه تلـك الفرصة في يومـا مـا: وانطلق مـن موقـع معـين، واستمر في الركـض مـن شـروق الشـمس إلى غـروب الشـمس، وبعـد الغـروب، سـتكون جميع المناطـق التي ركـض خلالها ملكا لـه. بعد أن قام باختيار نقطة البداية، بـدأ بـاركر هـوم في الجري بحماس كبـر. كان يندفـع مثل سـهم طـائر. استمر في الجري بأقصى سرعة دون أخـذ أي اسـتراحة للطعام أو الـشراب. ولكن للأسف، عندما اقتربـت الشـمس مـن الغـروب، مات فجـأة مـن الإنهـاك.

أنا أشفق علـى البطـل في هـذه القصة الحزينة، ولكنني أود أن أشـارك الجميـع في العـبرة التـي يجـب أخذهـا مـن هـذه القصة، فعندمـا نخطـط لمهامنـا في العمـل، نحتـاج إلى إجـراء تقيـيم مناسب لقدراتنـا علـى التنفيـذ والقيـام بمـا يمكننـا القيـام بـه. إذا كانت مـوارد الشـخص وقدراتـه غـير كافيـة لإكمـال المهـام المخطط لهـا، فيجب عليك وضع خطـة جديـدة واتخاذ طريقـة أخـرى لتحقيـق نفـس النتيجة؛ إذا كان بإمكانك إنجاز خمـس مهـام فقـط في يـوم واحـد، فـلا يمكنـك إجبار نفسـك علـى الانتهـاء مـن سبـع مهـام، وإلا فسـوف تتدهـور جـودة تنفيـذ المهمـة، أو لأنـك ببسـاطة لا تسـتطيع إكمـال هـذه المهام، وتصبـح خطـة عملـك صـدفة فـارغة.

لذلـك، نحتـاج إلى معرفـة كيفيـة تقيـيم قدراتنـا علـى التنفيـذ بشـكل صحيـح والقيـام بالعديـد مـن المهـام التي تسـمح بهـا مواردنـا وقدراتنـا. كما قال رن تشـغن في: "إذا شـعرت أنـه ليـس لديـك الوقت الكـافي للقيـام بالشـؤون المهمـة، فعليـك أن تتعلـم كيفيـة تقليـل مسـؤولياتك للتأكـد مـن أنـه سـيكون لديـك مـا يكفـي مـن الوقت والطـاقة اللازمة لإنجـاز الشـؤون الهامة." وهـذا يعني أن كلا مـن الموظفـين والمـدراء يحتاجـون إلى موازنـة وتحقيـق تـوازن بـين مـا هـم قـادرون عليـه وتعلـم كيفيـة تحمـل مسـؤوليات أقـل لضمـان قـدر كاف مـن الوقـت والطـاقة لمواصلـة التركيـز علـى الشـؤون المهمـة.

دعونـا نأخـذ هـواوي كمثـال. علـى الرغـم مـن أن أكـثر مـن 85% مـن موظفيهـا يحملـون شـهادات البكالوريـوس أو أعلـى، وجميعهـم قـد أتقنـوا التقنيـة المتقدمـة في مجالهـم وعملـوا في أبحـاث الاتصال لأكـثر مـن خمـس سـنوات، مـا زالت شـركة هـواوي تقـوم بتقييمهـم في جوانب مـن التقديـر الفـردي، والمهـارات العمليـة، والخـبرة، والإمكانـات، والخلفيـة، وقـدرة الاسـتجابة الشـخصية، والعلاقـات مـع الآخريـن، وخـبرة العمـل، ومـا إلى ذلـك، وتقـوم بتقسـيمهم إلى أ، ب، ج، د وغيرهـا مـن الأنـواع المتخلفـة.

يقـوم المـدراء في شـركة هـواوي بتخصيـص مهـام محـددة للموظفـين وفقًـا لأنواعهـم للتأكـد مـن أن المهمـة مناسـبة لهـم. وبالتـالي، يصبـح هـدف هـواوي "قابـلا للتحقيـق" في الممارسـة الفعليـة.

5. جعل الخطة مواكبة التغييرات

عادة ما تقع الحوادث في العمل. وبغض النظر عن مدى قدرتنا على اتخاذ الترتيبات الشاملة، ودقة تفكيرنا في وضع الخطط، فإن بعض الحوادث التي لا يمكننا التنبؤ بحدوثها. وقد احتار العديد من الناس في إيجاد حل لهذا الأمر.

طلب الرئيس من سكرتيره جيم أن يأتي إلى مكتبه قائلا: "يا جيم، بالرجاء قم بتمشيط كل هذه الوثائق لي وكتابة خطاب لاجتماع الغد." قال جيم: "حسناً"، لكنه شعر بامتعاض شديد حيال ذلك، لأنه لتو عدداً من المهام التافهة في الصباح، تم تخصيص المزيد من المهام له في فترة ما بعد الظهر، وجميعها مع الموعد النهائي بحلول الغد. يبدو أنه كان بحاجة إلى البقاء إلى وقت متأخر الليلة.

ربما تكون مثل جيم، الذي ينزعج من المدير، أو الزملاء، أو العملاء، حيث يجب عليك الانتهاء مما تعمل عليه للبدء بالعمل على شيء آخر. وفي نهاية الأمر، لن تتمكن خطتك أبداً من اللحاق بالتغيير وستنتهي في النهاية إلى الشكوى من الحمل الزائد.

قد يقترح شخص ما أن تقول للآخرين إن لديك عمل يجب عليك فعله وليس لديك وقت للمساعدة، وبالتالي يمكنك تمرير المسؤولية إلى شخص آخر.

قد تكون هذه طريقة، ولكن لا يمكن استخدامها كثيرًا. إذا رفضنا مساعدة الآخرين، فكيف سيفكرون بنا؟ ما هو أكثر من ذلك، إن العديد من المهام يتم توزيعها لنا من قبل رؤسائنا الذين لا نستطيع أن نقول لهم "لا" بسهولة.

إذا كيف يمكننا حل مثل هذه المشاكل؟ لقد قام موظفو شركة هواوي بتطبيق حل جيد – من أجل تخصيص فترة زمنية إضافية لخطة العمل.

ماذا يعني تخصيص الوقت الإضافي؟ هو إضافة بعض الوقت في مرحلة التخطيط من خلال الأخذ بعين الاعتبار أن بعض المفاجآت قد تحدث أثناء تنفيذ المهام بحيث يجب تخصيص الوقت الإضافي للعمل المفرط، وإذا وقع "أي حادث" أثناء العمل، فهناك متسع من الوقت لتصحيحه وضمان التشغيل السلس والآمن.

اعتاد الموظفون في شركة هواوي على تخصيص فترة فاصلة ضمن خطة المشروع. إذا طلب أحد العملاء تسليم المشروع في غضون تسعة أشهر، فسيقوم موظفو هواوي بتحديد وقت التسليم على أنه ثمانية أشهر، مع تخصيص شهر واحد كفترة إضافية للتعامل مع حالات الطوارئ غير المتوقعة. إذا طلب منهم الرئيس تقديم خطة للمشروع بحلول نهاية الأسبوع، فإن الموظفين لن يسمحوا لأنفسهم بتسليم الخطة بحلول نهاية يوم الجمعة قبل

أن ينهوا العمل، لأنهـم يجب أن يضعـوا جانبـاً القليـل مـن الوقـت لأنفسـهم في حـال وجـود أي تعديلات.

تجعـل هـذه الطريقـة الذكيـة موظفـي شركـة هـواوي يضمنـون السـيطرة عـلى كل شيء. عـلى الرغم مـن أنـه قـد يكـون هنـاك بعـض الحـوادث الصغيرة أثنـاء التنفيـذ، إلا أنـه سـيكون لديهـم الوقـت الكـافي لإصلاحهـا، وبالتـالي تجنـب الوضـع المحـرج "لا يمكـن للخطـة مواكبـة التغييرات".

إذن السـؤال الآن هـو، كيـف يمكننـا أن نضـع جانبـاً فـترة إضافيـة في الخطـة؟ دعونـا نلقي نظـرة عـلى المثـال التـالي. تلقـت الشركـة المصنعـة للألعـاب المحشـوة في بكـين مؤخـرا طلبـا:

وقـام المديـر بالإعـلان عـن ذلـك للعامليـن في المصنـع قائـلا: "لقـد تلقينـا مؤخـرًا طلبـا مهمـا حيـث طلـب منـا تسـليم 10000 قطعـة مـن دمـى الدبـة المحشـوة و8000 قطعـة مـن دمـى النمـر المحشـوة بحلـول الـ25 مـن مـارس 2010. والآن لا يـزال لدينـا 20 يومًـا قبـل موعـد التسـليم وتعمـل آلاتنـا الآن بشـكل جيـد، لذلـك أعتقـد أنـه مـن خـلال جهودنـا المشـتركة، سـنتمكن بالتأكيـد مـن إكمـال المهمـة في الوقـت المناسـب."

ومـع ذلـك، حـدث أسـوأ سـيناريو، فبحلـول الـ25 مـن مـارس، كان لا يـزال هنـاك 3003 قطعـة مـن الألعـاب المحشـوة لم تنتـه بعـد. وبعـد التفـاوض النهـائي، دفعـت الشركـة المصنعـة غرامـة للعميـل ووعـدت بتسـليمها خـلال 3 أيـام.

نظريًـا، مـن الممكـن إنتـاج هـذا العـدد مـن الألعـاب المحشـوة خـلال 20 يومًـا. ولكـن مـا لم يتوقعـه المديـر كان هـو تعطـل الآلات واسـتغراق يوميـن لإصلاحهـا، وبالتـالي فـإن الشركـة المصنعـة لم تتمكـن مـن تحقيـق ذلـك في الوقـت المحـدد.

إذاً كان المديـر في هـذه الحالـة أن يخـبر الموظفيـن أمـرا مختلفـا ويغير فـترة التسـليم مـن 20 يومًـا إلى 18 يومًـا، فسـيتجنب ذلـك إلى حـد مـا التأخـير في تسـليم المنتجـات. وحتى إذا لم يكملـوا الإنتـاج في الوقـت المناسـب، فـلا يـزال بإمكانهـم الحصـول عـلى يوميـن إضافييـن لإكمالـه في الوقـت المناسـب.

باختصار، يجب أن نـترك بعـض الوقـت الاحتياطي لمشـاكل غـير متوقعـة. إذا لم يكـن لدينـا متسـعا في خطتنـا، في حالـة وقعـت فيهـا أي حـادث، فسـننتهي حتمًـا إلى فـوضى عارمـة. وفي ظل هـذه الظـروف، لا توجـد وسـيلة لنـا للحفـاظ عـلى كفـاءة عمـل جيـدة.

6. تصور الخطة

يعتقد بعض الناس أنـه بمـا أن لديهم فكـرة واضحة حـول الأهـداف والمهـام، لا يحتاجـون إلى تسجيلها بشكل مفصل، بغـض النظـر عـن إعـداد خطة عمـل عـلى وجـه التحديد. ونتيجـة لذلك، غالبـاً مـا يـؤدي مثـل هـذا الكسـل إلى إضاعـة الكثـير مـن الوقـت في تذكر خطة عملهـم الأوليـة أو حتى تفويـت بعـض الأجـزاء المهمـة جـداً مـن العمـل.

كانت وانـغ هـوي سكرتيرة في الشركة. كانت فتـاة ذكيـة تتحـدث بطريقـة مهذبة. لـذا، حصلـت وانـغ هـوي عـلى تقديـر رئيسها وثقتـه بعـد وقت قصـير مـن انضمامهـا إلى الشركـة. بعد عـام واحـد، اكتسبت وانـغ هـوي خبرة عمـل كافيـة، لذلـك عرفـت مهامها بشكل جيـد وأدارتهـا بكـل سهولة.

مـا زال رئيس وانـغ هـوي يقدم عملاً مهماً مهماً لها، لكنها شعرت أن العمل بسيط للغايـة، لـذا لم تكـن حـذرة كـما كانـت عنـد انضمامهـا إلى الشركـة، وتركـت عادتهـا في وضع خطـة عمـل. نتيجـة لذلـك، بـدأت وانـغ هـوي تواجـه بعـض المشاكل في العمـل. حيـث أصبحـت وانـغ هـوي تنـسي مضاميـن العمـل، فيطلـب منهـا رئيسها القيـام بـه مـرة أخـرى أو تفشـل في إكمـال المهمـة بنجـاح. وبعـد أن وقعـت حـالات مماثلـة عـدة مـرات، بـدأ المديـر يفقـد الثقـة في وانـغ هـوي، وكاد أن يقيلها في النهايـة.

نحـن غالبا مـا نواجـه حـالات مماثلـة. تبـدو الأمـور سهلة ولكننا إمـا أن نخطئ باستمرار أثنـاء التنفيـذ أو نفشل في تلبيـة المتطلبـات. في الواقـع، قـد تكـون الأمـور سهلة بالفعـل، ولكـن طريقتنـا في العمـل لديهـا مشكلة.

يكمـن الفـرق بـين الأشخـاص ذوي الكفاءة العاليـة والنـاس العاديـين أن أولئك الأشخـاص ذوي الكفـاءة العاليـة تتمتـع بقـدرة أكبر في التخطيـط والتنفيـذ بشكل عـام. في الواقـع، ليـس مـن الصعـب تحقيـق ذلـك، إذا أنفقنـا فـترة قصـيرة مـن الأوقـات لإعـداد قائمـة المهـام، فيمكننا تجنب المشاكل مثـل التأخـير أو التعطـل أثنـاء التنفيـذ بسبب المهـام المحـددة بشكل سـيئ وبالتـالي زيـادة قدرتنـا عـلى التنفيـذ.

هنـاك مثـل صيني يقـول إن "شحـذ الفـأس لـن تعطـل عمـل قطـع الحطـب"، مـما يعنـي أن المزيـد مـن التحضـير قـد يزيـد مـن سرعـة إكمـال العمـل. عندمـا نعمـل، علينـا أن نكـون حذريـن، لا سـيما بالنسبة للموظفـين الذيـن يتعاملـون مـع الأعـمال المعقـدة اليوميـة، يجـب عليهـم إعـداد خطـة عمـل بعنايـة. ووفقًـا للإحصـاءات، إذا كنـا نمـضي دقيقـة واحـدة في إعـداد خطـة عمـل لليـوم، يمكننا توفـير 30 دقيقـة عـلى الأقـل.

تطلب شركة هـواوي مـن موظفيهـا تقديـم سـجل مفصـل عـن العمـل القـادم. عـلى سـبيل المثال، سيسجل موظفو هـواوي المهـام وفقًـا للمواقـع (إلى جانب الكمبيوتـر، في المكتب، بجانب الهاتف والتخزين) في المكان المحـدد لتنفيـذ المهـام. وبمجرد وصـول الموظف إلى هـذه المواقـع، سـيعرف أو تعـرف بنظـرة سريعـة الخطـوات التـي يجـب اتخاذهـا. وهـذه الطريقـة تسـاعد شركـة هـواوي في الحفـاظ عـلى سرعـة عمـل سلسـة وتجنب قضـاء الوقـت لمعرفـة مـا يجـب فعلـه في منتصف التنفيـذ، ممـا يسـمح للموظفين في شركـة هـواوي بالاستمرار في العمـل بكفـاءة.

لذلـك، قبـل أن نبـدأ في إكـمال المهمـة، يجـب علينـا أولاً أن نضـع تخطيطًـا ذاتيـا جيـدًا، وذلـك يسـاعدنا في تحقيـق أفضـل أداء ممكـن. مـن الأفضـل كتابـة قائمـة المهـام وترتيبهـا في مـكان واضـح مثـل الطاولـة أو سـطح مكتـب الكمبيوتـر.

عندمـا كان الموظفـون في شركـة هـواوي يقومـون بعمـل قائمـة للمهـام، كانـوا يصنفـون أولاً جميـع المهـام التـي يجـب القيـام بهـا ويسـجلوها عـلى أنـواع مختلفـة مـن أوراق الملاحظـات أو أجهـزة كمبيوتـر الجيـب. عـلاوة عـلى ذلـك، يكتبـون مهمـة العمـل بالتفصيـل قـدر الإمـكان حتـى لا يفوتهـم أي شيء.

كان هنـاك مثـال واحـد. كان لـدى العديـد مـن موظفـي شركـة هـواوي عـادة أنهـم يدونـون تاريـخ كل شيء يكتبونـه، مثـل الملاحظـة التـي أعطوهـا لأمنائهـم أو مرؤوسـيهم، أو الملاحظـات الهاتفيـة عـلى محادثتهـم مـع العمـلاء. بهـذه الطريقـة، يمكنهـم الحصـول عـلى معلومـات قيمـة للغايـة بسرعـة كبيرة.

مـن أجـل تسـهيل تنفيـذ مهـام الأعـمال، نحتـاج إلى فـرز المهـام بطريقـة منظمـة، مـما يعنـي أننـا نحتـاج إلى ترتيبهـا وفقًـا لمبـادئ معينـة.

يمتلـك موظفـو هـواوي ثلاثـة مبـادئ لفـرز المهـام: البـدء مـن الأعـلى ومحاولـة إتمـام كل مهمـة في أقـرب وقـت ممكـن دون إهـمال أي مهمـة؛ التعامـل مـع شيء واحـد فقـط في كل مـرة، وإجبـار المواظفـين أنفسـهم عـلى إصـدار حكـم بتركيـز قـوي؛ فعندمـا يبـدأون في التعامـل مـع مهمـة واحـدة، يقومـون بتحديـد جوهرهـا والطريقـة التـي يجـب تطبيقهـا مـن خلالهـا لتجنب إضاعـة الوقـت في البـدء بهـا مـن جديـد.

بعـد أن نضـع كل شيء في تسلسـل مناسـب، يمكننـا البـدء في إنشـاء قائمـة مهـام بسـيطة. قائمـة المهـام عبـارة عـن ترتيـب مكتـوب لليـوم أو الأسـبوع أو الشـهر التـالي وفقًـا لمتطلبـات العمـل الخاصـة بالفـرد، مثـل هـدف المبيعـات، والمؤتمـر الـدوري، والاجتـماع مـع العمـلاء، وتقريـر العمـل، وتقييـم الموظفـين، ومـا إلى ذلـك. بسـبب أن هـذه المهـام غالبـا مـا تكـون مجدولـة، فيمكننـا تصنيفهـا مسـبقا.

عندما نضبط الوقت لقائمة العمل الخاصة بنا، إذا كانت المهام هي أساسا للتعامل مع بعض القضايا التافهة، فيمكننا وضع قائمة أسبوعية أو شهرية اعتمادا على عدد الأعمال. لذا، عندما نقوم بالعمل، نحتاج فقط إلى النظر في تسلسل المهام اليومية، ثم يمكننا تنفيذها بطريقة منظمة.

نحتاج إلى وضع سجل جيد لتلك المهام المباشرة، مثل المتطلبات القادمة من رؤسائنا، أو التعامل مع شكاوى العملاء، أو حل النزاعات بين الموظفين. مثل هذه المهام غالبا ما تكون ذات تغييرات كبيرة. لذلك، سيكون السجل اليومي أكثر ملاءمة.

مع قائمة المهام، يمكننا العمل بشكل منتظم والقيام بذلك بشكل كامل. وفي الخطوة التالية، نحتاج إلى مراجعة القائمة وتحديثها على أساس منتظم، وصياغة أو تعديل خطط العمل المستقبلية الخاصة بنا.

الفصل الخامس

إدارة الوقت

إن فلسـفة شـركة هـواوي في إدارة الوقـت لا تعكـس ثقافتهـا العمليـة والتقدميـة فقـط، بـل إنهـا تدفـع الشركـة إلى تحقيـق النمـو السريـع وتجـاوز الـشركات الرائـدة في هـذه الصناعة.

1. الكفاءة تأتي من التصميم

تـأتي الكفـاءة الجيـدة مـن العمـل الصـارم، ولكـن مصدرهـا يكمـن في التصميـم. وعـلى الرغـم مـن أن الكفـاءة مقيـدة بمـوارد محـدودة، إذا قمنـا بوضـع الخطـة والتصميـم بشـكل علمـي، وقمنـا بتحسـين اسـتخدام المـوارد إلى أقصى حـد، فـلا يـزال بإمكاننـا اكتسـاب كفـاءة عاليـة.

أمـا بالنسـبة لأولئـك الذيـن ذهبـوا إلى هونـغ كونـغ وركبـوا المتـرو، قـد يشـعرون بـأن عمليـات تنقـل متـرو الأنفـاق في هونـغ كونـغ مريحـة للغايـة. في كثيـر مـن الحـالات، يمكـن للراكـب التنقـل في نفـس المنصـة. عـلى عكـس شنتشـن وبكيـن وشـانغهاي، حيـث يجـب عليهـم السـير لمسـافة طويلـة للوصـول إلى خـط آخـر.

لمـاذا يمتلـك متـرو الأنفـاق في هونـغ كونـغ مثـل هـذا التنقـل المريـح؟ كيـف يمكـن لنظـام متـرو الأنفـاق التنبـؤ الدقيـق بأننـي بحاجـة إلى التنقـل إلى محطـة تسـوين وان في محطـة تـاي تـسي بـدلا مـن محطـة سنترال؟

في الواقع، تحتوي العديد من خطوط مترو الأنفاق في هونغ كونغ على محطتين أو ثلاث محطات متداخلة مع خطوط أخرى في محطة التبادل. هذا التصميم الرائد يساعد الركاب في تنقلاتهم، ويحسن بشكل كبير من دقة التنبؤات وبالتالي يقلل بشكل كبير من وقت الانتظار غير الضروري للركاب.

في المقابل، يوفر مترو بكين محطة تبادل واحدة فقط لجميع التقاطعات بين خطين أو أكثر، مما يجعل النقل مزدحماً للغاية وخاصة في المناطق المزدحمة. بالإضافة إلى ذلك، إن الانتقال بين الخطوط يستغرق وقتًا طويلاً. لنأخذ محطة شيتشيمون كمثال، يستغرق التنقل من الخط رقم 1 إلى الخط رقم 2 20 دقيقة، مما يجعل النقل غير فعال.

يعيش في كل من مدينتي هونغ كونغ وبكين أكثر من 10 ملايين من السكان مع قدرات نقل متماثلة في كلتا المدينتين. إلا أن كفاءة نقل مترو الأنفاق في هونغ كونغ أعلى بكثير من بكين. وهذا يوضح لنا شيء واحد: أن الكفاءة تأتي من التصميم.

هناك مثل صيني يقول إن "شحذ الفأس لن تعطل عمل قطع الحطب". كثيرًا ما يستخدم العديد من الناس هذا التعبير لسخر أولئك الذين يفكرون ويتصرفون مثل الحطاب: فهم لا يفكرون قبل القيام بأي عمل. ولا يهمهم ما إذا كانت الفأس حادة أو غير حادة، بل هم يقومون بأخذها إلى الجبل ويبدأون ببذل جهد كبير لتقطيع الخشب بها. وفي نهاية الأمر، فعاليتهم في العمل منخفضة جدا.

روى أحد مديري المنتجات في شركة هواوي قصة: طالما كانت هناك فرصة، كان بعض الأشخاص يتوقون لتجربتها وإطالة دورة التطوير على الفور بغض النظر عما إذا كان ذلك بسبب نشاط خاص بنموذج نضج القدرة الخاص بالبرمجيات (CMM). (في معظم الأوقات كانت بسبب عدم وجود تنبؤ دقيق في التخطيط المبكر، أو أن الخطة الأولية لم تكن معقولة بسبب ضغط معين)، بدا وكأنه أمامنا خياران فقط: إما اختيار CMM، أو إطالة فترة إنجاز العمل.

هل يحتاج تطبيق CMM إلى استهلاك الكثير من الوقت الإضافي؟ وفقًا للعملية المعيارية، خلال فترة الإعداد، يجب صياغة مستندات عالية الجودة بالإضافة إلى اختبار وحدة ومعاينة مزدوجة وتفويض الوثائق والمدونة، وما إلى ذلك وهذا يستغرق وقتا طويلا. ومع ذلك، إذا تمكنا من تغيير العادة القديمة للانخراط على الفور في مرحلة التمييز وبدلاً من ذلك قمنا بإجراء دراسة مفصلة وموجهة نحو التفاصيل، فسوف نكون قادرين على تجنب الوضع المحرج مثل عدم التأكد مما سيأتي بعد ذلك أثناء التنفيذ وتكرار العملية بسبب بعض الأخطاء التي تم إجراؤها. وهذا سيجعل عبء العمل لدينا

أقل ثقلاً من ذي قبل.

في الواقع، تخلت الشركات الأجنبية عن مثل هذا السلوك من الانخراط في عملية الترميز دون وضع أي خطط مسبقة قبل أكثر من 20 عاما، حيث أطلقت على مثل هذه الطريقة السيئة في العمل باسم "WISCY (لماذا لم يتم الترميز بعد؟ Why Isn't Somebody Coding Yet)" ومع ذلك، لا تزال طريقة العمل القديمة هذه سائدة في الشركات الصينية.

لذلك، يجب علينا ألا نتسرع في القيام بأي شيء، وبدلا من ذلك، نحن بحاجة إلى وضع خطة شاملة والإعداد بشكل كامل. فمن خلال هذه الطريقة، سنكون أكثر وضوحًا في عملية التطوير ونقوم بالأمور بشكل صحيح في المحاولة الأولى. ويمكن تشبيه ذلك بشحذ الفأس قبل تقطيع الخشب، انطلاقا من منظور شامل، أنه لن يضيع وقتك بل سيساعدك على التحطيب بشكل أسرع وأفضل.

وهذا يتطلب منا ألا نندفع إلى أي عمل، بل يجب علينا إعداد خطة عامة جيدة وإعداد جميع الموارد لتوفير المزيد من الوقت.

عادة عندما يستيقظ الناس من نومهم، فإن أول شيء يفعلونه هو غسل وجههم وتنظيف أسنانهم، ثم يضعون بعض الشاي في الكوب، ويغلون الماء ثم يسكبونه في الكوب ليتخمر الشاي. يبدو أن هذه العادة صحيحة، فإذا قمنا بإعادة ترتيب تسلسل عمل هذه الأشياء، فقد نحصل على مكاسب غير متوقعة.

إذا قمت بغلي الماء أولاً بعد قيامك من السرير مباشرة، ثم نظفت نفسك وأعددت كوب الشاي، ونتيجة لذلك، فإن عبء العمل هو نفسه، ولكن نقلل الوقت بشكل عام لإنهاء نفس العدد من الأشياء التي نقوم بها.

في العمل، إذا تمكنا من ممارسة نفس المبدأ المتمثل في وضع خطة شاملة بعناية، وإعداد الموارد الكافية واللازمة، فسوف يتم زيادة كفاءة العمل لدينا بسهولة.

فيما يتعلق بهذا المبدأ، فإن موظفي شركة هواوي الذين تم توظيفهم في الهند، قد اختبروا هذا المبدأ بعمق: فقد قام الموظفون الصينيون والموظفون المحليون لشركة هواوي في المكتب الهندي بإجراء فعالية. وأثناء الفعالية، أخبر مدير مشروع هندي موظفا صينيا بحذر: "أنا معجب بمثابرة ونشاط الصينيين، لكنني أود أن أوصيكم أنه خلال عملك بجد، يجب عليك أن تنتبه أيضا للعمل بذكاء." وقال أيضا إنه قبل تنفيذ الخطة، ينبغي على الموظفين أن يبدأوا بالقيام بالأشياء الصحيحة وأن يفعلوها بطريقة صحيحة، لكي ينجزوها بشكل أفضل.

وبالفعل، قـام مديـر المـشـروع الهنـدي بإعـداد دقيـق للغايـة للمـشـروع، بمـا في ذلـك تحديد المتطلبـات، والتنبـؤ بالمـشـروع، وتطويـر المـشـروع، وبرنامـج التدريب للمـشـروع، وبرنامـج مراقبـة جـودة المـشـروع، والمـوارد اللازمـة للمـشـروع (المـوارد البشريـة، والبرمجيـات، والمعـدات)، وخطـة الإمـداد وبرنامـج إدارة المخاطـر وتعريـف العمليـات في المـشـروع ومـا إلى ذلـك. في هـذا الصدد، كان الموظفـون الصينيـون يظنـون أنهـم سيكونـون بطيئيـن وأغبيـاء بهـذه الطريقـة وأنهـم يؤخرون التقدم في العمل بشكل كامل. ولكن بمجـرد أن بـدأ المـشـروع، اكتشـف الصينيـون أن جميـع المـوارد اللازمـة كانـت في متنـاول اليـد. وعندمـا تـم الانتهـاء مـن المـشـروع قبـل الموعـد المحـدد، بـدأ الموظفـون الصينيـون يشعـرون بالخجـل قليـلا.

مـن السـهل ارتكاب أخطـاء مشـابهة في العمل عندمـا نسعى جاهديـن للعمـل بجـد بينمـا لا نهتـم بالعمـل بـذكاء.

عـلى الرغـم مـن أننـا قـد أنجزنـا المهمـة في النهايـة، إلا أننـا قـد نبـذل المزيـد مـن الوقـت والجهـد مقارنـة مـع الآخريـن، وذلـك لا يسـتحق كل هـذا الجهـد.

"كل شيء يمكـن تحقيقـه مـع توقـع جيـد، في حيـن يفشـل دون ذلـك." هـذه هـي احـدى الاقتراحـات التـي طرحهـا رن تشـنغ في لموظفـي هـواوي. يجب علينـا أن نتعلـم منهـا ونفكـر في معناهـا أيضـا، ونذكـر أنفسـنا بعـدم التسـرع في أي شـيء، ولكـن يجـب علينـا التفكيـر بعنايـة في كيفيـة التعامـل معهـا أولا. فقـط مـن خـلال القيـام بذلـك، يمكننـا أن نحصـل عـلى ضعـف النتيجـة بنصـف الجهـد.

2. استخدم وقتك بطريقة مركزة

يعتقـد الكثيـر مـن النـاس أنـه "إذا قامـوا باسـتغلال وتكريـس كل دقيقـة أو حتـى كل ثانيـة للعمـل، فسـوف يكتسـبون كفـاءة عاليـة في العمـل". هـل هـذا صحيـح؟ هـذا هـو في الواقـع سـوء الفهـم.

في الواقـع، مـا يهـم هـو طريقـة العمـل. إن مفتـاح تحسـين كفـاءة العمـل ليس بالعمـل في كل دقيقـة ولكـن لترتيـب وقتـك بشـكل أفضـل، اسـتخدام وقتـك بطريقـة أكثـر تركيـزا.

إذا كنـت تشـك في ذلـك، فالرجـاء النظـر إلى مجموعـة مـن البيانـات التجريبيـة التاليـة:

إذا كنـت بحاجـة إلى كتابـة تقريـر، ووعـدك رئيسـك بإعطائـك فتـرة زمنيـة كافيـة لذلـك، لـن تتعـرض خلالهـا لأي عرقلـة بقضايـا أخـرى، فقـد تحتـاج إلى 5 سـاعات فقـط لإنهـاء تقريـر جيـد.

ولكن إذا غيّرها الرئيس إلى وضع آخر، ستحصل فيه على نفس الوقت من 5 ساعات، لكن هذه الساعات الخمس ستفصل إلى 5 أيام وكل يوم ستحصل على نصف ساعة في الصباح والنصف الآخر بعد الظهر، ربما لن تتمكن من إنهاء التقرير في غضون 5 أيام.

عندما تقوم بربطها بتجربتك الخاصة، فإنك ستفهمها فجأة. في معظم الحالات، إذا لم يتم إزعاجنا أثناء تنفيذ مهمة معينة، وقمنا بتخصيص وقت متكامل للتعامل معها، فإن كفاءتنا ستكون عالية جدًا؛ بينما إذا فعلنا نفس الشيء بين الحين والآخر، من الواضح أن كفاءتنا ستكون منخفضة جدًا، أو تنحدر إلى مستوى لن نتمكن فيه من إكمال مهمتنا.

وهذا يخبرنا بسر حول إدارة الوقت، وذلك من خلال إنشاء "فترة فاصلة" خاصة بنا والتعامل مع أعمالنا في فترة زمنية منفصلة تمامًا، لأننا بهذه الطريقة يمكننا زيادة كفاءة العمل لدينا.

إن شركة هواوي معروفة بقدرتها الممتازة في التطبيق. في الواقع، ترتبط هذه القدرة ارتباطًا وثيقًا بإدارة الوقت. وفيما يتعلق باستخدام الوقت، فإن موظفي هواوي جيدون للغاية في تقسيم الوقت إلى فترات زمنية مختلفة، وربطها مع الآخرين. وبهذه الطريقة، فإنهم لا يضمنون كفاءة الوقت فحسب، بل يضمنون التعاون مع الآخرين بدون عرقلة المشروع كله.

إذا كيف يحقق موظفو هواوي ذلك؟

يقوم موظفو هواوي أولاً بتحديد أولويات كل المهام، ووضع جدول زمني لتطوير المهام، ثم تقسيمها إلى مهام صغيرة مع وحدات زمنية أقصر، مثل يوم واحد أو ساعة واحدة. وأخيرًا، سيتم عرض الخطة في نموذج مكتوب، والتحقق من التقدم وفقًا لفترات زمنية للتأكد من إكمال العمل في فترة زمنية معينة. وبالتالي، يتم زيادة كفاءة العمل بشكل طبيعي.

لذا، عندما نكون مشغولين مثل النحلة، وما زال رئيسنا يشتكي من أن العمل لم يتم بطريقة مرضية، في كل مرة نحاول فيها تنفيذ مهمة، يجب أن نسأل أنفسنا، هل سنقوم بذلك بطريقة متماسكة وواضحة، وثم نقوم بشيء حيال ذلك.

أعتقد أنك ستجد إجابة مرضية.

في كثير من الأحيان، لا يمكننا إكمال مهمة معينة بأنفسنا؛ لأن الأمر قد يتطلب شخصين أو أكثر للعمل معًا. وفي هذه الحالة، يجب علينا إنشاء واجهة مناسبة مع الخارج مع عدم السماح للفترات الزمنية بالتداخل مع العوامل الخارجية.

يتمتع موظفو هواوي بخبرة جيدة في هذا الجانب. في الوقت الذي يقوم فيه موظفو

هواوي بإنشاء فترات زمنية، يقومون أيضا بالتنسيق والتواصل مع الأطراف المعنية بشأن تنفيذ المهمة مسبقًا. ومن ثم يحتفظون بقنوات اتصال منفصلة مع كل شخص مسؤول عن مهمة محددة من خلال مدير المهام أو أنفسهم، من أجل ضمان التواصل السلس والاتصال بالعالم الخارجي. ومن هذا المنطلق، يحتفظ موظفو هواوي بفترة محددة من الوقت للتواصل والتنسيق مع الخارج. وبهذه الطريقة، يتجنبون الاضطراب أثناء عملهم ويضمنون المزيد من الفترات الزمنية المتكاملة.

3. اقبض على "اللص" الذي يسرق وقتنا

هناك أغنية صينية تسمى "أين ذهب الوقت؟" تم تقديمها في مهرجان عيد الربيع 2014 وأثارت تعاطفًا كبيرًا. وكثيراً ما نكون مماطلين في القيام بأعمالنا ونشعر بأننا لا نملك الوقت الكافي لإكمالها.

ويشكو الناس من قلة الوقت الآن، لكنهم لا يفكرون أبداً في سبب ضيق الوقت. في الحقيقة أن معظم الناس يستخدمون الوقت بطريقة خاطئة، لذلك يقومون بإضاعة الكثير من الوقت دون أن يلحظوا ذلك.

ويلخص المدرب في دورة التدريب الخاصة بشركة هواوي ستة ظواهر مشتركة لإضاعة الوقت:

1) الكفاءة المنخفضة: وجود إمكانية تقليل الوقت مع عدم القدرة على القيام بذلك، أي "عدم الكفاءة". على سبيل المثال، إذا تم إجراء مكالمة هاتفية أو إذا كان هناك اجتماع بدون غرض واضح أو بعيد عن الهدف، فإن ذلك سيؤدي إلى إضاعة وقت المشاركين. وعلى العكس من ذلك، إذا كنا دقيقين ونركز على حل المشكلة، يمكننا توفير الكثير من الوقت.

2) عدم الاهتمام: على سبيل المثال، خلال وقت الانتظار (مثل انتظار الآخرين، والسيارات، والمكالمات الهاتفية، وما إلى ذلك). فان الكثير من الناس لا يفعلون شيئا خلال هذا الوقت لأن الفترة الزمنية قصيرة نسبيا (أقل من نصف ساعة). في الواقع، قد يكون تراكم هذه الفترات الزمنية الصغيرة مؤثراً جداً.

3) **المزاج السيئ:** عندما لا تسير الأمور على ما يرام أو تفشل، نشعر بالغضب والأسف والذنب. لذلك إذا لم نتحكم في هذه المشاعر السلبية ونحسّن مزاجنا في الوقت المناسب، فسوف نهدر الكثير من الوقت بسبب عاطفتنا وبالتالي نحتاج المزيد من الوقت لإنجاز المهمة.

4) **عدم التركيز:** إذا كنا غير قادرين على القيام بالأشياء بهدوء ويتشتت انتباهنا بسهولة من خلال أمور تافهة، فإن الوقت يضيع بسرعة كبيرة ولا نحقق أي شيء. على سبيل المثال، يحب بعض الأشخاص الدردشة أثناء العمل، حيث يعتبر ذلك علامة على التشتت.

5) **التعامل مع كل شيء:** هؤلاء المدراء أو الموظفين الذين يفكرون في أنفسهم كثيرا وغالبا ما يوجهون تعليمات على الآخرين ويتدخلون بأعمل الآخرين (حتى عندما لم يطلب الآخرون منهم المساعدة)، أو يتولون مسؤولية أعمال الآخرين. لذا، فهم دائمًا ما يجعلون أنفسهم متعبين وفي نفس الوقت يحرمون الآخرين من فرصة إجراء تعديلات.

6) **العرقلة من قبل الآخرين:** عندما يُطلب منك المساعدة، فهناك العديد من الأفراد لا يكون لديهم رغبة في تنفيذ المهمات للآخرين، ولكنهم يخشون "الإساءة" إليهم باجابتهم بكلمة "لا"، لذلك يسمحون للآخرين بسلب وقتهم.

بالنسبة للكثير من الناس، ربما تكون الأشياء المذكورة أعلاه لا تستهلك وقتا كثيرا. ولكن في الواقع، إذا لم نفعل الأشياء بشكل مناسب، فإن أي من الأوضاع المذكورة أعلاه يمكن أن تستغرق جزءا كبيرا من الوقت في ساعات العمل اليومي. وإذا حدثت عدة حالات معًا، فلن يبقى لدينا الكثير من الوقت للقيام بعمل حقيقي.

هناك قول مأثور: "التقييم الذاتي الصريح هو الخطوة الأولى نحو التحسين الذاتي". إذا طبقنا هذا المبدأ في إدارة الوقت الفردي، فيمكن تفسيره على أن الجميع يحتاجون إلى الاستخدام الفعال للأداة التي تشخص استغلال الوقت على أساس المطالب الشخصية، حتى نتمكن من تحديد أساس المشكلة.

وجد الموظفون في شركة هواوي أن الأداة الأساسية التي كانت مفيدة جدا في تشخيص استخدام الوقت هي: ورقة سجل الوقت، أي تسجيل كل ما يمكن القيام به من الاستيقاظ في الصباح حتى الخلود إلى النوم. إذا كان ذلك ممكنًا، فمن الأفضل تسجيل الأشياء المفصلة في كل دقيقة. وبالتالي، يمكن استخدام الورقة لتحليل نفقات الوقت للجميع.

كان العديد من موظفي هواوي بارعين في استخدام الاختصارات ومجموعة متنوعة من الرموز، مثل الأسهم والإطارات وعلامات التحقق والصلبان، حتى يتكمنوا من تسجيل نفقات الوقت الخاصة بهم بالطريقة الأكثر ملاءمة.

بالإضافة إلى ذلك، فإن الموظفين في شركة هواوي يمتلكون "قائمة استهلاك الوقت".

وينبغي أن تتضمن محتويات القائمة الوقت المقدر، والوقت المستهلك الحقيقي، والتوازن بين الوقت المقدر والوقت المستهلك والمبلغ الإجمالي للوقت. وطالما يمكن للمرء الاستمرار في التسجيل، فإنه سيحصل على قائمة كاملة تساعده في إجراء تحليل وتشخيص الوقت المستهلك.

إذن، كيف يمكن تحديد مشاكل إدارة الوقت؟ لنلق نظرة على حل الموظفين في شركة هواوي لهذه المشاكل.

يستطيع موظفو هواوي تشخيص قدراتهم على إدارة الوقت وفقًا للمعلومات المتوفرة في قائمة استهلاك الوقت بعد الانتهاء من وضعها. خلال دورة التدريب على إدارة الوقت لشركة هواوي، طلب المدربون من موظفي هواوي تشخيص قدراتهم الخاصة بإدارة الوقت وفقًا لجدول تشخيص القدرة على إدارة الوقت. من خلال طرح سلسلة من الأسئلة في الجدول، مثل: هل أعتقد أنه يمكنني العمل بشكل أكثر جدية؟ هل أترك الأشياء التي يجب القيام بها حتى اللحظة الأخيرة في الغالب؟ هل من الصعب عليّ البدء في العمل على مهمة جديدة ...؟ وتحت توجيه هذه الأسئلة، سوف يفكر الموظفون في أنفسهم من حيث استخدامهم للوقت ويسألون أنفسهم باستمرار. من خلال هذه العملية، تمكنوا من تحديد مشاكلهم في إدارة الوقت.

في غالب الأمر فإن كل من يسجل استخدامه للوقت من خلال أنواع مختلفة من التدابير يمكنه أن يكتشف بشكل غير متوقع بعض المشاكل في إدارة الوقت. لذلك، من حيث إدارة الوقت، من المفيد جدا أن تقوم بتقييم ومراقبة استخدامك الوقت بشكل واقعي.

بعد أن ندرك ما نحتاج إلى تحسينه في إدارة وقتنا، يجب أن نحدد طريقة لتجنب سوء الإدارة في الوقت بشكل مناسب والتغلب على الصعوبة التي يطلق عليها "ضيق الوقت". وبشكل عام، فإن إدارة الوقت السيئة ترجع بشكل أساسي إلى خطة العمل السيئة، والتنظيم غير السليم، والافتقار إلى التحكم بالوقت، والتصحيح السيئ، وعدم وجود طموح وتحفيز قوي. لذلك، من أجل تحسين إدارة الوقت، يجب أن نبدأ من الجوانب الخمسة المذكورة آنفا.

كما يولي موظفو هواوي أهمية كبيرة لفعالية خطة العمل. ويعتقدون أن الخطة الأكثر تفصيلاً وشمولية ستجعل التنفيذ أكثر سلاسة. لذلك، يولي موظفو هواوي اهتماماً خاصاً في وضع خطط العمل. كما يقومون بوضع خططهم السنوية والشهرية والأسبوعية واليومية على التوالي، ويحافظون على التحكم الفعال في تنفيذ الخطط ووضع قائمة المهام الرئيسية التي يجب التعامل معها.

كيف يتعامل موظفو هواوي مع المشاكل التنظيمية مثل الأعمال المتكررة والمتقطعة أو الاتصالات السيئة؟

أولاً، قبل قبولهم للطلب، سيقومون بـ"تحليل التكلفة والفائدة"، ثم يتخذون قراراً معقولاً. ثانياً، إنهم يجيدون الاستفادة من جميع الموارد المتاحة، حتى يتمكنوا من حفظ الكثير من الوقت لأنفسهم. ثالثاً، يركزون على الأشياء الأكثر أهمية ولا يضيعون وقتهم وطاقتهم على الشؤون التافهة.

من حيث التحكم بالوقت، يبذل موظفو هواوي جهداً لتنمية حسهم بأهمية الشؤون، والحفاظ على وتيرة العمل السريعة، والتغلب على ترددهم في اتخاذ القرارات، إلخ. ولتصحيح أوجه القصور، أخذ موظفو هواوي "5S"[1] كأداة الإدارة الأكثر أهمية. سواء في المكاتب أو ورش العمل، يجب وضع جميع أنواع اللوازم بدقة وتمييزها بدقة، بحيث يكون كل شيء واضحاً في لمح البصر.

ومع ذلك، يجب علينا أن ندرك أن الهدف من إدارة الوقت ليس "الوقت" ذاته، بل "الإدارة الذاتية". وما يسمى بـ"الإدارة الذاتية" يعني أنه يجب علينا استخدام طرق جديدة للعمل والعيش، بما في ذلك تحديد الأهداف، والتخطيط الدقيق، والتخصيص العقلاني للوقت، وإيجاد التوازن والمقارنة بين أهمية الأشياء، وتفويض السلطة. بالإضافة إلى ذلك، يجب علينا الحفاظ على الانضباط الذاتي والمثابرة على هذه الجوانب، وبالتالي يمكننا تحقيق كفاءة أعلى. فقط عندما نحقق "الإدارة الذاتية" الفعالة، يمكننا تقليل استهلاك الوقت على الأشياء التي لا تسهم في تحقيق الهدف، كما يمكننا السيطرة على وقتنا بفعالية حقيقية.

---

1. ممارسات "5S" لخصت الممارسات الإدارية في شركة تويوتا والتي تتمثل في: "التصنيف، والترتيب، والتمشيط، والتنظيف، والانضباط الذاتي." وهذه الكلمات اليابانية الخمس مكتوبة بالأبجدية الرومانية كما Seiri، Seiton، Seison، Seiketsu، Sitsuke مع حرف S في كل بدايتها، ولهذا السبب تُعرف هذه الممارسات باسم "5S".

4. تأكد من إيقاع العمل الخاص بك

كتب شياو نينغ، موظف في شركة هـواوي في ترويسة دفتر ملاحظاته باللون الأحمر أن "الإزعاج أثناء العمل هـي السارق الرئيسي للوقت". ربما تعتقد أن هـذا ليس صحيحا، ففي المـرة الأولى التـي رأيـت فيهـا هـذا القـول، لـم أكـن مهتمـا بـه أنـا أيضا. ومـع ذلك، بعد قـراءة مجموعـة الإحصـاءات التاليـة سيكون لديك رأي آخر.

وفقًـا للإحصـاءات اليابانيـة المحترفـة، فـإن الأشخاص عـادة مـا يتـم التعـرض للإزعـاج مـرة واحـدة كل ثمـان دقائـق، أي حـوالي سـبع مـرات في السـاعة، أو مـا بـين 50 إلى 60 مـرة في اليـوم. ويستمر كل إزعـاج لمـدة خمـس دقائـق تقريبـا، أي مـا مجموعـه أربـع سـاعات في اليـوم، أي حـوالي 50% مـن سـاعات العمل. وحوالي 80% مـن بـين هـذه الإزعاجـات (حـوالي ثـلاث سـاعات) لا معنـى لهـا أو ذات قيمـة قليلة. وفي الوقت نفسـه، يحتاج الأشخاص الذيـن تـم تعرضهـم للإزعـاج يحتاجـون إلى ثـلاث دقائـق للعـودة إلى الفكـرة الأصلية والتفاعـل معهـا، وهـذا يسـتغرق مـا يقـرب مـن 2.5 سـاعة في اليـوم. "وفقا للإحصائيـات المذكـورة أعـلاه، يمكننـا أن نجـد أن الخسـارة اليوميـة للوقت الناجمـة عـن الإزعـاج الخارجي تبلـغ حـوالي 5.5 سـاعة، وهـو مـا يمثـل 68.7% مـن 8 سـاعات عمـل لدينـا.

لذلك، يمكننـا أن نـرى أن الإزعـاج هـو أكـبر سـارق للوقـت في الواقـع، إذا كيـف نتجنب مـن الإزعـاج؟ لحـل هـذه المشـكلة، اقترحـت شركـة هـواوي قواعـد إدارة الوقـت الخاصـة بهـا: مبدأ الإيقاع.

لكـي لا يتـم التعـرض للإزعـاج، فـإن أول شيء يجـب أن تفعلـه هـو تحديد إيقاعـك في العمـل، والتحكـم بـه بشـكل جيد. إذا استخدمنا كلمـة واحـدة لوصـف الإيقاع في شركـة هـواوي، فسـيكون "سريعًا". حيـث تكون الشركـة بأكملهـا في حالة تقـدم سريع، ويرجـع ذلك إلى إتقـان موظفـي هـواوي في إيقـاع العمل. إذا كان شخص مـا يعانـي مـن الإزعـاج أثنـاء عملـه، فمـن الطبيعـي أن يفتقـر عملـه إلى الإيقـاع، ممـا يؤثـر عـلى تقـدم العمـل.

أمـا بالنسـبة لشركـة هـواوي، فكونهـا فريقـا مـن "الذئـب"، فـإن الوحـدة والتعـاون يمثـلان قضيـة مهمـة. مـن المسـتحيل ألا نعانـي مـن الإزعـاج. ومـع ذلك، يمكننـا السـيطرة عـلى عـدد مـن الطـرق للحفـاظ عـلى إيقـاع أكثـر انسـجاما والحـد مـن الإزعـاج الخارجـي. ولكـن أول شيء يتعـين علينـا القيـام بـه هـو تحديد إيقـاع أعمالنـا.

الآن دعونـا نلـق نظـرة عـلى كيفيـة تحديـد لي هـوا شـنغ (اسـم مسـتعار)، وهـو قائـد في فريـق البحـث والتطويـر في شركـة هـواوي، إيقـاع العمـل.

بناء على الجدول الزمني، أضاف لي هوا شنغ ثلاثة أعمدة من المحتوى، وقام بوضع إشارة حول ما إذا كان العمل غير المنجز بسبب الإزعاج خلال العمل أم لا. ومن خلال تقييم تنفيذ المهام لخطة العمل اليومية، حدد مدة وسبب الإزعاج، كما أوضح في الجدول اليومي إذا كان يعاني من الإزعاج باستمرار وشرح سبب ومدة الإزعاجات.

حدد لي هوا شنغ الفترة الزمنية الأكثر إزعاجا، وتذكر الأسباب التي دفعت زملائه إلى إزعاجه في ذلك الوقت. واستنادا إلى الجدول، وجد أنه غالبًا ما يتم إزعاجه ما بين التاسعة والعاشرة صباحًا بسبب طلب المشورة من قبل زملائه؛ ويتم إزعاجه أيضا ما بين الساعة الثانية والساعة الثالثة والنصف مساء بسبب طلبهم للحصول على المساعدة. وعلى الرغم من أن لي هوا شنغ كان يعمل على قدم وساق طوال اليوم، إلا أنه كان الوقت الإجمالي لإكمال المهمة يمتد لمدة ساعة و20 دقيقة بسبب هذه الإزعاجات.

ثم، استخدم لي هوا شنغ خطة العمل ليوم كامل كمرجع إلى وقت الانتهاء الفعلي، وقام بمقارنة عدد الإزعاجات خلال اليوم ووقت كل إزعاج. حيث إذا تم إزعاجه أكثر من ست مرات في اليوم، أو كانت مدة إزعاج واحد أكثر من 20 دقيقة، فإن ذلك سيؤدى إلى تأخير تقدم العمل لأكثر من 10٪، ثم عرف أنه تم عرقلة إيقاع أعماله. ووفقا للإحصائيات المذكورة أعلاه، حدد لي هوا شنغ أن عمله يفتقر إلى الشعور بالإيقاع.

أخيرا، قام لي هوا شنغ بتحليل الأسباب التي أضرت إيقاع عمله، ووجد أسبابا كثيرا، على سبيل المثال، أنه لا يريد الإساءة للآخرين، ويريد أن يشارك في كل شيء، كما أنه يعتاد أن يقدم استشارات للآخرين لأنها تعطيه شعوراً بالأهمية، ولم يكن جيداً في إنهاء الزيارات من الآخرين، ويحب التحدث مع الآخرين باستمرار ...

من خلال التحليل الموضوعي، وجد لي هوا شنغ أنه اعتاد بالفعل على استشارة الآخرين والتمتع بالشعور بالأهمية خلال هذه العملية. وقد أدت هذه "العادة" التي تستغرق وقتًا إلى تأخر جزء من خطط عمله، حتى إلغائها. لذلك، فإن تحديد إيقاع العمل الخاص بك أمر مهم للغاية في إنشاء وتيرة عمل متناغمة.

5. إنشاء وتيرة عمل خاصة بك

إذا كان شخص يعاني من الإزعاج باستمرار أثناء سير العمل، فمن الطبيعي أن يفتقر إلى وتيرة متناغمة في العمل ومن المؤكد أن كفاءة الوقت لديه ستتأثر. لذلك، من أجل حل

هـذه المشكلة، يحتاج إلى إنشاء وتيرة عمل فريدة خاصة به لضمان الحد الأدنى من الإزعاج والتدخل من العوامل الخارجية.

على الرغم من أننا حددنا وتيرة العمل، إلا أن الإزعاجات في المكتب لا يمكن تجنبها (الهواتف، والزيارات، والرسائل الإلكترونية، إلخ)، واشتكى الكثير من الناس من ذلك، واقترحوا العديد من الإجراءات المضادة للتعامل معها، مثل محاولة تحمل كل شيء، والتعامل مع هذه الإزعاجات بشكل سلبي أو غض الطرف عنها. حيث أن أولئك الذين يحاولون تحمل كل شيء يتعبون في نهاية الأمر، وأولئك الذين يتعاملون بشكل سلبي ويتجاهلونه، فإنهم سيضيعون الفرصة أو يفسدون الأمور ...

إذن، ما هي الطريقة الأكثر فعالية؟ إن الإستراتيجية الأكثر فاعلية هي خلق وتيرة عمل أكثر انسجامًا مع اتخاذ مجموعة متنوعة من الأساليب لتقليل فترة الإزعاج وبالتالي تقليل تأثيرها السلبي وفقًا للوضع الفعلي والأهداف المتوقعة.

وقد أشار التدريب على إدارة الوقت لشركة هواوي إلى أنه: يجب على المرء أن يعمل باستمرار لتشكيل وتيرة متناغمة في العمل، وهو ما يمكن من تنفيذ المهام اليومية بالالتزام الكامل بالجدول الزمني المخطط له. حيث يطرح المدرب ثلاث طرق فعالة لإنشاء وتيرة عمل متناغمة.

الطريقة الأولى هي ترتيب وقت ثابت لإنجاز نفس النوع من الأعمال. إذا كانت المهمة A والمهمة B تنتميان إلى نفس النوع، فيمكن القيام بها في نفس الفترة الزمنية.

قام موظفو هواوي بجمع بيانات حول المهام التي تم إنجازها في اليوم السابق. ويمكن إحصاء بيانات المهمة A والمهمة B في نفس الوقت، حيث أنه عادة ما يتم ترتيب هذا العمل الإحصائي قبل نصف ساعة من انتهاء العمل.

أما في الطريقة الثانية فيعتقد المدربون أنه ينبغي لنا تنفيذ أعمال مماثلة في وقت محدد، إذا كان الموظفون قد بدأوا مهمة، فمن الضروري أن يواصلوا العمل عليها دون أي توقف قبل أن يبدؤوا بمهمة أخرى.

في شركة هواوي، بمجرد قبول الموظفين للمهام التي تم تعيينها من قبل مديرهم، فإنهم سيعملون على إنهائها دفعة واحدة بدلاً من العمل عليها بشكل متقطع. والسبب في أن العديد من الموظفين يعملون ساعات إضافية منبثقة عن فلسفتهم في إدارة الوقت التي تحتم عليهم إكمال عمل مرحلي معين في دفعة واحدة.

بالإضافة إلى ذلك، يجب تحديد محتوى المهمة والنتيجة المتوقعة بوضوح قبل تنفيذ المهمة، لأنه في عملية تنفيذ المهام، العمل "المستقيم" نحو الهدف النهائي يساعد على

تقليل خطوات العمل غير الضرورية، ويسمح للناس باختيار العمليات التي ستساهم في تحقيق الهدف النهائي. بالإضافة إلى ذلك، يمكن تحديد مهام العمل الخاصة بك ضمان الاتجاه الصحيح للعمل، وهو يعد واحدا من أفضل التقنيات في تحسين كفاءة استخدام الوقت.

أخيراً، نحن بحاجة إلى وضع عمليات تساعدنا على التعاون مع الآخرين. أما بالنسبة لمجالات العمل الأكثر عرضة للإزعاج، فنحتاج إلى تخصيص وقت محدد مسبقًا لضمان عدم حدوث أي انقطاع أو تأخير خلال عملية تنفيذ المهمة. وإذا كنا بحاجة إلى التعاون مع فرد آخر لإكمال مهمة معينة، فيجب علينا تحديد الوقت المناسب معه مسبقا معه، حتى لا نزعج إيقاع الوقت للآخرين.

ومن أجل تحسين كفاءة استخدام وقت العمل، فنحتاج إلى تشكيل وتيرة العمل الخاصة بنا والحفاظ عليها، بحيث يمكن أن تتطور إلى حالة طويلة الأجل. ولكن السؤال هو كيف يمكننا الحفاظ على وتيرة العمل؟ كما نرى في شركة هواوي أنه بالإضافة إلى اتخاذ ترتيبات معقولة للمهام، يستخدم الموظفون والمدراء الطرق الثلاثة التالية للحفاظ على وتيرة عملهم.

أولاً، نحتاج إلى إعلام الآخرين بساعات العمل المشغولة وتشكيل جو ملائم للعمل.

حيث أن العديد من الموظفين يتحملون التواصل والتعاون غير الضروريين في العمل، مما يجعلهم يضعون أنفسهم في موقف يسيطر فيه الآخرون على وقتهم. ومن أجل تجنب مثل هذا الوضع، يجب أن نتعلم أن نقول "لا" في مثل هذه الظروف. إذا لم يكن باستطاعة الشخص تخطيط وقته بمهارة ورفض التدخل الذي يؤثر على كفاءة عمله، فمن غير المحتمل أن يصبح هذا الشخص مهنيًا جيدًا.

يجب أن نخبر أنفسنا والآخرين أنه خلال هذه الفترة يجب أن نركز على الأمور في خطة عملنا ولا يمكن أن نقبل أي انقطاع. وبهذه الطريقة، يمكننا إنشاء جو عمل جيد.

ثانيًا، تحديد فترة زمنية يمكن أن يزعجك الآخرون خلالها.

حيث أن الموظفين في شركة هواوي لا يركزون فقط على إكمال المهام الخاصة بهم في الأعمال اليومية، ويتجاهلون العمل الجماعي. بالنسبة إلى أعضاء الفريق الذين يواجهون مشاكل، فإنهم يقدمون مساعدات بشرط ألا يؤدي ذلك إلى إزعاج عملهم، لذلك يقوم المدراء أو الموظفون عادة بترتيب فترة يتم إعدادها للإزعاج. إذا كنت مديرًا، يمكنك عقد اجتماع لجميع الموظفين وإبلاغ زملائك عن ساعات العمل المفتوحة لك؛ إذا كنت موظفًا عاديًا، فيمكنك مناقشة مع الزملاء الآخرين حول تحديد وقت يمكنكم فيه إزعاج بعضكم البعض.

وأخيرا، القضاء على التدخل الخارجي بسرعة. حيث أنه كلما طالت مدة التدخل، كلما كان لها تأثير أكبر على العمل. لذلك، عندما يحدث تدخل غير متوقع، نحتاج إلى التخلص منه في أقرب وقت ممكن.

باختصار، يجب أن نحاول الحفاظ على وتيرة عمل متناغمة، وألا نسمح لأنفسنا بالتدخل من قبل العوامل الخارجية. وفقط بهذه الطريقة، يمكننا خلق المزيد من القيمة في فترة زمنية محدودة من الوقت الفعال.

6. استخدام الوقت في القيام بالأشياء المهمة

كما ذكرنا في الفصل السابق "التوجه نحو تحقيق النتائج"، أنه عندما نعمل، نحتاج إلى معرفة كيفية ترتيب أولويات الأعمال، والتعامل مع العمل الأكثر أهمية أولاً.

كل شخص لديه كمية محدودة من الوقت والطاقة في العمل. ونأمل بالتأكيد أن يتمكن كل من مرؤوسينا أو أنفسنا من إنهاء جميع المهام في الوقت المناسب، ولكن هذا يجعلنا مشغولين دائما بالعمل الأكثر إلحاحا بدلا من العمل الأكثر أهمية. على الرغم من أنه لن يكون ممكنا أبدا للشخص الذي يقوم بمهمة عاجلة لأخذ زمام المبادرة. لذا يجب أن نضمن أن نستخدم وقتنا في الأمر الأكثر أهمية. هذا هو أيضا أحد أسرار الإدارة الفعالة للوقت.

ما هي أهمية استخدام الوقت في الأمور المهمة القليلة؟ إن النظرية الكلاسيكية لفيلفريدو باريتو الاقتصادي الإيطالي هي أفضل إجابة على هذا السؤال.

تظهر دراسة باريتو أن 20٪ من الناس يمتلكون 80٪ من الثروة، في حين أن 80٪ المتبقية من الناس لديهم 20٪ فقط من الثروة. وتطبق هذه النظرية "القليلة الأهمية والكثيرة التفاهة" على نطاق واسع على جميع جوانب الحياة، بما في ذلك إدارة الوقت، وهو ما يسمى بمبدأ باريتو (القاعدة 20/80) كما هو موضح أدناه.

تنص القاعدة 20/80 لباريتو على أن 20٪ من العمل يستهلك 80٪ من وقتك ومواردك. والسبب في ذلك هو أن 80٪ من الوقت يتم إضاعته فعليًا على "الكثير من الأمور الثانوية". على العكس من ذلك، فإن 20٪ من شيء ما يكون مسؤولًا دائما عن 80٪ من النتائج إذا كان بوسع الناس التركيز فقط على التعامل مع "القليل من الأمور الهامة".

في دورة التدريب على إدارة الوقت لشركة هواوي، روى المدرب ذات مرة قصة عن وليام مور:

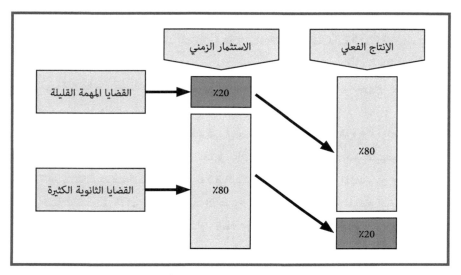

الصورة 1-5   قاعدة 20/80 – مبدأ باريتو

في عـام 1939، وجـد الخريـج الجديـد مـور وظيفـة في شركـة طـلاء. وكان راتبـه الشـهري 160 دولارًا في ذلك الوقـت، لكـن كان مـور مليئًا بالطمـوح وحـدد 1000 دولار كهـدف شـهري لـه. وبعـد أن قـام مـور بعملـه بسـهولة كبيـرة، أخـذ معلومـات العمـلاء ومخططـات المبيعـات لدراسـة العمـلاء الذيـن منحـوه معظـم الأعمـال. ووجـد أن 80٪ مـن أعمالـه أتـت مـن 20٪ مـن العمـلاء، وبغـض النظـر عـن حجـم الشـراء، فقـد أمـضى نفـس الوقـت عـلى كل عميـل. لـذا، أعـاد مـور 36 عميـلاً بأصغـر حجـم شـراء إلى الشركـة والتـزم بخدمـة 20٪ مـن العمـلاء المتبقيـن بشـكل تـام.

ونتيجـة لذلـك، حقـق هدفـه في كسـب 1000 دولار شـهريًا في السـنة الأولى مـن حياتـه المهنيـة. وفي وقـت لاحـق أصبـح صانـع الطـلاء مـن الدرجـة الأولى عـلى السـاحل الغـربي لأمريـكا، وأخـيرا أصبـح رئيـس شركـة طـلاء كيـلي مـور.

مـن خـلال هـذه القصـة، أوضـح المـدرب أهميـة وضـع هـدف صحيـح. وفي الوقـت نفسـه، أدخـل قاعـدة 20/80 إلى إدارة الوقـت: 20٪ مـن الأشيـاء تكـون مسـؤولة عـن 80٪ مـن النتائـج. كـما يجـب أن يسـتند مبـدأ ترتيـب أولويـات الأشيـاء وفقًا لأهميتـها عـلى نظريـة "القليلـة الأهميـة والكثيـرة التفاهـة". عـلى سـبيل المثـال، 80٪ مـن المبيعـات تـأتي مـن 20٪ مـن العمـلاء، و20٪ مـن المنتجـات سـتمثل 80٪ مـن الإنتـاج الإجـمالي ...

إذن، كيف وضع موظفو هواوي هذه القاعدة موضع التنفيذ؟

في عـام 2006، أراد أحـد عمـلاء هـواوي في جمهوريـة الكونغـو الديمقراطيـة تغيـر خطـة المشروع لأسباب موضوعية، وذلك سيقلل فتـرة البنـاء الأساسية لمعـدات الشبكـة الأساسية مـن 30 يومًا إلى 4 أيام. بالنسبة لموظفي فريق مشروع هـواوي الـذي كان مقـره في الكونغو، كانـت هـذه مهمـة شـبه مستحيلة. ومـع ذلك، أدركـوا أنـه إذا تخلـوا عـن هـذا المشروع، فسـوف تفقـد هواوي فرصة دخول السوق الأفريقية.

وبعد تحليـل دقيـق للوضع، اعتقد فريق مشروع هـواوي أن مشروع الكونغـو كان أهـم شيء في تلـك اللحظة ويجب أن يبـدأ العمـل عليـه عـلى الفـور. لـذا، كان عليهـم أن ينسقـوا بسرعة ويرسلوا عشرات المهندسين إلى موقع البناء. وكان لـدى هـؤلاء المهندسـين جدول زمني كامـل قبـل مجيئهـم، ولكـن لإنهـاء هـذا المشروع، قامـوا بـترك جميـع المهـام الأخـرى، وبـدأوا العمـل في موقـع المشروع مـع النـوم وتنـاول الطعـام فيـه. وبعـد بضعـة أيـام مـن العمـل الشـاق، أكملـوا بنجـاح بنـاء معـدات الشبكـة الأساسية قبـل سـت سـاعات مـن المـوعد النهـائي، وأخـيراً شعر الفريق بالارتياح.

في هـذه الحالـة، قـام موظفـو فريـق مشروع هـواوي بتطبيـق قاعـدة 80/20 لإدارة وقتهـم بشـكل أكـثر كفـاءة. وخصصـوا جميـع المـوارد المتاحـة للمهـام الأكـثر أهميـة، كـما قامـوا بإعطائهـا الأولوية. وهكـذا، تـم توفـير الكثـير مـن الوقـت للتعامـل مـع الأعـمال المهمـة.

تخبرنـا تجربـة هـواوي الناجحـة في الكونغـو بمبـدأ إدارة بسـيط: نحـن بحاجـة إلى معرفـة النقطـة الرئيسية في العمـل، والتأكـد مـن اسـتخدام الوقـت بشـكل مناسـب في هـذه الأشـياء القليلـة ولكـن مـع أهميـة كبـيرة، وجعـل العمـل أكـثر قيمـة.

وكـما قـال سـتيفن كـوفي الـذي يعـد "العقل المدبـر" و"معلم الإمكانـات للبشرية" ذات مـرة: "إن المفتاح ليـس هـو تحديـد أولويـات جـدول أعمالـك، بـل جدولـة أولوياتـك." يذكرنا هـذا التحذيـر بأنـه عندمـا نواجـه جـدول عمـل كامـل، لا يمكننـا متابعـة الترتيـب الزمنـي لقائمـة المهـام بشـكل أعمـى وإضاعـة الوقـت في أشـياء لا قيمـة لهـا، ولكـن علينـا اسـتخدام الوقـت عـلى تلـك الأشـياء القليلـة ذات الأهميـة الحيويـة.

7. الاستفادة من الدقائق العشر الأخيرة قبل الانتهاء من العمل

العديـد مـن الموظفـين يفقـدون تركيزهـم في العمـل ويتشتـت تفكيرهـم عندمـا يكـون لديهـم عـشر دقائـق فقـط قبـل الانتهـاء مـن العمـل، بينـما يجتمـع بعضهـم لتبـادل أطـراف

الحديث. في حين لا يغيب بعضهم عن التحديق في الساعة طوال الوقت؛ والبعض الآخر لا يتوقف عن إرسال الرسائل والاتصال بالهواتف المحمولة لوضع خطط للقاء مع أصدقائهم ...

أما بالنسبة لمدير وقت ذو كفاءة، على الرغم من أن العمل على وشك الانتهاء، فإنه لا يزال يركز عليه. كما أنه يستفيد من الدقائق العشر الأخيرة لتلخيص أعماله في ذلك اليوم.

كان سونغ شياو ون (اسم مستعار) موظفا إداريا عاديا. وكان لديه جدول عمل ثابت نسبيا من الساعة الثامنة صباحا إلى الساعة الخامسة مساء. ومع ذلك، في كل يوم عندما يكون على وشك الانتهاء من العمل، يصبح مشتتًا ويبدأ في إجراء مكالمات هاتفية مع أصدقائه لترتيب فعالياته بعد العمل. وينسى تمامًا أنه لا يزال في ساعات العمل. وعندما تشير الساعة إلى الخامسة، كان دائمًا أول من غادر المنصب، وترك مكتبه عادة في حالة من الفوضى. وفي صباح اليوم التالي عندما يعود للعمل، كان يستخدم بعض الوقت في إعادة ترتيب مكتبه، مما يؤدي إلى تقليل ساعات عمله وبالتالي تقليل كفاءة عمله.

في المقابل، فإن موظفي هواوي أكثر ذكاءً. إنهم لا يعتقدون أن هذه الدقائق العشر فترة زمنية قصيرة، بل يعتقدون أنه يمكن إضافة قيم إضافية خلال هذه الفترة.

عملت تشين يوي (اسم مستعار) كسكرتيرة لمدير في شركة هواوي. وكونها سكرتيرة، فإن الحذر أمر مهم للغاية، في حين كانت تشين يوي مثل هذا النوع من الفتيات التي يولي اهتمامًا كبيرًا بالتفاصيل. كانت صارمة ومسؤولة وتدير عملها بشكل جيد. وعندما يتعلق الأمر بكيفية الاستفادة الجيدة من الدقائق العشر الأخيرة قبل الانتهاء من العمل، تعتقد تشين يوي أن هذه الدقائق العشر هي أصعب وقت في اليوم لكل موظف، لأن الجميع كانوا متلهفين للعودة إلى منازلهم، ولم تكن استثناء بالطبع. فكرت في الأمر وأدركت أنه من المؤسف أن تجعل هذه الدقائق العشر تضيع سدى. لقد كانت سكرتيرة نفسها، بعد أن خاضت يومًا كاملاً من المهام التافهة، كان هناك كثيرًا من الأشياء التي تحتاج إلى التنظيم. بدلا من تأجيلها لليوم التالي، لماذا لا تستغل هذه الدقائق العشر وتستفيد منها؟ قد تبدو عشر دقائق قصيرة جدًا، ولكن يمكننا القيام بالكثير من الأشياء في غضون ١٠ دقائق، مثل تسجيل معلومات الاتصال الخاصة بالزائرين في ذلك اليوم، والتحقق من تقدم عملنا، وترتيب المستندات وتنظيف المكتب...

لذلك، فان "النجاح هو دائمًا محفوظة لأولئك الذين هم على استعداد". في نهاية اليوم، يجب أن نحتفظ بعشر دقائق للتحضير الجيد للغد حتى يمكن العمل بشكل فعال. ومن المهم جدًا مراجعة وتلخيص ما تم إنجازه خلال اليوم قبل الانتهاء من العمل. وذلك يساعدنا في عدم تأجيل الأشياء التي يجب أن نفعلها اليوم للغد.

دعونا نلق نظرة على كيفية قيام موظفي هواوي بذلك.

يسأل موظفو هواوي أنفسهم ثلاثة أسئلة قبل أن ينهوا العمل كل يوم: هل انتهيت من كل عملي اليوم؟ هل أكملت كل عملي بشكل جيد، هل كانت نتائجه أبعد عما توقعته؟ ما الذي أحتاج إلى تغييره ليكون أفضل؟

إذا اكتشفوا أن بعض الأعمال لا تزال غير مكتملة، فسيضعون علامة على تلك المهام ويضعونها في جدول عمل الغد.

لذلك، يجب علينا فرز كل تلك المهام غير المكتملة، ووضعها على خطة عمل الغد، بحيث لا يتم تأخيرها أو نسيانها. ولا ننتظر حتى نكتشف أن هناك شيء ما لم يتم إنجازه. بعد الانتهاء من مراجعة عملنا اليومي، يجب علينا صياغة قائمة المهام بعناية لليوم التالي.

لقد تحدثنا عن ترتيب العمل بالتفصيل في الفصل السابق، لذلك لن أكرره. ولكن ما نحتاج إلى الانتباه إليه هو أنه بالنسبة إلى المهام التي لم يتم إكمالها لأسباب خاصة، نحتاج إلى إجراء ترتيب شامل جيد لتجنب أي تعارض في جدول العمل مع اليوم التالي.

في هذا الصدد، أتقن موظفو هواوي مهارة واحدة: وضع جدول عمل مفصل لأنفسهم، وتسجيل شرح حول المهام غير المكتملة التي يجب إكمالها في اليوم التالي حتى لا ينسوها. وبعد الانتهاء من خطة العمل، يقومون بمراجعتها مرة أخرى للتأكد من عدم وجود أي شيء مفقود، ومن ثم وضع الخطة المحدثة على المكتب.

وفيما يتعلق بظاهرة الموظفين الذين يميلون إلى إضاعة الدقائق العشر الأخيرة في العمل، طرح أحد مدراء إدارة الوقت في هواوي بتقديم بعض الاقتراحات. على سبيل المثال، تنظيم الملاحظات: حيث يتم تسجيل المحتويات في دفتر الملاحظات ليوم عمل كامل، فإن المحتويات معقدة ومكتوبة بترتيب عشوائي، لذلك من الأفضل تصنيفها في نهاية اليوم؛ ترتيب المكتب: تنظيف المكتب، وترتيب كل شيء في مكانه يمثل نهاية حقيقية للعمل؛ وتهدئة مزاجك: امنح نفسك عدة دقائق لتكون هادئا وحدد هدفا؛ تحسين مظهرك: اعطِ نفسك مظهراً نظيفاً ورائعاً حتى بعد العمل.

باختصار، يجب علينا تطوير عادات عمل جيدة، والاستفادة الجيدة من الدقائق العشر الأخيرة قبل الانتهاء من العمل. لا تترك عبئا على نفسك بسبب العمل المزدحم في ذلك اليوم، أو حتى السماح له بالتأثير على خطة الغد. إذا فعلنا ذلك، فسيتم تحسين وضعنا وظروفنا المعيشية بشكل كبير.

الفصل السادس

توجيه الموظف

لم يساعد نظام التدريب المحترف وآلية التوجيه المهني موظفي هواوي على اكتساب المهارة من الدرجة الأولى فحسب، بل يرفع جودة العمليات الداخلية للشركة أيضًا.

1. ممارسة التنفيذ الكامل للنظام

قال رن تشنغ في ذات مرة: "إذا أرادت الشركة إدارة أعمال ناجحة، فإن الإستراتيجيات والتنفيذ الجيد لا غنى عنهما. إذن، ما هو التنفيذ؟ هو قدرة المنظمة على وضع الإستراتيجيات موضع التنفيذ على جميع المستويات، كما أنه انعكاس لمدى تنفيذ البرامج والأهداف الإستراتيجية. إن العديد من الشركات لديها إستراتيجيات جيدة، ولكن بسبب سوء التنفيذ، فإنها تنتهي بالفشل في النهاية."

من الواضح أن رن تشنغ يعتقد أن الإستراتيجية السيئة ليست السبب في عدم نجاح الشركة، لكن التنفيذ الضعيف هو ما يؤدي إلى فشلها. ولضمان التنفيذ الفعال، من المهم جدًا تصميم نظام جيد وتدريب الموظفين على فهم متطلبات تنفيذ الشركة، من أجل تعزيز قدرات تنفيذ الفريق.

كان في هواوي نظام صارم واحد لدورة تدريب الموظفين الجدد: كان على الجميع ارتداء الأحذية الجلدية والبدلات والقمصان وربطات العنق. وبعد التدريب، قامت هواوي

أيضًا بتطبيق هـذا النظام بحـزم لمسـاعدة موظفـي هـواوي عـلى إكمـال عمليـة التحويـل مـن الطلاب إلى المحترفين.

وفيما يتعلـق بفريـق البحـث والتطويـر، شـدد رن تشـنغ في عـلى النقطـة التاليـة: عـلى الموظفين الجـدد والقدامـى أن يعتبروا أنفسهـم دائمًا محترفين. وبنـاءً عـلى ذلـك، يجـب عـلى موظفـي هـواوي التأكـد دائمًا مـن أن قيـم البحـث والتطويـر الخاصـة بهـم تتماشى مـع قيـم الشركة والسوق. وإذا تـم العثور عـلى أي موظف يقوم باستخدام منشـأة أبحـاث في الشركة لتطويـر بعـض المنتجـات "التـي لا قيمـة لهـا"، سـيقوم مدراءهـم بالتحدث معهـم عـلى الفـور؛ وإذا لم يقومـوا بتصحيـح أخطائهـم، فسـيتم إقالتهـم بـكل تأكيـد. وقد ضمـن ذلـك فريـق البحـث والتطويـر أن يتمتـع بقـدرة التنفيـذ الفعـال التـي تتماشى مـع اتجـاه تنميـة الشركة دائمًا.

يقوم قائـد الفريـق في شركـة هـواوي بتوجيـه فريقـه بشـكل مبـاشر عنـد كل تطبيـق معيـن. يعمـل المـدراء عـلى تحسـين إمكانـات موظفيهـم في التنفيـذ في جوانـب الإدارة المستهدفة، وإدارة الوقـت، وإدارة الاتصالات، وحـل المشـاكل، ومـا إلى ذلـك، للتأكـد مـن تحقيـق الأهداف الإسـتراتيجية للشركة.

وتحـت قيـادة رن تشـنغ في، عمـل فـرق هـواوي تدريجيـاً عـلى تشـكيل نظـام تنفيـذ يلبـي المتطلبـات الدوليـة ذات الخصائـص الصينيـة.

في الواقـع، إمـا بالنسـبة للـشركات المحليـة أو الـشركات الدوليـة الشـهيرة، فـإن المفتـاح لتحقيـق التنفيـذ الفعـال حقـا هـو نفـس الـشيء.

لقـد قامـت شركـة يوانـدا المحـدودة لأجهـزة تكييـف الهـواء (Broad Air Conditioning Co., Ltd) بإنشـاء صورتهـا التجاريـة الأولى في مجـال تكييـف الهـواء في العـالم عـن طريـق إدارة الأعمال الممتـازة، حيـث كانـت الإدارة المؤسسية للشركة هـي أهـم جـزء في إدارة الشركة. وتعتـبر الشركة النظام أهـم عنـصر لبقـاء الشركة وتنميتها. باعتبـاره أساسـا للإدارة المؤسسية، يوجـد في الشركة نظـام مسـتندات يتكـون مـن أكـثر مـن خمسـمائة ألـف كلمـة وأكـثر مـن 430 نوعـا مـن الجـداول، ويغطـي جميـع جوانـب عمـل الشركة. كان النظـام موجّهًا نحـو التفاصيـل ودقيقًا وقابـلا للتنفيـذ.

وأشـارت الوثيقـة التوجيهيـة لشركة يوانـدا "إعـلان يوانـدا" إلى مـا يـلي: "إننـا نلتـزم في العمل باتبـاع أصـل كل الأشـياء وتنفيـذ وتنفيـذ مبـدأ الإدارة المتمحـور حـول العمليـة وقواعـد السـلوك الموجهـة نحـو النظـام." في شركـة يوانـدا، يجـب أن يركـز العمـل عـلى التحريـر والتنفيـذ والتعديـل حـول النـص لضمـان التنسـيق الموثـوق بـين الأقسـام، والتواصـل السـلس بـين الموظفـين، والجـودة الثابتـة للمنتـج. بهـذه الطريقـة، تـم الحفـاظ عـلى خـبرة وحكمـة الموظفـين القدامـى والبارعـين

وتمريرها، مما ساعد الموظفين الجدد على الإلمام بسرعة بأعمالهم والموظفين الأقل قدرة على تلبية متطلبات وظائفهم في أقرب وقت ممكن.

وعلق تشانغ روي مرة على ذلك قائلا: "إن السبب في عدم وجود أمور مثيرة في العمل الإداري يرجع إلى أن عمليات الشركة تسير بشكل طبيعي، وذلك يعتمد على المراقبة الصارمة في كل لحظة من كل يوم."

أما بالنسبة لشركة هواوي فإنها لم تشهد التنفيذ الضعيف أو التوهان خلال نموها السريع، كما أن "روح الذئب" الجادّة في شركة هواوي قد تم تنفيذها وتعميمها بسبب نظام الشركة الصارم وتفاني موظفي الشركة.

2. "نظام التوجيه المهني" في شركة هواوي

هناك قصة منشورة في مجلة هواوي الداخلية المسماة "أهالي هواوي":

أثناء إنتاج دائرة QCC (قطعة غيار للسيارات)، اكتشف أحد العمال أن إنتاج هذا قطع الغيار يعاني من مشكلة اللدغ، لذا قام بشراء مبرد لإزالة اللدغات على قطع الغيار المعنية، بحيث أصبحت القطع مؤهلة بنسبة 100%. ومع ذلك، بعد تقاعده، تم فحص العديد من القطع وتبين أنها غير مؤهلة. اتضح أنه لم يبلغ تجربته الخاصة للآخرين.

أثارت هذه القصة تداعيات واسعة في هواوي وجذبت انتباه مدراء هواوي. حيث أدرك موظفو هواوي ومدراءها من خلال هذه القصة أنه من الضروري بالنسبة إلى هؤلاء الموظفين الجدد الذين يفتقرون إلى الخبرة والمهارات العملية العثور على "أستاذ".

هناك كلمة شائعة في التعامل مع المعلمين في اللغة الصينية وهي تسميتهم بـ"الأستاذ". حيث يمكن للموظفين الجدد الاندماج في الشركة بشكل أسرع وأفضل من خلال توجيه المعلمين، الأمر الذي سيؤدي إلى زيادة قدرة الفريق في الوقت المناسب.

إذن، لماذا يحتاج الموظفون الجدد إلى إيجاد "أستاذ"؟ أعتقد أنه لا حاجة إلى تفسير السبب. لأن الشركة تشبه الغابة، حيث يطبق قانون الغابة؛ إذا كنت تريد العثور على طريقة سريعة للنجاة في الغابة، سيكون الدليل مفيدًا للغاية. يمكن للأفراد الذين يمتلكون الخبرة أن يخبروك بجميع المسارات المرئية والخفية، وأن يرشدوك إلى تجنب الخطر المحتمل في الرمال المتحركة.

ربما لا توافق على هذا الرأي، ولكن عندما تسمع قصة موظف يحمل درجة ماجستير

في إدارة الأعمال في هواوي، ستفهم السبب وراء ذلك بسرعة.

الفقرة التالية هي قصة رواها أحد موظفي شركة هواوي عن تجربته الخاصة:

في الأسبوع الأول من العمل في شركة هواوي، عينت الشركة أستاذا لي، وكان شريك عمل جيد يبلغ من العمر 40 عامًا. ذات مرة، تناولنا الغداء معا في المطعم، وكنا جالسين لمناقشة أعمال الشركة وكيف يمكنني التكيف مع وظيفتي بشكل أسرع. كان ذلك الحديث الذي استمر لمدة 45 دقيقة لطيفا جدا، حصلت من خلاله على كمية هائلة من المعلومات. ولكن منذ ذلك الحين، لم أتمكن من لقائه إلا مرة واحدة، وكان اللقاء قصيرًا جدًا، لذلك لم تكن هناك فرصة لي أن أطلب منه المزيد من النصائح. ونتيجة لذلك، كنت في حيرة كاملة لعدة أشهر، وكانت نتائج عملي سيئة للغاية. فقط عندما انتهى هذا الأستاذ من عمله المهم وتحدث معي، أصبح واثقاً ومطمئناً، وأصبح عملي أيضاً أكثر سلاسة بعد ذلك.

لذلك، يجب أن نتعلم كيفية الاستفادة من تجربة الآخرين عندما تتاح لنا الفرصة. وحاول العثور على شخص ذو خبرة يعمل بالقرب منك ليكون أستاذك. بهذه الطريقة، يمكنك أن تتطور بشكل أسرع.

تم إدخال نظام التوجيه الخاص بشركة هواوي لجميع الموظفين في جميع جوانب العمل. ليس لدى الموظفين الجدد أساتذة فقط، لدى الموظفين القدامى أساتذتهم أيضا. لم يتم تطبيق "نظام التوجيه المهني" على خطوط الإنتاج فقط، بل في مجال البحث والتطوير والتسويق وخدمة العملاء والإدارة واللوجستيات.

يعتقد رن تشنغ في أن جميع الموظفين بحاجة إلى الحصول على توجيه "فرد إلى فرد" من أساتذتهم ليطوروا أنفسهم بشكل أسرع. تتبنى شركة هواوي العديد من الإجراءات للتأكد من إمكانية تنفيذ "نظام التوجيه المهني" بالكامل.

قبل أن يتولى الموظفون الجدد مناصبهم، تقوم الشركة بتعيين أستاذ لهم بشكل مسبق. لذا، عندما يأتون للعمل في اليوم الأول، يمكنهم الحصول على جميع التوجيهات من أساتذتهم. خلال تدريب الموظفين الجدد في شركة هواوي، تم تعيين مدرب إيديولوجي في المعسكر التدريبي الأول؛ وفي معسكر التدريب الداخلي الثاني، تم تعيين مدرب فني لضمان توجيه شامل خلال العملية بأكملها.

خلال هذه الفترة، من دون مناسبات استثنائية، لن تغير شركة هواوي بسهولة نظام "التوجيه المهني". حتى أن الموظفين ذوي الخبرة يجب أن يلتزموا بالنظام وكان ذلك أحد شروط تقييم ترقية موظفي هواوي. وبهذه الطريقة، حطمت شركة هواوي حواجز "السلطة"، مما ضمن تنفيذ نظام التوجيه في جميع أنحاء الشركة بأكملها.

لا تقتصر مسؤوليات الأستاذ في شركة هواوي على "التدريس والمساعدة والتوضيح" في الشؤون التجارية والفنية فحسب، بل تشمل أيضًا التوجيهات في طريقة التفكير والمعيشة، وذلك من أجل حل المشاكل الأيديولوجية والعاطفية للموظفين لتمكينهم من تحقيق توازن جيد بين العمل والحياة.

من خلال مجموعة متنوعة من التدابير الفعالة، حيث يتمتع موظفو هواوي الجدد بفرص أكبر لإتقان مهاراتهم المعرفية والمهنية، مما يسمح لهم بالتطور سريعا ليصبحوا خبراء.

إن نظام التوجيه لجميع الموظفين هو نظام ناجح في شركة هواوي، لكن إذا كنت ترغب أن يكون "نظام التوجيه" الخاص بشركتك فعالاً مثل نظام شركة هواوي، فيجب على المدراء والموظفين أن يهتموا بمشكلتين رئيسيتين في إدارة النظام.

المشكلة الخطيرة الأولى هي: أن الموظفين القدامى غير مستعدين لتعليم الموظفين الجدد. لأن الموظفين القدامى يميلون إلى الاعتقاد بأن المعرفة والخبرة هما من أدوات البقاء في الشركة، فبمجرد أن يتقن الموظفون الجدد كل شيء، سيحتلون مكاناتهم ويفقدونهم وظائفهم. لذلك عندما يقوم الموظفون الجدد بسؤالهم عن شيء، فإنهم يتخذون موقفا يقظا ولا يرغبون في تعليمهم.

لذا، فإن المدراء بحاجة إلى إقناع وتوجيه كبار الموظفين بشكل جيد وجعلهم يدركون أن الهدف الحقيقي للشركة هو عدم السماح للقادمين الجدد باستبدال الموظفين ذوي الخبرة ولكن لتمرير أسلوبهم وخبرتهم للموظفين الجدد. كما يجب على المدراء تطبيق نظام معين من المكافآت والعقوبات ووضع أمثلة جيدة لتشجيعهم على أخذ زمام المبادرة في تدريب الموظفين الجدد.

وفي الوقت نفسه، يجب على الموظفين الجدد إظهار إخلاصهم وامتنانهم في المقابل. لا تدع كبار الموظفين يشعرون بأنهم يهدرون جهودهم ونواياهم الحسنة من أجل لا شيء. طالما تم إيصال موقفك إلى كبار الموظفين، فسيكون من الطبيعي أن يأخذوا زمام المبادرة في تعليمك وإرشادك للعمل.

المشكلة الثانية هي عكس الأولى تماماً - فالموظفون الجديد غير مستعدين للتعلم من الموظفين القدامى. لماذا؟ يرجع ذلك إلى أن بعض الموظفين الجدد متمردون، وهم غير راغبين في تلقي الأوامر من الموظفين القدامى، لذلك يحاولون في كثير من الأحيان معرفة الأشياء بأنفسهم.

ويرجع ذلك أيضا إلى أن بعض الموظفين الجدد يشعرون بأن الاستفادة من خبرة

الموظفين القدامى يشبه السير على نفس الطريق بشكل متكرر دون أي ابتكار. علاوة على ذلك، فإن تلقيهم التوجيه من قبل الموظفين القدامى طوال اليوم يجعلهم يشعرون بأنهم معتمدين، وغير حاسمين، وغير راسخين، مثل الآلات تماما.

نحن نحاول تجنب طريقة التفكير هذه ومساعدة الموظفين الجدد التعرف على فوائد التعلم من الموظفين القدامى، وذلك يوفر لهم اختصارات لحل المشاكل وطرق أكثر سهولة لتحقيق التحسين الذاتي.

3. تطوير الذات من خلال الممارسة

هناك طريقتان لتطور الفرد: الأولى من خلال القراءة المكثفة التي من خلالها يمكن تراكم المعرفة والخبرة؛ والأخرى هي التحسين الذاتي باستمرار من خلال الممارسة الخاصة والخبرة، كما يقول المثل "تأتي المعرفة الحقيقية من الممارسة".

وقد مر معظم الموظفين في شركة هواوي بسنوات طويلة من الدراسة عندما كانوا طلاب أتقنوا قدرا كبيرا من المعرفة النظرية، لأنهم جميعا مواهب من الدرجة الأولى. ولكن من وجهة نظر رن تشنغ أن الموهبة الحقيقة يجب اختبارها في الممارسة الحقيقية، والتي من خلالها سوف يدركون أوجه القصور الخاصة بهم وإجراء المزيد من التحسينات.

قال رن تشنغ في ذات مرة: "إن الممارسة هي أساس التحسين الذاتي. فهي تكشف عن أوجه القصور وتساعدك على معرفة ما يجب تحسينه. الممارسة والممارسة مرة أخرى، وهذا أمر مهم بشكل خاص للطلاب الشباب. كن بارعا في إجراء التحليلات النظرية والملخصات حول الممارسة، وعندها فقط يمكنك تحقيق التحسينات المميزة. وهناك قول مشهور بأن شركة بدون سجل ستفشل في نهاية المطاف. يا لها من نصيحة قيمة! لن يكون لدى أي شركة سيئة أو أي فرد سيئ في التعلم من الخبرة أي مستقبل واعد. ومن أجل الاستجابة لدعوة رن تشنغ في لـ"التحسينات المستمرة من خلال الممارسة"، تطلب شركة هواوي من موظفيها الجدد تلقي التدريب والدروس من القاعدة الشعبية. حيث يوضح البند الـ72 من القانون الأساسي لشركة هواوي بوضوح ما يلي: "يحتاج مدراؤنا الرئيسون لتغيير مواقعهم. فأولئك الذين لا يمتلكون خبرة في الوحدات المعنية، لا يمكن تعيينهم كمدير قسم. وأولئك الذين لم يعملوا في القاعدة الشعبية، لا يستطيعون تولي منصب فوق رئيس إدارة." من الواضح أن شركة هواوي تولي أهمية استثنائية بالخبرة العملية.

في سبتمبر 2009، تخرج تسنغ هاو (اسم مستعار) من إحدى الجامعات وأصبح رسميًا عضوًا في شركة هواوي. ومع ذلك، لم يتم تعيينه في منصب هام كما كان متوقعًا، حيث تم تعيينه في قسم دعم التقنية اللاسلكية، الذي كان بمثابة وحدة الخط الأمامي التي توفر الدعم الفني لمنتج GMSC35 الجديد. كان عمله بسيطًا جدًا: اختبار عمليات الفحص، ودعم القطع الفوري، وإصلاح المشكلة عن بُعد. مما جعله يشعر بالإحباط في بداية الأمر، ولكنه ما زال يعمل بجد. وجمع الكثير من الخبرة العملية المباشرة دون إدراك منه.

بعد عام واحد، حصل تسنغ هاو أخيراً على فرصة لإظهار قدراته. حيث بدأت هواوي بترقية شبكة GSM الخاصة بالهاتف المحمول لشركة تشاينا موبايل وأصبح تسنغ هاو المدير العام المسؤول عن تنفيذ مشروع الشبكة بالكامل ودعمه عن بُعد. وعلى الرغم من عبء العمل الثقيل والمهام المليئة بالتحديات، كان تسنغ هاو واثقاً جداً من قدراته بسبب الخبرة التي اكتسبها خلال العام الماضي. خلال عام وحد، قدم الدعم لأكثر من 40 مشروعاً كبيراً، ولعبت المعرفة التي تعلمها في الجامعة دورها في نهاية المطاف.

وبسبب أدائه المتميز، أصبح تسنغ هاو مهندس دعم فني للمنتجات اللاسلكية ومدير منتج GSMNSS المحلي بعد ثلاث سنوات فقط من انضمامه إلى شركة هواوي. وفي السنة الرابعة، تم نقل تسنغ هاو إلى فرع الشركة في بكين لتولي منصب رئيس قسم التكنولوجيا في مشروع الشبكة المزدوجة للمسافات البعيدة المتنقلة.

لو لا الخبرة العملية المباشرة، لما استطاع تسنغ هاو من تطوير نفسه من فني عادي إلى خبير فني في شركة هواوي في غضون أربع سنوات، ليصبح فيما بعد المدير العام عن ترقية شبكة GSM الخاصة بالهاتف المحمول لشركة تشاينا موبايل.

من أجل تشجيع الموظفين الجدد الذين ما زالوا "يعانون" من الممارسات اليومية، قال رن تشنغ في إن "الممارسة تُغير الأفراد كما أنها تخلق جيلاً من موظفي شركة هواوي. هل تريد أن تصبح خبيرًا؟ عليك أن تبدأ كعامل. حيث أصبح ذلك ممارسة شائعة معروفة في الشركة. وبعد العمل لمدة أسبوع واحد في الشركة، سيدرك جميع الأشخاص الحاصلين على درجة الدكتوراه أو الماجستير أو درجة البكالوريوس أن أمجادهم السابقة أو إنجازاتهم التي حققوها في الصين لم يعد لها أي معنى، وتم تعيين الجميع وفقًا لمواهبهم وقدراتهم الفعلية. هذا وقد قبلت هذه الممارسة من قبل غالبية موظفي هواوي. آمل أن تقبل كل التحديات القادمة، وأن تستمر في التقدم بشجاعة لا تلين. بعد كل شيء، كيف يمكن للمرء أن يصبح موهبة دون أن يعاني من الصعوبات؟"

أشار رن تشنغ في ذات مـرة إلى أن "الخبير الحقيقي يـأتي مـن القاعـدة الشعبيـة". علـى الرغـم مـن أن الفـرد أتقـن المعرفـة النظريـة، ولكـن إذا لـم يقـم بأعـمال أساسـية، فلـن يسـاهم ذلـك في تطـوره بسرعـة وبالتالي قـد ينتهـي بـه الأمـر ك"خبـر زائـف".

لذلك، قـام رن تشـنغ في بتشجيـع بعـض المـدراء الكبـار وذوي المسـتوى الرفيـع عـلى النـزول إلى القاعـدات الشعبيـة للشعـور بمعانـاة الموظفـين الجـدد والحصـول عـلى المزيـد مـن الخـبرة الإداريـة وأن يصبحـوا خـبراء مـن خـلال المارسـة.

في وقـت لاحـق، كتـب رن تشـنغ في مقالتـه بعنـوان "السـعي وراء الاحـتراف، كـن خبـيراً جيـدًا":

"في المـاضي، كان لدينـا بعـض التحيـز وسـوء الفهـم في تربيـة الخـبراء. كنـا نعتقـد أن المقـر كان مهـد الخـبراء. كان السـبب مقبـولا وبسـيطا حيـث أن: المقـر كان مليئـاً بالمصـادر الوافـرة ويتمتـع بآفـاق واسـعة ويقـترب مـن مركـز البحـث والتطويـر. لذلـك، فـإن العمـل في الوحـدات الأساسـية لوقـت طويـل أصبـح عـذراً طبيعيـاً للكثـير مـن النـاس لـشرح تدهورهـم التكنولوجـي ونقصهـم مـن كفايـة المعرفـة. بالطبـع، هنـاك حقيقـة معينـة في مثـل هـذا الاعتقـاد، ولكـن ليـس بالـضرورة أن تكـون متأصلـة وممكـن أن تضللنـا بسـهولة لتجاهـل أهميـة تلـك المارسـة المطلوبـة في تدريـب الخـبراء. وكـما علّـق أحـد العمـلاء مـرة عـلى موظفينـا الفنيـين: "يمكـن لبعـض الخـبراء أن يشرحـوا بوضـوح أنـواع الألـياف البصريـة ولكـن كانـوا مرتبكـين بشـأن عمليـة اللحـام الخاصـة بهـا. كانـوا يعرفـون قيمـة اسـتهلاك الطاقـة للمعـدات ولكـن ليـس لديهـم فكـرة حـول البطاريـة التـي يجـب أن يوصـوا بهـا. لقـد تحدثـوا عـن العمليـات التجاريـة بشـكل واضـح، لكنهـم لم يذهبـوا إلى مكتـب أعـمال المشغلـين عـلى الإطـلاق."

"مـن المهـم جـدا أن يتمتـع الخبـير الحقيقـي بالخـبرة في الوحـدات الأساسـية. في الحقيقـة أن أفضـل المعـارف والخـبرات تـأتي مـن عملائنـا. يجـب أن يـأتي الخبـير مـن الوحـدات الأساسـية ويعـود إليهـا، فهـو بحاجـة إلى فحـص وتعديـل المعايـير المهنيـة باسـتمرار مـن خـلال الاتصـالات والتواصـل مـع العمـلاء مـن أجـل تجنـب أن يصبـح خبـيراً زائفًـا."

اقتنـع رن تشـنغ في بـأن المعرفـة الحقيقيـة تـأتي مـن المارسـة، وأنـه لـدى موظفـي هـواوي مـا يكفـي مـن المعرفـة النظريـة. ولكـن فقـط إذا تمكنـوا مـن وضعـه موضـع التنفيـذ، فإنهـم قـادرون عـلى تحقيـق اخـتراق وتصبـح موهبـة معنـى حقيقـي. أثبتـت الحقيقـة أن وجهـة نظـر رن تشـنغ في صحيحـة. في هـواوي، فقـط أولئـك الذيـن يتوقـون إلى ممارسـة جيـدة واسـتخلاص الـدروس مـن التجـارب السـابقة، يمكـن أن يدركـوا مـا هـي المشكلـة الحقيقيـة ويكتشفـون سببهـا. وبعـد تصحيـح أنفسـهم في الوقـت المناسـب، سرعـان مـا ينمـو إلى أصـول قيمـة للشركـة.

قبـل مايـو 2007، عمـل جيانـغ يـي مـين (اسـم مسـتعار) في معهـد أبحـاث معـين لشـركة هـواوي. على الرغـم مـن أنـه كان مسـؤولاً عـن تطويـر المنتجـات، لـم يكـن لديـه أي فكـرة عـن كيفيـة وضـع المنتـج في تطبيقـه النهـائي. لـذا، كان جيانـغ يـي مـين مشـغولًا بدراسـة جميـع الاختبـارات خـلال النهـار، وفي الليـل انغمـس في الكتـب لدراسـة الحـالات ذات الصلـة، ثـم أعـاد كتابتهـا وفقًـا لأفكـاره الخاصـة.

في وقـت لاحـق، ذهـب جيانـغ يـي مـين إلى مكان معـين لـلمشاركة في إطـلاق أول شـبكة تجاريـة لـمشروع V. وخـلال اختبـار القبـول، فشـل الجميـع في الجمـع بـين حركـة الصـوت ونقـل البيانـات. بينمـا كان الجميـع في حيـرة، كان جيانـغ يـي مـين يتذكـر حالـة واحـدة كتـب عنهـا قبـل ذلـك، ثـم فجـأة استنبطهـا وحـل المشكلـة بسـرعة. هـذا الشـيء جعلـه يتـذوق حـلاوة استخـلاص الـدروس مـن الحـالات السـابقة لأول مـرة.

في عـام 2009، جـاء جيانـغ يـي مـين إلى مكتـب في الخـارج كان يُعـرف بأكثـر منطقـة بـرودة في العـالم. حيـث وصلـت درجـة الحـرارة في الهـواء الطلـق في النهـار إلى 30 درجـة مئويـة تحـت الصفـر. وفي هـذه البيئـة المتجمـدة، كان جيانـغ يـي مـين لا يـزال يصـر على تسـجيل كل عمليـة بالتفصيـل كلـما ذهـب لحـل مشكلـة. وبعـد عودتـه إلى المحطـة الأساسـية، قـام بتلخيـص القضايـا المهمـة في هـذه الحالـة ونشـرها على موقـع الشـركة الإلكتروني. وسـرعان مـا تحـول مـن "المبتـدئ" الـذي لـم يكـن يعـرف شـيئًا عـن تقنيـة الجبهـة الأماميـة إلى "الخبيـر" وكان يقـدّره قادتـه للغايـة.

تـدل قصـة جيانـغ يـي مـين بشـكل كامـل كلـمات رن تشـنغ قـال فيهـا "إن استخـلاص الـدروس مـن التجـارب السـابقة سيسـاعد المـرء على إجـراء تحسـينات مهمـة".

كـما أثبتـت تجربـة بعـض الأشـخاص الناجحـين جـداً أن أولئـك الذيـن عانـوا ونجـوا مـن ممارسـات حقيقيـة يميلـون إلى أن يكونـوا أكثـر هـدوءاً وقادريـن على اتخـاذ تدابـير فعالـة في مواجهـة الصعوبـات، وعندمـا يكونـون في المنافسـة مـع أخصامهـم، يكـون هـؤلاء مفعمـين وروح الكفـاح والقتـال وهـو شـرط ضـروري ليصبـح الفائـز النهـائي.

4. يرجى الانتباه! فأنت أيضا المدير

في الوقـت الحاضـر، يسـيء الكثيـر مـن الموظفـين فهـم موقعهـم، فهـم يعتقـدون أنهـم مجـرد عمـال، لـذا فهـم لا يهتمـون بالمـوارد اللازمـة للعمـل. ونتيجـة لذلـك، فهـم في الغالـب ذوو كفـاءة منخفضـة بغـض النظـر عـن مقـدار الجهـد الـذي يبذلونـه، ولا يسـتطيعون تحقيـق أداء جيـد نسـبيا.

العديد من الموظفين الجدد يمتلكون الحماسة ولكنهم يفتقرون إلى الخبرة في العمل. وطالما أن هناك مهمة تم تعيينها لهم من قبل رؤسائهم، فإنهم سيشمرون عن أكمامهم ويبدأون في العمل على الفور دون أن يهتموا بما كان توجد خطة أم لا. وخلال تنفيذ المهمة، تبدأ المشاكل بالظهور. فهم يجدون أنهم فقدوا شيء ما أو أن شيئا ما قد تم تحضيره بلا كفاءة. ونتيجة لذلك يصبح بعض الموظفين قلقين وبعضهم يهرع إلى الشركة من أجل اقتراض الأشياء، وبهذه الطريقة، قد أضاعوا وقتهم وطاقتهم مما يجعل كفاءتهم في العمل غير مرضية.

عندما يواجه الناس مثل هذه الحالات، فإنهم يميلون إلى الشكوى من أنهم لا يتمتعون بدعم مناسب في العمل، أو أن موهبتهم لم تلعب دورها بشكل كامل. ومع ذلك، بهذا السبب، يجب عليهم التوقف عن النظر بعناية إلى أنفسهم، ومعرفة ما إذا كانوا قد استفادوا من جميع الموارد المتاحة. فعندما يقوم الناس بتخصيص الموارد واستخدامها بطريقة حكيمة، يمكن أن يصبحوا محترفين في عملهم.

فيما يتعلق بالعمل، تطلب شركة هواوي من جميع موظفيها أن لا يعتبروا أنفسهم منفذين للعمل فقط، بل المدراء الذين يمتلكون حس الإدارة في أذهانهم. فقط عندما يتعلم الشخص كيفية إجراء الترتيب بشكل شامل ومعقول، يمكن أن يصبح ذلك الشخص منفذًا فعالاً.

وقد قام أحد مديري المشاريع في شركة هواوي بتلخيص مختلف الصعوبات التي واجهها في تنفيذ المشاريع، حيث وجد أن تخصيص الموارد وتنسيق الموظفين لهما أهمية خاصة.

بصفة عامة، عادة ما يستغرق المشروع سنة ونصف سنة من طلب المشروع حتى الانتهاء منه. خلال هذه الفترة، يحتاج المرء إلى تنسيق أعضاء فريق المشروع الذين عادة ما يأتون من مختلف الأقسام لإتمام المشروع.

إن إحدى الصعوبات الكبيرة التي تواجهها شركة هواوي في مجال البحث والتطوير هي كيفية تحقيق الإدارة الفعالة للأعضاء الذين تم تجميعهم من المقر الرئيسي ومؤسسات الأبحاث المختلفة أثناء عملية تطوير المنتج. يجد ممثلو مختلف المجالات أنهم بالكاد لا يستطيعون التواصل والتعاون مع بعضهم البعض، وحتى أن انعقاد مؤتمرًا عبر الهاتف يبدو صعبًا. وفي الوقت نفسه، لا يكون الممثلون على دراية بالمنتج، ويجب أن يهتموا بالكثير من المشاريع وعادة ما يكونوا مشغولين جدا، لذا فهم يتركون المشروع بالكامل إلى مدير المشروع.

وغالباً ما يواجهون صعوبات في توظيف موارد المشروع. على سبيل المثال، يأمل قسم البحث والتطوير في تسريع العملية، ويريد قسم المشتريات التحكم في التكاليف، ولا يهتم قسم الصيانة إلا بالتثبيت السهل. إذا فشلنا في تحقيق التوازن بين مختلف مجالات العمل، فإننا نجد أنفسنا في حالة من الانقسام وبالتالي نترك أنفسنا تحت ضغط كبير من الجدول الزمني.

هذا هو الوضع الشائع للبحث والتطوير في مجال الاتصالات، ولكن بالنسبة للشركات التي تسعى لتحقيق كفاءة عالية، فإن مثل هذا السلوك غير مقبول. فكيف يمكننا حل هذه المشكلة؟ عند تطبيقها على شركة هواوي، يجب على الموظفين في شركة هواوي تكوين قدرة قوية وأخذ زمام المبادرة في توظيف الموارد للحفاظ على التطوير المستمر للمشروع.

وهكذا، يمكننا أن نرى أن أننا لسنا مجرد عامل في الشركة ولكننا أشبه بمدير. نحن بحاجة إلى الاهتمام بالموارد وإدارتها والحصول على الدعم الكافي لعملنا، لإكماله بشكل مرضٍ.

دعونا نأخذ سلسلة متاجر Whole Foods في أمريكا كمثال. حيث تمتلك هذه الشركة 194 متجرًا ويبلغ حجم مبيعاتها السنوية ما يقرب من 6 مليارات دولار أمريكي. إذا حسبنا الربح لكل متر مربع، فإن سلسلة متاجر Whole Foods هي المتاجر الأكثر ربحًا في مجال المواد الغذائية في الولايات المتحدة.

كيف تحقق هذه الشركة ذلك؟ تطلب الشركة من كل عضو في الفريق أن يكون مديرًا وأن يمتلك السلطة في اتخاذ القرار في تعيين أو إقالة أعضاء فريقه وتقديم أصناف مختلفة من المنتجات، وما إلى ذلك. بهذه الطريقة، يشعر الموظفون بأنهم يديرون أعمالهم الخاصة على نطاق صغير، لذلك فهم يقومون بدراسة شاملة وترتيبات شاملة مناسبة لجميع الموارد.وبطبيعة الحال، فإن كفاءة العمل لديها أعلى بكثير من غيرها.

وفي واقع الأمر، يولي موظفو هواوي اليوم اهتمامًا متزايدًا لإدارة الموارد. فمن خلال استعراض مسار تطوير هواوي، يمكننا أن نجد أن هناك تغييرًا كبيرًا في الشركة: الآن، حيث يمتلك معظم موظفي هواوي إحساسًا بالوعي بالموارد والقدرة على تخصيصها.

تزود شركة هواوي موظفيها بأفضل دعم تقني والشركاء المتعاونين والأساتذة ومعدات التطوير المتقدمة. فمن خلال منصة التطوير المليئة بالموارد المفيدة، يمكن للموظفين تحويل أحلامهم إلى حقيقة. وهذا أحد الأسباب التي تجعل الكثير من الناس يرغبون في العمل في شركة هواوي.

كـما يوجـد مجموعـة كبـيرة مـن الباحثـين الذيـن يعملـون في مجـال التنميـة في مركـز البحـث والتطويـر بشركـة هـواوي. فالشركـة عـلى اسـتعداد لدفـع مبالـغ كبـيرة مـن أجـل تطويـر المنتجـات. حتى في المراحـل المبكـرة للشركـة عندمـا كانـت تقـوم بتطويـر منتـج C&C08، لم يكـن تدفـق رأس المـال في هـواوي كافيًـا، إلا أن رن تشـنغ في كان يفضـل تخصيـص المـوارد للتحديـات المهمـة بشكـل خـاص واسـتثمار قـدر كبـير مـن رأس المـال في تطويـر المنتـج. وقـد تـم تجهيـز مركـز الأبحـاث التابـع لهـا بمحلـل منطقـي ومذبذبـات رقميـة وأجهـزة النـداء التناظريـة والأدوات الأخـرى التـي كانـت قيمتهـا أكـثر مـن مليـون يـوان صينـي. بفضـل الجهـود المكثفـة والمسـتمرة عـلى تخصيـص المـوارد المفيـدة في تطويـر منتـج معيـن، ومكنتنـا مـن النجـاح في C&C08، مـما وضـع الأسـاس لتقـدم هـواوي الواعـد مسـتقبلاً.

كعامـل، لا يمكننـا الانتظـار بشكـل سلبـي ليقـوم رؤسـائنا بتخصيـص المـوارد ودفعنـا للمـضي قدمـا. ذلـك سيجعلنـا نفقـد السيطـرة عـلى عملنـا. فينبغـي علينـا أن نأخـذ زمـام المبـادرة وأن نطـور خطـة تخصيـص المـوارد الخاصـة بنـا، وأن نؤكـد مـع الآخريـن مـا إذا كان بإمكاننـا الاعتـماد عـلى مسـاعدتهم أم لا في الأشيـاء التـي نحتـاج إلى التعـاون معهـم.

إذن، مـا هـي المـوارد التـي يجـب إدارتهـا؟ إن المـوارد التـي سـنقوم بمناقشـتها لا تقتـصر عـلى ظـروف العمـل الماديـة، بـل تشمـل جميـع المـوارد البشريـة والماديـة. حيـث تشمـل الموظفيـن والقـادة والزمـلاء والمرؤوسـين وخدمـة العمـلاء والمورديـن ومعـدات العمـل والمـواد عـلى وجـه الخصـوص.

لذلـك، بعـد تلقينـا مهامنـا، نحتـاج إلى تطويـر عـادة تخطيـط المـوارد. عـلى سبيـل المثـال: لمـن سـنقدم تقريـراً ونطلـب الاستشـارة في العمـل؟ كيـف نحصـل عـلى موافقـة؟ مـع مـن سنتصـل بـه ونقـوم بالتنسيـق معـه مـن أجـل العمـل؟ مـا هـي المـوارد الفنيـة المتعلقـة بالعمـل؟ مـا هـي القنـوات المتاحـة؟ أيـن يمكـن الحصـول عـلى المـواد الأساسيـة وكيـف يحصـل الأفـراد عـلى هـذه المـواد في أماكـن عملهـم؟ مـا هـي حالـة المعـدات المختبريـة ومـا هـي البيئـة؟

كل مهمـة لهـا متطلبـات مختلفـة مـن المـوارد، لذلـك نحـن بحاجـة إلى تخصيـص المـوارد بشكـل صحيـح وفقـا لمتطلبـات العمـل. وفي الوقـت نفسـه، يجـب أن نتبـع وضـع التزويـد بالمـوارد وفقـا لتقـدم العمـل خـلال تنفيـذ العمـل، وأن نتعلـم كيفيـة متابعـة العمـل إذا لـزم الأمـر. فقـط عـن طريـق أخـذ المبـادرة في تأميـن وتطبيـق المـوارد المطلوبـة في العمـل، ومعالجـة المشـاكل الرئيسيـة في الحصـول عـلى موافقـة مـن الأطـراف المعنيـة، يمكننـا الحصـول عـلى الأولويـة في تخصيـص المـوارد.

ذات مـرة، أشـار أحـد الموظفيـن القدامـى في شركـة هـواوي إلى أن العديـد مـن موظفـي

البحث والتطوير كانوا مشغولين بتسليم المنتجات الخاصة بهم، وكانوا يقومون بتأجيل طلبات الزملاء الآخرين التعاونية بشكل متكرر. من ناحية النظرية، فيما يتعلق بالتعاون، يجب على المرء أن يتعاون مع الآخرين، ولكن في حقيقة لن تترك كل تلك الجهود المبذولة في مساعدة الآخرين أثرا على أداء الفرد الذي قدم المساعدات، لذلك يقوم العديد من الأفراد باستخدام الحيلة لإبعاد أنفسهم عن المشاكل دون أن يشتكيهم الزملاء. أولا، يقومون بالادعاء أن الخطة غير مجدية من الناحية الفنية. لم يهتموا بما إذا كان بإمكان الآخرين القيام بذلك أم لا، طالما أنهم لن يطلبوا منه القيام بذلك. ثانياً، إذا لم يتمكنوا من التملص من ذلك، فإنهم يكذبون بشأن أعباء العمل الثقيلة، ويخبرون الآخرين بأن لديهم عدداً هائلاً من المهام في متناول اليد. إذا لم يكن هناك أي طريقة للتخلص من الطلب، فسيقومون بتأجيله فقط، ويخبرون الآخرين أن لديهم مشروعًا آخر جاريا، لذا يضطر زملائهم للانتظار. إذا لم يتمكنوا من الانتظار كل هذا الوقت، سيكون عليهم التفكير في طرق أخرى للمضي في مهمتهم.

إذن، علينا أن ندرك أننا سنكون على اتصال بالعديد من الأشخاص من مختلف الإدارات، ولأنه لا يوجد علاقات إدارية مباشرة، في كثير من الأحيان، بعض أعمال التنسيق ممطولة أو تم إجراؤها بطريقة غير سليمة. وهذا أمر شائع جداً في العديد من المجالات الأخرى. إذا كنا لا نعرف كيفية التخلص منه من مختلف الجوانب ومعالجة صعوبات المشاكل الرئيسية، وغالباً ما يكون من الصعب القيام بالمهمة بشكل جيد. لذلك، نحن بحاجة لمعرفة كيفية إدارة الموارد وتنسيق العلاقات بين الأشخاص. كما أنه يجب علينا أن نضع أنفسنا مكان الآخرين عندما نتعاون معهم، ونتعامل معهم بالطريقة التي نود أن نتعامل بها. نحن بحاجة للتخلص من مفهوم الإدارة وأن نولي أهمية أكبر للوضع العام، وندعم بعضنا البعض لخلق وضع مربح للجانبين.

5. اختيار المهام السهلة أولاً

إن البدء بالأشياء الأكثر سهولة وبساطة يبني ثقتنا في تحقيق أهدافنا، وهو أمر مفيد للغاية في العمل.

نحن جميعا على دراية برفع الأثقال. كما أننا نعجب برفع الأثقال بقوة غير عادية. ولكن كيف يمكن لأولئك أن يتمكنوا من رفع هذه الأوزان الثقيلة؟

في المرحلة الأولى من تمرين رفع الأثقال، يبدأ اللاعبون عادةً بالوزن الذي يمكنهم تحمله، ثم بعد فترة معينة من التدريب، يزيدون الوزن تدريجيًا. هذه العملية التدريبية تنطبق أيضا على الملاكمة. حيث يقوم مدير الملاكمة المؤهل دائماً بترتيب خصوم يسهل ضربهم من قبل ملاكمه في المرحلة الأولى من تدريباته، ثم يعثر له على بعض المنافسين الأقوياء تدريجيا.

لقد أثبتت الحقائق أن "اختيار المهام السهلة أولاً" هي في الواقع طريقة عمل فعالة. وهي ليست طريقة للمراوغة أو الانتهازية، لأنه بعد أن يكتسب الشخص عدداً معينًا من الإنجازات، سيعمل بشكل طبيعي على بناء الثقة بالنفس: "أنا قادر على تحقيق الهدف". ثم سيكون هذا الشخص أكثر مقاومة للتغلب على الصعوبات في المستقبل. كما تعتبر هذه العملية عملية التحسين التدريجي، حيث نبدأ بأشياء سهلة ونمهد الطريق نحو الأصعب، كما أننا أصبحنا من خلال هذه العملية أكثر دراية بعملنا. لذلك حتى عندما نواجه ظروفًا صعبة بشكل متزايد، لا يزال بوسعنا التعامل معها بطريقة هادئة ومكتسبة ذاتيًا.

وعلى العكس من ذلك، إذا بدأت من الأمور الصعبة، فمن السهل جدا أن تفشل. على سبيل المثال، إذا كنت تفوض مهمة صعبة لبعض الموظفين الجدد الذين انضموا للتو إلى الشركة الاستشارية، فإنه لن يتمكن من حل المشكلة في الحال. ولن يتمكن من فعل ذلك إلا بعد أن يجمع خبرة كافية، تمكنه من إكمال المهمة بنجاح.

هذا هو السبب في أن تراكم الخبرة لكل موظف جديد في مجال معين من مجالات العمل يبدأ دائماً من الأمور التي هم أكثر ثقة بها. كما خلال قيامهم بالأعمال التالية، يميلون أيضًا إلى اختيار أسهل المهام للبدء بها.

ومع ذلك، لا يعتقد الجميع أن البدء من أبسط وأيسر الأمور للتعامل معها هو الخيار الأمثل، لا سيما لأولئك الموظفين الجدد الذين تخرجوا للتو من الجامعات. فهم غالباً ما يكونون أكثر ثقة في أنفسهم، ومتسرّعين وطائشين جدا. وبسبب حرصهم على أن يصبحوا متميزين بين أقرانهم، فإنهم يريدون دائماً تحقيق "مهمة ذات قيمة" بدلاً من العمل في مهام عادية.

ظل رن تشنغ في يطلب من موظفي هواوي التركيز على واجباتهم ومسؤولياتهم الخاصة من خلال مواقف واقعية. حيث قال ذات مرة: "يجب على المرء التركيز على كيفية القيام بعمله بشكل جيد. إن التمسك بتلك المثل العليا النبيلة أمر خاطئ. إن التركيز الجيد على عملك هي أهم شيء بالنسبة للموظف. وهذا أحد جوانب ثقافة شركة هواوي."

في ذلك الوقت، كان موقف رن تشنغ في تجاه خبير صيانة منتجات شركة هـواوي هـو: "إنه لأمر عظيم أن تكون خبير الصيانة الـذي يكون هدفه مسـاعدة شركة هـواوي عـلى الاحتفاظ بمكانتها لمدة لا تقل عن 20 عامًا."

يـدرك رن تشنغ في تمامًـا أن النجـاح لا يتحقـق بـين عشـية وضحاها. إن السـبب وراء نجـاح العديـد مـن العلـماء والكتـاب والفنانـين هـو أنهـم بـدأوا مـن الأعـمال الأكـثر بسـاطة وتراكمـوا الخبرات تدريجيا. وبالنظر إلى تاريخ الولايات المتحدة، منذ الثورة الصناعيـة في عام 1750، مـرت البـلاد بعشـرات الأجيـال مـن النـاس الذيـن بذلـوا جهدا لتحقيـق هـذه الصناعـة المتطـورة الآن. لقد عانـوا مـن مائتـي سـنة مـن الشـعور بالوحدة مـن أجـل تحقيـق ذلك.

لذلك، نحن بحاجة إلى العمل بموقـف واقعـي، بحيـث لا نتجاهـل دائـمًا القضايا الصغـيرة تحت شعار المثل العليا العظيمة. كان هنـاك تعليـق كلاسيكي قدمه تشـانغ روي مـين، رئيـس مجموعة هايـر (Haier)، وتم اقتباسـه مـراراً حيـث قال تشـانغ: "مـاذا تعنـي الاستثنائية؟ إنهـا تعنـي أخـذ الأمـور العاديـة اليوميـة عـلى محمـل الجـد والتعامـل معهـا باهتـمام إضـافي، ثـم تصبح غير عاديا واستثنائيا."

كما أن "البـدء مـن الأعـمال البسـيطة" يحتـوي أيضًـا عـلى فلسـفة عمـل أخـرى - فتبسـيط الأعـمال المعقـدة يمكـن أن توفـر وقـت الأفـراد، مـما يجعلهـم يعملـون عـلى نحـو أكـثر فعاليـة وبشكل متتالي ويحققـون أهدافهـم بسلاسـة.

لم يعد مـدراء هـواوي قلقـين بـما إذا كان بإمكان موظفيهـم إكـمال هـدف المشـروع أم لا الآن، لأنـه عندمـا يواجـه موظفـو هـواوي مهمـة بمسـتوى عـالٍ مـن الصعوبـة، فسـوف يقومـون بتبسـيط المهمـة وفقًـا لقدراتهـم، حتـى يتمكنـوا مـن تحقيـق الهـدف بشـكل تدريجـي. إن هـذه الطريقـة الثابتـة والمنتظمـة للعمـل لا تحافـظ عـلى اسـتمرارية العمـل فحسـب، بـل تضمـن أيضًـا اسـتخدام الوقـت بطريقـة معقولـة، مـما يحسـن كفـاءة تنفيـذ العمـل بطبيعـة الحـال.

إذن، كيـف يقـوم موظفـو هـواوي بتبسـيط عملهـم؟ هنـاك طريقتـان: الأولى هـي جدولـة العمـل المعقـد إلى مراحـل مختلفـة؛ والأخـرى هـي تصنيـف العمـل إلى وحـدات مختلفـة.

إن جدولـة العمـل المعقـد إلى مراحـل مختلفـة هـو طريقـة فعالـة لتبسـيط العمـل مـن خـلال الوحـدات النمطيـة. عـلى وجـه التحديـد، هـو تقسـيم العمـل المعقـد إلى عـدة مراحـل مـن التنفيذ. كل مرحلـة هـي وحـدة مسـتقلة تتعامـل مـع عمليـة مختلفـة في العمـل.

الطريقـة الأخـرى هـي تقسـيم العمـل الشـاق، ألا وهـو تقسـيم مهمـة شـاقة إلى عـدة أجـزاء والتأكـد مـن أن كل جـزء هـو وحـدة عمـل بسـيطة. وبالتـالي، يكـون مـن الأسـهل عـلى الموظفين التعامـل معـه، حتـى يتمكنـوا مـن بنـاء الثقـة بشـكل تدريجـي خـلال عمليـة التنفيـذ،

وفي النهاية إكمال المهمة دفعة واحدة.

وبالتالي، فليس من السهل جعل الناس معرفة أهمية البدء من العمل الأكثر بساطة وعادة. عندما تراكمنا قدراً معيناً من الخبرة، سنكون قادرين على تحدي المهام الأكثر تعقيداً وصعوبة من أجل تشجيع إمكاناتنا.

6. تعزيز التواصل لتحقيق ترابط وثيق

علق توم بيترز ذات مرة في كتابه "شغف التميز" على الكفاءة الإدارية المنخفضة في الشركات الأمريكية قائلا: "إن المشكلة الأكبر في عدم كفاءة الإدارة الأمريكية هي في الواقع مشكلة بسيطة جدا، وتكمن في فقدان المدراء الاتصال مع موظفيهم وعملائهم. ما أقصده بالحفاظ على الاتصال هو إجراء محادثة وتبادلات ودية بدلاً من تلك التواصل من خلال أجهزة الكمبيوتر أو الوثائق المطبوعة أو اجتماعات لا نهاية لها." يعد تعزيز الاتصال لتحقيق صلة وثيقة جزءًا لا يتجزأ من الإدارة الفعالة.

ذات مرة، وصف أحد الموظفين في شركة هواوي الوضع الذي واجهه أثناء تنفيذ المشروع قائلاً: "في ذلك الوقت كنت مسؤولاً عن MAP (برنامج تجميع الماكرو)، لذلك كنت واجهة للعديد من الوحدات الأخرى مثل قاعدة البيانات ومركز الاتصال وإدارة المحمول، وغيرها. كما يعتبر MAP في الأساس وحدة واجهة. في بداية الأمر، قمنا بتعيين بعض الواجهات، ولكن في وقت لاحق، بدأت كل وحدة في إجراء تغييراتها الخاصة التي تختلف عن تصميمها الأصلي. ومع ذلك، نسي الجميع التواصل مع بعضهم البعض وإبلاغ الجميع بالتغييرات التي قاموا بها. نظرًا لأن بعض هذه البرامج كانت مكتوبة بواسطة مرؤوسي، لم يكن لديهم إحساس بتوصيل التحديثات، بينما لم أكن مهتمًا بالتحقق من أي منهما. ونتيجة لذلك، عندما كنا نحاول تجميع كل البرامج، وجدنا الكثير من المشاكل، وبالتالي اضطررنا إلى تعديل أو إعادة كتابة جزء من البرامج لتجميع جميع البرامج بنجاح. وقد أضاع هذا التعديل شهرًا آخر من إنهاء المشروع. الآن لن أرتكب نفس الخطأ مجددا. وعلى الجميع اتباع التصميم الأصلي بدقة دون إجراء أي تغيير. إذا كان لا بد من تغيير شيء ما، فعليهم إجراء تقييم لبعضهم البعض وشرح سبب ذلك."

إذا قام جميع أعضاء الفريق بالتواصل مع بعضهم البعض قبل إجراء أي تغييرات، فإن الحالة التي يكون فيها كل فرد له واجهة خاصة به لا يمكن أن تحدث، ولن يحتاج

أي شخص إلى قضاء المزيد من الوقت في إجراء التعديلات. إن أحد الأسباب الرئيسية لتأخر العديد من المشاريع أو إعادتها مرة أخرى من جديد في شركة هواوي هو فقدان التواصل الفعال.

يصف المستقبلي الأمريكي الشهير جون نايزبيت التواصل بشكل علني بأنها محور المنافسة المستقبلية للشركات. ويعتقد أن المنافسة المستقبلية هي سباق الإدارة، ويكمن تركيزها في التواصل الفعال للأعضاء داخل كل منظمة اجتماعية ومع منظمات خارجية.

في الإدارة الفعلية، يستطيع العديد من المدراء إدراك ضرورة التواصل ومحاولة السماح لأعضاء الفريق بتبادل المعلومات بحرية، بينما يتمتع الموظفون برغبة قوية في التواصل. ولكن لسوء الحظ هناك دائمًا العديد من العوائق في التواصل: بعض الأشخاص لا يريدون إزعاج زملائهم أو رؤسائهم عندما يكونون يعملون، لذلك يعتقدون أنه يجب أن ينتظروا للتحدث معهم عند انتهائهم من العمل. تؤدي هذه الفكرة الخاطئة إلى تأخر التواصل، مما يؤدي إلى تأثير سلبي ومنع المعلومات وفقدان الفرص. وهذا هو أيضا أحد الأسباب الرئيسية التي تسبب اضطراب وتيرة العمل.

ذكر مدير مشروع في شركة هواوي خبرة مبكرة عندما انضم إلى الشركة للتو: "لم يمض وقت طويل بعد أن انضممت إلى الشركة، حيث تم تكليفي بمشروع مهم. وكما علمنا جميعًا أن مشروع هواوي غالباً ما يتضمن جدولًا زمنيًا صارمًا، لذلك كان جميع أعضاء فريقنا، من بينهم مدير المشروع، بذلوا قدراً هائلاً من الجهد، وعملوا ساعات إضافية على أساس يومي. لم أكن استثناء، وعملت بجد على المشروع. فكرت في نفسي وقلت إنه يجب علي القيام بعمل جيد دون أن أزعج الآخرين. لذلك، كلما واجهت مشكلة، حاولت لإيجاد حل بنفسي وفكر فيها مرارا وتكرارا.

بعد شهر واحد من العمل الشاق، وصل المشروع إلى مرحلة التكامل الأولى. واختلف تصميم نظام مدير المشروع بشكل كبير عن الآخرين. لذا، كان عليه أن يطلب من الآخرين مساعدته في التعديل الذي كلفهم أكثر من أسبوع. بعد هذه الحادثة، تعلم هذا "الموظف الجديد" درسًا قيمًا: كان يجب عليه تسجيل المشاكل التي واجهها، ثم استخدام بضع دقائق لإخبار مدير المشروع عنها أو الإبلاغ عنها مباشرةً إلى رؤسائه.

يميل العديد من الموظفين إلى إبقاء جميع المشاكل لأنفسهم ويشجعون أنفسهم سرا على عدم التخلي عن الفرصة لإظهار قدراتهم عن طريق حل المشاكل بأنفسهم، خاصة أولئك الموظفين الجدد الذين يتوقون إلى إظهار أنفسهم. ويعتادون على حل المشاكل عن طريق الاختبار دون أي خبرة، وبعد بعض التقلبات والانعطافات، يمكنهم إكمال المهمة

بشكل مرض. ومع ذلك، عندما يحتاجون إلى دمج عملهم مع الأعضاء الآخرين في تصميم أكبر، يكتشفون الكثير من التناقضات. في هذا الوقت، من الصعب جدًا إصلاح المشكلة. علاوة على ذلك، فإن طبيعة التعديل في هذا الوقت تمثل إعادة العمل من جديد، وذلك لا يضيع الوقت فقط، بل يؤثر على مسار عمل الآخرين وتقدمهم. لذلك يمكن القول إنه لا يمكن تحقيق ترابط وثيق إلا تعزيز الاتصال خلال تنفيذ المشروع.

في شركة كوداك (Kodak)، كان هناك نهج للاتصال يسمى "الباب المفتوح": يمكن للموظفين من المستوى الأساسي التواصل مع مشرفيهم أو المدراء من المستويات العليا كلما حدثت مشاكل. وداخل شركة كوداك، يمكن للموظفين مناداة المدراء بأسمائهم دون القلق بشأن الاختلافات في المستوى. لم يوفر مثل هذا النهج المفتوح للاتصال موظفي كوداك بمنصة تواصل جيدة فحسب، بل ساعد أيضًا على إزالة العقبات التي تواجه الموظفين من المستوى الأدنى لاتخاذ المبادرة في التواصل مع المدراء. وبطبيعة الحال، لم تكن هناك مشكلة في تأخير الاتصالات.

اقترح الرئيس التنفيذي السابق لشركة جنرال إلكتريك (General Electric) جاك ولش "مفهوم بلا حدود" من أجل حماية حرية الاتصال. وطلب من الشركة إزالة جميع الحواجز بين مختلف الإدارات الوظيفية لضمان التداول الحر والشفاف للمعلومات بين أقسام الهندسة والإنتاج والتسويق والأقسام الأخرى. وفر هذا المفهوم لموظفي جنرال إلكتريك منصة للتواصل في أي وقت.

في هواوي، من أجل تحقيق الاتصال الوثيق بين الأقسام، تسود "ثقافة تناول طعام" خاصة داخل الشركة. عندما يرسل المقر شخصًا ما إلى المكاتب المحلية، فإن أول شيء يفعله هو العثور على مكان لتناول الطعام. يمكن أن يكون مقهى أو مطعمًا صغيرًا نظيفًا حيث يمكن للناس تناول الوجبات مع بعضهم البعض والدردشة مع بعضهم البعض في بيئة مريحة. إن جوهر "ثقافة تناول الطعام" في هواوي هو تزويد الناس بقناة سلسة للتواصل. فخلال المحادثات، يمكنهم التحدث عن الأعمال والإستراتيجية التي تضع الأساس لفهم تكتيكي من أجل تعاونهم المستقبلي.

تحظى "ثقافة تناول الطعام" بشعبية كبيرة بين العديد من الأقسام الداخلية، حتى أصبحت استمرارية وتكميلية للعمل. كما يأخذ الموظفون زمام المبادرة في تنظيم مثل هذه التجمعات، حيث أنهم يدفعون فتورة الطعام بشكل متساو أو يتناوبون في دفعها. هذه التجمعات تعمل كمنصة تواصل منتظمة وتخلق أجواء عمل جيدة جدا للفريق بأكمله. بهذه الطريقة، يتجنب الموظفون التمركز على مكاتبهم كل يوم لدفع مشاريعهم أو حتى

القضاء على الحالات التي يعمل بها الجميع دون النظر إلى النتائج العامة.

كما تدعو إدارة شركة هواوي إلى "ثقافة تناول الطعام". طالما يتم ترقية شخص ما، يجب أن يشكر هذا الشخص مرؤوسيه، وأن يدعوهم لتناول وجبة طعام. توفر هذه الوجبة فرصة جيدة للشخص الذي تم ترقيته للتحدث عن تجاربه تلخيصه من الماضي، مما ترك تأثيرا إيجابيا على مرؤوسيه ويشجعهم على العمل بجدية أكبر.

وقد أعرب رن تشنغ في بصراحة عن دعمه لـ"ثقافة تناول الطعام" في مناسبات عديدة. حيث قال ذات مرة: "إذا شعرت أنك تقدمت، فقم بمكافأة نفسك بوجبة جيدة؛ وإذا كنت تريد أن تكون قائدًا جيدًا؟ قم بدعوة مرؤوسيك لوجبة معكرونة مقلية، لأنه في جو مريح، يصبح التواصل والتنسيق أسهل، وهو ما يزيد التعاون داخل القسم بشكل طبيعي؛ إذا كنت تريد أن تصبح كبار السكرتيرين، فأنت بحاجة أيضًا إلى استضافة المزيد من الوجبات، لأن بهذه الطريقة، سيكون لديك مصادر أكثر انفتاحًا لعملك عندما يعرفك الجميع جيدًا ويحاول مساعدتك؛ أما بالنسبة للمدراء، فيحتاجون إلى التجمع أكثر من الآخرين."

الآن، أصبحت المنظمات عالمية بشكل متزايد وطواقمها متنوعة بشكل متزايد. حيث أصبح تطبيق التواصل المفتوح من أهم المهارات الإدارية للمنظمات. لذلك، بالنسبة إلى شركات الاتصالات القائمة على المعلوماتية مثل شركة هواوي، لا يمكن تحقيق الترابط الوثيق وتقليل العمل غير المجدي إلا من خلال تعزيز التواصل.

7. الحفاظ على مسافة مناسبة مع المرؤوسين

إن تقوية التواصل والحفاظ على الترابط الوثيق وتكوين تعاون تكتيكي مع الزملاء أو المرؤوسين من خلال "ثقافة تناول الطعام" لا يعني أن المرء سيفقد الإحساس بالمسافة فيما يتعلق بعلاقته مع الآخرين، خاصة بالنسبة للمدراء، فإن الحفاظ على مسافة مناسبة مع المرؤوسين لا يسمح لهم بتنفيذ أوامر فعالة وصارمة فقط، بل أيضا الحفاظ على الاحترام المهني اللازم تجاه بعضهم البعض.

لقد كان لدى العديد من المدراء مثل هذه التجربة: إذا اقتربوا أكثر مما ينبغي من مرؤوسيهم، فعندئذٍ سيكون من الصعب في مرحلة ما رسم خط واضح بين المسائل الخاصة والتجارية، وهذا يمكن أن يحث الآخرين على إثارة ضجة. وإذا تم عزلهم عن مرؤوسيهم، فمن المرجح أن ينظر إليهم على أنهم متعالون. وبالتالي، سيشعر الموظفون أن مدرائهم لا

يهتمـون بهـم وسرعـان مـا ينـوون الخـروج مـن الفريـق ويفقـدون شـغفهم بالعمـل. في الواقـع، يرجـع سـبب كلـه إلى أن المـدراء لم يحافظـوا عـلى مسافـة مناسبـة مـع المرؤوسـين، ممـا يـؤدي إلى إحسـاس غـير ملائـم بالمسافـة النفسيـة.

في الشـتاء البـارد، شعـر اثنـان مـن القنافـذ أنـه كان بـاردا جـدا للنـوم، لذلـك أرادا أن يشعـرا بالـدفء مـن خـلال احتضـان بعضهـما البعـض، بحيـث يمسـك ببعضهـما البعـض بقـوة. ولأن كلاهـما يمتلكان أشـواك طويلـة، فعندمـا يمسكـون بقـوة، تبـدأ أشـواكهما بوخـز بعضهـما البعـض، ممـا تسـبب في نزفهـم. بعـد عـدة محـاولات، بقـي القنفـذان الصغـيران بعيديـن بعـض الـشيء عـن بعضهـما البعـض، وبهـذه الطريقـة يمكـن أن يشعـرا بالـدفء دون أن يصابـا بالوخـز.

هـذه القصـة تحكـي "قاعـدة القنفـذ" التـي كانـت تستخـدم عـلى نطـاق واسـع في إدارة المؤسسـات. هـذه القاعـدة تجلـب الوحـي إلى المـدراء عـلى أن يحتفـظ المـدراء بمسافـة مناسبـة مـع المرؤوسـين بطريقـة يمكـن للمـدراء مـن خلالهـا إثبـات سلطتهـم وتجنـب التأثـر بسـبب علاقـة خاصـة أثنـاء عمليـة صنـع القـرار.

كان الرئيـس الفرنـسي شـارل ديغـول، الـذي كان يتمتـع بخـبرة في الخدمـة العسكريـة، رجـلاً قـام بتطبيـق قاعـدة القنفـذ بشـكل جيـد. كان لديـه شعـار: "احتفـظ بمسافـة معينـة". كان لهـذه الجملـة تأثـير عميـق عليـه وعـلى الاستشاريـين والموظفـين معـه. وضـع شـارل ديغـول قاعـدة واحـدة لمرؤوسيـه: كان بإمكانهـم البقـاء في منصـب واحـد لمـدة عامـين فقـط. ونتيجـة لذلـك، خـلال فـترة رئاسـته التـي امتـدت لأكـثر مـن عقـد، لم يعمـل أي شخـص في منصـب واحـد لأكـثر مـن عامـين، مهمـا كان هـو موظفـا في الأمانـة العامـة أو المكتـب العـام أو مستشـارا مـن إدارة الأركـان الخاصـة أو مراكـز البحـوث.

تـم وضـع هـذه القاعـدة مـن تشـارلز ديغـول تحـت تأثـير الجيـش، والـذي كان دائمـا في حالـة استبـدال مستمـر. كان يريـد أن يتخـذ قـرارات مبنيـة عـلى تفكيـره بـدلاً مـن أن يعتمـد عـلى مرؤوسيـه. ومـن خـلال إعـادة تخصيـص مرؤوسيـه، تمكـن مـن رسـم خـط واضـح معهـم لمنـع مرؤوسيـه مـن ارتكـاب الأخطـاء تحـت اسمـه. بالإضافـة إلى ذلـك، كان لـدى الأعضـاء الجـدد طريقـة جديـدة للتفكيـر، ممـا جلـب إحساسًـا بالانتعـاش إلى الفريـق.

توفـر نظريـة شـارل إلهامـا كبـيرا للمـدراء. إذا كان المديـر محاطًـا بمجموعـة تآخيـة، فلـن يكـون هنـاك أي إحسـاس بالمسافـة بـين المديـر والمرؤوسـين. ونتيجـة لذلـك، فـإن المديـر سـيعتمد بشـكل مفـرط عـلى مرؤوسيـه، والعمـل معهـم دون مبـادئ أو حتـى السـماح لهـم بالبـت في الأمـور نيابـة عنـه. كمـا سيستخـدم العديـد مـن المرؤوسـين هـذه الفرصـة للبحـث عـن مكاسـب ومصالـح شخصيـة، وأخـيرًا، يمكـن أن يتسـببوا في حـدوث مشـاكل للمديـر، فضـلاً عـن

التسبب في ضرر كبير للشركة.

وقد أدرك رن تشنغ في هذه المشكلة. لذلك، من أجل القضاء على المجموعات داخل الشركة وتجنب الموظفين من الأقسام الرئيسية لتشكيل "ثقافة التملق"، بدأ رن تشنغ في متابعة ممارسة شارل ديغول وقام بتناوب وظائف ومواقع موظفي شركة هواوي على أساس منتظم بغرض الحفاظ على مسافة مناسبة بين المدراء والموظفين.

ومع ذلك، يجب على المدراء عدم إظهار التعالي والغرور من أجل المحافظة على المسافة مع الموظفين. على الرغم من أنه لن تكون هناك مجموعة متملقة تلاحقه من أجل تقديره، لكن المدراء "المستبدين" سوف يضعون مرؤوسيهم في خوف دائم ويصبحون مراوغين في التعامل مع الأشياء. بعد مرور بعض الوقت، يفقد هؤلاء المدراء دعم مرؤوسيهم. ومجرد أن يتوقف المدراء والموظفون عن التواصل مع بعضهم البعض، لن يكونوا قادرين على تشكيل فريق يكافح من أجل الأهداف المشتركة، ومثل هذه الفرق ليست تنافسية على الإطلاق.

لقد حدث مثل هذا الأمر في هواوي سابقا:

كان دو مو (اسم مستعار) مدير مشروع في قسم بشركة هواوي، وترأس فريق تطوير صغيرا. كان دو مو فنيًا لا يجيد التواصل مع أعضاء الفريق الآخرين. وعندما تم تعيين مهمة للفريق، فإنه يقوم بعقد اجتماعات بسيطة. ومجرد تقسيم المهمة بين أعضاء فريقه، فإنهم بدأوا العمل على ترتيباتهم الخاصة. بعد فترة قصيرة، اكتشف المدير أن الجو داخل الفريق كان غريباً لأن الموظفين انهمكوا في العمل كل يوم ويبدون غير سعداء. لذا سأل المدير دو مو عن سير الأمور في فريقه. فأجاب دو مو: "فريقنا جيد جدًا، لا مشكلة."

ثم تحدث المدير في وقت لاحق مع بعض أعضاء الفريق واكتشف المشكلة أخيرا.

العديد من مدراء هواوي بدأوا كفنيين. كانوا يشاركون في التطوير التقني وبالتالي كانوا غير حسن الإطلاع على المهارات الإدارية. ومجرد أن يصبحوا مشرفين أو مدراء، فإنهم يميلون إلى إهمال الحفاظ على علاقة جيدة مع مرؤوسيهم أو محاولة فهم عمل الموظف ومطالبه. وعندما يتعلق الأمر بتقييم الموظف، فإنه ببساطة لا يستطيع تحديد الموظفين الذين يعملون بجد والذين يميلون إلى الكسل. لأنهم ليسوا على اتصال وثيق مع الموظفين. في هذا الوقت، يحاول المدير أن يكون "عادلاً ونزيها" ويقدم حوافز إيجابية لجميع الموظفين. سيشعر بعض الموظفين المجتهدين في عملهم بأن هذا غير عادل، وأن هؤلاء الكسالى عادة ما يصبحون انتهازيين. إذا استمرت الأمور على هذا النحو، فستنخفض الفعالية الإجمالية للفريق.

لذلك، في مبدأ "الاقترابات الثلاثة والابتعادات الثلاثة" الذي اقترحته هواوي لمدراءها، ينص بند واحد بوضوح على أنه: يجب على المدير البقاء على مقربة من موظفيه. وبهذه الطريقة، سيتمكن الموظفون من الشعور بأن المدير يقع إلى جانبهم. مما سيؤدي إلى تحسين حماس الموظفين.

باختصار، الإدارة فن. حيث أنه مع التحسين العام للجودة الفردية للموظفين، أصبحت متطلباتهم تجاه المدراء أعلى وأعلى أيضا. من أجل قيادة فريق جيد، يجب على المدراء الحفاظ على مسافة مناسبة مع موظفيهم،

ولا يضعون أنفسهم فوقهم ولا يصبحوا أحدهم. مثل ألفريد بي سلون، الرئيس التنفيذي السابق لشركة جنرال إلكتريك، الذي غالباً ما يبادر على التواصل مع موظفيه في مكان العمل، كما يعطي الكثير من الاهتمام إلى مرؤوسيه. ولكن بعد العمل، يحتفظ سلون بمسافة مناسبة مع الموظفين، إذا دعاه الموظفون لتناول العشاء في منازلهم، فإنه سيرفض الدعوة بطريقة مهذبة. نتيجة لذلك، بقي سلون في منصبه كرئيس لشركة جنرال الكتريك لمدة 23 عامًا، وخلال تلك الفترة لم ينقذ الشركة من أزمة كبيرة فحسب، بل كانت تشهد نموا كبيرا أيضًا.

الفصل السابع

التواصل والتنسيق

توفــر الإدارة التنظيميــة النشــطة ونظــام التواصــل والتنســيق الجيــد جو تبــادلات دون عوائــق داخــل هــواوي. وفي المقابــل، تعمــل هــذه تواصــلات المتزامنــة بمثابــة حلقــة وصــل لــلإدارة التنفيذيــة الفعالــة في شركــة هــواوي.

1. التواصل يعني الإنتاجية

في الكثير مــن الحــالات، يرجــع الســبب في تأخيــر أو إعــادة العمــل علــى المــشروع إلى التواصــل غــير الدقيــق وغــير الكــافي مــع المتعاونــين لدينــا في المهمة.

دعونا نلقي نظرة على كيفية تعزيز الشركات ذات الشهرة العالمية للتواصل الداخلي.

تبنــت شركــة إنتــل (Intel) نمــط تواصــل مفتوحــا، ممــا يعنــي أنهــا تســتخدم التواصــل مــن أعــلى إلى أســفل ومــن أســفل إلى أعــلى. حيــث يقــدم فريــق الإدارة أحــدث التطــورات في أعمــال الشركــة لموظفيهــا في أنحــاء العالــم مــن خــلال الإنترنــت، كمــا أنــه يجــري التواصــل مــع الموظفــين ويجيــب علــى أســئلتهم عــبر الإنترنــت.

كل ثلاثــة أشــهر، تقــوم الشركــة بنــشر ملخصــات الموظفــين علــى أســاس منتظــم، بحيــث يمكــن للموظفــين مواكبــة أحــدث أوضــاع الشركــة. بالإضافــة إلى ذلــك، تنفــذ الشركــة نظــام "مقابلــة فرديــة وجهــاً لوجــه"، بحيــث يمكــن للموظفــين التواصــل مــع الشركــة للتعبــير عــن توقعاتهــم

ومتطلباتهم. كما تجري المقابلات عادة في شكل اجتماعات الموظفين، وتم تحديد مواضيع الاجتماعات وجدول أعمالها من قبل الموظفين.

من خلال هذه الطرق وأشكال التواصل، تمكنت إنتل من تعزيز وعي موظفيها بالتواصل. عندما تحدث أحد الموظفين بشركة إنتل عن كيفية الحصول على تطوير شخصي أفضل في شركة إنتل، قال: "إن المفتاح هو أن تكون جيدًا في التواصل، يجب ألا تنتظر حتى يأتي رئيسك للحديث عن العمل، بل حافظ على التواصل السلس مع زملائك ورؤسائك بشكل دائم." كما أنه يوجد مبدأ آخر مهم في إدارة الموظفين في إنتل: تقييم أداء الموظفين الموجه نحو النتائج. بغض النظر عن مدى الجهود التي بذلته في العمل فإن الرئيس سيقوم بتقييم إنجازاتك بناء على النتائج.

نتيجة لهذه العوامل، عندما ينضم موظف جديد إلى الشركة، ستكون النصيحة الأكثر تكررا هي:

لا تفعل أشياء تفوق قدرتك، يجب أن تكون جيدًا في التواصل وأن تدمج نفسك مع الفريق. وهذا يمنع بعض الموظفين الجدد من التصرف بطريقة اعتباطية عندما يعتقدون أنهم قادرون بشكل كاف بينما يتجاهلون التواصل والتعاون مع أعضاء الفريق الآخرين.

وبالتالي، لا يمكن الاستغناء عن التواصل في أي عمل إداري. وكما قال سام والتون، مؤسس شركة وول مارت (Wal-Mart) ذات مرة: "إذا كان عليك تلخيص نظام إدارة وول مارت في فكرة واحدة، فمن المحتمل أن يكون التواصل أحد المفاتيح الحقيقية لنجاحنا."

في هواوي، مهارة التواصل الجيد ليست طريقة مهمة لإدارة المشاريع فحسب، بل مهارة مهنية أساسية أيضا. لتجنب العقبات أثناء عملية التنسيق، حيث تطلب هواوي من موظفيها إجراء تواصل جيد قبل بدء المشروع. "مبادئ التواصل الثلاثة" في هواوي تعني إرسال المعلومات الصحيحة إلى أصحاب المصلحة المناسبين في اللحظة المناسبة من خلال القنوات الحالية.

التواصل في الوقت المناسب هو المبدأ الأول الذي يتعين على موظفي شركة هواوي الالتزام به. حيث يقوم موظفو هواوي بتوصيل المعلومات اللازمة إلى أصحاب المصلحة في أقرب وقت ممكن، لضمان التواصل السلس العمودي والموازي.

المعلومات الدقيقة هي المبدأ الثاني في تواصل موظفي هواوي. سواء كان ذلك التواصل مكتوباً أو لفظياً، يجب على موظفي هواوي نقل المعلومات بدقة.

يقوم موظفو هواوي بتطبيق طريقة التفكير الهرمي من أجل ضمان التبادل الدقيق في التواصل. حيث يعتبر الملخص الطبقة العليا للهرم، فهو يشمل وجهات النظر والأسئلة

والآراء والاستنتاجات التي يرغب المرء في التعبير عنها. بعد ذلك، يقوم موظفو هواوي بتوسيع أعمالهم وفقًا للتعليمات الموضحة من الطبقات العليا حتى تكون المعلومات دقيقة بشكل كاف.

وأخيرًا، يتحكم موظفو هواوي بصرامة في كمية المعلومات المرسلة للتأكد من احتوائها على حجم مناسب. هذا هو المبدأ الأساسي الثالث الذي يجب على المرء الالتزام به للتواصل الفعال. لأنه إذا كان هناك الكثير من المعلومات، فلن يكون المستمع قادرًا على التذكر، ولكن إذا كانت المعلومات قليلة جدًا، فسيتم تقليل كفاءة التواصل. يتبع حجم نقل المعلومات العام مبدأ 2±7، نظرًا لأن سعة الذاكرة لدى الشباب تبلغ حوالي 7 وحدات (الأرقام العربية، أو الحروف، أو الكلمات، أو الوحدات الأخرى)، فيجب ألا يكون كثيرا أو قليلا.

ومن أجل ضمان التواصل السلس، تطلب شركة هواوي من جميع الموظفين وضع خطة تواصل مسبقة تحدد بوضوح المشاركين، وشكل التواصل، ووقت إصدار المعلومات، وطرق الإصدار، وما إلى ذلك، فضلا عن وضع جدول تفصيلي لإصدار المعلومات.

لكن قبل ذلك، يتأكد موظفو هواوي أولاً من أنهم سيجرون طبقتين من التواصل: الأولى، التواصل الداخلي داخل فريق المشروع؛ والأخرى، التواصل الخارجي مع الرؤساء والزبائن. بعد ذلك، سيحددون النقاط الأربعة التالية:

- من الذي أتواصل معه؟
- لماذا أتواصل معه؟
- ما هي المعلومات التي يحتاجونها؟ وما هو التكرر لطلب المعلومات؟
- ما هو الهدف من التواصل؟ وكيف سنكمل التواصل؟

أولا، قم بتحليل أصحاب المصلحة، وتحديد مطالبهم وتوقعاتهم، ثم قم بوضع خطة تواصل وفقًا لذلك.

سوف تصف خطة التواصل الشكل والمحتوى ودرجة تفصيلية للمعلومات الموزعة، فضلا عن تعريف الرموز المعتمدة. وسوف تحدد جدول توصيل المعلومات.

يدرك جميع موظفي هواوي أهمية التواصل. حيث أنه ليس مهارة عملية فحسب، بل هو عامل أساسي يؤثر على أداء الفريق. لذلك يجب على الجميع إيلاء اهتمام بالغ له.

2. اتخاذ موقف متواضع سيجعل الموظفين يخبرونك بالحقيقة

هنـاك بعـض المـدراء الذيـن يشـعرون بأنهـم أفضـل بكثيـر مـن موظفيهـم. ويعتقـدون أنـه يجـب عليهـم أن يتخـذوا موقفـا متغطرسـا لإظهـار سـلطتهم نظـرًا للاختلافـات في المناصـب. فهـم يميلـون إلى اسـتخدام المعاملـة البـاردة مـع موظفيهـم، أو العثـور عـلى خطـأ في عملهـم، حتـى ازدراء الانتبـاه إلى تحسـيناتهم. عنـد التعامـل مـع مثـل هذا المديـر، يمكـن للموظفـين أن يكونـوا مستسـلمين فقـط وألا يجـرؤوا عـلى قـول "لا". هـذه السياسـة الشـديدة تبعـد الرؤسـاء كل البعـد عـن موظفيهـم. ومـع مـرور الوقـت، قـد يمتلـك الموظفـون النيـة بـترك وظائفهـم. ومـن ناحيـة أخـرى، فـإن المـدراء المتواضعـين يحيـط بهـم دائمًـا موظفـون يسـاهمون بأفـكار ويبذلـون جهـودًا إضافيـة مـن أجلهـم.

ظلـت مجموعـة لينوفـو (LENOVO) تتمسـك بممارسـة فلسـفة الإدارة التـي تقـول: "الجميـع متسـاوون". ويتخـذ رئيـس المجموعـة ليـو تشـوان تشـي موقفـا متواضعـا ويتعامـل مـع موظفيـه بشـكل جيـد ووثيـق.

ذات مـرة اصطـدم موظـف جديـد بليـو تشـوان تشـي وسـكب القهـوة عليـه عـن طريـق الخطـأ. شـعر هـذا الموظـف أنـه فعـل شـيئًا فظيعًـا ومـن المؤكـد أنـه سـيتم توبيخـه مـن قبـل ليـو تشـوان تشـي. ولكـن بـدلا مـن إلقـاء اللـوم عليـه، قـال ليـو لـه بصـوت لطيـف: "مـن السـهل عـلى غسـل ملابسـي مـرة أخـرى، ولكـن أخشـى أن يـدك أن تكـون متعبـة لبعـض الوقـت. يجـب أن تكـون حـذراً في المسـتقبل ألا تـؤذي نفسـك."

إن ليـو تشـوان تشـي ليـس الشـخص الوحيـد الـذي يتبـادل مـع موظفيـه مـع موقـف متواضـع. كـما أن روبـن لي، المؤسـس والرئيـس التنفيـذي لمحـرك البحـث الصينـي بايـدو (Baidu) هـو أيضـا زعيـم ورجـل نبيـل.

كان روبـن لي يعـرب دائمًـا عـن رأيـه الشـخصي بـدلا مـن تمثيـل الشركـة بأكملهـا في كل مـرة تعقـد فيهـا بايـدو اجتماعـا لمناقشـة قـرار معـين، حيـث اعـترف أحـد موظفـي بايـدو مـرة قائـلا: "عندمـا أعـرب روبـن لي عـن رأيـه، يمكـن لأي شـخص أن يقاطعـه ويعـبر عـن شـكوكه. وفي مـرات عديـدة، رفضنـا اقتراحـات روبـن لي. ومـع ذلـك، فـإن ذلـك لم يؤثـر عـلى سـلطته الشـخصية عـلى الإطـلاق، بـل عـلى العكـس، كان هـذا السـلوك يتمـاشى مـع المفهـوم الـذي يثنـي عليـه بشـدة "بايـدو ليسـت شركـة روبـن لي الخاصـة، بـل هـي ملـك لـكل موظـف في بايـدو."

إن موقـف روبـن لي المتواضـع في الاسـتماع إلى آراء الموظفـين لا يقتصـر عـلى المناقشـات في الاجتماعـات، حتـى أثنـاء الأعـمال اليوميـة، فهـو يشـجع الموظفـين عـلى التواصـل وتبـادل الآراء

معه من خلال الإنترنت أو بعض الطرق الأخرى. نظرا لذلك، حققت فرق بايدو اختراقات في تعاونها الجماعي.

أسلوب روبن لي اللطيف يجعل موظفيه يشعرون بالاحترام. هذه العلاقة المتساوية العليا بين الرئيس والمرؤوس والمرؤوسين تجعل الموظفين أكثر استعدادًا للتواصل مع رئيسهم.

في حقيقة، فكما هو الحال مع روبن لي وليو تشوان تشي، فإن رن تشنغ في يؤمن بأنه يجب على المدراء اتخاذ موقف ودي ومتواضع خلال التبادل مع الموظفين. حيث قال رن تشنغ في "فقط عندما يقوم قادة المؤسسات بكسر الحواجز بين الرؤساء والمرؤوسين، ويأخذوا زمام المبادرة في التبادل مع الموظفين بطريقة مرنة، فسوف يمكنهم سماع الحقيقة من موظفيهم."

إذن، كيف يمكن تحقيق التبادل بدون حواجز؟ في هذا الصدد، طرح رن تشنغ في اقتراحه من عدة النقاط.

أولاً، يعتقد رن تشنغ في أنه قبل إجراء التواصل الخالي من الحواجز، يجب على قادة المؤسسات اختيار الوقت والمكان المناسبين وتحديد محتوى محدد للتواصل. على سبيل المثال، عادة ما يكون تأثير التواصل في أماكن الترفيه أفضل بكثير من المكتب.

ثانيًا، يطلب رن تشنغ في من المدراء التحدث إلى الموظفين كأصدقاء خلال التبادل معهم، فضلا عن مراقبة ردود فعل الموظفين أثناء إبلاغهم عن لوائح أو قواعد الشركة ومطالبتهم بآرائهم.

في النهاية، بعد التبادل مع الموظفين، يحتاج المدراء إلى تقديم سجل مفصل لتوفير الإلهام للقرارات المستقبلية وتعديل السياسات.

3. يجب على التواصل التركيز على الاحترام المتبادل

لا يمكن إنكار أن هناك اختلاف بين المدراء والموظفين من حيث المنصب، ولكن هذا لا يخدم أي إشارة لكرامة البشر. إذا لم يحترم المدير موظفيه، فسيكون الموظفون مستاءين بطبيعة الحال من المدير ويتخذون موقف الاستبعاد تجاهه.

قال رن تشنغ في ذات مرة بصراحة: "إن أهم شيء للتبادل بين الناس هو الاحترام المتبادل، خاصة بالنسبة لقادة المؤسسات. لا يمكنك أن تكسب احترام موظفيك الصادق إلا من خلال احترامهم أولاً. وإلا فسوف تدفعهم بعيداً عنك." وهكذا، فيما يتعلق باحترام

الموظفين، قامت شركة هـواوي بعمـل جيـد للغايـة.

يرتبـط نجـاح شركـة هـواوي ارتباطًـا وثيقًـا بفلسفة الشركـة المتمثلـة في "التركيـز علـى النـاس". وتظهـر هـذه الفلسـفة بشكل أساسي في جانـب الاهتمـام بالموظفين واحترامهـم.

غالبًـا مـا يذهـب مديـرو شركـة هـواوي إلى التحـدث مـع الموظفين المحليين في الميـدان، أو حتى العمـل معهـم لفتـرة مـن الوقـت، حيـث يمكن للمـدراء إجـراء محـادثة وجهاً لوجـه مـع الموظفين وتبـادل الأفكـار معهـم. ووفقًـا للمعلومـات التـي قدمهـا أحـد موظفـي شركـة هـواوي علـى المستوى الشعبـي، فـإن العديد مـن القـرارات الإداريـة المهمـة للشركة كانـت مـن أفكارهم.

وبالطبـع، فـإن المسـؤولين التنفيذيين في شركـة هـواوي سـوف يسـتخدمون جولاتهـم التفقديـة لفهـم الظـروف المعيشـية للموظفين وتعديـل هيكـل الرواتـب اسـتنادًا إلى التغذيـة الراجعـة مـن هـذه الجـولات. لا شـك أن ممارسـة هـواوي هـذه قدمـت حوافـز وتشجيعًا كبيـرًا لموظفيهـا علـى المسـتوى القاعـدي.

وهذا يـدل علـى أنـه بعـد أن يشـعر الموظفون أن رئيسـهم يحترمهـم ويعتني بهـم بصـدق، فإنهـم مسـتعدون لبـذل المزيد مـن الجهـود في العمـل. علاوة علـى ذلـك، عندمـا يكـون لـدى الموظفين والمـدراء آراء مختلفـة، سـيكون الموظفون علـى اسـتعداد لوضـع أنفسـهم في منصـب المديـر والتفكيـر أكثـر مـن أجـل مديرهـم.

مثـل رن تشـنغ في، فـإن رئيـس لينوفـو ليـو تشـوان تشـي يعتقـد أنـه عندمـا يتبـادل القـادة مـع موظفيهـم، يمكـن إظهـار احترامهـم للموظفين مـن خـلال الاسـتماع إلى اقتراحـات الموظفين بصبـر كبير. علاوة علـى ذلـك، يحتاجـون أيضا للتفكيـر في وجهـات نظـر الموظفين. خاصة عندمـا يكـون هنـاك تناقـض بـين الرئيـس والمـرؤوس، إذا كان بإمـكان المديـر إعـادة النظر في القضيـة مـن منظـور الموظـف، سـيكون مـن الأسـهل عليهمـا حـل النـزاع.

كان وو بنـغ مديـرا رفيـع المسـتوى في مجموعـة لينوفـو. ولكـن بسـبب صغـر سـنه، كان الموظفون الجـدد يميلـون إلى عـدم الانصيـاع لأوامـره. وكان الخبـراء الأجانـب والمحترفون المحليون لا يتفقـون معـه عندمـا التقـوا بـه للمـرة الأولى. فيمـا يتعلـق بهـذه الحالـة، اعتـاد وو بنـغ أن يقـول لهـم: "أنـا أصغـر منكـم، لـذا لـن أطلـب منكـم أن تلتزمـوا بأوامـري بشـكل تـام، ولكـن آمـل في أن نتمكـن مـن توحيـد جهودنـا. حيـث أن هدفنـا النهائي هـو تحقيـق النجـاح المشـترك."

اكتسـب وو بنـغ احتـرام هـؤلاء الموظفين المحترفين مـن خـلال فهـم أهميـة التفكيـر مـن منظـور الآخريـن، الأمـر الـذي أكسـبه إعجـاب واحـترام مرؤوسـيه. علـى العكـس مـن ذلـك، إذا كان وو بنـغ دائمـا يتعامـل مـع الأمـور مـن وجهـة نظـره الخاصـة، فإنـه لـن يكـون قـادرا علـى اكتسـاب اعتـراف هـؤلاء الموظفين.

لذلك، في إدارة المؤسسات، يحتاج القادة إلى التفكير من منظور موظفيهم، ومحاولة فهم الصعوبات التي يواجهونها ومراعاتهم. في المقابل، سوف يكون المدراء محبوبين لدى الموظفين لأنهم يستطيعون التفكير في مصالحهم.

ذات يوم، اشتكت موظفتان جديدتان في شركة هواوي في المصعد من مشكلة صغيرة في النظام المالي للشركة. وكان يقف بجانبهما شخص بملابس عادية ومنظر صادق. ولكنهما لم تهتما به في ذلك الوقت لأنه لم يكن هناك شيء مميز يثير انتباههما في هذا الغريب. في اليوم التالي، أخبرت الإدارة المالية هاتين الفتاتين بأن المشكلة التي اشتكيتا منها قد تم حلها. دهشت الفتاتان من ذلك وتساءلتا عن كيفية حدوث ذلك، أخبرهما المتصل أن الرئيس التنفيذي رن تشنغ في اتصل بالإدارة المالية هاتفيا وحثها على حل هذه المشكلة. صدمت الفتاتان لسماع ذلك لأنهما لم تتخيلا أن الشخص الذي وقف إلى جانبهما واستمع لشكواهما في ذلك اليوم كان رن تشنغ في.

لا يمكن إنكار أن هناك العديد من القادة الذين يتبادلون مع موظفيهم بطريقة محترمة ومدروسة. ومع ذلك، فهم معتادون على الحفاظ على تعبير وجه جاد مما يعبد موظفيهم.

عندما يشعر الموظفون بالاحترام من قبل مدراءهم، فهم على استعداد للتحدث بصراحة وإخلاص. وبناءً على ذلك، يمكن للقيادة أن تتخذ قرارات إدارية أكثر دقة.

4. بقلب واحد وعقل واحد لتحقيق التقدم المشترك

في الوقت الحاضر، يلعب التواصل دورا متزايد الأهمية في إدارة الأعمال. ولكن لسوء الحظ، فإن العديد من القادة يركزون على توصيل المهام والمشاريع والخطط ووجهات النظر مع الموظفين فقط، بينما يهملون أخذ مشاعر الموظفين الشخصية بعين الاعتبار. يعتقد رن تشنغ في أن أسلوب الإدارة هذا غير صحيح، وقال: "إن الخطوة الأولى للتبادل مع الموظفين هي الشعور بما يشعرون به. إذا لم يكن هناك أي تفاعل مع الموظفين حول مشاعرهم الشخصية أثناء التواصل، فإننا لن نلمس قلوبهم، وبالتالي لن يشتركوا في أي إيمان وشغف مشتركين مع الشركة."

يحذر رن تشنغ في القيادة العليا في شركة هواوي قائلا: "عند التبادل مع موظفينا، يجب أن نسعى للحصول على عاطفة مشتركة معهم. أولا، نحن بحاجة إلى التحدث معهم بموقف

مخلص، هذا يعني أنه يجب علينا أن نحترم كل موظف بصدق، وأن نكون متسامحين، وأن نكون ودودين. يجب أن يكون تعبير وجهنا لطيفا قدر الإمكان، ويجب أن نهتم بلهجتنا في التحدث معهم. ويجب أن يكون موقفنا لطيفًا. ثانيا، نحن بحاجة إلى إيجاد نقطة مشتركة مع موظفينا. يجب على القادة محاولة فهم ما يفضله الموظفون والتحدث عن الموضوعات التي يعرفها الموظفون، لجعلهم يشعرون بأنهم أقرب إلينا نفسياً. في النهاية، يجب علينا مساعدة الموظفين في وقت الحاجة. يجب علينا تقديم المساعدة عندما يواجه موظفونا صعوبات في حياتهم أو في العمل. بهذه الطريقة، يمكننا أن نلمس قلوبهم."

تحظى طريقة رن تشنغ في في التبادل العاطفي بإعجاب السيدة تاو هوا بي، مؤسسة شركة لاو قان ما فلافورد فود المحدودة. السيدة تاو هي امرأة ريفية مع عدم تلقي أي تعليم. قامت بتطوير شركتها إلى شركة كبيرة معروفة تبلغ أصولها الإجمالية 1.3 مليار يوان صيني في غضون 6 سنوات. هذا الإنجاز يرجع إلى إدارتها الفريدة – وأسلوب الإدارة في التعامل مع الموظفين كأسرة.

في المرحلة الأولى من ريادة الأعمال، أدركت تاو هوا بي أن الشركة كانت في منطقة نائية حيث كان النقل غير مريح، لذا قررت الشركة الاعتناء بغذاء الموظفين وسكنهم. واليوم، تطورت الشركة لتصبح شركة تضم أكثر من ألف موظف، ولم يتم إلغاء هذه الممارسة بعد.

كانت رعاية تاو هوا بي تجاه موظفيها دائمًا تتجاوز توقعاتهم. كلما كان هناك بعض الموظفين الذين يحتاجون للسفر في رحلة عمل، قامت شخصياً بطهي عدد قليل من البيضات ليأكلوها في طريقهم، ورافقتهم إلى بوابة المصنع، ووصلتهم إلى الحافلة للتأكد من أن رحلتهم بدأت بأمان مثل الأم المعتنية التي تودع ابنتها.

جعلت إدارة تاو هوا بي ع ذات الطابع العائلي تماسك شركة لاو قان ما قويا بشكل متزايد. كان تاو هوا بي كأم حنونة في نظر موظفيها. لا أحد يخاطبها "الرئيسة" في الشركة، بل ينادونها "الأم الحاضنة".

تعاملت تاو هوا بي مع كل موظف بطريقة بسيطة وصادقة. وفي المقابل، كان يتخذ موظفوها موقفا "أعطوني بوصة واحدة وسأعيدها لكم ميلاً"، حيث أنهم قاموا بتوحيد جهودهم وعملوا بجد من أجل التطوير السريع للشركة. واليوم، وصل إجمالي قيمة الإنتاج للشركة إلى 1.3 مليار يوان صيني مع دفع ضرائب سنوية تبلغ 180 مليون يوان صيني، وتصنف بين أكبر 50 شركة صينية خاصة. ابتكرت تاو هوا بي قصة أسطورية من خلال قيادة شركة خاصة للوصول إلى هذا المستوى من التنمية. نجاحها هو التقاط للأنفاس. وطريقتها في "الاستثمار العاطفي" تستحق أن نتعلم منها.

وكما قال لي كا شينج، الذي يعد أغنى رجل في هونغ كونغ، "أنا لست شخصًا ذكيًا، لكن لدي طرق للتواصل مع الموظفين. أنا أفكر دائمًا من وجهة نظرهم وأضع نفسي في مكانهم. وبطبيعة الحال، بدأوا يشعرون بالتعاطف معي وبالتالي فإنهم مستعدون للعمل معي من أجل خلق مستقبل مشرق."

لذلك، من الإنصاف القول إنه يجب على القادة أن يفهم الموظفين تمامًا ويفعل كل ما في وسعه لحل مشاكل موظفيه. بهذه الطريقة، يمكنهم حقاً كسب تقديرهم وقبولهم. مثلما قال ليو تشوان تشي ذات مرة: "بالنسبة للقادة، فقط من خلال اتخاذ المبادرة لفهم ومساعدة الموظفين، سيحصلون على ثقتهم ومساعدتهم. ستكون العلاقة بين القادة والموظفين وثيقة مع التشجيع والمساعدة المتبادلين."

5. لا تضع وقت الآخرين

جدير بالذكر أن التواصل يستغرق وقتًا، لذا يجب أن نتجنب تعطيل وتيرة عمل الآخرين عن غير قصد، وبالتالي تقليل كفاءتهم، فضلاً عن إضاعة وقتنا الخاص.

هنا يجب أن نشير إلى "قانون الإيقاع" الذي ورد ذكره في تدريب إدارة الوقت في شركة هواوي - حيث أننا نحتاج إلى الحفاظ على نفس إيقاع العمل مثل الآخرين، وفهم عادات تصرفات الآخرين، ولا نقوم بزيارة الآخرين بشكل مفاجئ.

وفي حديثه عن مشكلة إضاعة الوقت، قال مو لي تشانغ، مدير السوق العالمية للاتصالات الموحدة في هواوي: "إذا أراد أحد الموظفين تقديم تقرير عمل أو تعيين موعد للعميل، فلا تدعهم ينتظرون، ولا تتأخر عن الاجتماعات أو المفاوضات، حتى لا نضيع وقت الآخرين."

لذلك، يجب علينا أن نفكر في سلوكنا لمعرفة ما إذا كنا قد قمنا بشيء أدى إلى إضاعة وقت الآخرين. كما يجب أن نسعى جاهدين لتجنب حدوث مثل هذه الأشياء. وإذا لم نستطع العثور على أي نتيجة، فسوف نسأل رؤسائنا وزملائنا والمرؤوسين في العمل: "هل فعلت أي شيء أضاع وقتك؟ كيف يمكنني تغيير طريقة استخدامي للوقت حتى تتحسن كفاءة وقتك أيضًا؟"

لكي لا نزعج الآخرين، يجب أن نعرف أولاً متى يكون الوقت المناسب للتواصل لتجنب التحدث مع الآخرين في الوقت غير المناسب. وإذا كان بإمكاننا اختيار الوقت المناسب

للتواصل، فيجب علينا أن نستخدم أقصر فترة زمنية لتحقيق عملية التواصل الأكثر سلاسة وفعالية. وقد سجل وو تشون بوه، كبار المستشارين الإداريين لشركة هواوي، جزءًا من تواصله مع رن تشنغ في:

"في العشرين من مايو عام 2009، كنت أشارك في الدفاع عن الأطروحة لدرجة الماجستير، وفجأة بدأ هاتفي المحمول بالاهتزاز، ألقيت نظرة على الشاشة واكتشفت أنه من السيد رن. سألني: "هل أنت مشغول الآن؟" فأخبرته بالحقيقة وقال: "آسف لإزعاجك!" ثم أنهى المكالمة.

اتصل رن تشنغ في الوقت الخطأ، ولكن بعد أن وجد أن الوقت غير مناسب، أنهى المحادثة على الفور. قام رن تشنغ في بفعل ما كان يدعو إليه منذ فترة طويلة: لا تزعج عمل الآخرين، لأنك إذا فعلت ذلك، فلن تؤثر فقط على إيقاع عمل الآخرين، بل تضيع وقتك أيضًا.

كيف نفعل؟ في شركة هواوي، من الإدارة إلى الموظفين على المستوى القاعدي، يعرف الجميع مبدأ التحدث مع الآخرين في الوقت المناسب، وبالتأكيد لا يمكن أن يزعج الآخرين بطريقة مفاجئة. لذا، كيف قام الموظفين في شركة هواوي باختيار الوقت المناسب للتواصل؟ فيما يلي ترتيب أسبوعي قياسي للتواصل لموظف معين في شركة هواوي.

يوم الاثنين: سأعقد اجتماعًا وأعين المهام الأسبوعية للموظفين في اليوم الأول من الأسبوع. على الرغم من ذلك، إذا كنت أرغب في التواصل مع زملائي أو زبائني، فسأحاول تجنب هذا اليوم. إذا كان التواصل مطلوبًا بشكل عاجل، فسوف أظل أحاول تجنب ترتيبه في الصباح.

من يوم الثلاثاء إلى يوم الخميس: هذه الأيام الثلاثة هي ساعات العمل العادية، وينهمك الموظفون بشكل كامل في عملهم. يتم التواصل مع الزملاء أو العملاء في هذا الوقت.

يوم الجمعة: يعتاد الناس على تلخيص أعمال الأسبوع في يوم الجمعة وتقديم تقرير إلى مدراءهم أو فهم التقدم في عملهم. إذا أردت تقديم تقرير إلى المدير أو معرفة سير العمل، فسأختار القيام بذلك يوم الجمعة. وإذا كنت أرغب في التواصل مع العملاء حول بعض المشاكل، فلن أختار هذا اليوم.

يوما السبت والأحد: وقت للراحة. ولكن بما أن موظفي هواوي الحاليين لا يزالون يواكبون تقاليد العمل الجاد من السنوات الأولى، فإن العديد من الموظفين يختارون العمل الإضافي في هذين اليومين. وغالبا ما يرتب الموظفون المهام الخاصة في هذين اليومين. ومع

ذلك، فإنهـم لا يزعجـون العمـلاء مـن خـلال التواصـل معهـم بطريقـة مفاجئـة ولا يزعجـون زملائهـم أو رؤسـائهم كذلك.

بالإضافة إلى ذلك، يقوم العديد من الموظفين بعمل ترتيبات تواصل يومي أكثر تفصيلاً.

عـلى سـبيل المثـال، معظـم الموظفـين مشغولون بأعمالهـم مـن السـاعة 9:00 إلى السـاعة 12:00. وإذا كان لديهـم مكالمـات هاتفيـة خـلال هـذه الفتـرة، فليـس لديهـم الوقـت لإجابتهـا. وبالتالي، في شـركة هـواوي، لا يقوم الموظفون بإزعـاج الآخريـن خـلال هـذه الفتـرة. وإذا كانـوا بحاجـة إلى التبـادل في مشـاكل العمـل، سـيختارون التحـدث مـع الآخريـن مـن السـاعة 11:00 إلى السـاعة 12:00. لأنـه في هـذا الوقـت، انتهى معظـم الموظفـين مـن التعامـل مـع الأمـور الأكثـر إلحاحًـا، لـذا فهـم ليسـوا مشغولين كمـا في السـابق.

مـن السـاعة 12:30 حتـى السـاعة 14:00، هـذه الفترة هـي وقـت تنـاول الغـداء والاسـتراحة. إذا لم يكـن هنـاك حالـة طـوارئ، لذلـك لا تزعـج الآخريـن. لأنـه بعـد صبـاح مزدحـم مـن العمـل، يشـعر النـاس بالتعب ويحتاجـون إلى تخزيـن طاقتهـم لفتـرة مـا بعـد الظهـر.

مـن السـاعة 14:00 إلى السـاعة 15:00، حـاول تجنـب التواصـل خـلال هـذه الفتـرة، لأن النـاس سيشـعرون بالنعـاس والإرهـاق قليـلاً ولا تكـون عقولهـم في حالـة اسـتيعاب للأمـور، لذلـك مـن الصعـب عليهـم التركيـز واتخـاذ القـرارات الدقيقـة.

مـن السـاعة 15:00 إلى السـاعة 18:30، هـذا هـو الوقـت الأكثـر ملاءمـة للأشـخاص للتبـادل حـول شـؤون العمـل.

مـن السـاعة 18:30 حتـى السـاعة 21:00، بعـد الانتهـاء مـن العمـل، عـادة مـا يكـون النـاس في حالـة ذهنيـة أكثـر راحـة. هـذه الفتـرة ليسـت مناسـبة للحديـث عـن العمـل لأنـه بعـد يـوم كامـل مـن العمـل، قـد يشـعر النـاس بالتعب الشـديد وليسـوا بمـزاج جيـد للتعامـل مـع شـؤون العمـل.

مـن السـاعة 21:00 إلى السـاعة 09:00 مـن اليـوم التالي، حـاول عـدم التواصـل مـع الآخريـن في هـذه الفتـرة، لأنهـا وقـت خـاص وبالتالي لا يريـد النـاس أن يتـم إزعاجهـم بشـكل عـام.

إن الأعمـال المختلفـة لهـا معاييـر زمنيـة مختلفـة، ولا توجـد طريقـة واضحـة لتحديـد الوقـت المناسـب للتواصـل. ولكننـا نحتـاج فقـط إلى تذكـر مبـدأ واحـد: يجـب علينـا اختيـار الوقـت المناسـب للتواصـل مـع الآخريـن لتجنـب إزعاجهـم.

يجـب أن نحـاول عـدم زيـارة الآخريـن بطريقـة مفاجئـة. إذا كان مـن الضـروري التواصـل مـع زملائنـا، يجـب علينـا أولاً أن نعـرف بوضـوح عـن وتـيرة أعمالهـم، حتـى لا نزعجهـم في سـاعات عملهـم المزدحمـة.

أراد أحد موظفي المبيعات في شركة هـواوي تقديـم بعـض التعريـف بالمنتجـات إلى زبونه. ولتجنـب إزعـاج الزبـون وعـدم الاجتماع مع الزبـون، اتصلـت بسكرتير الزبـون مسبقًا. وعلم أن هـذا الزبـون لديـه اجتماع في ذلك اليـوم، ولم يعرف السـكرتير متى سينتهي الاجتماع. لذلك لا يسـتطيع تحديـد موعـد دقيـق للاجتماع. لذلـك، قـام بالاتصـال بالسـكرتير عـدة مـرات لمعرفـة مـا إذا كان هنـاك أي وقت مناسب للاتصـال بالزبـون. وانتهـى اجتماع العميـل عنـد الظهـر، لذلك أبلغـه السـكرتير عـن هـذا الاجتماع. وأخيـراً، حظـي موظـف المبيعـات بالفرصـة للاتصـال بزبونـه. وحظـي أسـلوبه بتقديـر عـال مـن قبـل الزبـون.

من هذه الحالة، يمكننا أن نتعلم ثلاث مهارات للتواصل.

أولاً، معرفـة عـادات العمـل للمسـتهدف مـن التواصـل. لـدى كل شـخص عـادة العمـل الخاصـة بـه. إذا كنـا على علـم بعـادات العمـل لمدرائنـا وزملائنـا وعملائنـا، ونعـرف متـى يبـدأون وينهـون عملهـم، فسـيكون مـن الأسـهل لنـا اختيـار الوقت الملائـم للتواصـل معهـم.

بصفـة عامـة، خلال سـاعات العمـل الأكثر ازدحامـا وكفـاءة للمسـتهدفين مـن التواصـل، أو عندمـا يطلبـون عـدم إزعاجهـم، يجـب أن نحـاول عـدم مقاطعتهـم.

ثانيًـا، التعـرف علـى التقـدم في العمـل عنـد المسـتهدفين مـن التواصـل. نحتـاج إلى معرفـة مـا يعمـل عليـه المسـتهدفون مـن التواصـل، وتقييـم تقـدم عملهـم، واختيـار التواصـل معهـم عندمـا تتباطـأ وتيـرة عملهـم نسـبيًا. ويمكـن الحصـول على هـذه المعلومـات مـن سـكرتيريهم أو شركائهـم.

ثالثًـا، التأكـد بطريقـة مؤدبـة ممـا إذا كان الطـرف الآخـر مسـتعدًا للتواصـل أم لا. إذا كان المسـتهدف مـن التواصـل غيـر راغـب في التحـدث، فلـن يكـون هنـاك وقت مناسـب للزيـارة. لذلـك، قبل البـدء في إجـراء محادثـة، يجـب عليـك التأكـد ممـا إذا كان المسـتهدف مـن التواصـل مسـتعدا لتحـدث أم لا. يمكنـك أن تسـأل بـأدب: "هـل مـن المريـح بالنسـبة لـك أن تتحـدث الآن؟ أم يجـب أن نتحـدث في وقت لاحـق؟" يجـب أن نشـجع الآخريـن علـى التأكـد مـن موعدنـا بنفـس الطريقـة المهذبـة. إذا كان لـدى المسـتهدف مـن التواصـل سـكرتير، فيمكننـا تعييـن موعـد للاجتماع مـن خلال السـكرتير.

باختصـار، للتأكـد مـن أننـا لـن نزعـج الآخريـن، نحتـاج إلى تطويـر عـادات عمـل ومهـارات تواصـل جيـدة. هـذه عمليـة طويلـة تتطلـب منـا أن نفكـر باسـتمرار في التجـارب السـابقة وأن نحـرز تقدمـا في الأعمـال المحـددة.

6. لا تقل"أنا فهمت" بسهولة

كثير من الموظفين لا يفهمون لماذا قضوا الكثير من الوقت في شيء ما بينما كانت النتائج غير مرضية. في الواقع، هذه المشكلة نابعة أساسا من مشاكل التواصل بين هؤلاء الموظفين ورؤسائهم، لأنهم لديهم سوء فهم تجاه المهام الموكلة إليهم. إذا كان فهم الموظف للمهمة مختلفًا تمامًا عن توقعات رئيسهم، وفي المقابل، فإن مثل هذه الاختلافات في الفهم تترك أثراً على تنفيذ العمل، وستتبعه التناقضات والمشاكل.

يمكن أن تكون التعليمات الغامضة أحد الأسباب التي تجعل بعض الموظفين يواجهون مشكلة، ألا وهي على الرغم من أنهم بذلوا كثيرا من الوقت للعمل، إلا أن النتاج غير مرضية بالنسبة إلى رؤسائهم. لكن السبب الرئيسي يكمن في الموظفين أنفسهم، لأنهم يفشلون في الحصول على فهم واضح للمتطلبات والتوقعات من رؤسائهم عندما يتم تعيينهم في مهمة معينة. وبالتالي، يجب إجراء المزيد من التواصل لإزالة سوء الفهم السابق، مما أدى إلى انقطاع وتيرة عمل الطرفين وإهدار الوقت.

عمل تشانغ جيا في شركة لتطوير البرمجيات منذ ما يقرب من ثلاث سنوات. ويمكن اعتباره أحد كبار الموظفين. بعد انضمامه إلى الشركة، اعتاد تشانغ جيا أخذ كل اجتماع على محمل الجد ودائمًا يقوم بأخذ ملاحظات خلال الاجتماعات، في وقت لاحق، أصبح أقل صبرا من ذي قبل.

وعندما يكون هناك مهمة جديدة، قبل أن ينهي مدير المشروع تعليماته، تشانغ جيا يفكر في نفسه: "لا يوجد شيء مميز حول هذا المشروع، حتى الأحمق يمكن أن يعرف ماذا يفعل!" ثم بدأ يفقد التركيز ولم يسمع كلمة واحدة من تعليمات المدير.

بعد أن عمل تشانغ جيا على هذه المهمة لفترة طويلة، أدرك أن هناك خطأ ما في ذلك. ثم أضطر إلى إعادة التواصل مع مديره وتأكيد المهمة مرارا وتكرارا، ثم بدء العمل من جديد. لم يضع تشانغ جيا الوقت في إكمال المهمة فحسب، بل ترك انطباعًا سيئًا عند مديره أيضا.

كيف يمكن أن يكون ما يسمعه الموظفون ويفهمونه مختلفًا عن توقعات الرئيس؟ كيف يمكن تجنب مثل سوء الفهم هذا؟

تعطينا النظرية النفسية للذاكرة الانتقائية إجابة على هذا السؤال. ما يسمى بالذاكرة الانتقائية يعني أنه أثناء عملية تلقي المعلومات، يميل الناس إلى استيعاب المدخلات بناء على احتياجاتهم الشخصية وإرادتهم. ثم يقوم الناس بالتركيز وتفسير المعنى وفقًا لفهمهم

الخاص، مما قد يؤدي إلى سوء التفسير أو الحصول على فكرة "خاطئة". لذا، فإن ما يفهمه الموظفون من أوامر الرؤساء قد يكون مختلفًا عن التوقعات الحقيقية للرئيس.

لتجنب مثل هذه الحوادث "الإساءة في السماع"، تطلب شركة هواوي من موظفيها إتقان مهارة أساسية واحدة وهي: تعلم الإصغاء. بشكل عام، يستمع موظفو هواوي إلى المهام من مدرائهم استنادًا إلى خطوات ثلاث: الاستعداد لتدوين الملاحظات، والاستماع بعناية، والتأكيد النهائي.

عندما يقوم المدراء بإصدار المهام، يمكنك تذكرها بوضوح في ذلك الوقت، ولكن عندما تبدأها رسميا، من السهل نسيان بعض التفاصيل. إذا ذهبت للتأكد منها مع المدير في هذا الوقت، قد تترك انطباعا غير مبالي عند المدير. وفي الوقت نفسه، ستزعج عملهم. لذلك، يقوم موظفو هواوي بتجهيز أقلام وأوراق لتدوين التعليمات الهامة من مدرائهم.

من دفتر ملاحظات موظفي هواوي، يمكننا أن نرى أنهم يستخدمون كلماتهم الرئيسية ورموزهم الخاصة لتسجيل المهام مع نقاط بارزة للمهام (كما هو مبين في الجدول 7-1).

قد تبدو ورقة سجل المهام بسيطة إلى حد ما، لذلك بدون الاستماع بعناية وإدراك الهدف الحقيقي والنقطة الرئيسية للمدير، سيصبح ملء مثل هذا الجدول إجراء شكليا فقط. لذلك، يبذل موظفو هواوي جهدا كبيرا في عملية الاستماع، حيث يضعون علامة على الكلمات الرئيسية في الجدول، وأحيانًا يضعون كلمات أخرى للإشارة إلى عاطفة المدراء عند تكليفهم بالمهمة.

الجدول 7-1   ورقة سجل المهام

التاريخ: 2 نوفمبر 2009 15:00	نوع المهمة:
إصلاح المشكلة (إصلاح معدة معطلة)	المهمة الرئيسية:
يومين	مدة العملية:
المساعد وانغ كه	الخطة المقترحة:
يقدم قسم البحث والتطوير الدعم (يقدم الزميل وانغ كه في حل المشكلة ويطلب من قسم البحث والتطوير للمساعدة إذا لزم الأمر)	
لا مشكلة (اتخاذ خالية من الأخطاء كالهدف)	النتائج المتوقعة:

وقام موظفو هواوي بتلخيص بعد المهارات عملية الاستماع.

يلتقط موظفو شركة هـواوي "الكلمات الرئيسية" أولاً، أي الاستماع بعناية إلى الكلمات التي تحدد طبيعة المهمة أو كميتها، مثل الوقت، ومعايير الجودة، والعدد المحدد، والمواقع ذات الصلة، والإدارات المسؤولة. هـذه الكلمات تكشف عن معلومات أساسية حول المهمة، كما تظهر عاطفة واهتمامات المدير.

كـما يحافظ موظفـو هـواوي عـلى موقف متعاطف خـلال عمليـة الاستماع لوضـع أنفسـهم في موقـع المـدراء والتفكير مـن وجهـة نظرهـم.

يلاحظ موظفو هـواوي بعناية ما إذا كان هناك تناسق بـين نغمة المتحدث وتعبيره وموقفه ومحتوى ترتيب المهام لفهم نواياه بشكل كامل، وكذلك معرفة الارتباط الموجود بـين المعلومات والوقت المحـدد.

ولتجنب سوء الفهم لنوايا الآخريـن الحقيقية، يسعى موظفو هـواوي للحصول عـلى تأكيـد مـن المتحـدث. واستنادا إلى الإجابـة المعطـاة، يحصلـون عـلى فهم أكـثر تعمقا ودقة لمحتوى ومتطلبات المهمة.

مـن خـلال الخطوات الأساسية الثلاث وهي التحضير والاستماع والتأكيـد، يمكن لموظفي هـواوي فهم المعلومـات التـي يقدمها المدير والزملاء والعملاء بدقة، الأمر الـذي يضمن قيامهم بالعمل بالاتجاه الصحيح. وهذا يجنب الوضع غير المرغوب به عندما يجبر أحدهم عـلى إنهاء المهمة أو إزعاج الآخرين لتوضيح سـوء الفهم.

مـن خـلال المحتوى المذكور، أتقننـا الخطوات الأساسية للاستماع إلى تعليمـات المهام. ومـع ذلـك، الاستماع هـو أكـثر مـن مجـرد مهارة، بـل هـو أيضا فـن. نحتـاج إلى إتقان بعض التفاصيل لفهم النوايا الحقيقية للآخريـن.

أثنـاء عمليـة الاستماع، قـد نتعـرض للتداخل مـن مجموعـة متنوعـة مـن العوامل الخارجية والداخليـة. عـلى سبيل المثال، عندمـا يركـز الشخص الآخـر عـلى توصيل المعلومـات، ثـم يـرن هاتفك فجأة ويجب عليه أن يتوقف.

مثل هـذه الحـالات لا تقاطـع طلاقـة التواصل فحسب، بـل تجعلنـا نفـوت بعـض المعلومـات الهامـة عـن غـير قصد. وفي الوقت نسفه، قـد يشـعر الشخص الآخـر بالإهانة ويهرع لإنهاء التفسير ببعض الكلمات المتعجلة. إذا كان الأمـر كذلك، فليس لدينا أي فرصة لفهم النية الحقيقية للشخص الآخر بدقة.

قبـل أن نبـدأ في الاستماع، يجـب أن نقـوم بإزالـة أي عوامـل تدخـل قـد تؤثر عـلى تلقينـا للتعليمـات (مثل الهاتـف، المـزاج السـيئ، الصـورة السـيئة، إلـخ). حتـى نتمكـن مـن إظهار

احترامنا للشخص الآخر أثناء خلق بيئة تواصل جيدة، حيث يمكن للجميع التعبير بشكل كامل وبحرية بطريقة منظمة.

لا يجوز لنا أن نقاطع المتكلم بشكل اعتباطي، لأن هذا السلوك غير مهذب على الإطلاق. وبالتالي، يساء فهم المتكلم، لأن المتكلم قد ينسى ما كان يريد أن يقوله في الأصل. ويعتبر هذا السلوك المنطقة المحظورة للمستمعين، حيث لا يجوز لهم دخولها.

وأخيرا، على الرغم من أننا قد نفهم بالفعل نية الشخص الآخر، فلن نتجاهل أهمية السعي إلى توافق الآراء. لذلك، قد تسأل: "إذن، ما تقصده هو ذلك..."، وبعد تأكيد الآخرون، سيتوصل الطرفان إلى توافق. بعد ذلك، يمكننا ببساطة التأكد من أننا سننفذ المهمة وفقًا لما فهمناه.

7. التغذية الراجعة في الوقت المناسب تضمن التواصل أكثر سلاسة

لا يقتصر التواصل الكامل على الاستماع إلى آراء وأفكار الآخرين فحسب، بل يتعلق أيضًا بالتفاعل معهم من خلال تقديم ردود فعل وتغذية راجعة في الوقت المناسب. إذا لم يقدم المدير التغذية الراجعة في الوقت المناسب للموظفين، فقد يسيئون فهم نوايا المدير أو حتى يفقدون الرغبة في تبادل الأفكار معه، وبالتالي سيتم تقليل التآزر والحماس للفريق. ومجرد أن يبدأ جميع أعضاء الفريق بالعمل لأنفسهم ولا يعتنون إلا بمسائلهم الخاصة، فإن القدرة التنافسية الشاملة للفريق ستشل بقوة.

على الرغم من أن إعطاء التغذية الراجعة للمرؤوسين يلعب دوراً متزايد الأهمية في إدارة الفريق، ويولي مدراء العديد من الشركات أهمية كبيرة على هذه المسألة، إلا أنه لا يزال الجانب الذي غالباً ما يتم تجاهله بسهولة من قبل المدراء. وتظهر نتيجة استطلاع اجتماعي خاص أن 47٪ من الموظفين الذين يحصلون على تغذية راجعة من رئيسهم مرة واحدة في الأسبوع أو حتى بتكرار أقل.

كانت ديزي مرؤوسة تابعة لآندي. ولم تكن أعمال شركتهما تتطور بشكل جيد مؤخرا، على الرغم من أن ديزي حافظت على حماسها عند لقائها بالعملاء، إلا أنها تشعر بالإحباط بعد رفض عرضها مرارا وتكرارا من قبل العملاء المختلفين. كانت ديزي تأمل في أن تتاح لها الفرصة للحصول على توجيه من خبراء المبيعات لتحسين مهارات المبيعات الخاصة بها. وفي النهاية فكرت ديزي بمديرها وهو آندي.

عندما قام أندي بزيارة ديزي، سألها عن آخر التطورات في أعمالها، قالت ديزي له: "هذه الفترة من العمل صعبة للغاية، حتى أنني أعتقد أنني لست جيدة في مجال المبيعات، وربما يجب أن يتم نقلي إلى قسم آخر." نظر أندي إلى ديزي المحبطة ولم يقل أي شيء، وعاد مباشرة إلى مكتبه.

بعد أن جلس في مكتبه، فكر أندي وقال: "لم تكن ديزي مهتمة بالترويج التجاري على الإطلاق، أليس كذلك؟ لكنني أود أن أعلمها كيفية تطوير الأعمال بشكل أكثر كفاءة وفعالية، ولكن ربما يكون من الأفضل أن أحترم خيارها الخاص." وبعد أسبوع، تلقت ديزي إشعارًا بنقلها إلى قسم آخر "كما كانت تشاء".

في الواقع، لم تكن ديزي ترغب في الانتقال إلى أقسام أخرى، ولكنها تود أن تتلقى بعض التوجيه من أشخاص مع الخبرة الوافرة. على الرغم من أن أندي كان يمتلك النية في تعليمها، إلا أنه لم يقدم تغذية راجعة فعالة في الوقت المناسب، لكنه لم يفهم تلميحها. لذلك، لم يكن أحد سعيدا في هذه الحالة أخيرا.

وقد علمتنا حالة ديزي أنه يجب على المدير أن يقدم تغذية راجعة لموظفيه من خلال منحهم الرد في الوقت المناسب والسماح لهم معرفة ما فعلوه بشكل خاطئ، لمنع الوضع غير السار عندما لا يحقق عملهم الشاق ثماره. لا يجوز للشركة معاقبة الموظفين، ولا يقوم الموظفون بالشكوى من مدرائهم. بهذه الطريقة فقط، يمكن للفريق تحقيق الانسجام.

دعا كونوسوكي ماتسوشيتا، رئيس شركة ماتسوشيتا للصناعات الكهربائية، بعض الضيوف لتناول العشاء. كانوا يتناولون الطعام في مطعم للأطعمة الغربية. وقد طلب جميعهم وجبة شرائح لحم. وعندما انتهى الجميع من تناول شرائح اللحم، كان ماتسوشيتا لا يزال يحتفظ بنصف شريحة اللحم في طبقه. كان ماتسوشيتا يخشى أنه عندما يرى الطاهي أن أحدهم أعاد نصف شريحة اللحم إلى المطبخ، فسوف يفهم بشكل خاطئ أن أحدهم لم يحب شريحة اللحم التي طهاها. لذا، طلب ماتسوشيتا من مساعده دعوة رئيس الطهاة إلى الطاولة وقال له بشعور بالذنب: "شريحة لحمك جيدة بالفعل، ولكن عمري 80 عامًا وشهيتي لم تعد جيدة كما كانت من قبل، لذلك لم أستطع تناول شريحة اللحم بشكل كامل. وهذا ليس لأن طبخك ليس جيدًا، أتمنى ألا تمانع. أخشى أن تكون حزينًا لرؤية أن نصف شريحة اللحم قد تم إعادتها إلى المطبخ، لذلك أريد أن أخبركم بذلك شخصيًا. لقد قمت بعمل جيد حقا في طهي شريحة اللحم، شكرا جزيلا لك!"

لقد تحركت مشاعر الطاهي عندما علم أن الرئيس لشركة ماتسوشيتا للصناعات

الكهربائيـة المشـهورة يمكـن أن يراعـي مشـاعره ويعاملـه بهـذه الطريقـة الوديـة، كـما جـذب السـيد ماتسوشيتا جميـع الضيـوف الآخريـن بأسـلوبه.

فقط الجـنرال الـذي يعرف جنـوده يسـتطيع أن يقـود القـوات إلى النـصر، وبالمثـل، فـإن المـدراء الذيـن يعرفـون الذيـن يعرفـون موظفيهـم، يسـتطيعون قيـادة الفريـق بأكملـه. إذا لم يقدم ماتسوشيتا التغذيـة الراجعـة في الوقـت المناسـب، فقـد يمكـن للطاهـي أن يسـيء فهمـه ويشـعر بالحـزن لأن طبخـه لم يكـن موضـع تقديـر، الأمـر الـذي قـد يقـوض حماسـه وثقتـه بالعمـل. لكن لحسـن الحـظ يعـرف ماتسوشيتا "جنـوده" بشـكل جيـد. لذلـك، قـاد فريقـه لتحقيـق نجـاح رائـع وحصـل عـلى لقـب "ماجسـتير في الإدارة".

في هـواوي، يحتـاج المـدراء مـن كل قسـم، بمـا في ذلـك قسـم التسـويق وقسـم البحـث والتطويـر وإدارة الخدمـات والعديـد مـن الأقسـام الأخـرى، إلى إدارة عـدد كبـير مـن الموظفـين. وكمـدراء، إذا لم يتمكنـوا مـن إعطـاء تغذيـة راجعـة إلى الموظفـين في الوقـت المناسـب، فلـن يتمكـن الموظفـون مـن الحصـول عـلى فكرتهـم بدقـة وسـيعمل كل شـخص بمفـرده. وأخـيراً، سـوف ينحـرف القسـم بأكملـه بعيـداً عـن هدفـه. إن التغذيـة الراجعـة الإيجابيـة تحـرر الموظفـين مـن صعوباتهـم وتجعلهـم يشـعرون بأنهـم ذوو قيمـة بالنسـبة لمدراءهـم وللفريـق. وبهـذه الطريقـة، فإنهـا لا توفـر قـوة دافعـة جيـداً لأعضـاء الفريـق فقـط، بـل تخلـق أيضاً جـواً إيجابيـاً.

كان هوانـغ جيـه (اسـم مسـتعار) مشرفـاً عامًـا للمـشروع في هـواوي. بعد فـترة وجيـزة مـن توليـه هـذا المنصـب، شـعر بـأن هنـاك بعـض التغيـيرات تحـدث بـين أعضـاء الفريـق. اثنـان مـن الموظفـين الذيـن كانـوا متحمسـين جـداً في العمـل أصبحـا هادئـين فجـأة. لذا، قـام هوانـغ جيـه بسـؤال مديـر المـشروع عـما حـدث وقيـل لـه إن مشروعًـا جديـدًا كان مـن المفـترض أن يبـدأ في الفصـل التالي تـم إيقافـه، ونتيجـة لذلـك شـعر الجميـع بخيبـة أمـل وإحبـاط شـديد.

عندمـا علـم أن الجميـع قـد فقـدوا رغبتهـم في العمـل بسـبب أن المـشروع كان في الفـترة الاحتياطيـة، أدرك هوانـغ جيـه عـلى مسـؤوليته في تشـجيع الجميـع. عقـد عـلى الفـور اجتماعـا مـع الجميـع وأوضـح أن: "السـبب وراء إيقـاف المـشروع المخطـط لـه هـو أنـه لـدى قيـادة الشركـة مخـاوف خاصـة بسـبب تعديـلات السـوق. والآن، أولويـة الشركـة هـي تعزيـز الدعـم الخلفـي وحـل مشـكلة تسـليم الإنتـاج." لذلـك، قـام هوانـغ جيـه بترتيـب أعضـاء فريقـه لتلقـي التدريـب الداخـلي في قسـم الدعـم الخلفـي. في بيئـة غريبـة وتعلـم معـارف جديـدة، وجـد أعضـاء فريـق المـشروع أنفسـهم مشـغولين مـرة أخـرى، فـسرعان مـا اسـتأنفوا حماسـهم السـابق للعمـل.

يرجـع نجـاح شركـة هـواوي إلى مفهومهـا العلمـي في إدارة الفريـق، عندمـا يكـون المـشروع في الفـترة الاحتياطيـة مـن تطويـره، يسـتطيع المـدراء العثـور بدقـة عـلى نقـاط لتمكـين الفريـق

مـن التركيـز عليهـا وقيـادة الفريـق التغلـب عـل الصعوبـات التـي تواجههـم خـلال إجـراء التواصـل المناسـب وتقديـم التغذيـة الراجعـة في الوقـت المناسـب إلى الموظفيـن. فمـن الإنصـاف القـول إن التغذيـة الراجعـة تلعـب دورا هامـا في إدارة الفريـق. لذلـك، في النقـاط الرئيسـية لـلإدارة عـام ١٩٩٨، شـدد رن تشـنغ في عـلى أنـه يجـب عـلى الإدارة العليـا أن تطبـق إدارة التجـول.

يعتقـد رن تشـنغ في أنـه يجـب عـلى المـدراء ألا يجلسـوا في مكاتبهـم اللامعـة الكبـيرة كل يوم وقـراءة التقاريـر. إنهـم بحاجـة إلى التجـول وأخـذ زمـام المبـادرة التواصـل مـع الموظفيـن. وهـم بحاجـة إلى فهـم أفـكار الموظفيـن واقتراحتهـم وإعطائهـم اسـتجابة مناسـبة حتـى يتمكنـوا مـن إصـدار أحـكام صحيحـة عـلى الهـدف، بـدلاً مـن الابتعـاد عـن "المشـهد الحـي"، وإجـراء التحليـل والحفـاظ عـلى السـيطرة مـن مسـافة قـد تـؤدي بسـهولة إلى الظلـم.

٨. لا تنس أن تعد تقريرا جيدا حول عملك

توصـل بعـض الموظفيـن ذوي الخبـرة إلى اسـتنتاج - أن أهـم شـيء في العمـل ليـس مـا قمـت بـه، ولكـن مـا يعرفـه مديـرك مـن العمـل الـذي قمـت بـه. يجـب عـلى الموظـف أن يـدرك أنـه إذا قـرر تـولي مهمـة مـا، سـواء كانـت بسـيطة أو معقـدة، فيجـب عليـه القيـام بهـا حتـى النهايـة وإعـلام مديـره بالنتائـج. إذا كانـت المهمـة أكـثر تعقيـدا، فقـد تكـون القيـادة مسـتعدة للسـيطرة عـلى العمليـة برمتهـا.

يفضـل الكثـير مـن الموظفيـن حـل مشـاكل العمـل بأنفسـهم مـن دون إبـلاغ رؤسـائهم، ولكـن في بعـض الأحيـان يكونـون أكـثر انشـغالا، والوضـع أكـثر فوضويـة، أو حتـى يخـرج عـن السـيطرة. إذن، كيـف يمكـن تجنـب حـدوث مثـل هـذه الأشـياء؟ وفقًـا لتجربـة موظفـي هـواوي: مـن المهـم جدًا القيـام بإعـداد التقاريـر بشـكل جيـد، حيـث يمكـن مـن خلالـه تقديـم تغذيـة راجعـة إلى القيـادة حـول أفكارهـم وحالـة عملهـم. مـن خـلال تقريـر العمـل، يمكـن للقيـادة مواكبـة التقـدم في عملـك ممـا يمنحهـم شـعوراً أقـوى بالأمـان. وفي الوقـت نفسـه، يمكـن للقيـادة أيضـا معرفـة نقـاط القـوة والعيـوب، وذلـك مـن أجـل مسـاعدتك عـلى تحقيـق تقـدم مسـتمر.

غالبـاً مـا يكتـب موظفـو هـواوي عـن تجاربهـم والـدروس المسـتفادة في تقاريـر عملهـم، ثـم يقومـون بتسـليمها إلى رؤسـائهم. حيـث يحصـل موظفـو هـواوي عـلى الكثـير مـن الفوائـد جـراء ممارسـتهم لهـذه العـادة. كتـب بعـض موظفـو هـواوي مـا يلي في تقاريرهـم:

"يجب على الموظفين الجدد أخذ زمام المبادرة في إخبار ما تعلموه إلى المدرسين أو كبار الموظفين أو الرؤساء أو غيرهم من الموظفين الجددا الآخرين! لأنه خلال هذه العملية، يمكنك استرجاع بعض النقاط التي فقدتها، وبالتالي سيكون من الأسهل على معلمك ومشرفك مساعدتك على تحسين مستقبلك. وأهم شيء هو أن مشرفك غالباً ما يقدر أنه بإمكانك أخذ زمام المبادرة في عمل ملخصات، لأنه من خلال ذلك يعلم بشكل أوضح عن حالة عملك."

"في بداية انضمامي إلى الشركة، كنت أتحدث إلى الآخرين، مثل كبار الموظفين، حول آرائي وطريقتي في التفكير. ومن خلال هذه التبادلات، وجدت نفسي أتقدم بسرعة كبيرة."

"في وقت لاحق، كان لدي ثلاثة متدربين. غالبًا ما شجعتهم على التحدث معي بشكل منتظم، مرتين في الأسبوع على الأقل. وفي الوقت نفسه، طلبت منهم تقديم ملخصات أسبوعية حتى أتمكن من مساعدتهم في تصحيح أخطائهم. وبهذه الطريقة، يمكننا إجراء تحسينات متبادلة لبعضنا البعض."

من الواضح أن تقرير العمل لا يُعلم القادة بما يجري فقط، ولكن أيضًا يسمح للآخرين بالإشارة إلى أوجه النقص لدينا ومساعدتنا على إجراء تحسينات مستمرة. لذلك، لكي تكون موظفاً ذكياً، يجب أن تكون جيدًا في إعداد التقارير أولا.

يعتبر إعداد التقارير مهمة مهمة بالغة المهارة. حيث يوفر لك التقرير الجيد فرصة للتوضيح للقائد ما يمكنك تحقيقه ويساعدك في الحصول على مدحهم في المقابل. على العكس من ذلك، فإن التقرير المتأخر أو غير الكافي ليس مجرد مضيعة للوقت، بل يجعل المسؤولين الشك في إنجازاتك.

إذن، كيف يمكننا تقديم تقرير جيد؟

أولا، تحتاج إلى معرفة كيفية التفكير من وجهة نظر رئيسك في العمل. لا تكن متعدا بنفسك ولا تكتب التقرير وفقًا لرغباتك الخاصة. لأن المرؤوس الذكي يستطيع التفكير من وجهة نظر رئيسه، كما سيختار الوقت الأنسب لتقديم التقرير، حتى لا يزعج عمل رئيسه.

يقوم العديد من الموظفين في شركة هواوي بتعليق لافت على أبواب مكاتبهم، تشير إلى أنهم يعملون لتجنب التدخل الخارجي. لذلك، عندما يقوم الموظفون بكتابة التقارير عن عملهم، فإن أول شيء سيفكرونه هو عدم إزعاج عمل رئيسهم. إذا كان الوقت غير مناسب، فسيجدون وقتًا أكثر ملاءمةً لتقديم التقرير.

يجب على الموظفين أيضا أن يفكروا في الغرض النهائي من تقديم التقرير، وهو القضية الأساسية التي تحدد الاتجاه والفكرة الرئيسية للتقرير. حيث يرجع السبب في قيام بعض

المرؤوسين بإعداد تقارير غير ناجحة إلى عدم وجود غرض محدد بشكل جيد. نتيجة لذلك، فإن التقرير مع تنظيم سيئ ومنطق غير متناسق قد يربك قارئه.

وفيما يتعلق بالغرض من تقديم التقارير، يجب عليك تحليل غرض المسؤول من الاستماع إلى التقرير. على سبيل المثال: لماذا يختار الرئيس الاستماع إلى هذا التقرير في هذا الوقت؟ كيف يرتبط محتوى التقرير بحالة العمل الحالية؟ ... وما إلى ذلك. وبناءً على كل حالة، تحتاج إلى تكوين فكرة عن نوع التقرير الذي ستقدره القيادة ويترك لها انطباعًا جيدًا مقدمًا. بمجرد أن يتم تحقيق هذا الهدف، يكون تقريرك نصف النجاح بالفعل.

وفيما يتعلق بمحتوى التقرير، يجب عليك أن تدرك ما يقلق القيادة ويركّز على ذلك في التقرير بشكل واضح. كوننا على مستوى الإدارة، عادة ما يكون لدى رؤسائنا جدول زمني ضيق للتعامل مع العديد من القضايا. لكن التقرير ضروري بشكل خاص، فكيف نحل هذه المشكلة؟ هذا يتطلب من موظفي التقارير تقديم التقرير الأكثر فعالية في وقت محدود.

لذلك، ينبغي أن يركز التقرير على القضايا الرئيسية وأن يأخذ في الاعتبار الجوانب الثلاثة التالية: أولا، التركيز على الأشياء ذات الاهتمام الرئيسي؛ ثانيًا، التركيز على الأداء الذي يعرض إنجازاتك بطريقة مركزة؛ الثالث، التركيز على أشياء تميزك. هذه الجوانب الثلاثة هي "العمود الفقري" لتقريرنا.

وعندما نعد التقرير، يجب أن نتخذ موقفاً جاداً ومسؤولاً من أجل البحث عن الحقيقة من الوقائع، والتأكد من أن تقريرنا واضح وواقعي. يجب ألا ننسب الفضل إلى إنجازات شخص آخر أو نتنصل من المسؤولية ونلقي اللوم على الآخرين. يجب على التقرير إبلاغ القيادة حول الوضع الحالي الحقيقي.

وبشكل عام، فإن الطرق المستخدمة بشكل شائع لتقديم التقارير في مكان العمل هي التقارير الشفهية، والتقارير المكتوبة، والاتصالات الهاتفية وغيرها من الطرق الأخرى. كل طريقة لها مزاياها وعيوبها. إذا استطعنا أن نستخدم كل منها بمرونة وأن نستفيد من مزاياها، فإن كل هذه الطرق يمكن أن تكون مفيدة لنا في تسهيل اتصالنا مع القيادة.

التقرير الشفهي هو الطريقة الأكثر استخداما في تقديم التقارير بشكل عام. ومع ذلك، فإن هذا النوع من الاتصال وجهًا لوجه يسهل حدوث المشاكل. لذلك، نحن بحاجة إلى توخي الحذر عند استخدامنا للكلمات والتعليق على قضايانا الخاصة لتجنب الصراع الشديد.

إذا كان هناك الكثير من المحتويات للإبلاغ عنها ولا يمكننا ذكر محتويات التقرير بوضوح، فمن الأفضل استخدام طريقة التقرير المكتوب. تسمح هذه الطريقة بتوثيق كل

شيء "باللونين الأسود والأبيض"، دون تقييد الوقت والمكان، مما يوفر الكثير من الراحة لعملنا.

على الرغم من أن التواصل وجهاً لوجه فعال ومباشر، إلا أنه يستهلك قدراً كبيراً من الوقت والطاقة أو حتى المال. تحتاج العمليات التجارية السريعة إلى طرق مريحة للتواصل. لذلك، أصبح التواصل بالفيديو حاليًا أسلوبًا شائعًا في تقديم التقارير.

بوجه عام، يعتبر تقدير التقارير جزءا من عمل الموظف. بغض النظر عن نوع المنصب الذي تتولاه والمدة التي عملت بها، لا يزال من الضروري تقديم تقارير العمل. بالإضافة إلى ذلك، يجب تلخيص وتحسين مهارات إعداد التقارير باستمرار خلال العمل، وذلك من أجل الحصول على طرق أكثر كفاءة لتقديم التقارير وتقليل استهلاك الوقت.

الفصل الثامن

التنفيذ الدقيق

التأكـد مــن أن كل جهـد مبـذول لـه قيمـة وأن كل تفصيـل يحـدث بشـكل بدقيـق، هـذا هـو الاعتبـار الكامـل والجهـد الـدؤوب وراء "ثقافـة الذئـب" لـدى موظفـي هـواوي والتـي أكسـبت الشركـة مكانـة رائـدة في العـالم.

1. قم بتنظيم بيئة العمل الخاصة بك

يحـزن الكثير مـن النـاس عـلى كفاءتهـم المنخفضـة ومعـدل الخطـأ المرتفـع في بيئـة عملهـم غـير المنظمـة، لكنهـم لا يدركـون أن بيئـة العمـل الفوضويـة هـي في الواقـع "اللص" الـذي سرق كفاءتهـم. أمـا بالنسـبة لأولئـك الذيـن لديهـم صـورة واضحـة عـن أي عنصر يتم وضعـه حيـث لا يضطـرون إلى بـذل الكثير مـن الجهـد في الحفـظ والبحـث عـن الأشـياء، حتـى تكـون كفـاءة أعمالهـم بكثير بطبيعـة الحـال.

بيئـة العمـل البسـيطة والمنظمـة ليسـت العـدو الـذي يسـلب الوقـت منـا، بل هـي مسـاعد جيـد يوفـر وقتنـا في البحـث عـن الأشـياء ويجلـب لنـا الإلهـام والكفـاءة العاليـة. إذا كنـت قـد رأيـت صنـدوق الطـوارئ الخـاص بالطبيـب، فسـتفهم هـذه النقطـة.

يكـون صنـدوق الطـوارئ للمـرضى الخارجيـين الخـاص بالطبيـب منظـم بشـكل دائـم. لأنـه عندمـا يقـوم الطبيـب بإنقـاذ مريـض تكـون حياتـه عـلى المحـك، فـإن الوقـت الـذي سـيقضيه في

البحـث عـن أشـياء مختلفـة مـن شـأنه أن يزيـد مـن مخاطـر ارتكاب الأخطـاء. عـلى العكـس مـن ذلـك، إذا قـام الطبيـب بترتيـب صنـدوق أدواتـه بعنايـة شـديدة، فإنـه يمكـن أن يكـون مشغولاً دون فـوضى وينقـذ المريـض في حالـة حرجـة.

لذلـك، فـإن كفـاءة العمـل المنخفضـة ليسـت فقـط ناتجـة عـن عـدم كفايـة القـدرة، ولكـن أيضًـا عـدم وجـود بيئـة عمـل نظيفـة ومرتبـة.

المكتـب هـو نقطـة البدايـة لخلـق بيئـة عمـل جيـدة. ومـع ذلـك، عندمـا يتعلـق الأمـر بترتيـب المكتـب، قـد يحتقـر الكثيـر مـن النـاس الاهتمـام بهـذه المسـألة التافهـة أو يعتقـدون أن "الطاولـة المرتبـة هـي قاتلـة الإلهـام". في الواقـع، إن الإلهـام والمكتـب الأنيـق ليسـا عدويـن متناقضـين. عـلى العكـس، مـن خـلال الحفـاظ عـلى بيئـة نظيفـة في المكتـب، بالتـالي إنشـاء نظـام عمـل مرتـب، يمكنـك أن تجلـب لنفسـك الإلهـام والكفـاءة العاليـة.

يشـتهر موظفـو هـواوي بإنتاجيتهـم العاليـة في مجـال تكنولوجيـا المعلومـات. وقـد اكتشـف أولئـك الذيـن عملـوا مـع موظفـي شركـة هـواوي أن الموظفـين ذوي الكفـاءة في هـواوي لديهـم ميـزة واحـدة مشـتركة، وهـي حتـى في أكـثر الأوقـات ازدحامًـا، تكـون مكاتبهـم مرتبـة بطريقـة منظمـة مـع وجـود جميـع العنـاصر الضروريـة في متنـاول اليـد. حيـث أن المكاتـب الأنيقـة والمنظمـة تجعـل عملهـم أكـثر كفـاءة.

إذن، كيـف يقومـون بترتيـب مكاتبهـم؟

في البدايـة سـيحاول موظفـو هـواوي معرفـة المسـاحة المكتبيـة الخاصـة بهـم ومـا هـي المعـدات والمرافـق المتاحـة لهـم. ومـن ثـم تقسـيم المكتـب إلى ثـلاث مناطـق بنـاء عـلى وظائـف تلـك المناطـق: منطقـة الكمبيوتـر، منطقـة التخزيـن، ومنطقـة معالجـة الوثائـق.

تتكـون منطقـة الكمبيوتـر بشـكل رئيـسي مـن شاشـة الكمبيوتـر، المـاوس ولوحـة المفاتيـح. إذا اختـار الموظـف اسـتخدام شاشـة LCD أو الكمبيوتـر المحمـول، فسـيتم توفـير مسـاحة أكـبر مـن هـذه المنطقـة.

يتـم اسـتخدام منطقـة التخزيـن لوضـع الكتـب والوثائـق والمسـتندات والعنـاصر المشـابهة. عـادة مـا يتـم تصنيـف هـذه المسـاحة باسـتخدام خزانـات الملفـات وأرفـف الكتـب وغيرهـا مـن الأدوات. إذا كانـت المسـاحة صغـيرة نسـبيًا، فسـتعمل عـلى توسـيع مسـاحة التخزيـن عموديًـا، بحيـث يمكـن تكديـس جميـع العنـاصر بشـكل آمـن.

كـما يقـوم موظفـو هـواوي بإنشـاء منطقـة خاصـة لمعالجـة الوثائـق، بحيـث يكـون لـدى الموظفـين خيـار الابتعـاد عـن تدخـل الكمبيوتـر ومعالجـة المسـتندات أو دراسـة المـواد البحثيـة أو إجـراء نـدوات في بيئـة هادئـة وسـلمية.

بالإضافة إلى ذلك، تحدثنا عن تحديد أولويات المهام أثناء عملنا في الفصل السابق، كما تنعكس هذه الأولوية ودرجة الأهمية في تصميم كل ترتيب مكتب فردي.

كما يقوم موظفو هواوي بوضع خطة العمل اليومية قبل البدء في عملهم وتقدير بشكل واضح للوقت المستهلك أو استخدام المقاييس المعنية لتقدير الوقت لكل مهمة، ثم يرجعون إلى الجدول الزمني للتأكد من وجود المواد والأجهزة المناسبة والضرورية.

بعد ذلك، يقوم موظفو هواوي بترتيب الأشياء وفقًا لأولوياتهم. حيث يتم وضع المواد والأدوات المستخدمة بشكل متكرر في أقرب مكان؛ والمواد والأدوات المستخدمة بشكل عادي في منطقة أخرى أبعد قليلا؛ في حين تم وضع المواد والأدوات التي تم استخدامها في زاوية مؤقتا في انتظار أن يتم أرشفتها عند الانتهاء من العمل.

من خلال التعامل مع هذه التفاصيل بشكل جيد، يمكن لموظفي شركة هواوي إنشاء إجراءات عمل مرتبة ومنظمة، مما يرفع كفاءة العمل.

في عام 1999، بدأت هواوي في تطبيق برنامج إدارة البيانات (PDM) داخل الشركة من أجل تسهيل تبادل المعلومات حول التطوير. حيث يمكن أن يساعد هذا البرنامج المطورين على استخدام المستندات الإلكترونية التي يتم إنشاؤها في عملية تصميم البحث والتطوير بشكل فعال.

كما يولي موظفو هواوي اهتماما كبيرا لإدارة الوثائق، لأنها لا تتعلق فقط بأمن المعلومات، ولكن باستخدام المعلومات بشكل فعال أيضا، بما فيه البحث عن المعلومات وتشارك المعلومات وما إلى ذلك. ويأمل موظفو هواوي أن يتمكنوا من تحديد الملفات الضرورية في مكان العمل بسرعة دون إضاعة الوقت في البحث عنها في المستندات الفوضوية من خلال إدارة الوثائق المنظمة.

وترتبط إدارة الوثائق الجديدة والقديمة ارتباطًا وثيقًا بكفاءة العمل. لذا، كيف يقوم الموظفين في هواوي بإدارة المستندات القديمة والجديدة بشكل جيد؟ يوجد لدى موظفي هواوي خطوتان فقط في هذا الصدد، إحداهما حفظ المستندات والأخرى هي تنظيفها.

من أجل حفظ المستندات، يقوم موظفو هواوي بوضع جدول لاستعادة المستندات وسرد جميع أسماء الملفات ومحتوياتها وغيرها من المعلومات، بحيث يكون كل شيء واضحًا في لمحة ويمكن الوصول إليه بسهولة.

كما يقوم موظفو هواوي بتنظيف وثائقهم الخاصة بشكل منتظم. حيث يقومون بتقسيم وثائقهم إلى ثلاث فئات: التي يتم التخلص منها فوريا، والتي يتم التخلص منها بشكل منتظم، والمحفوظة بشكل دائم، حيث يتم التعامل مع كل منها بشكل منفصل.

على سبيل المثال، الملاحظات خلال الاجتماعات والوثائق المرجعية العامة تعتبر مستندات يجب التخلص منها فورًا بعد الاستخدام. إذا لم يكن الموظفون في هواوي متأكدين مما إذا كان سيتم استخدام وثيقة معينة في المستقبل أم لا، فسيقومون بوضعها في أحد الأدراج أو المجلدات الثابتة والتحقق منها مرة أخرى بعد شهر واحد. إذا تم التأكد من أن الوثيقة لم تعد هامة، يتم التخلص منها. أما المستندات الخاصة بمعايير العمل والمبادئ التوجيهية والمعلومات التقنية، عادة ما يتم الاحتفاظ بها لفترة معينة من الزمن. أما بالنسبة إلى المستندات المهمة مثل سجلات الجودة والمعلومات المالية الخاصة، فلا يتم التخلص منها، بل يحتفظ بها موظفو هواوي لفترة طويلة أو بشكل دائم.

وبالنسبة لتلك الوثائق القديمة التي تحتوي على معلومات مهمة، لا يمكننا أن نلقيها في سلة المهملات، بل نقوم بتقطيعها لتجنب أي تسريب للمعلومات السرية. وبالنسبة إلى تلك الملفات الإلكترونية التي يجب حذفها نهائيًا، نحتاج إلى استخدام برنامج خاص لتدميرها وحذفها بالكامل بدلاً من سحبه ببساطة إلى سلة المحذوفات.

2. المضي قدما خطوة بخطوة

قال رن تشنغ في ذات مرة إن كل فرد ومهمة لهما أساسيات، لذا يجب أن يكون الموظفون عمليين وأن يجروا كل مهمة بشكل كامل وإلا فقد يفقدوا فرصة عظيمة. لذلك، في أي وقت، من خلال القيام بالعمل وفقا للإجراءات بطريقة واقعية، يمكننا الوصول إلى الهدف المتوقع. اللجوء عمداً إلى الخداع قد يبعدنا عن هدفنا النهائي.

يعلّم رن تشنغ في موظفيه في هواوي أن: "العلم هو معرفة واقعية. إنها تطلب منا أن نعمل بجد وثبات ودقة تجاه أهداف عملنا وأن يكون لدينا إستراتيجية وتكتيكات مرنة تتبع تطور المجتمع ومتطلبات السوق. وأن نكون عمليين لا يعني التصرف دون أهداف أو متابعة أو نقص في الابتكار. كما أننا لن ننجز أي شيء إذا لم نهتم بالجزء العملي."

يعتقد رن تشنغ في أنه على الجميع أن يمتلكوا الرغبة في أن يكونوا براغماتيين، فهم بحاجة إلى القيام بعملهم بطريقة جيدة. لا سيما أولئك الموظفين الجدد الذين لا يمتلكون الخبرة، يجب عليهم أن يركزوا على القيام بعملهم بشكل جيد بدلاً من الحلم بتحقيق إنجازات كبيرة.

العمل غير المبالي قد يؤدي إلى عواقب وخيمة. يمكن أن تؤدي الكابلات أو الوصلات

الصغيرة أو البيانات التي يتم تجاهلها إلى تحويل منتجات هواوي إلى نفايات، كما ستؤثر على الصورة الجيدة للشركة. لذلك، يرغب رن تشنغ في ألا يطمح موظفو هواوي إلى تحقيق أهداف عالية خلال قيامهم بالعمل البسيط، بل أن يكونوا عمليين وواقعيين في إنجاز المهام المحددة.

بعد وقت قصير من اجتياز الموظفة الجديدة وانغ يوي فترة الاختبار في شركة هواوي، تم تعيينها في مشروع رئيسي في خط منتجات الشبكة، وكانت مسؤولة عن متابعة وكتابة دليل مشروع معين. وبما أن المشروع كان يخضع لجدول ضيق للغاية، افترضت وانغ يوي ببساطة أن هذه الإجراءات ستعمل وقامت بوضعها في الدليل دون التحقق من عملية التثبيت والاختبار. وبعد عدة أشهر من العمل الشاق، ظهرت تحفة وانغ يوي أخيراً. وعندما كانت تشعر بالفخر حيال ذلك، أرسل لها قسم خدمة العملاء بريدا إلكترونيا، قائلًا إنه بعد إجراء التثبيت وفقًا لدليلها، حدثت العديد من الثغرات.

بعد أن تلقت وانغ يوي هذه الصفعة المحرجة، هدأت وفكرت في المكان الذي كانت المشكلة فيه: من أجل اللحاق بالجدول الزمني الضيق، كتبت الدليل دون إجراء كل اختبار عملي، وبالتالي ظهرت العديد من المشاكل في خط الإنتاج. لذلك، قررت إعادة كتابة الملف. فقامت ببناء البيئة وتركيب كل شيء بنفسها، وبعد إجراء عدة اختبارات للتحقق، كتبت الدليل. في النهاية، أمضت شهرًا تقريبًا في تأليف الملف الجديد، والذي تم قبوله أخيرًا من قِبل قسم خدمة العملاء. حيث ساعدها ذلك على استعادة سمعتها الجيدة مرة أخرى.

إذا كانت وانغ يوي قد قامت بذلك بشكل جيد في المرة الأولى، فلم تكن تحتاج إلى قضاء شهر آخر في تكرار العمل السابق. كما قال رن تشنغ في إن العمل مثل تسمير المسمار على نائمة السكك الحديدة. وتساعد الروح البراغماتية الفرد على النمو وتطور الشركة. كما هو الحال في شركة ميكروسوفت (Microsoft)، فإن تقسيم العمل لديها أكثر تفصيلاً من شركة هواوي. يقوم موظفوها بعمل أكثر تفصيلا في نطاق أضيق، وبعضها بسيط مثل تراكم الرقمين 0 و1، على الرغم من أن مثل هذا العمل سيكون مملًا للغاية، إلا أنه يجعل القوى العاملة أكثر تخصصًا واحترافية.

الواقعية مهمة جدا من أجل النجاح، تماماً مثل اليابانيين، فالبراغماتية هي ميزة لهم، كما هي أحد الأسباب المهمة التي تجعل هذا البلد يملك العديد من أكبر 500 شركة في العالم. مقارنة مع الموظفين اليابانيين، فإن الموظفين الصينيين يتمتعون بالذكاء، حتى جسم أقوى. ولكن ليس لدينا تويوتا أو سوني أو باناسونيك. ما نفتقر إليه هو العقلية البراغماتية والواقعية التي تساعد اليابانيين على تحقيق أهدافهم بشكل منهجي.

في الـشركات اليابانيـة، يقوم الموظفـون بوضـع كل شيء سـواء كان مهمًّا أو تافهًّا، في رسـومات قياسـية، وفي بعـض الأحيان نفـس الشـيء يحتوي عـلى بعض الرسـوم البيانيـة المختلفة. خلال العمل يتبعـون بدقـة الإجراءات المنظمة في الرسـم التخطيطي. بالإضافة إلى ذلك، يقـوم موظفـو الـشركات اليابانيـة بوضـع مجموعـة مـن خطط العمل مـن وقت لآخر، والتي تسجل ترتيبـات العمل بالتفصيل. ويقوم بالإشارة إلى كل مهمـة مـن المهـام واحـدة تلـو الآخـري حتى يكملـوا قائمـة المهام بالكامل.

هـذا النهـج يحـير الكثـير مـن النـاس، ويعتقـدون أن الموظفـين اليابانيـين يهـدرون الوقت والقوة البشـرية بالكامل مـن خـلال القيـام بذلك. ولكـن بالنسـبة لـرن تشـنغ في والموظفـين في هـواوي الذيـن زاروا اليابـان، فـان لديهـم آراء مختلفـة، فقـد قـدروا وأبـدوا إعجابهـم الشـديد بأسـلوب العمـل الثابـت والجدي.

حيـث أخـبر رن تشـنغ في موظفـي شركـة هـواوي أنـه: "إذا كنت تريـد أن تتعلـم كل شيء وتفعل كل شيء، فلـن تكـون بارعـاً في أي شيء. أي عمـل يمكن أن يكـون فرصـة بالنسـبة لـك لتعلـم أشـياء جديـدة وتحسـين نفسـك، كـما أن جهـودك لـن تضيـع عبثا. وإذا كنت تعمل بجد، فمـن الطبيعـي أن تصبـح مهتمًّا بـما تفعلـه. نحـن بحاجـة لخلـق قيـادة كادحة تتطلـع إلى المـضي قدمـا، وتكـون محـترفة في كل مـن العمـل والتفكـير وجيـدة في إجـراء عمليـات حقيقيـة ولديهـا مهـارات إداريـة قويـة. إن الفرص تفضل العاملين الواقعيـن."

كيـف تقوم بعمـل جيد؟ قدم موظـف هـواوي السـابق الـذي عمـل في هـذه الشـركة لأكـثر مـن 10 سـنوات ملخصًا ممتـازًا.

"تـم ترتيـب جميـع الموظفـين الجـدد للقيـام بأعـمال روتينيـة مملـة نسـبيا، ولكـن تكـرار العمـل الروتينـي لم يكـن كافيا. يجـب أن نتعـود عـلى العمـل الروتينـي، ونحسّـن الكفـاءة، ثـم نوفـر بعـض الوقت لحـل المشـاكل الإضافيـة التي يمكـن أن تحسـن قدراتنـا. وهـذا عـادة مـا يكـون أكـثر إثـارة للاهتـمام. ويجـب عليـك أخـذ زمـام المبـادرة لبـذل كل مـا تملـك مـن الطاقـة خـلال العمـل. وفي الوقت نفسـه لا تقتصر عـلى عملـك الخـاص. وعنـد التعامـل مـع كل أمـر، تذكـر أن تفعلـه بشـكل جيد في المحاولـة الأولى، وقـم بعملـك بطريقـة أفضـل مـما توقعـه رئيسـك، حتى لـو كان ذلـك يعنـي أن عليـك العمـل لوقـت إضـافي؛ وإذا طلـب منـك رئيسـك تعديلـه عـدة مـرات، فقـد ينتهـي بـك الأمـر إلى إنفـاق نفـس الوقـت والجهـد مـع تـرك انطبـاع أسـوأ سـيؤدي إلى انخفـاض تقييـم الأداء. إذا كنـت بذلـت جهـودا كبـيرة ولكنـك لا تـزال لا تسـتطيع القيـام بعمـل جيد، فهـذا يعنـي أنـك بحاجـة إلى بـذل المزيـد مـن الجهـد في الدراسـة وتحسـين نفسـك. لا تتعلـم تلـك الأشـياء التي لـن تفيـد العمـل، لم تعـد في المدرسـة بعـد الآن. يجـب أن تسـتفيد

من الوقت المحدود لتعلم الأشياء التي يمكن أن تساعد في تحسين عملك وحياتك، وأخيرًا عليك تطبيق ما تعلمته عمليا."

في الوقت الحاضر، قام موظفو شركة هواوي بتشفير مفهوم العمل بطريقة فعلية في جيناتهم، وقد ظهر في كل جانب من جوانب عملهم. على سبيل المثال، بالنسبة لموظفي مبيعات شركة هواوي، إذا ذكر العميل شيئًا ما، فسرعان ما يسجلون ذلك. إذا كان العميل يسأل عن المشاكل الفنية التي لا يستطيع مندوب المبيعات شرحها، فإنهم يهاتفون فني هواوي لتوضيح ذلك. إذا كان الأمر لا يمكن شرحه بوضوح عبر الهاتف، فسيذهب بعض الخبراء إلى الموقع بمواد إعلامية تفصيلية. وبذلك، فاز منتج هواوي تدريجيا بتقدير العملاء وأصبحت الشركة نفسها مؤسسة جديرة بالثقة.

3. النجاح يكمن في التفاصيل

هناك مقولة واسعة الانتشار في المجتمع الغربي تقول: "بسبب فقدان مسمار ضاعت الحدوة؛ وبسبب فقدان الحدوة تجرح الفارس؛ وبسبب تجرح الفارس انهزم في المعركة؛ وبسبب انهزام في المعركة انهارت المملكة."

هذا المثل يحكي قصة ريتشارد الثالث في معركة رئيسية في عام 1485. حيث أن أحد حدواته خسر مسمارًا حتى تعثر الحصان بخطوته الخاصة به، وفي النهاية هزم ريتشارد الثالث أسيرًا. أوضحت هذه القصة أن الأمر الصغير قد يؤدي إلى الفشل أو النجاح.

ذات مرة سأل شخص ما المهندس المعماري العظيم ميس فان دير روه (Mies van der Rohe) عن سر نجاحه، أكد المهندس مرارًا وتكرارًا في إجابته على أن: "التفاصيل الدقيقة والنابضة بالحياة يمكن أن تحقق تحفة فنية، وإهمال التفاصيل يمكن أن يدمر خطة عظيمة." من وجهة نظر ميس فان دير روه، فإن كل مبنى كبير يأتي من تراكم الطوب والبلاط، وبالمثل فإن رحلة آلاف الأميال تبدأ من تراكم كل خطوة من الخطوات.

"النجاح يكمن في التفاصيل" هي "النصيحة الصادقة" التي يتبعها جميع الموظفين في شركة هواوي.

في عام 2009، في مدينة ميلانو، مسقط رأس تكنولوجيا الميكروويف، واجهت منتجات الميكروويف لشركة هواوي لحظة حرجة: حيث نجحت منتجات الميكروويف في اجتياز اختبار المشغل B بنجاح ودخلت مرحلة اختبار المشغل A بشكل رسمي. فمن خلال اجتياز

هـذا الاختبـار فقـط، يمكـن أن يكـون منتـج هـواوي مؤهـلاً للدخـول إلى اختبـار القبـول. ولأن العقـد قـد تـم توقيعـه بيـن شركـة هـواوي والمشغل A، والـذي كان يسـاوي عشـرات الملاييـن مـن الـدولارات الأمريكيـة، لـن يدخـل حيـز التنفيـذ إلا بعـد اجتيـاز المنتـج مرحلـة اختبـار القبـول. لـذا بالنسـبة لفريـق مشـروع هـواوي، فـإن اختبـار التقييـم هـذا لا يمكـن أن يفشـل تحـت أي ظـرف مـن الظـروف.

كان مـن بيـن جميـع المختبريـن، كان هنـاك خبيـر قديـم مسـؤول عـن اختبـار وظيفـي معيـن لديـه أكثـر مـن ٢٠ عامـا مـن الخبـرة في مجـال الميكروويـف. كان معروفًـا بمتطلباتـه الصارمـة للغايـة في اختبـار المعـدات، ويقـوم بفحـص جميـع إشـعارات الإدارة عبـر الإنترنـت بعنايـة. بعـد أن بـدأ عمـل التحقـق رسـميا، لـم يسـمح هـذا الخبيـر لأي شـخص آخـر للمـس المعـدات. ولكـن يمكـن لأي شـخص آخـر الوقـوف ومراقبـة اختبـاره فقـط، لذلـك كل حركـة منـه كانـت تجعـل الموظفيـن في هـواوي أكثـر توتـرا.

ومـع ذلـك، لا يـزال "الحـادث" وقـع، وتوقفـت الخدمـة لفتـرة وجيـزة. ورغـم أن العديـد مـن الأفـراد لـم يلاحظـوا ذلـك، إلا أنـه لـم يفلـت مـن عيـون الخبيـر القديـم. في الواقـع، اسـتغرق هـذا التوقـف بضـع عشـرات مـن الملـلي ثانيـة. ومـع ذلـك، بعـد اكتشـاف هـذه المشـكلة الصغيـرة، أوقـف الخبيـر القديـم الاختبـار بشـكل حاسـم وطلـب تفسـيراً مـن الموظفيـن المعنييـن. لذلـك، قـام فريـق المشـروع بتقديـم شـرح فـوري للخبيـر القديـم، بينمـا كان يقـدم تقريـرا إلى الأطـراف المعنيـة في تشـنغدو. حيـث أظهـرت نتائـج التحليـل النهائـي أن التوقـف كان سـببه الرقاقـة، ولكـن لحسـن الحـظ كان بإمـكان مـزود الرقاقـة تثبيـت رقعـة لحـل هـذه المشـكلة، لذلـك لـم تكـن مشـكلة كبيـرة. وبعـد سـماع هـذا الخبـر، تنهـد الموظفـون في هـواوي تنهـدا عميقـا. وأعـاد الخبيـر القديـم الاختبـار. وبحلـول فتـرة مـا بعـد الظهـر، تـم الانتهـاء مـن الاختبـار في نهايـة المطـاف وانتهـت تنهيـدات فريـق هـواوي في ذلـك اليـوم.

هنـاك خـط رفيـع بيـن النجـاح والفشـل. يكمـن اختلافهمـا في إدارة التفاصيـل. لمجـرد أن الخبيـر القديـم يمكـن أن يلاحـظ حتـى توقـف عشـرات مـن الألـف مـن الثانيـة، فيمكـن أن يكـون معروفًـا ومحترمًـا في هـذا المجـال.

هنـاك قـول شـائع لقيـادة مجموعـة هايـر (Haier) إن"عقـرب الدقائـق الدقيـق هـو شـرط أسـاسي لعقـرب سـاعات دقيـق". بالنسـبة لموظفـي هايـر، لـم تكـن هنـاك أشـياء مثيـرة أبـدًا، بـل مسـائل صغيـرة واحـدة تلـو الأخـرى فقـط. يعاملـون كل شـيء بعنايـة أكثـر وجديـة أكثـر، وبطريقـة أكثـر ذكاء بهـدف القيـام بأشـياء صغيـرة بشـكل أفضـل.

كمـا هـو الحـال مـع مجموعـة هايـر، هنـاك العديـد مـن أكبـر ٥٠٠ شـركة في العالـم تبـدأ

مـن التفاصيـل. ذات مـرة قـام بعـض موظفـي شركـة هـواوي بزيـارة القاعـدة الأساسـية لمنصـة التلسـيم لشركـة نوكيـا، ولاحظـوا هـذه التفاصيـل:

تـم توصيـل أقسـام مختلفـة داخـل القاعـدة الأساسـية بأبـواب كبيـرة. وكانـت الأبـواب مغلقـة بشـكل عـام. لكـن مـن الغريـب أن هنـاك حبـل معلـق مـن السـقف عـلى بعـد متريـن مـن كل بـاب. ويجـب عـلى الموظفيـن سـحب الحبـل قبـل أن يتـم فتـح البـاب تلقائيـا. في بدايـة الأمـر، احتـار موظفـو هـواوي بعـض الـشيء في هـذا الأمـر، لأن وفقـا للفطـرة السـليمة، يجـب وضـع هـذا الحبـل عـلى الجـدار بجانـب البـاب. حيـث أن المسـافة التـي امتـدت لمتريـن لم تكـن جميلـة مـن الناحيـة الجماليـة ولا يبـدو أن لهـا أي قيمـة عمليـة.

وعندمـا كان موظفـو هـواوي متعجبيـن مـن هـذا الأمـر، مـرّ موظـف مـن نوكيـا بعربـة، وسـحب الحبـل بيـده دون أي جهـد. فجـأة أدرك موظفـو شركـة هـواوي الخدعـة في هـذا الحبـل: إذا تـم وضعـه عـلى الجـدار بجانـب البـاب، فيجـب عـلى الموظفيـن أن يسـيروا بضـع خطـوات لسـحب الحبـل وبعـد ذلـك بضـع خطـوات إضافيـة للرجـوع إلى العربـة. هـذا المـشي ذهابـا وإيابـا يضيـع وقتهـم.

في كتـاب "التفاصيـل مفتـاح النجـاح"، توجـد هـذه الجملـة: "هـذا هـو العـصر الـذي يحـدد فيهـا التفاصيـل النجـاح. في المنافسـة الشرسـة في السـوق، إذا رغبـت الـشركات بالفعـل في البقـاء والنمـو، يجـب عليهـا الانتبـاه إلى كل التفاصيـل." تـم تفضيـل العلامـة التجاريـة العالميـة الشـهيرة "بولـو" الخاصـة بالحقائـب الجلديـة مـن قبـل المسـتهلكين في جميـع أنحـاء العـالم لأكـثر مـن 20 عامًـا بفضـل مواصفاتهـا الدقيقـة، مثـل "أن طـول بوصـة واحـدة يجـب أن يكـون فيـه ثمـاني غـرز بالضبـط". قبـل بضـع سـنوات، أحـدث الهاتـف النقـال مـن طـراز 2118 لشركـة سـيمنز الألمانيـة ضربـة في السـوق بسـبب إرفاقـه غطـاء ملـون F4 صغـير.

اليـوم، تـم تصنيـف هـواوي بنجـاح كأحـد أكـبر 500 شركـة في العـالم. وبالمقارنـة مـع موظفـي نوكيـا، لا يتخلـف موظفـو هـواوي عـن موظفـي نوكيـا في التعامـل مـع التفاصيـل. ذات مـرة كان هنـاك حـدث صغـير حـدث في شركـة هـواوي:

كان لـدى شركـة هـواوي العديـد مـن الأحـكام الدقيقـة بخصـوص توصيـل الأسـلاك في جهـاز المبـدل. عـلى سـبيل المثـال، يجـب أن تكـون الخطـوط مـن نفـس اللـون مرتبطـة في الخـارج بـدون تشـابكها مـع بعضهـا البعـض. حيـرت هـذه القاعـدة العديـد مـن العلمانييـن حيـث فكـروا أنـه: "بغـض النظـر عـن مـدى جـودة ربـط الأسـلاك، فبمجـرد وضـع الغطـاء، لا يمكـن رؤيـة أي شيء!" ومـع ذلـك، كان لـدى الموظفيـن في شركـة هـواوي وجهـة نظـر خاصـة حـول هـذا التفصيـل. كانـوا يعتقـدون أن كلا مـن الخزانـة المليئـة بالأسـلاك الفوضويـة والأخـرى ذات الأسـلاك المرتبـة بعنايـة

ستترك انطباعًا مختلفًا لدى الناس. إذا استطعنا القيام بالتفاصيل بشكل جيد، فسنترك للعملاء انطباعا جيدا عن الشركة، وفي المقابل سأعرب العميل عن تقديره العالي على جودة المنتج والخدمة لشركتنا.

توضح هذه القصة القصيرة الروح البراغماتية للعاملين في هواوي. فقد أدركوا بالفعل أهمية التفاصيل.

فيما يتعلق بموقف موظفي شركة هواوي في العمل، فإنهم يعتقدون أن "جميع الأحداث الكبرى تبدأ من التفاصيل". وقد قام تشنغ دونغ شنغ، مؤلف كتاب "حقيقة هواوي" (Truth of Huawei) لديه خبرة حقيقية ووصفها في مقالته بالتفصيل:

"في مارس عام 2000، أنشأت شركة هواوي قسم تطوير الوثائق لتنظيم وتجميع الوثائق التقنية المختلفة. من أجل تحسين جودة الأدلة الفنية، حيث نظم مكتب التحرير العام التابع لقسم تطوير الوثائق فحصًا مفاجئًا للوثائق المؤرشفة. ووفقًا لإحصاءات غير مكتملة، تم رصد 163 حرفا ورقما غير قياسي في دليل فني مؤلف من 125 صفحة، حتى مع وجود أخطاء واضحة، على سبيل المثال: في إحدى الصفحات، تقول التعليمات إن "غرفة الخوادم تحتاج إلى أن تكون محكمة الإغلاق، في حين كان قطر الجسيم من تركيز الغبار أكبر من 104 × 3 ≥ 5 ملغ / م³" ويري بوضوح باللونين الأبيض والأسود. في الواقع، الجسيمات التي يزيد قطرها عن 5 مم هي بالفعل كبيرة مثل جزيئات الرمل بدلا من الغبار، ولم يكن من الممكن وضع المبدل وغيره من المعدات الجيدة في الغرفة في ظل هذه الظروف. في الواقع، يجب أن يكون "5μm" (ميكرون) بدلاً من "5 مم" (مليمتر)، يؤدي اختلاف بسيط في الرمز إلى تعبير غير منطقي. وقد أدرك الموظفون في هواوي أهمية التفاصيل وبدأوا في إجراء التغييرات بطريقة دقيقة. وأخيرا تم تقليل معدل الخطأ في الوثائق إلى حد معقول.

من أجل ترسيخ فلسفة "جميع الأحداث الكبرى تبدأ من التفاصيل" في أذهان الناس، نظمت شركة هواوي العديد من المحاضرات حتى يتمكن بعض الخبراء القدامى أو الكوادر العليا من تقديم التعلم الأيديولوجي للموظفين. في إحدى المناسبات، دعت شركة هواوي خبيرًا قديمًا شارك في أعمال أبحاث الصواريخ. روى هذا الخبير القديم الموظفين في شركة هواوي قصة:

خلال فترة الحرب الباردة، كان بلد ما يعمل على قدم وساق لتجميع الصواريخ، والذي حدثت خلاله بعض المشاكل من وقت لآخر. عادة، يمكن لفريق الخبراء التعامل مع الفشل بسرعة كبيرة. ومع ذلك، عمل الخبراء على مشكلة صغيرة لفترة طويلة. وكان هناك طالب جامعي متخرج حديثا يحب تقديم بعض الشكاوى الصغيرة بين الحين والآخر.

وعندما سمع أن فريق الخبراء كان مشغولاً بتحديد وحل مشكلة الصاروخ، كان يتفاخر أمام أصدقائه ويقول "أتعرفون؟ أنا قمت بذلك الخطأ بتعمد." في الواقع، كان الخطأ ليس له علاقة به، لكنه قال ذلك لمجرد التباهي.

وفي اليوم التالي، عقدت القاعدة اجتماعا طارئا، وانتظر الجميع عصبية القائد الذي يبدو جديًا ليقدم لهم محاضرة جنائية. وأثناء وقوفه على المسرح، نظر القائد حوله أولاً ثم فجأة صرخ: "أحضروه." وبعد ثوانٍ قليلة، أخذ عدة جنود مدججين بالسلاح شخصًا إلى المسرح، لقد كان الطالب الجامعي!

"كان هو الذي أراد تدمير القضية العظيمة لبلادنا، لا يمكن لشعبنا أن يغفر له على الإطلاق ..."

في هذه القصة الحقيقية، دفع الطالب الجامعي ثمنا باهظا بسبب مشكلة في التفصيل، كما تتجسد هذه القصة أيضًا بالمثل الإنجليزي القائل إن: "الشيطان يكمن في التفاصيل."

يجب أن نضع دائمًا دروس أسلافنا في الاعتبار، مع الاعتراف بأن الفرق بين الرابحين والخاسرين يكمن في الاهتمام بالتفاصيل. أولئك الذين لا يهتمون بالأمور الصغيرة، غالبا ما يشعلون الفتيل للفشل المستقبلي. حيث يصبح موقفهم اللامبالي بالتفاصيل حاجزًا ضخمًا يمنعهم من التحويل من كونه رجلًا متواضعًا إلى موهبة بارزة.

4. افعل شيئا واحدا في كل مرة وافعله جيداً

لتحسين كفاءة العمل، يهرع العديد من الناس إلى القيام بأعمال أخرى قبل أن ينهوا العمل الذي يقومون به، وفي بعض الأحيان يقومون بعدة أشياء في نفس الوقت. ولكن النتيجة تكون غير مرضية.

هنا هذه القصة كمثال على ذلك: استيقظ مزارع في الصباح الباكر وأخبر زوجته أنه سوف يذهب لزراعة الأرض. وعندما وصل إلى الحقل، اكتشف أن الآلة قد أنفدت من الوقود، فقرر تزويدها بالوقود على الفور، ولكن تذكر فجأة أنه كان هناك ثلاثة أو أربعة خنازير في المنزل لم يقم بإطعامها، فاستدار وقرر العودة إلى المنزل. وعندما كان يمر بالمستودع، رأى العديد من حبات البطاطا ملقاة بجواره، وتذكر أنه موسم الإنبات للبطاطا، فقرر الذهاب إلى حقل البطاطا بدلا من المنزل. وفي طريقه إلى حقل البطاطا، رأى كومة من الخشب، وفكر في أن منزله يحتاج أيضًا إلى بعض الحطب. وعندما كان على وشك

بأخذ بعض الحطب، رأى دجاجة مريضة ملقاة على الأرض. لذلك، بعد الجري ذهابًا وإيابًا لبضعة مرات من الصباح حتى غروب الشمس، لم يتمكن المزارع من إنجاز أي شيء، ولم يُزود الآلة بالوقود ولم يطعم الخنازير ولم يزرع الأرض.

قام المزارع بعمل الكثير من الأشياء ولكنه لم ينجز أيا منها خلال تنقله من واحد لآخر وفي النهاية، لم يكمل أي عمل، هذه القصة تخبرنا أن الاهتمام بشيء واحد في كل مرة هو أكثر الطرق فعالية.

ذهب رن تشنغ في إلى تويوتا عدة مرات. وبعد عودته من الرحلات التفقدية، شدد على نقطة واحدة خلال الخطاب الداخلي الذي ألقاه في شركة هواوي: "دع القوة الأرضية[1] يتم إنجازها في شركة هواوي!" والمعنى الكامل للقوة الأرضية هو: القيام بشيء واحد بشكل جيد، والمثابرة على فعل هذا الشيء بشكل جيد.

يؤكد رن تشنغ في على ما يلي: "افعل شيء واحد بشكل جيد"، وذلك يشير إلى طريقة العمل على أمر واحد.

قد يكون مكتب الاستعلامات في المحطة المركزية الكبيرة في نيويورك أكثر الأماكن ازدحاما في العالم، فكل المسافرين يتدافعون إلى النافذة لطرح أسئلتهم.

انحنت امرأة سمينة وقصيرة إلى الأمام لتقترب من النافذة، والقلق يبدو على وجهها.

سمع موظفو الخدمة صوتها وركزوا على المرأة التي كانت تسأل: "إلى أين أنتي ذاهبة؟"

في هذا الوقت، كان هناك سيدة ثرية وأنيقة تحاول مقاطعتهم، لكن الفتاة في الخدمة استمرت في الحوار مع المرأة القصيرة كما لو لم يكن هناك شخص آخر حولها.

أجابت المرأة: "سبرينغفيلد". سألت فتاة الخدمة: "هل سبرينغفيلد في أوهايو؟" أجابت المرأة: "لا، إنها سبرينغفيلد في ماساتشوستس". أجاب فتاة الخدمة على الفور: "يغادر هذا القطار في غضون 15 دقيقة في المنصة رقم 15، لكن لا داعي للقلق، لا يزال لديك ما يكفي من الوقت". أعادت المرأة التحقق من جميع المعلومات مرة أخرى قبل أن تغادر.

وبعد ذلك، حولت فتاة الخدمة انتباهها مباشرة إلى الراكب التالي. وبعد بضع كلمات، غادر راكب آخر بقناعة.

في وقت لاحق، سألها شخص ما كيف يمكنها أن تبقى هادئة، وأجابت "أنا لا أتعامل مع عدد كبير من الركاب، أنا أقدم الخدمة لكل راكب في كل مرة، لذلك لا يوجد شيء لأقلق عليه."

---

1.   تشير إلى القدرة على التفكير من الصفر دون الاعتماد على المعرفة القائمة.

يعتقد خبير الإدارة أفيري أنه إذا كان هناك شيء لا يمكن إتمامه مـن خـلال نظريـة "شيء واحد في كل مـرة"، فإن الطرق الأخرى لـن تعمـل عـلى الأرجـح. وفي وقت لاحق، تطور اقتراحه تدريجيا إلى طريقة عمل عالية الكفاءة: طريقة العمل عـلى شيء واحد.

وبناءً عـلى هـذا المبـدأ، ينصح خبراء الإدارة النـاس بتجنب تحولات العمـل غير الضروريـة أثنـاء يـوم العمـل، أي التركيـز عـلى إنجـاز شيء واحد قـدر الإمكان، ثـم التفكير في الأمـر التـالي.

ومـن وجهة نظر نفسـية، عندما ينهي شخص مـا شيئًا واحـدًا، يشـعر في كثير مـن الأحيان بشعور مـن الراحة والرضا، أو حتى الشعور بالإنجـاز. هـذه حالـة ذهنيـة جيدة وشرط ضروري لبـدء الشيء التـالي بشكل جيـد.

لذلك، عندمـا قـام موظفـو هـواوي بمتابعـة الأداء وكانـوا غير راغبين في بـذل جهـود متواصلـة "طويلـة الأمـد" عـلى نفس الشيء، أدلى رن تشنغ في بالتصريحـات التالية: "أتمنـى أن يتخلص الجميع مـن خيال تحقيـق الشيء بسرعة، وأن يتعلمـوا القيام بأشياء بطريقة واقعية مثل اليابانيين، وأن يتخـذوا موقف العمـل الدقيق مثل الألمـان. إذا كنت تستطيع أن تكون بارعـا في تقنيـة قـد اكتسبتها للتو، فهـذا أمـر نـادر وقيـم في الحيـاة. وإذا كنت ترغب في تحسـين الكفاءة والحصول عـلى مكافأة أفضل، فيجب عليك التركيـز عـلى جانب محـدد مـن العمـل، وإلا سـيكون مـن الصعب إكمال شيء مثالي مـن خـلال الممارسـة. وإذا كنت تريد أن تكون قـادرًا وجيـدًا في القيام بـكل شيء، فهـذا يعني أنك لـن تجيد أي شيء، وسـتكون مجرد مبتدئًا في كل شيء."

بتشجيع مـن رن تشنغ في وتوجيـه المدربين، طور معظم موظفي هـواوي عـادات عمـل جيدة كمـا حسنوا مهاراتهـم في العمل بشكل تدريجي.

تتمثل المهـارة الأولى لموظف هـواوي في التعامـل مـع "حزمة" مـن المهـام المتماثلـة معـا، ممـا يوفر المزيد مـن الوقت للتعامـل مـع المهـام واحـدة تلـو الأخـرى.

إذا اضطر الموظف في هـواوي إلى إجـراء 10 أو 20 مكالمـة هاتفيـة أو توزيـع العديد مـن التقارير، فإن شخص مـا سـيقوم بـكل هـذه المهـام معًـا. وهـذا الشخص يتحسـن بشكل أفضـل في التعامـل مـع المهـام بشكل متكرر. وسـيكون بمقـدوره توفير 20% مـن وقتـه في إنهـاء المهمة.

أمـا المهـارة الثانية لموظف هـواوي، فتتمثل في "الهـدف الكبير"، لأنهـم يعتقدون أنه إذا تـم صيد 1000 سـمكة صغيرة، فسـيكون كل مـا حصل عليـه هـذا الشخص هـو دلـو مـليء بالأسمـاك، ولكن إذا اصطدنا حوتًـا، سـتكون القيمـة التي تـم تحقيقهـا في نفس الفترة الزمنيـة مختلفـة تمامًـا.

يـدرك الموظفـون في هـواوي معنـى هـذه المهـارة بشكل جيـد. لذلك، عندمـا يتعاملون

مـع العمـل، فإنهـم سـيحددون أولاً حجـم الأسـماك، ويحاولـون معرفـة أي واحـدة منهـا يمكـن أن تكـون الحـوت، ثـم وضـع خطـة شـاملة لصيـد الحـوت. والمظاهـر الواضحـة لمثـل هـذا النـوع مـن صيـد الحـوت هـو تنفيـذ العمـل وفقـا لـ"قائمـة الأولويـات"، التـي سـيتم توضيحهـا في الفصـل التالي.

أمـا المهـارة الثالثـة للعامليـن في شركـة هـواوي فهـي تخصيـص وقـت كافٍ لإنهـاء كل مهمـة. حيـث أشـار المدربـون في هـواوي إلى ذلـك قائليـن إنـه: "إذا قمـت بتخصيـص 30٪ مـن الوقـت الإضـافي لاسـتكمال عملـك، فسـتكون مسـتعدًا بشـكل جيـد لمواجهـة صعوبـات أو تأخيـر أو عقبـات غـير متوقعـة". مـن خـلال مراقبـة هـؤلاء العمـال الأكـثر إنتاجيـة، نجـد أنهـم يعملـون عـلى تخصيـص مـا يكفـي مـن الوقـت لأنفسـهم لضمـان القيـام بـكل مهمـة بشـكل تـام.

نعلـم جميعًـا أن الشـخص أكـثر كفـاءة عندمـا يظـل قـادرًا عـلى التركيـز عـلى مهمـة واحـدة. لكـن مـن السـهل جـدا أن نفقـد تركيزنـا ونشـتت انتباهنـا عـلى أشـياء كثـيرة جـدا. إذن، مـا هـي الطريقـة التـي يمكـن أن تسـاعدنا في الحفـاظ عـلى تركيزنـا عـلى شيء واحـد؟ فيـما يـلي بعـض الاقتراحـات للرجـوع إليهـا.

أولا، سـنحاول الحـد مـن الإزعـاج. لأن بعـض النـاس يميلـون إلى فقـدان التركيـز في العمـل بسـبب العوامـل الخارجيـة، مثـل تلقـي مكالمـة هاتفيـة والدردشـة خلالهـا لمـدة 10 دقائـق. وهـذا لا يضيـع وقـت العمـل فحسـب، بـل يشـتت انتبـاه الشـخص عـن العمـل. لذلـك، يجـب معالجـة هـذا الإزعـاج بسرعـة قبـل السـماح لـه بالتأثـير عـلى العمـل.

ثانيـاً، يجـب أن نطـور قدرتنـا عـلى التركيـز. فالتركيـز هـو القـدرة عـلى تحويـل الانتبـاه والتركيـز عـلى شيء معيـن، ويلعـب دورا رئيسـيا في القيـام بنشـاطنا. إن تطويـر قدرتنـا عـلى التركيـز سيسـاعدنا عـلى كبـح الإزعـاج والتحكـم في أنفسـنا مـن انحـراف تركيزنـا أثنـاء العمـل.

ثالثًـا، علينـا أن نضـع هدفًـا لأنفسـنا، حتـى نحفـز أنفسـنا عـلى العمـل بكفـاءة أكـبر. كـما يجـب علينـا توضيـح وتصـور الهـدف لزيـادة الاهتـمام.

رابعـاً، يجـب أن نكـوّن عـادة إكمـال المهمـة في الوقـت المحـدد. إذا كان هنـاك مهلـة زمنيـة محـددة للقيـام بـشيء مـا، فسـوف يكـون لدينـا شـعور بالإلحـاح ويمكننـا التركيـز عـلى إكـمال الأمـر بشـكل كامـل. إذا كنـت تتأخـر في القيـام بالأمـور، فمـن الأرجـح أن تنجـز نصـف المهـام، أو أن تفكـر في أمـور أخـرى أثنـاء القيـام بهـذا الـشيء بالتحديـد، مـما يؤثـر عـلى جـودة عملـك.

لذلـك، يجـب أن نهـدئ ونبقـى مركزيـن لإنهـاء العمـل الحـالي بـكل إخـلاص. إذا كنـا نميـل إلى التفكـير في تحقيـق هـدف كبـير، وفقدنـا صبرنـا وكنـا غـير ملتزميـن في الوصـول إلى أهدافنـا ونريـد أن نتـولى كل مهمـة، فلـن نتمكـن مـن تحقيـق أي شيء في النهايـة.

يجـب أن نتغلـب عـلى العـادات السـيئة القدمـة، حتـى لـو كانـت هـذه العمليـة صعبـة للغايـة. طالـما تخلصـنا مـن هـذه العمليـة، فيمكنـنا أن نصبـح "منفذيـن" فعالـين جـدا. وبالتـالي، سـيكون مـن السـهل علينـا الحصـول عـلى التقديـر مـن القيـادة.

5. كن حذرًا وجادًا، وقم بحل المشكلة بشكل كامل

يمكـن أن يسـاعدنا إنهـاء عملنـا دفعـة واحـدة عـلى تجنـب التكـرار غـير الـضروري للعـمل. هـذا النـوع مـن طريقـة العمـل الفعالـة الموجهـة نحـو النتائـج هـو الإستراتيجيـة الأكـثر فعاليـة لتجنب إضاعة الوقت والمـوارد.

ذات مـرة نـشر مقـال في المجلـة "موظفـي هـواوي"، وكانـت الفكـرة الرئيسيـة لهـذا المقـال هـي أن موظفـي هـواوي كانـوا يميلـون إلى ارتكـاب الأخطـاء أثنـاء صياغـة المناقصـة؛ عـلى سـبيل المثـال، في بعـض الأحيـان يكونـون كسـالى جـدًا لترجمـة اللغـة الصينيـة إلى الإنجليزيـة، أو لتغيـير العناويـن أو التحقـق مـن هجـاء الكلـمات. وفي النهايـة كان عليهـم القيـام بالترجمـة مـن جديـد. في البدايـة، كان بعـض الموظفـين يجادلـون بأنهـم كانـوا يخضعـون لجـدول زمنـي ضيـق. ولكـن كيـف كان لديهـم الوقـت لإعـادة العمـل ولكـن لم يكـن لديهـم وقـت لإنهـائه بشـكل جيـد مـن المـرة الأولى؟

هـذا هـو انعـكاس شركـة هـواوي عـلى مؤشرات تقيـيم أداء الموظفـين وتقييمهـا. السرعـة لا تسـاوي الكفـاءة، لا تكـن متسرعـا في التعامـل مـع تلـك الأشيـاء الأقـل أهميـة. لأن أي إعـادة عمـل أو عـدم كفـاءة قـد تكلفـك المزيـد مـن الوقـت. أمـا بالنسـبة لأولويـات العمـل، بمـا أنـك بـدأت بالفعـل، فلـماذا لا تقـم بتنفيـذه بشـكل جيـد مـرة واحـدة؟

لـذا، فيدعـو رن تشـن غ في بشـدة إلى روح "تسـوية الأمـر دفعـة واحـدة". وغالبـا مـا يـزور رن تشـن غ في ألمانيـا واليابـان والـدول الصناعيـة المتقدمـة الأخـرى، لأن الموظفـين في هـذه الـدول لديهـم أسـلوب عمـل حـذر ويتابعـون تسـوية كل مسـألة في دفعـة واحـدة.

إذن، كيـف يمكـن تسـوية المسـألة في دفعـة واحـدة؟ يحـدد موظفـو هـواوي الهـدف النهـائي أولا، ويطـورون خطـة عمـل، ثـم يقومـون بالتنفيـذ بشـكل صـارم وفقًـا للخطـة، لضـمان أن تكـون المهمـة متوافقـة تمامًـا مـع المتطلبـات المتوقعـة.

في البدايـة يحـدد موظـف هـواوي خطـة عملـه للتأكـد مـن أنـه يعمـل عـلى المسـار الصحيـح. ومـع ذلـك، فـإن تحديـد الهـدف النهـائي يعنـي وضـع خطـة شـاملة للعمـل بأكملـه

بدلاً من الطريقة التشغيلية التفصيلية لكل خطوة. كما يقوم الموظفون في شركة هـواوي بتوضيح ما هـو الهـدف وما هـو محتـوى المهمـة، كمـا يوضحـون مسؤولياتهم ونهجهم في التعامل مع المهمـة، للتأكـد من أنهـم لـن يحيـدوا عـن الهـدف النهائي في أي حال. هـذا هـو أيضا واحد مـن أكثر الطرق الموفرة للوقت.

ثانياً، يقوم موظفـو هـواوي بوضـع جـدول زمنـي شـامل وفقًـا للمتطلبـات المستهدفة في تنفيـذ المهـام. وسـوف يتأكـدون مـن المهـام ذات الأهميـة الحيويـة والعمليـات التـي يمكـن تقصيرهـا مـن حيـث الوقت.

في النهاية، سـوف يتبـع موظفـو هـواوي خطـة المهـام بدقـة متناهيـة، والتحقـق منهـا، وحـل المشـاكل التـي تحـدث أثنـاء عمليـة التنفيـذ علـى أسـاس منتظـم وفي الوقـت المناسـب، وفقًـا لتحليـل وإحصائيـات الأنـواع المختلفـة للتغذيـة الراجعـة الخاصـة بالمعلومـات.

ومـع ذلك، يجب أن يمـر أي عمـل خـلال عمليـة معينـة، وأحيانًـا تكـون هـذه العمليـة صعبـة جـدا. حيـث يتوقـف العديـد مـن الموظفـين في منتصـف الطريـق بسـبب عـدم صبرهـم ومثابرتهـم. إذن مـاذا نفعـل حيـال ذلك؟ يجـب أن نـزرع روح المثابـرة، ونطـور عـادة الاهتمـام بـكل أمـر حتـى النهايـة.

دعونا نأخـذ مثـالاً مـن حياتنـا اليوميـة. علـى الرغـم مـن أن العديـد مـن الموظفـين المسؤولـين عـن عمليـات التنظيـف في الشـركات الصينيـة - لا يدخـرون جهـدا في القيـام بعملهـم - إلا أنـه إذا مـا قمت بتفحـص عملهـم بعـد الانتهـاء مـن تنظيفهـم، سـتجد العديـد مـن بقايـا خـردة الحديـد تحـت الماكينـة وبقـع علـى ظهرهـا، وبقايـا السـناج في غرفـة التدخـين، ورائحـة كريهـة في المرحـاض ... هـذه هـي النتائـج المباشـرة لعـدم القيـام بالأمـور بدقـة.

دعونا نلقي نظرة علـى كيفيـة قيـام الموظفـين اليابانـين بتنظيـف المرحـاض.

يتم تقسـيم الموظفـين إلـى مجموعـات للقيـام بأعمـال التنظيـف تحـت قيـادة مشرفهـم. حيـث قامـوا بإعـداد أنـواع مختلفـة مـن أدوات التنظيـف المهنيـة، ثـم بـدأوا تنظيـف الأرضيـات والمراحيـض، بمـا في ذلـك المصـارف، والجـدران، والأسـقف، وتجهيـزات الإضـاءة، وحتـى النوافـذ ومقابـض الأبـواب، ومـا إلـى ذلك، لـن يتركـوا أي تفصيـل دون تنظيفـه. وبعـد سـاعتين مـن أعمـال التنظيـف، تختفـي الرائحـة الكريهـة الأصليـة للمرحـاض. وكان كل موظـف شـارك في التنظيـف مبلـلاً تمامـاً مـن التعـرق، لكنهـم حصلـوا علـى التجربـة الشـخصية حـول كيفيـة تطويـر عـادة لإكمـال مهمـة بشـكل كامـل مـن خـلال أعمـال التنظيـف العملـي.

تثبـت هـذه الحالـة أن ترسـيخ عـادة الموظفـين للقيـام بـكل شـيء بشـكل جيد هـي طريقـة جيدة لضمـان تمكنهـم مـن القيـام بعملهـم في دفعـة واحـدة. ومـع ذلك، فـإن هـذه العـادة لا

تتشكل بين عشية وضحاها وتتطلب التزامًا من المدراء والموظفين لفترة طويلة. خاصة أن المدراء بحاجة إلى لعب دور قيادي وتقديم نموذج جيد للموظفين. حيث أنه إذا تصرف المدراء بلا مبالاة، فلا يمكنهم أن يتوقعوا من موظفيهم أن يكونوا حذرين في عملهم.

6. التعامل مع الأمور التافهة بشكل كلي

نواجه في كثير من الأحيان مثل هذه المشاكل في عملنا اليومي: إضاعة الكثير من الوقت أو حتى الفشل في إكمال العمل المهم في الوقت المناسب لأنه كان علينا حل العديد من الأمور التافهة.

إذن، كيف يتعامل الموظفون الأذكياء مع الأمور التافهة؟

على سبيل المثال، طلب من ساعي البريد تسليم البريد من جميع أنحاء البلاد إلى نفس المكتب. في هذه الحالة لن يقوم ساعي البريد الذي يقوم بتسليمها واحدة تلو الأخرى، بل يقوم بجمع البريد أولاً ثم توصيلها دفعة واحدة.

بهذه الطريقة، يتم تحسين الكفاءة ويستخدم الوقت بطريقة أكثر منطقية.

وبالمثل، عند التعامل مع الأمور التافهة في العمل، نحتاج أيضًا إلى تعلم كيفية التعامل معها بشكل سويا.

قامت إحدى الشركات الاستشارية بإجراء مقارنة بين كفاءة عمل الناس على متن رحلة جوية من الدرجة الأولى وفي المكتب. وقد أظهرت النتائج أن ساعة واحدة من العمل غير المتقطع خلال الرحلة تساوي 3 ساعات من العمل في بيئة العمل العادية.

كيف يمكن أن يكون ذلك؟ يمكننا شرح هذه الظاهرة عن طريق قانون منحنى التعلم. يشير هذا القانون إلى المنحنى الذي يوضح أنه في غضون فترة معقولة من الوقت، قد يؤدي تكرار العمل المستمر نفسه إلى زيادة متناسبة نسبيًا لكفاءة العمل، مما يجعل الوقت المستهلك في تنفيذ هذه المهمة يكون خطا منحنى هابطا.

يخبرنا قانون منحنى التعلم أننا سوف نحاول حل نفس النوع من المسائل معا، مثل إنهاء المكالمات الهاتفية أو شراء اللوازم المكتبية الضرورية دفعة واحدة. هذا الأسلوب لا يساعد على زيادة كفاءة العمل فقط، ولكن أيضًا في توفير الوقت في إعداد العمل.

كما يثبت تدريب إدارة هواوي أيضًا أن قانون منحنى التعلم صحيح بالفعل من خلال مقارنة طريقتين مختلفتين لمعالجة الأمور التافهة: المعالجة المتفرقة والمعالجة بالدفعات.

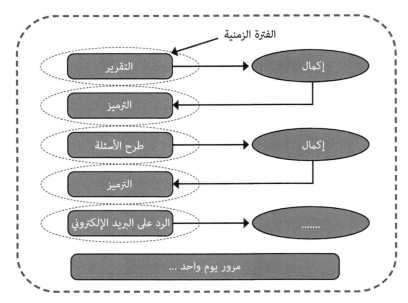

تم تقسيم الشؤون التافهة إلى عدة مراحل، مما أثر بشدة على استمرارية المهمة الهامة

المعالجة المتفرقة

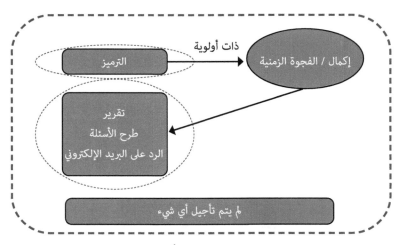

يتم التعامل مع الشؤون التافهة في دفعة، ذلك لا يضمن أولوية المهمة الهامة فقط، بل يرتفع كفاءة التعامل مع الشؤون التافهة.

المعالجة بالدفعات

الصورة 8-1   العرض التوضيحي على المعالجة المتفرقة والمعالجة بالدفعات

وفيما يتعلق بهذه القضية، وقاموا بتحليل نتائج عمل موظفي البحث والتطوير في هواوي للمعالجة المتفرقة والمعالجة بالدفعات للشؤون التافهة (تظهر النتائج في الصورة ١-٨).

لذلك، نحن بحاجة إلى الجمع بين الشؤون التافهة والتعامل معها بشكل كامل. هذا يمكن أن يوفر لنا الكثير من الوقت ويحقق كفاءة عالية في العمل.

كما تدعو شركة هواوي بشكل دائم إلى تعزيز المعالجة بالدفعات للمسائل التافهة. عادة ما يتبع موظفو هواوي القاعدة ٨٠/٢٠، مع التركيز على الأعمال الأساسية وتصنيف الأمور الأخرى على أنها تفاهات، حيث يتم التعامل معها في فترة زمنية معينة بشكل كلي، مما يقلل الوقت الإجمالي الذي يقضى في التعامل مع الأمور التافهة.

كان لي تشيانغ (اسم مستعار) مساعداً للمدير العام لإدارة الموارد البشرية في أحد مكاتب شركة هواوي. كان يحتاج إلى معالجة كمية هائلة من البريد والمكالمات الهاتفية ورسائل البريد الإلكتروني ورسائل الفاكس، وتقديم الرسائل والمعلومات بشكل دقيق داخليًا وخارجيًا، ولترتيب جدول العمل (بما في ذلك ترتيبات السفر والإقامة للمدير العام)، والمساعدة في التحضير والترجمة، وجمع المعلومات من مختلف الاجتماعات والتقارير؛ ومساعدة المدير العام في إجراء التوظيف والمقابلات، وحتى معالجة بعض الأمور الخاصة للمدير العام. وهكذا، كان لدى لي تشيانغ عبء عمل ثقيل جدا بالشؤون التافهة الهائلة. لكن لي تشيانغ نظم هذه الترتيبات بشكل جيد.

أعطى لي تشيانغ الأولوية لكل الأعمال وتعامل مع الشؤون الأكثر أهمية وإلحاحًا أولاً، ثم جمع كل تلك المهام غير المهمة وغير الملحة ولكن "يجب القيام بها" وقام بالتعامل معها جميعًا في وقت واحد. وأثناء معالجة الملفات، كان لي تشيانغ يؤجل معالجة عملية التداول العام، وينتظر حتى تأتي المستندات الهامة ويقوم بتسليمها معا إلى المدير العام. وذلك لا يوفر الوقت فقط، بل يتجنب إزعاج مديره مرارا وتكرارا بالأمور التافهة.

إن أداء لي تشيانغ الممتاز أثار إعجاب مشرفه بشكل كبير. لذلك، عندما قامت الشركة بإنشاء مكتب في جنوب الصين، تمت ترقية لي تشيانغ كمدير شؤون الموظفين في المكتب.

لا يقتصر هذا الوضع في التعامل مع الأعمال التافهة الهائلة على السكرتيرين مثل لي تشيانغ فقط، بل يواجهها معظم الناس في العمل. والسبب في أن بعض الناس لا يستطيعون التعامل معها مثلما فعل لي تشيانغ يكمن في الطرق المختلفة لمعالجة الشؤون التافهة.

تبدو معالجة الأمور التافهة دفعة واحدة هي النهج الصحيح تماماً، بينما في الواقع، قد يفشل الكثير من الناس في فعل ذلك على الرغم من أنهم حاولوا.

ينهض شخص عطش لتناول كوب من الماء، ثم يغسل وجهه وهو في طريقة عند ذهابه لشرب الماء. ويقوم بتدخين سيجارة في منطقة الراحة للاسترخاء، ثم يعود إلى مقعده. لكن سرعان ما يقف هذا الشخص مرة أخرى: إذ كان عليه أن يذهب إلى المرحاض. بعد نفاد الائتمان من الهاتف المحمول، قرر القيام بشراء بطاقة مسبقة الدفع والتواصل مع الإدارات الأخرى معا، لكنه عاد ليكتشف أن هناك ثلاث مكالمات لم يرد عليها من المشرف، واضطر إلى مقاطعة العمل مرة أخرى لتقديم تقرير إلى المشرف.

هذه ممارسات شائعة جدًا خلال معالجة بالدفعات. لتجنب هذا النوع من الحالات المماثلة، نحتاج إلى التفكير في كيفية جعل هذه الطريقة تخدمنا بشكل أفضل.

أولاً، يجب علينا أن نقبل وجود الشؤون التافهة من الناحية النفسية. لأنها تعكس الحالة الطبيعية للعمل، كما هي القاعدة الأساسية لإنشاء مختلف المنهجيات لزيادة الكفاءة.

ثانياً، يجب أن نكون قادرين على التمييز بوضوح بين الأمور التافهة. حيث أننا قمنا بمناقشة كيفية تحديد أولويات الأشياء في الفصول السابقة، مثل استخدام القاعدة الرباعية. أولاً، نحتاج إلى وضع قائمة بكل المهام التي نحتاج القيام بها، ونصنفها إلى شؤون غير مهمة، ومهمة، وغير عاجلة، وعاجلة. ثم نختار الأمور التافهة ونقوم بإنهائها واحدة تلو الأخرى، فمن خلال هذه الطريقة، يمكننا ضمان العمل الفعال.

بالإضافة إلى ذلك، نحن بحاجة إلى تحسين قدرتنا في التعامل مع الأمور التافهة. من خلال زيادة قدرتنا على العمل، يمكننا تقصير وقت حل "الأمور التافهة". على سبيل المثال، قبل إرسال فاكس، يمكنك إدخال الأرقام مسبقا إلى الجهاز، ثم يمكنك طلبها مرة أخرى مباشرة دون إعادة إدخال الأرقام.

وأخيرًا، نحتاج إلى إنشاء صندوق أدوات شخصية. هذه الطريقة تحظى بشعبية كبيرة الآن. على سبيل المثال، هناك نماذج لصياغة العقود. وهذه ليست سوى جانب واحد فقط، من ناحية أخرى، نحن بحاجة إلى الشعور بتكرير ومعالجة معرفتنا وخبرتنا، وتحويلها إلى "أداة" جاهزة لتقصير الوقت وتحسين الكفاءة.

ومع ذلك، عندما نتعامل مع الأمور التافهة، قد يقوم شخص آخر فجأة بتعيين أمر تافه آخر عليك. على الرغم من ذلك، فإننا لن نقع في الفوضى بسبب أمور تافهة غير متوقعة. في هذه الحالة، قد لا يكون المرء قادرا على إنهاء العمل في متناول اليد في الوقت المحدد، كما يصبح متوترا بسبب زيادة عبء العمل فجأة.

ضع في اعتبارك أنـه إذا كان هنـاك شيء غـير مسـتعجل، فـلا توقـف العمـل الجـاري الـذي تقـوم بـه؛ وإلا قـد تمنـع التنفيـذ الفعـال للمهمة.

٧. تقديم الدعم اللوجستي المهني

العمـل الجيـد يعنـي أيضـا تقسـيم جيـد للعمـل. بالنسـبة لهـواوي، هنـاك فـرق متخصصة تقـدم خدمـات منتظمـة للأمـور التافهـة، لا سـيما القضايـا اللوجسـتية الإدارية.

تقـوم هـواوي بأعمالهـا في جميـع أنحـاء العـالم، كـما يقـول المثـل: "يجـب إعـداد العلـف قبـل نـشر الجنـود والخيـول".

في شركـة هـواوي، فيـما يتعلـق بالموظفـين الذيـن يلتزمـون أو يقومـون بتنفيـذ المشـاريع، يكـون هنـاك فريـق إداري خـاص يسـافر أولاً لتسـوية جـدول أعمالهـم وترتيبـات المعيشـة اليوميـة لهـم. كـما سـيوفر هـذا الفريـق الدعـم اللوجسـتي خـلال عمـل الموظفـين لضمـان أن الموظفـين يمكنهـم التركيـز عـلى إدارة أعمالهـم الأساسـية بكـل إخـلاص.

إن قسـم الخدمـات اللوجسـتية الإداريـة لشركـة هـواوي مسـؤول بشـكل أسـاسي عـن الشـؤون الإداريـة اليوميـة لشركـة هـواوي، مثـل اسـتقبال الضيـوف وعقـد المؤتمـرات والمعـارض والوثائـق وترتيـب المركبـات والتنسـيق وإدارة الأصـول. كـما يوفـر مـوارد موثوقـة وآمنـة وضروريـة لحيـاة الموظفـين في الخـارج وعملهـم.

مـن أجـل تحقيـق الأهـداف، يحتـاج موظفـو هـواوي في الخطـوط الأماميـة إلى تلبيـة متطلبـين: "التكنولوجيـا" و"الأنشـطة اليوميـة". وهـذا في الواقـع مـا يجـب عـلى جميـع الـشركات مواجهتـه.

توفـر اللوجيسـتيات الإداريـة لشركـة هـواوي دعـمًا كامـلاً للمتطلـب الثـاني، بحيـث يمكـن للموظفـين في الخطـوط الأماميـة التركيـز عـلى العنـصر الأول. وقـدم هـذا النهـج ضمانـا للموظفـين في الخطـوط الأماميـة بشـكل كبـير مـن التشـتت أو التدخـل مـن العوامـل الخارجيـة.

سـواء كان المـدراء أو الموظفـون، فـإن كل فـرد لديـه كميـة محـدودة مـن الطاقـة. إذا كانـوا مشـغولين في التعامـل مـع الشـؤون التافهـة، فـإن جـودة أعمالهـم سـتقل إلى حـد كبـير، وبالتـالي سـيتم خلـق قيمـة أقـل. ومـن أجـل ضمـان تركيـز الموظفـين في الخطـوط الأماميـة عـلى التعامـل مـع أعمالهـم الرئيسـية، قامـت شركـة هـواوي خصوصًـا بإعـداد منصـب سـكرتير. "بشـكل عـام،

أن تكـون سـكرتيرا جيـدا يعنـي أن تفكـر في العقـل ولا تدخـر جهـداً في تقاسـم أعبـاء المديـر. إن تقاسـم العـبء لا يعنـي اتخـاذ قـرارات للمديـر، ولكـن للحـد مـن العمـل الإداري المتكـرر، والتأكـد مـن أن المديـر يسـتطيع أن يضـع كل جهـوده في أعمالـه الرئيسـية."

لا تـزال هـواوي متخلفـة في المنافسـة مـع الشـركات العملاقـة العالميـة. وإذا كانـت لا تريـد أن تكـون خـارج المنافسـة، فيجـب عليهـا الإسـراع في تطويـر التقنيـات ليـلًا ونهـارًا للحـاق بالشـركات الأخـرى. وهـذا يتطلـب أن يكـون موظفـو هـواوي في الخطـوط الأماميـة مركزيـن للغايـة ومتفانيـين بشـكل كبـير للأعمـال الأساسـية. إن الهـدف مـن تعيـين السـكرتيرين هـو السـماح للمـدراء والمطوريـن وموظفـي التسـويق بالتركيـز عـلى عملهـم الخـاص، والقيـام بالأشـياء التـي لا يسـتطيع الآخـرون القيـام بهـا، بينمـا بالنسـبة للأشـياء التـي يسـتطيع الآخـرون القيـام بهـا، مثـل تنظيـف الأرضيـة أو تمشـيط الوثائـق الملزمـة، فيجـب إعطاؤهـا للسـكرتيرين.

لذلـك، أنشـأت هـواوي نظامـا ضخمـا للسـكرتيرين. وأشـار رن تشـنغ في إلى أنـه: "بالنسـبة للعـدد الكبـير مـن السـكرتيرين في شـركتنا، فإن الشـركات في البلـدان المتقدمـة لـن تكـون قـادرة عـلى تحمـل تكاليفـه، لأنـه أمـر مكلـف. كمـا توفـر الشـركات الأمريكيـة بشـكل عـام أدوات جيـدة للعاملـين، حتـى يتمكنـوا مـن إعـداد وثائقهـم الخاصـة التـي يجـب عليهـم إكمالهـا قبـل إنهائهـم العمـل. يهـدف هـذا النـوع مـن نظـام الإدارة إلى خفـض التكاليـف. بينمـا تقـع شـركة هـواوي في بلـد يتميـز بخصائصـه الخاصـة حيـث يمكـن توفـير مثـل هـذا العـدد الكبـير مـن السـكرتيرين."

يمكننـا إلقـاء نظـرة فاحصـة عـلى إدارة هـواوي الفريـدة. حيـث أنـه في هـواوي، لا تقتصـر وظيفـة السـكرتير عـلى الأشـياء البسـيطة مثـل صـب كـوب مـن الشـاي أو الكتابـة أو عمـل النسـخ. بـل يلعـب السـكرتيرون أدوارا مختلفـة للقيـام بمهـام مختلفـة.

(1) إتقان المهارات الأساسية

يجـب أن يكـون السـكرتير الجيـد بارعـاً في المهـارات الأساسـية، مثـل الكتابـة والنسـخ وتشـغيل جهـاز الكمبيوتـر، ومـا إلى ذلـك. أدخلـت شـركة هـواوي عـلى وجـه التحديـد NVQ مـن المملكـة المتحـدة لتوحيـد وتعزيـز عمـل السـكرتير. كمـا تضـع الشـركة مخصصـات بشـأن مؤهـلات السـكرتير للتمييـز بـين المناصـب والمسـتويات واسـتخدام هـذه الأحكـام كأهـداف ومراجـع للتقييـم.

(2) مساعد للمدير

يجـب عـلى الشـخص الـذي يشـغل منصـب سـكرتير أن يفهـم ويسـاعد مسـؤوليه، وأن يأخـذ

بعين الاعتبار أساليب العمل والأفكار التي يتبناها مسؤولوه وأن يفهمها بشكل واضح حتى يتمكن من تقليل عبء عملهم. يقضي السكرتيرون في شركة هواوي حوالي 90% من وقتهم في التعامل مع الأمور التافهة. وأظهرت التحليلات أن الشؤون التافهة يمكن أن تكلف 60% أو أكثر من وقت الفرد، لذا من المهم أن تستخدم هواوي السكرتيرين، الذين يقضون حوالي 10% من وقتهم لمساعدة رؤسائهم.

تمتلك هواوي نظاما شاملا لإدارة السكرتيرين، ويشتمل على التدريب والتقييم وتحديد المناصب والترقيات وما إلى ذلك. وهذا يسمح للسكرتيرين الحفاظ على التضامن وتقديم الدعم القوي لموظفي هواوي في الخطوط الأمامية.

الفصل التاسع

مراقبة العملية

لا تـرى الأطـراف الخارجيـة إلا إنجـازات هـواوي، ولكـن لا تـرى قـدرة موظفـي هـواوي عـلى التحكـم في كل مـشروع بترتيـب جيـد وتركيـز مسـتمر ودقـة.

1. التركيز من البداية حتى النهاية

لـدى موظفـي هـواوي العديـد مـن المهـام بجـداول زمنيـة ضيقـة. ومـع ذلك، لـن يفـوت موظفـو هـواوي أي مواعيـد نهائيـة؛ بـدلا مـن ذلك، فإنهـم يسـتطيعون إنهـاء المهـام قبـل المـوعد المحـدد في غالـب الأوقـات.

كانـت شركـة الاتصـالات أوبتيمـوس (Optimus) شركـة مشـتركة بـين أكبر الـشركات الخاصـة في البرتغـال سـوناي وفرانـس تيليكـوم. وبعـد دراسـة متأنيـة، اختـارت أوبتيمـوس شركـة هـواوي لتنفيـذ مـشروع UMTS الخـاص بهـا. في عـام 2006، ووفقـاً لخطـة المـشروع، ينبغـي أن تقـوم شركـة هـواوي ببنـاء أكـثر مـن 500 محطـة أساسيـة في غضـون عـشرة أشـهر، وعليهـا إكمـال 30% مـن جميـع المحطـات الأساسيـة خـلال شـهر ونصـف كالمرحلـة الأولى مـن المـشروع التـي تشـمل نقـل أكـثر مـن 80 محطـة أساسيـة قائمـة واسـتكمال بنـاء محطـات أساسيـة جديـدة في نفـس الوقـت.

عـلى الرغـم مـن أن هـذا المـشروع كان يخضـع لجـدول زمنـي ضيـق للغايـة، فقـد بـذل فريـق مـشروع هـواوي أقصى جهـوده لاسـتكمال جميـع المهـام للمرحلـة الأولى التـي تشـمل نقـل

المحطات الأساسية القديمة وإنشاء المحطات الأساسية الجديدة. خلال فترة ذروة البناء، تم بناء أكثر من 40 محطة أساسية في أسبوع واحد. كما كانت مؤشرات الشبكة تلبي توقعات العملاء.

في مواجهة الشركة تواجه مشروع مع جدول زمني ضيق، قامت شركة هواوي بمراقبة عملية التنفيذ بدقة، والتحكم في عملية التسليم بصرامة. ولكن، كيف قام الموظفون بشركة هواوي بهذه المراقبة على العمليات بشكل جيد؟ لخص مهندس طريقة مراقبة العملية في المشروع:

في البداية، تحديد تواريخ البدء والانتهاء للمشروع. وفقًا لمخطط شبكة المشروع، وتاريخ التسليم المتوقع، ومتطلبات الموارد وتشارك الموارد، وترتيبات التشغيل، وشروط الحصر الرئيسية، فضلا عن التعليمات في حالة كان العمل متقدما أو متخلفا عن الجدول، قمنا بوضع خطط للمشروع وتحديد جدول زمني باستخدام طرق التحليل المنهجي، والمحاكاة، ومستوى الموارد، ومخطط جانت (Gantt)، وبرمجيات إدارة المشاريع، وغيرها من الطرق الأخرى.

عندما دخل المشروع مرحلة التنفيذ، نحن في حاجة إلى إجراء تحليل مهني حول مدة وحجم المهمة الخاصة بالمشروع بأكمله، وتقسيمه إلى مشروعات فرعية، ووضع مخطط لتقدمها لكل شهر أو لمدة 10 أيام، وذلك من أجل مراقبة تقدم المشروعات الفرعية في الفترات المعينة.

قد يؤدي أي خطأ في الموارد البشرية والمواد والإدارة الفنية خلال عملية تنفيذ المشروع إلى وجود عقبات كبيرة. لذلك، أثناء عملية تنفيذ المشروع، سيبقى موظفو هواوي على الاطلاع على التقدم في إنجاز الجدول الزمني. إذا لاحظوا أن التقدم في حالة انحراف عن الجدول الزمني، سيقومون بإجراء تحليل في الوقت المناسب حول تأثيرات على الأعمال التالية والجدول العام. بعد التحليل، حدد موظفو هواوي تلك المهام التي تأخرت عن الجدول الزمني وأجروا تعديلات وفقًا لذلك لتشكيل جدول زمني جديد يتماشى مع متطلبات وأهداف الخطة الجديدة.

واستنادًا إلى تحليل عملية التنفيذ، كما يتحدى موظفو هواوي في تقدم الجدول الزمني الأصلي.

يستخدم موظفو هواوي طريقتين لتعديل الجدول. الطريقة الأولى هي تغيير العلاقة المنطقية بين المهام المعينة، أي عندما أثر انحراف تقدم المشروع الفعلي على الجدول الزمني الإجمالي، في حالة تكون العلاقة المنطقية بين المهام المعينة قابلة للتغيير، فإنهم

سـيقومون بتعديـل العلاقـات المنطقيـة بـين المهـام المعنيـة في الخطـوط الرئيسـية والخطـوط غـير الرئيسـية التـي تجـاوزت المـدة المخطـط لهـا، لتقليـص فـترة البنـاء. وكانـت الطريقـة الأخـرى هـي تقصير مـدة مهـام العمـل المعنيـة. أي عـدم تغيـير العلاقـة المنطقيـة بـين المهـام، بـل تقليـص مدتهـا، ثـم تسـريع التقـدم العـام في تنفيـذ المـشروع، مـن أجـل إتمامـه في الوقـت المحـدد كـما هـو مخطـط لـه.

مـن خـلال إيـلاء اهتـمام تـام للعمليـة المسـتهدفة، يضمـن موظفـو هـواوي أن تكـون كـل عمـل تحـت سـيطرتهم. حتـى لـو كان هنـاك عـبء عمـل هائـل، يمكنهـم إتمـام مهامهـم في الوقـت المحـدد.

هنـاك أداة فعالـة يطبقهـا الموظفـون في شركـة هـواوي وغيرهـا مـن الـشركات للتحكـم بشـكل أفضـل في تنفيـذ كل مهمـة وهـي: مخطـط جانـت (Gantt Chart).

تـم اخـتراع مخطـط جانـت مـن قبـل السـيد هـنري ل. جانـت خـلال الحـرب العالميـة الأولى. حيـث يوضـح هـذا المخطـط بشـكل بيـاني وواضـح مـدة وترتيـب النشـاط لمـشروع معـين عـن طريـق قوائـم الأنشـطة والمقيـاس الزمنـي.

عـلى سـبيل المثـال، لدينـا ثـلاث مهـام يجـب القيـام بهـا، وهـي ترتيـب رف الكتـب وطباعـة الملفـات وجمـع المعلومـات. يتـم تحديـد أوقـات البدايـة والنهايـة للمهـام الثلاثـة بوضـوح. إذا لم نتقـن أدوات الإدارة العلميـة، فسـوف نمـزج هـذه المهـام بسـهولة. لذلـك يمكـن أن يلعـب مخطـط جانـت دوره الفريـد في مثـل هـذا الوضـع.

يمكننا رسم مخطط جانت على أساس خطة العمل (كما هو مبين أدناه).

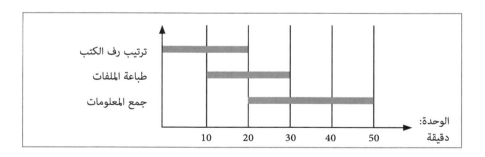

يمثـل المحـور الأفقـي لمخطـط جانـت الوقـت، ويمثـل المحـور العمـودي المهـام التـي سـنعمل عليهـا. ويتـم إظهـار الوقـت المخطـط لـه (الفعـلي)، والعمليـة المخطـط لهـا (الفعليـة)، ووقـت البـدء والانتهـاء المخطـط لـه (الفعـلي) مـن خـلال الخطـوط والأرقـام والحـروف.

من خلال مخطط جانت، نحن قادرون على الحفاظ على المسار الصحيح لما إذا كان العمل الحالي متقدمًا على الجدول الزمني، أو متأخرًا عن الجدول الزمني، أو في الوقت المناسب. كما نكون على علم جيد بما يجب فعله ونقرر ما إذا كان العمل الحالي يحتاج إلى تعديل كفاءته لضمان اكتمال المشروع بأكمله في الوقت المناسب.

ومع ذلك، عند استخدام مخطط جانت، يجب ألا يتجاوز عدد المهام 30 عنصرًا، لأنه سيكون معقدا وصعب الفهم.

اليوم، يتم استخدام مخطط جانت من قبل العديد من الموظفين لمراقبة تقدم العمل. هذا مفيد بشكل خاص للموظفين ذوي عبء العمل الثقيل نسبيًا. كأداة فعالة لمراقبة جدول العمل، يمكننا من القيام بعملنا بطريقة فعالة ومنظمة.

2. تحديد أهداف مرحلية يمكن السيطرة عليها

فيما يتعلق بإدارة المهام، يعتبر مخطط جانت نموذج التحكم المرحلي المرئي. وفي حقيقة الأمر هناك العديد من الحالات التي يتم فيها تطبيق عملية التفكير الإداري.

في صباح يوم باكر في الرابع من يوليو من 1952 في كاتالينا، وهي جزيرة تقع على بعد 21 ميلاً إلى الغرب من ساحل كاليفورنيا، قفزت فلورنس تشادويك البالغة من العمر 34 عامًا إلى المحيط الهادئ للسباحة في محاولة للعبور عبر المضيق. وإذا نجحت، فإنها ستكون أول امرأة تسبح عبر المضيق.

كان الضباب في الصباح كثيفًا وكانت مياه البحر تتجمد. وبعد 15 ساعة من السباحة، كانت تشادويك منهكة، لذلك كانت تفكر أنه ربما عليها أن تستسلم، وفي النهاية طلبت سحبها إلى القارب. كانت والدتها ومدربها في إحدى القوارب التي كانت تحيط بها، وأخبراها أنها كانت قريبة جدًا من الشاطئ وشجعاها على الاستمرار في السباحة لفترة أطول قليلاً.

نظرت في الأفق لكنها لم تتمكن من رؤية الشاطئ الساحلي بسبب الضباب. وشعرت أن والدتها والمدرب كانا يحاولان تشجيعها على الاستمرار في السباحة، في حين أن الشاطئ الساحلي كان بعيدا جدا في الحقيقة. وأخيرا، استسلمت. في الواقع، كانت على بعد نصف ميل فقط من مقصدها. بعد ذلك، قالت تشادويك بأسف عميق: "أنا لا أحاول تقديم أعذار لنفسي، لكن إذا كان بإمكاني رؤية الشاطئ الساحلي في ذلك الوقت، ربما كنت سأستمر في السباحة حتى أصل إليه."

استسلمت تشادويك عندما كان النصر قاب قوسين أو أدنى لأنها لم تستطع رؤية الجانب المشرق. في هذا الضباب الكثيف، لم يظهر الساحل أبداً أثناء السباحة التي لا نهاية لها على ما يبدو، ففقدت شيئاً فشيئاً مثابرتها وعزمها وزخمها.

في عملنا اليومي، كثير من الناس يقعون في نفس وضع تشادويك. وكان يعملون على مشروع لفترة طويلة، ويشعرون بالإرهاق، لكن يبدو أنهم ما زالوا بعيدين عن الوصول إلى المتطلبات المستهدفة. إذا كيف نخرج من هذا الوضع الصعب؟

الآن دعونا نعود إلى حالة تشادويك. بعد شهرين، قامت بالمحاولة مرة أخرى. لكن هذه المرة، طبقت إستراتيجية واحدة:

تم تقسيم العملية برمتها إلى ثماني مراحل صغيرة وتم وضع علامة لكل مرحلة بشكل منفصل. فعند الوصول لكل علامة، سيكون لديها فكرة واضحة عن مقدار ما تم إنجازه وكم بقي. من خلال القيام بذلك، وانخفض يأسها بسبب عدم قدرتها على رؤية الهدف بشكل طبيعي، في حين ازدادت ثقتها بنفسها مع الوصول إلى نهاية كل مرحلة. وأخيرًا، أكملت الحدث الكبير للسباحة عبر المضيق بنجاح. ليست أول امرأة نجحت في السباحة عبر المضيق فقط، بل كسرت الرقم القياسي للرجل بساعتين أيضا.

لقد كان نفس التحدي، ولكن النتائج مختلفة تماما. ما يمكن أن نراه من قصة تشادويك هو: على الرغم من أنها كانت لديها هدف في المرة الأولى، ولكن لأنه لم يكن لديها أدنى فكرة عن مدى الهدف، ومقدار ما كانت أنجزته بالفعل، أو أدائها الفعلي. في النهاية فقدت دافعها. لكنها في المرة الثانية، قسمت العملية برمتها إلى ثماني مراحل صغيرة، وأصبحت كل مرحلة هدفًا سهلًا نسبيًا لتحقيقه، وأعطتها فكرة عن مقدار ما أنجزته بالفعل.

لذلك علينا أن نستفيد من الطريقة التي اعتمدتها تشادويك في محاولتها الثانية لعبور المضيق، أي لتصميم عدة أهداف مرحلية لمساعدتنا على تخفيف الضغط. وبهذه الطريقة، سيكون الهدف أيضًا أسهل في تحقيقه.

في معظم الحالات، يمكن لموظفي هواوي إكمال المهمة بسهولة، حتى المهام التي تعتبر مستحيلة التحقيق. فكيف يقوم موظفو هواوي بذلك؟

اعتاد موظفو هواوي على تحديد طريقة تحقيق الهدف أولاً بالإضافة إلى ما يجب القيام به لكل مشروع محدد، خاصة تلك المشاريع التي لديها أهداف أكثر صعوبة. وبهذه الطريقة، يتم تقسيم الهدف النهائي إلى عدة وحدات قابلة للتنفيذ. ثم يتم تقسيمها إلى عدة مراحل، ويصبح الانتهاء من كل مرحلة علامة بارزة. من خلال التحقق

مـن الانتهـاء مـن المراحـل المختلفـة، يمكنهـم أن يحققـوا السـيطرة عـلى تنفيـذ المهمـة العامـة بشـكل أفضـل.

دعونـا نأخـذ هـدف المبيعـات التـي يبلـغ حجمهـا مليـون يـوان في نصـف عـام كمثـال. يمكننـا تقسـيمه إلى ثـلاث مراحـل: في المرحلـة الأولى (شـهر واحـد)، نحتـاج إلى تحقيـق مبيعـات قدرهـا مائتـي ألـف يـوان؛ وفي المرحلـة الثانيـة (شـهرين)، نحتـاج إلى تحقيـق مبيعـات قدرهـا أربعمائـة ألـف يـوان؛ وفي المرحلـة الثالثـة (ثلاثـة أشـهر) نحتـاج إلى تحقيـق المبيعـة المتبقيـة التـي يبلـغ حجمهـا أربعمائـة ألـف يـوان.

كلـما قمنـا بتقسـيم الهـدف بشـكل أكـثر تفصيـلاً، كلـما كان أقـل صعوبـة خـلال فـترة التنفيـذ. الأهـم مـن ذلـك، عنـد الانتهـاء مـن كل مرحلـة، سـيكون لدينـا شـعور بالإنجـاز وتقليـل ضغـط العمـل. علاوة عـلى ذلـك، مـن خـلال تقسـيم مهـام العمـل، يسـتطيع موظفـو هـواوي التحكـم بسـهولة أكـبر في تقـدم المشروع الجـاري، وتحديـد مـا إذا كانـوا بحاجـة إلى تعديـل كفـاءة العمـل لديهـم أم لا.

عمـل وانـغ نينـغ (اسـم مسـتعار) في قسـم الأبحـاث في هـواوي لمـدة ثـلاث سـنوات، ولديـه خـبرة وافـرة في تقسـيم المهـام. وقـال: "قبـل تحسـين التكنولوجيـا، عـادة مـا أقـوم بتحليـل الهـدف بدقـة وتفصيـل، وتقسـيم الهـدف النهـائي إلى أهـداف مرحليـة مختلفـة، مثـل: كـم مـن الوقـت علينـا أن نتلقـى التدريـب والمحـاضرات كل يـوم؟ متـى سـيكون لدينـا فكـرة عامـة عـن التكنولوجيـا الجديـدة ومتـى سـنكون محـترفين فيهـا؟ ومتـى يمكننـا معرفـة العيـوب في التكنولوجيـا؟ متـى سـنتمكن مـن اسـتخراج تقنيـة أكـثر تقدمًـا وأكـثر سـهولة في الاسـتخدام؟ وفي النهايـة، أحـدد الموعـد النهـائي لتحقيـق الهـدف النهـائي. وعـادة مـا أخصـص 10٪ مـن الوقـت الإضـافي لتجنـب حـوادث غـير متوقعـة أو مهـام إضافيـة قـد تـؤدي إلى تأجيـل الموعـد النهـائي.

مـن خـلال تحقيـق مجموعـة مـن الأهـداف الصغـيرة تدريجيـا، يقـوم وانـغ نينـغ بتحقيـق الهـدف النهـائي أخـيرا.

لذلـك، بالنسـبة لمهمـة تبـدو أكـثر صعوبـة، نحتـاج إلى معرفـة المزيـد حـول تقسـيمها إلى عـدد مـن المراحـل، ومـن ثـم رصـد ومراقبـة تنفيـذ كل مرحلـة. بهـذه الطريقـة، يمكننـا تحقيـق الهـدف بشـكل منهجـي لضـمان إكـمال المهمـة في الوقـت المحـدد.

3. تحقيق الاستخدام الأمثل للموارد

فيما يتعلق بمراقبة العملية، فبالإضافة إلى الأهداف المرحلية، نحن بحاجة إلى التركيز على تخصيص الموارد واستخدامها. حيث أن القدرة التنافسية بين الشركات لا تكمن في التمتع بالموارد الكافية فحسب، بل تكمن أيضاً في قدرتها على خلق قيمة من خلال استخدامها لتلك الموارد.

أولى خبير الإدارة بيتر دراكر أهمية كبيرة لاستخدام الموارد في إدارة المشاريع، ونصح المدراء أن يتعلموا إدارة جميع أنواع الموارد. حيث قال دراكر: "إن الذكاء والخيال والمعرفة هي موارد أساسية، لكن فقط العمل الفعال يحول الموارد إلى النتائج". ومن وجهة نظر دراكر، فإذا تمكن عالم المعرفة من الاستفادة من قيمة الموارد من خلال استخدام منصبه ومعرفته، فيمكنه أن يعزز القدرة التشغيلية للمنظمة بشكل كبير ويحقق أفضل النتائج. لذلك، يحتاج المدراء إلى استغلال جميع الموارد المتاحة لضمان الاستخدام الأمثل للموارد.

من أجل تحقيق هذا الهدف، يجب على الشركة توفير شروط موضوعية مواتية أولا.

كان أعضاء فريق مشروع هواوي يتعاملون مع عملاء مختلفين كل يوم. فلا بد منهم أن ينظروا إلى كيفية التواصل الفعال مع العملاء الرئيسين، فضلا عن كيفية إظهار قيمة المنتجات المطورة للعملاء. من أجل حل مثل هذه المشاكل، فمن الضروري تخصيص الموارد وخطط العمليات المنسقة في كثير من الأحيان.

في شركة هواوي، يجب أن يكون مدير المشروع الجيد محترفا في تخصيص الموارد، ويمكنه بناء نمط المشاريع الموجه نحو العميل، والذي يجمع بين العملية والموظفين والتكنولوجيا من خلال التكامل السريع لموارد العملاء الخارجية والموارد التقنية الداخلية وفريق المواهب. وأثناء عملية تكامل الموارد، يصبح التشارك المعلوماتي وسيلة مهمة لموظفي هواوي للعمل بكفاءة والحصول على الدعم المتزامن من الآخرين. بالنسبة إلى شركة هواوي، لا يعمل فريق المشروع فقط في مكاتب الشركة أو العملاء فقط، بل يسمح نمط التعاون الجديد الذي يشكل من التكامل بين العملية والموظفين والتكنولوجيا تجميع جميع الموارد المتاحة وتطبيقها على الأماكن المطلوبة بسرعة، وبالتالي تحقيق العمل المتزامن في جميع الأحوال. وفي ظل بيئة العمل هذه، عندما يكون الشخص في طريقه إلى العمل، يمكنه الحصول على جدول العمل لهذا اليوم من تقويم Outlook، والذي تمت مزامنته مع هاتفه المحمول؛ وبعد وصوله إلى الشركة، يمكنه الاجتماع مع الموظفين والعملاء من مناطق مختلفة في قاعة المؤتمرات من خلال نظام مؤتمرات الفيديو عالي الدقة؛ وفي

غيابـه عـن المكتـب، كمـا يمكنـه الاستمـرار في التعامـل مـع رسـائل البريـد الإلكتروني مـن خـلال الهاتـف اللوحـي PAD أو الهاتـف المحمـول، وإنشـاء قائمـة جديـدة للطلـب، وإرسـال ملاحظـات الاجتمـاع في الوقـت المناسـب، ومراجعـة طلبـات السـداد، ومـا إلى ذلـك؛ وفي المسـاء، عندمـا يكـون الموظفـون في المنـزل، لا يـزال بإمكانهـم اسـتخدام الوصـول الآمـن للدخـول إلى شـبكة الشـركة للـرد عـلى رسـائل البريـد الإلكتروني والعمـل عـن بعـد. بالاعتمـاد عـلى شـبكة IP الكاملـة مـن أجـل تحقيـق التواصـل المـرن والتعـاون في مختلـف السـيناريوهات وتحقيـق الاسـتفادة القصـوى مـن مـوارد الشـركة، كل ذلـك يمثـل قيمـة الخدمـة التـي خلقتهـا شـركة هـواوي مـن خـلال التواصـل والتعـاون الموحديـن في المؤسسـات الكبـيرة.

عندمـا يكـون العتـاد الصلـب في مكانـه، يمكـن للتعـاون الجيـد أن يعـزز بشـكل كبـير اسـتخدام المـوارد.

في أعـمال البحـث والتطويـر، نظـرًا لأن موظفـي أعـمال البحـث والتطويـر يكونـون قادمـين مـن إدارات مختلفـة دون علاقـة إداريـة مبـاشرة، يبـدو أن بعـض الأعـمال في تخصيـص المـوارد غـير فعـال وصعـب. و في هـذا الوقـت، إذا لم إذا لم تعـرف كيـف تضغـط عـلى الأطـراف المختلفـة وتخـطّ الطريـق السـهل، فغالبـاً مـا يكـون مـن الصعـب جـداً القيـام بعملـك بشـكل جيـد.

هـذا هـو السـبب في أنـه يجـب علينـا أن نتعلـم عـن إدارة المـوارد، مـن خـلال تعديـل العلاقـات بـين النـاس لتوجيـه الموظفـين لطلـب المسـاعدة مـن الآخريـن في الوقـت المناسـب واغتنـام الفرصـة للتعلـم مـن الآخريـن لتحقيـق إدارة المـوارد الفعالـة بصـورة حقيقيـة.

كان والـد حكيـم يقـوم بتشـذيب الحديقـة مـع ابنـه البالـغ مـن العمـر سـبع سـنوات. كانـا بحاجـة إلى إزالـة الحجـارة الكبـيرة المدفونـة بعمـق في التربـة. واعتقـد الأب أنهـا كانـت فرصـة جيـدة لتعليـم ابنـه، فسـمح لابنـه بتحريـك الحجـارة بنفسـه.

بعـد عـدة محـاولات لإزالـة حجـر بيديـه، أدرك الطفـل أنـه لـن ينجـح في ذلـك. لكـن جـاءه إلهـام فجـأة ووجـد حـلا جيـدا: حفـر حفـرة بجـوار الحجـر، وجلـب قطعـة مـن الخشـب وأدخلهـا في الحفـرة، مـع لوحـة حجريـة صغـيرة أخـرى في القـاع، اسـتخدم كل جهـوده للضغـط لرفـع الحجـر الكبـير. ومـع ذلـك، فإنـه لا يـزال لا يتحـرك الحجـر الكبـير عـلى الإطـلاق. مـن الواضـح أنـه لم يكـن لديـه القـوة الكافيـة لتحريـك الحجـر الكبـير بنفسـه.

أخـبر الطفـل والـده أنـه لم يسـتطع تحريـك الحجـر، عـلى الرغـم مـن أن والـده شـاهد كل مـا فعلـه بـكل وضـوح، فأجابـه بـبرود: "عليـك أن تجـرب أفضـل مـا لديـك". هـذه المـرة، اسـتنفد الطفـل كل قوتـه، تحـول وجهـه إلى اللـون الأحمـر وضغـط تقريبـا بـكل وزن جسـمه عـلى الخشـب، لكـن الحجـر بقـي في مكانـه.

كان الطفل يلهث بكثافة وانزلق للجلوس. ذهب الأب إليه وسأله: "هـل أنـت متأكد مـن أنك فعلت كل مـا يمكنك القيام به؟"

أجاب الطفل بضعف: "بالطبع". قام الأب بلمـس يـد الطفل الصغير برفق وقال: "لا يا ولـدي، لم تجـرب كل شيء يمكن أن تفعله! كنت بجانبك، لكنـك لم تطلب مني المسـاعدة ..."

غالبا ما نمر بمثل هـذه الحالة في عملنا، ربما قد عملنا بجد بما فيه الكفاية، ولكننا لم نتمكـن مـن الحصول على أداء وظيفي أفضل. في هذا الوقت، ينبغي لنا أن نتوقف لفترة من الوقت وننظر حولنا بعناية، هل اسـتخدمنا جميع المـوارد المتاحة بشكل جيد؟

هنـا، يمكننـا الاسـتفادة مـن القصـة المستشـهد بهـا في كتـاب تدريـب هـواوي الـذي وصف هجرة الأوز البـري:

في كل عام، يطيـر الأوز البـري لمسـافات طويلة مـن أجل البقاء في جنوب الصـين في فصل الشـتاء. وخـلال هـذه الرحلـة الشـاقة، لا يطيـر الأوز بمفـرده وبحرية، ولكـن بتنسـيق منتظـم. هـذه الظاهـرة حيرت العديد مـن الخبراء في البدايـة. في وقت لاحـق، علمـوا أنـه في كل مـرة ترفرف الأوزة الرائـدة فيهـا جناحيهـا، فإنهـا تخلق تدفق الهـواء لرفع مسـتوى الأوزة التاليـة. هـذا السـبب الفيزيائي يجعـل تنسـيق الطيران الموحّد أكـثر توفيرًا للجهد مـن الطيران المنفـرد، والذي يمكنـه في المقابـل أن يطيل أكـثر مـن نصف مسـافة الطيران الأصليـة. مـا هـو أكـثر إثارة للإعجـاب، أنـه عندمـا تشـعر الأوزة القائـدة بالتعب، سـيكون هنـاك أوزة أخرى لتتقدم وتلعب الـدور القيادي، حيث سـتبدأ الأوز التي تطيـر في الخلـف باصدار صوت تغريد لتشـجيع الأوزة الرائـدة للحفاظ على سـرعة جيدة.

السـبب الـذي يجعـل الأوز يطيـر في تشـكيلة معينة هـو أنـه يمكن أن يحقـق أفضـل تـآزر للخروج مـن هـذه الممارسـة والاسـتفادة الكاملة مـن كفـاءة المـوارد. لحسـن الحـظ، تقـوم هـواوي أيضًـا بتنفيذ نظـام المسـاعدة الداخليـة المماثـل: نظـام إدارة المصفوفة. حيث يصبح الجميـع نظامًـا فرعيًـا مفتوحًـا في هـذا النظـام الكبـير. ويمكـن للموظفـين تخصيـص المـوارد واسـتخدامها بالكامـل مـن خـلال طلـب المسـاعدة بكفـاءة وفعاليـة.

علـق رن تشـينغ في على نظـام المسـاعدة في شـركة هـواوي قائـلا: "البحـث عـن المسـاعدة هـو أفضـل دليل على جهـود المجموعة. أما بالنسـبة لصناعة الاتصالات، فأنا مبتدئ وعلمـاني وقـادم في وقت متأخـر، لكنـي أود أن أعتمـد عـلى مسـاعي ومثابرتي، وشـبكة المسـاعدة في الشـركة وأخـذ زمام المبـادرة في طلب المسـاعدة والتعلم الجيد، مما سـيساعدني بالتأكيـد على اللحـاق بالأسـلاف حتى تجاوزهم."

في عصر المعلومات، يمكننا الاسـتفادة الكاملة مـن المـوارد المحـدودة مـن خـلال التشـارك

فقـط. إن نظـام "المسـاعدة" في شركـة هـواوي لا يسـاعد موظفيهـا عـلى إكـمال مهامهـم بنجـاح فحسـب، بـل يمكـن مختلـف الإدارات مـن لعـب دورهـا بشـكل كامـل. كـما لا يسـاعد هـذا النظـام عـلى تجنـب تكـرار الأعـمال التـي قامـت بهـا مختلـف الإدارات فحسـب، بـل يقلـل مـن التكلفـة ويسـمح باسـتخدام مـوارد المنظمـة بشـكل كامـل.

اليـوم، المزيـد مـن الأفـراد يرغبـون في العمـل في شركـة هـواوي، ليـس لأنهـا تعطـي رواتـب سـخية فقـط، ولكـن الأهـم مـن ذلـك، لأنهـا يمكـن أن توفـر أفضـل الدعـم الفنـي والشركاء والمعلمـين ومعـدات التطويـر المتقدمـة. وفي مثـل منصـة التطويـر هـذه ذات المـوارد الفائقـة، يمكـن للجميـع لعـب دوره الكامـل عـلى تحقيـق أهدافهـم وأحلامهـم.

4. خطة معالم المشروع

لـدى كل فـرد قـدر محـدود مـن الوقـت والطاقـة، لذلـك حتـى لـو أن الفـرد لديـه إدراك كامـل لـضرورة القيـام بـالإشراف عـلى العمليـة ورسـم مخطـط جانـت بتصميـم جيـد، فإنـه لا يمكنـه ضـمان الإشراف الدقيـق طـوال التنفيـذ الكامـل للعمـل.

تمتلـك شركـة هـواوي حـلاً ذكيًـا لإدارة مشـاريعها: وهـو خطـة معـالم المـشروع. إنهـا خطـة للأهـداف، وهـي سلسـلة مـن الأنشـطة بغـرض تحقيـق معـالم محـددة. تتحكـم خطـة المعـالم في التقـدم المحـرز في المـشروع ويضمـن تحقيـق الهـدف العـام مـن خـلال إنشـاء المعـالم والتحقـق مـن إنجـاز تلـك المعـالم.

مثـل هـذه المهـارة في التحكـم في الحلقـات الرئيسيـة للمـشروع بطريقـة دقيقـة تجعـل مـن غـير الـضروري لنـا قضـاء معظـم وقتنـا وجهـدنا في مراقبـة تنفيـذ المـشروع، كـما تقلـل مخاطـر المـشروع بشـكل كبـير.

وتسـتند خطـة المعـالم إلى تنفيـذ المـشروع. فمـن خـلال فهـم الصـورة الكاملـة للمـشروع، يمكننـا العثـور عـلى المهـارات اللازمـة لتطبيـق خطـة المعـالم. لذلـك، لنأخـذ حالـة اسـتقبال العمـلاء التـي قـام بهـا قسـم معـين مـن مـشروع هـواوي كمثـال.

كان البلـد X سـوقا هامـة لشركـة هـواوي. وفي الخامـس عـشر مـن سـبتمبر عـام 2010، فـازت شركـة هـواوي بمناقصـة مـشروع شـبكة ثابتـة ذات خمسمائة ألـف خـط (يشـار إليـه فيـما بعـد باسـم المـشروع X)، وبـدأ المـشروع في أكتوبـر 2010. وخـلال عمليـة تنفيـذ المـشروع، كشـفت التغذيـة الراجعـة مـن العمـلاء عـن ظهـور مشـاكل تأخـير التسـليم وخطـأ في الاختبـار.

ومن أجل تحسين العلاقة مع العملاء واستعادة ثقتهم، قرر قسم المشاريع في شركة هواوي دعوة المدير العام لشركة العملاء لزيارة مقر شركة هواوي في الثاني من نوفمبر عام 2010.

إذن، ما الذي سيحدث بعد ذلك؟ من المؤكد أن الموظفين ذوي الخبرة يفكرون في تحديد خطوات تنفيذ المشروع، وهي أيضًا الخطوة الأولى لتطبيق خطة المعالم. مما سيجنبهم القيام بأعمال بدون حسبان وتغييرات متكررة أثناء التنفيذ، كما يضمن جدوى خطة المعالم.

عند تحديد الخطوات، سيجد موظفو هواوي جميع الإجراءات اللازمة لإكمال المشروع. إذا لم يكن بإمكان الشخص وضع كل شيء في الاعتبار، فعليه مشاركة أعضاء الفريق في العصف الذهني. حيث يسجل موظفو هواوي كل حلقة يفكر فيه خلال العصف الذهني، حتى ولو كانت مجرد فكرة بسيطة. وفي وقت لاحق، يقومون بفرز جميع الحلقات التي كانت مكتوبة على الورق وحذف تلك الحلقات المتكررة ودمج الحلقات المتشابهة، وأخيراً تبسيط خطوات المشروع بكلمات مختصرة.

قبل أن نبدأ أي مشروع، يجب علينا التفكير بعناية في عملية التنفيذ أولاً لضمان تحقيق أهدافه بشكل سلس.

بطبيعة الحال، فإن ما يسمى بخطة المعالم يعني مراقبة الحلقات الهامة بدلا من كل حلقة من المشروع، وإلا فإن مثل هذه الطريقة لن يكون لها أي معنى.

يعد موظفو هواوي تلك الحلقات مع الموارد غير الكافية أو العمليات غير الماهرة أو المشاكل المحتملة كحلقات رئيسية للمشروع. وبطبيعة الحال، ستصبح هذه الحلقات كائنات خاضعة للمراقبة من "خطة المعالم".

وبعد تحديد الحلقات الرئيسية، يجب أن نبدأ في إعداد جدول زمني للتنفيذ، وهو خطوة مهمة للغاية. لأن كل معلم في خطة المعالم يجب أن يكون لديه وقت بداية ونهاية واضحين لضمان أن المهام من مختلف المراحل والهدف العام يمكن أن تكتمل في الوقت المخطط له.

نظرًا لأن الوقت الإجمالي لإكمال المشروع محدد، فإن الأمر كله يتعلق بكيفية تخصيص وقت لكل معلم بدلًا من مناقشة ما إذا كانت المدة الإجمالية للمشروع معقولة أم لا، ونحن بحاجة إلى معرفة كيفية تحقيق الاستفادة القصوى من كل جزء من الوقت في الخطوات المحددة.

بعد الانتهاء من تحديد الخطوات الرئيسية (المعالم) والوقت المخصص لها، يقوم

موظفو هـواوي برسم خطة المعالم. على سبيل المثال، تظهر أدناه خطة المعالم التي وضعتها قسم المشاريع في شركة هواوي لزيارة العملاء.

الصورة 2-9   خطة المعالم لزيارة العملاء

في نهاية الأمر، يحتـاج موظفـو هـواوي فقـط إلى الالتـزام بمتطلبـات خطـة المعـالم التي تسمح لهـم التحكم بالحلقـات الرئيسية للمشروع والتي تقلل بشكل كبير من مخاطر المشروع.

5. مراقبة كل تفصيل عن كثب

كما هـو موضح في مخطط جانت أو خطة المعالم، يتعين على المـدراء تنفيذ الرقابة في الوقت المناسب طـوال العمليـة بأكملهـا وإعطـاء الإشراف والتوجيـه الفعالين للتنفيـذ، وذلك مـن أجـل ضمان أن النتائـج النهائيـة تتماشى مع التوقعـات.

لقد تعلم رن تشـنغ في تجربـة الإدارة مـن الشركات الناجحـة، وطلب مـن مـدراء هـواوي تنفيـذ الإشراف المناسب على كل تفصيل.

تظهـر عمليـة مراقبـة مشروع هـواوي في إنتاج المنتجـات الجديدة. إن إصدار كل منتـج جديـد يجب أن يمـر بعمليـة معقـدة، وهي عبارة عـن عمليـة مراقبـة صارمـة للمشروع. أولا، نحتـاج إلى وضع خطة تطويـر المنتج الجديد. بعد دراسـة أوليـة دقيقـة لميـزات المنتج، يجب علينا إجراء اختيار شـامل ودقيـق، فقـط يمكن للمنتجـات المختارة أن تدخل مرحلة التطويـر المحـددة. وفي مرحلة التطويـر، يستهلك المنتج الجديد الكثير من الوقت في إجراء الاختبـارات المعمليـة، ويكون احتمال الفشل مرتفعًا للغاية. علاوة على ذلك، فإن المنتجات

التي اجتازت الاختبارات المعملية لا يمكن وضعها في الإنتاج الضخم على الفور، ولكن يتم إنتاج كمية صغيرة من أجل إخضاعها لجميع أنواع إجراءات صارمة لتحديد الخطأ، بعد أن تجتاز المنتجات المنتجة على كمية صغيرة التقييم، سيخضع المنتج للاختبار عند المرحلة المتوسطة. وفي نهاية المطاف سيكون الإنتاج الضخم، ومن ثم يذهب المنتج إلى المستهلكين من خلال قنوات البيع.

من خلال هذه المراقبة الصارمة للمشروع، تقضي شركة هواوي على الإمكانية التي تسمح للمنتجات غير المؤهلة بالانتقال إلى العملية التالية، ناهيك عن دخولها إلى مرحلة الإنتاج الضخم.

واليوم، تصنف هواوي بنجاح بين أكبر 500 شركة في العالم، ويرجع ذلك بشكل جزئي إلى أسلوب العمل الجاد الموجه نحو التفاصيل.

هناك العديد من الشركات "التي تركز على التفاصيل" مثل شركة هواوي. في الواقع، جميع الشركات العالمية الممتازة متشابهة نسبيا في هذا الصدد. كما يجب أن نضع في اعتبارنا دائمًا المثل الصيني القديم الذي يقول إن "المشروعات الكبرى لها بدايات صغيرة" وأن ندرك أن الفرق بين النجاح والفشل يكمن في الاهتمام بالتفاصيل.

لنأخذ الشركتين العملاقتين في الوجبات السريعة ماكدونالد وكنتاكي كمثال. عندما دخلتا السوق الصينية، لم تكونا مشهورتين مثل بط بكين المشوي وباوتسي قوبولي. في ذلك الوقت، في شارع وانغفوجينغ، شارع المشاة التجاري الأكثر تميزًا في بكين، لم يكن مطعم ماكدونالدز فيه. ولكن اليوم أصبحت مطاعمها منتشرة في جميع أنحاء الصين، يمكنك العثور على علامة "M" الصفراء الخاصة بها في كل مكان. وبالمقارنة مع ماكدونالدز وكنتاكي، من الواضح أن الأطعمة الصينية مثل بط بكين المشوي وباوتسي قوبولي لم تعد تتصدر في السوق الصينية. ويعزي الكثير من الناس الفضل في نجاحهما إلى "قدرة الشركات الأجنبية على تصميم شعارات وإعلانات جذابة". في الواقع، لا تعرفون أن الشركات الأجنبية لا تعتمد فقط على تسويقها الناجح فقط، ولكن الأهم من ذلك، لديها مراقبة صارمة على العملية. ومن أجل ضمان المذاق اللذيذ للبطاطا المقلية، أرسلت ماكدونالدز خبراءها بشكل خاص للقيام بتفقد ميداني في الصين لإيجاد أفضل موقع لزراعة البطاطس. كما لدى كنتاكي قاعدة صارمة تنص على أن كل قطعة من الدجاج يجب أن تغمس في الخليط 15 مرة قبل أن يتم قليها. بدون هذه المراقبة الصارمة على العملية، لا يمكن لأي منهما تحقيق منتجات وخدمات عالية الجودة.

التفاصيل تقرر الفرق. نقلا من كلمات دونغ مينغ تشو: "مكيف الهواء يحتوي على

أكـثر مـن 1000 جزء وكل مكـون يبـدو أنـه مسـألة صغيـرة، لكنـه في الواقـع يلعب دورا هامـا للغايـة". مـن وجهـة نظـر دونـغ مينـغ تشـو، فـأن فشـل جـزء واحـد يجعـل مكيـف الهـواء يفقـد قيمتـه بأكملـه. وهنـاك العديـد مـن المـدراء التنفيذييـن يركـزون عـلى القضايـا الكبـرى بينمـا لا يهتمـون بالتفاصيـل الصغيـرة، في حيـن أن دونـغ مينـغ تشـو تعتقـد أن القضايـا الصغيـرة مهمـة أيضـا. اليـوم، أكـثر مـن 20 عامـا مـن الخبـرة في الإدارة تعطـي دونـغ مينـغ تشـو فهمـا عميقـا للمعادلـة "0=1−100" (مائـة ناقـص واحـد يسـاوي صفـر).

6. العمل بدقة وصرامة

مـن أجـل ضمـان الفعاليـة بشـكل أفضـل، يطلـب رن تشـنغ في مـن جميـع مـدراء وموظفـي هـواوي اتخـاذ موقفـا صـارما ودقيقـا في العمـل.

كـما يحـترم رن تشـنغ في بشـكل خـاص اتجاهـات الفلسـفة والإدارة للشـركات اليابانيـة. حيـث طلـب مـن الموظفيـن في هـواوي أن يكـون لديهـم فهـم واضـح لأنفسـهم، وأن يتعلمـوا بحسـن نيـة مـن اليابانييـن أخـذ كل التفاصيـل عـلى محمـل الجـد.

في الخمسـينات مـن القـرن الماضـي، قـام تايتـشي أونـو، مديـر شركـة تويوتـا الـذي دافـع بقـوة عـن الإدارة الدقيقـة، وضـع "قاعـدة" تنـص عـلى أنـه: يجـب عـلى الموظفيـن وضـع المنتجـات الرديئـة التـي وجدوهـا خـلال العمـل في مـكان واضـح حيـث يمكـن للجميـع رؤيتهـا، وألا يقومـوا بإخفائهـا. في ذلـك الوقـت، اعتقـد الموظفـون أن "المنتجـات الرديئـة هـي علامـة عـلى عـدم كفايـة التكنولوجيـا". ولتفـادي العقـاب، كانـوا يخفـون المنتجـات الرديئـة عـادة. بغـض النظـر عـن عـدد المـرات التـي أكـد فيهـا تايتـشي أونـو عـلى "عـدم إخفـاء المنتجـات الرديئـة"، فـإن الموظفيـن لـن يفعلـوا ذلـك.

ذات يـوم، زار تايتـشي أونـو المصنـع لتفقـد الإنتـاج، وكان جميـع الموظفيـن يركـزون عـلى أعمالهـم. فجـأة صرخ أونـو قائـلاً: "مـا الـذي يحـدث هنـا؟" كان صوتـه مرتفعـا جـدا لدرجـة أنـه أعطـى جميـع الموظفيـن الموجوديـن شـعوراً بالذعـر. وسرعـان مـا ركـض إليـه قائـد فريـق الإنتـاج للتحقـق ممـا حـدث. أشـار أونـو إلى عـدد مـن المنتجـات شـبه النهائيـة المعيبـة مخبـأة في الزاويـة ووبـخ قائـلا: "لمـاذا تخفـي هـذه المنتجـات المعيبـة؟ لقـد قلـت مـرارا وتكـرارا - بمجـرد العثـور عـلى المنتجـات المعيبـة، يجـب أن تتوقـف فـورا عـن الإنتـاج وتضعهـا في الممـر، لمـاذا لا تفعـل مـا طلبـت؟" مـع غضـب كبـير، ألقـى أونـو تلـك المنتجـات شـبه المصنعـة المعيبـة في الممـر وشـدد

مرة أخرى: "لا تقم بإخفاء المنتجات المعيبة! بل قم بوضعها في الممر، بحيث يمكن للجميع رؤيتها". وقام بمعاقبة قائد فريق الإنتاج، ثم غادر.

من وجهة نظر رن تشنغ في، فإن أسلوب العمل الصارم هو ضمان الاستقرار طويل المدى للمؤسسة. وفي كل مرة كان يذهب فيها رن تشنغ في في رحلة دراسية إلى الخارج، كان يحصل على العديد من الاكتشافات والانطباعات الجديدة. ومقارنة بالموظفين الألمان واليابانيين، فإن الموظفين الصينيين يفتقرون إلى المؤهلات القوية وكانوا أقل جدية في عملهم ويفتقرون إلى روح التحسين المستمر لمهاراتهم.

يشتهر الموظفون اليابانيون بصرامتهم في العمل. قبل ستة أشهر من البدء في العمل على تخطيط المشروع، فإنهم يأخذون زمام المبادرة للتنسيق والمراجعة مع الأقسام الأخرى بشكل متكرر، حتى لا يفوتهم أي تفصيل. في نفس الوقت، فإنهم يستمعون إلى الاقتراحات من جميع الأطراف ويبحثون عن الحل الأنسب دون التأثير على عمل الأقسام الأخرى. ومن أجل تحقيق ذلك، فإنهم يقومون بتأليف وثائق الأعمال التحضيرية في كتاب سميك لاستخدامها كمرجع في حالة حدوث مشكلة، وغالبا ما يكون هناك طرق لحل المشكلة بسلاسة.

عادةً ما يكون مدراء الشركات الأوروبية والأمريكية أكثر ارتياحًا، وعلى الرغم من أنهم لا يمتلكون مصنعًا أوتوماتيكيا أو معدات متطورة للغاية، لكنهم لا يزالون قادرين على إنتاج منتجات عالية الجودة. يكمن السر في ذلك في حقيقة امتلاكهم عدد كبير من الموظفين المؤهلين تأهيلا عاليا مع مواقف العمل الصارمة. مع أكثر من قرن من الحضارة الصناعية، فقد خلقت الشركات الأوروبية والأمريكية ثقافة الشركات من موقف العمل الصارم. خاصة بالنسبة إلى الموظفين الألمان: إذا كانوا يعملون، فإنهم يعملون بجدية ودقة. الآن، إذا كنت تقف عند مفترق طرق في ألمانيا، فأنت نادرًا ما تجد أي شخص يمر المفترق عند الضوء الأحمر. من ناحية أخرى، ألق نظرة على الصين، ينتهك الناس قواعد المرور في كل مكان. ربما، هذا يدل على الفجوة بين الصين والبلدان المتقدمة في العالم.

يأمل رن تشنغ في أن يعمل موظفو هواوي بجدية ودقة مثل هؤلاء الموظفين اليابانيين والأوروبيين والأمريكيين، حتى يتمكنوا من إظهار الأداء الممتاز لشركة هواوي في الساحة الدولية.

اتخاذ الاحتياطات اللازمة لضمان مستوى أخلاقي للموظفين هو الاستثمار في مستقبل الشركة. واليوم، بالنسبة إلى الشركات الألمانية مثل مرسيدس - بنز، وبي إم دبليو، والشركات اليابانية مثل تويوتا وسوني وغيرها من الشركات العالمية العملاقة الأخرى، لديها منتجات

تتمتع بسمعة جيدة في جميع أنحاء العالم. هذه الإنجازات لا يمكن فصلها عن موقف العمل الدقيق والصارم. وبسبب فقدان التحكم في النفس، يميل العديد من الموظفين الصينيين إلى عدم الخضوع لقيود الأنظمة: فهم يلعبون الألعاب طوال الليل أو يشغلون بالقيام بأعمال بدوام جزئي، الأمر الذي يؤدي إلى إنهاء أعمالهم الأصلية على عجل.

بصفتك موظفا، فيجب عليك أن تعمل بجدية ودقة. يمثل الموظفون في هونغ كونغ نموذجًا جيدًا لنا. حيث يتمتع الموظفون في هونغ كونغ شعورًا بالامتنان تجاه أعمالهم ويأخذون أعمالهم على محمل الجد، بغض النظر عن حجم عبء عملهم، فهم يتأكدون من أن كل جانب من جوانب أعمالهم يتم بطريقة دقيقة جدا، ويعملون وفقا لقواعد الأعمال دون أي إهمال أو شكوى. حيث لقيت مهنيتهم تقديرا عال. وبسبب التوسع السريع لشركة هواوي، فإنها تحاول توحيد إدارتها. لذلك، بدأت هواوي بتوظيف موظفين من هونغ كونغ، على أمل أن يترك أسلوبهم الجدي في العمل تأثيرا على الموظفين المتهورين مع الطموح غير الواقعي في شركة هواوي.

كما يأمل رن تشنغ في أن يصبح موظفو هواوي مثل الألمان واليابانيين والموظفين من هونغ كونغ الذين يعملون بدقة وجدية. لأنه بهذه الطريقة فقط، يمكن لمنتجات شركة هواوي أن تصبح عالمية ويكون لها حصة جيدة في الأسواق الخارجية.

٧. الاستعراض وإجراء التحسينات

لا تركز الإدارة الداخلية لشركة هواوي على إدارة العمليات والموقف تجاه التنفيذ فقط، بل تؤكد على أهمية الاستعراض. وهنا يجب أن نذكر نظام الإدارة AAR (الاستعراض بعد العمل) المعروف أيضًا باسم إعادة التفكير بعد العمل في شركة هواوي، ويشير إلى عملية دراسة أوجه القصور والمزايا للمشروع المنجز، وإجراء تحسينات في المشاريع القادمة بناء على الخبرات المكتسبة. إنها طريقة فعالة للغاية لتعزيز التنفيذ، وتمكننا من العثور على أوجه القصور والأسباب التي تؤدي إلى الفشل خلال عملية التنفيذ، وكذلك الحل المناسب لحل المشكلة.

في وقت سابق، كان AAR مجرد مقياس للتفتيش الذي تم إجراؤه من قبل القوات البرية الأمريكية عند إنهاء المهمة. حيث تقوم القوات البرية الأمريكية بعقد ندوات دراسية مهنية بعد الانتهاء من المشروع أو العملية. ويمكن للمشاركين من خلالها اكتشاف

والتعرف على ما حدث، ولماذا حدث، وما سارت الأمور على ما يرام، وما يجب أن يتم تحسينه، وكيفية الحفاظ على مزاياها والتغلب على أوجه القصور...

وعادة ما يتكون AAR الخاص بالقوات البرية الأمريكية من أربعة أسئلة:

"ماذا سنفعل؟"

"ماذا حدث بالفعل؟"

"لماذا حدث؟"

"ماذا سنفعل في المرة القادمة؟"

وأخيرًا، وفقًا لتجربة الجيش الأمريكي، فإن حوالي 25٪ من الوقت تم قضاؤه على مناقشة السؤالين الأولين، و2٪ من الوقت على السؤال الثالث، في حين أن 50٪ الوقت على "ماذا سنفعل في المرة القادمة؟"، يقدم هذا الاستعراض الدروس المستفادة من التجارب السابقة التي قد تكون مفيدة خلال المهمة التالية، مما يتجنب إمكانية التعرض للعرقلة بسبب المشكلة المماثلة مرة أخرى في المستقبل.

حقق AAR نجاحًا كبيرًا في شركة BP والعديد من الشركات العالمية العملاقة الأخرى وأصبحت الأداة الأكثر استخدامًا في ممارسات إدارة المعرفة في الشركات. حيث أنه يسمح للفرق اكتساب الخبرات من نجاحاتها السابقة وإخفاقاتها واستخدامها كمراجع لإجراء التحسينات المستقبلية. بالإضافة إلى ذلك، يوفر AAR فرصة لإعادة التفكير في المشروع أو النشاط أو الحدث أو المهمة، واكتساب المعرفة الضمنية خلال دورة حياة المشروع أو النشاط. وبعد تخريج المعرفة الضمنية، يستطيع الفريق منع ضياع هذه المعرفة حتى بعد فقدها.

يعد AAR عملية بسيطة وفعالة. وينقسم تنفيذه إلى ست خطوات: ما هو الهدف، وماذا حدث، وما تعلمناه، وماذا نفعل الآن، واتخاذ إجراءات والتشارك مع الآخرين (كما هو مبين في الصورة 9-3).

إن الاستخدام الصحيح لأداة AAR الفعالة يسمح لأعضاء الفريق بالتعلم من أخطائهم وإهمالهم، وتبادل وجهات نظرهم وأفكارهم مع الآخرين. وفي المقابل، يحصلون على ردود فعل بنّاءة ومباشرة ومجدية. يلهم نظام AAR التفكير السليم، ويزيد الوعي، ويجعل التحسينات على أساس إعادة التفكير.

الجدير بالذكر أنه على الرغم من أن الاستعراض يتم "بعد العمل"، إلا أنه ليس من الضروري أن يتم القيام بهذا النشاط لا يحدث بعد اكتمال المشروع أو النشاط. يمكن للفريق إجراء الاستعراض مباشرة بعد الانتهاء من كل حدث يمكن تحديده للمشروع أو

الصورة 3-9   الخطوات لتنفيذ نظام AAR

النشاط. هـذه الطريقـة تحـول المشـروع بأكملـه إلى عمليـة تعلـم يمكـن مـن خلالهـا استخلاص الـدروس المستفادة كمرجـع إلى الخطـوة التاليـة للمشـروع وهـذه القيمـة الأكبر لنظـام AAR.

كـما تشـدد شركـة هـواوي بشـكل كبـير عـلى إدارة AAR في إدارتهـا الداخليـة. حيـث علـق رن تشـنغ في ذات مـرة عـلى أن: الشركـة التي لا تلخص التجـارب الماضيـة بشـكل صحيـح ليـس لهـا مستقبل. لذلـك، فقـد قـام بتقديـم الملاحظـات التاليـة لتشجيع الموظفـين في شركـة هـواوي عـلى إجـراء تحسينات مـن خـلال AAR:

"إذا أعطـاك شـخص مـا بكـرة مـن الخيـط، فلـن تتمكـن مـن اصطيـاد السـمك بهـا. يجـب عليـك ربـط الخيـط في شـبكة عـن طريـق الحياكـة تتكـون العقـد، وهـذه العقـد مثـل النقـاط في الحيـاة. حياتنـا هـي عمليـة تلخيـص مستمرة، تشكّـل مـن خلالهـا شـبكة مـن النقـاط. إذا لم تكـن جيـدًا في تلخيـص النقـاط، فستكون مثـل المـشي عـلى المـد المتصاعـد، وفي النهايـة لـن يتبقـى أي شـيء. تحتـاج إلى تدويـن الملاحظـات وكتابـة تقاريـر موجـزة في كثـير مـن الأحيـان، أمـا

بالنسبة لأولئك الذين لا يريدون تحسين أنفسهم فهم لا يفعلون ذلك. كما لا ترحب شركتنا بالأشخاص المتخبطين المكتئبين بالمشاكل ولا يفكرون في تطوير أنفسهم. إذا لم تكن جيدًا في تلخيص الخبرات، فلا يمكنك المضي قدمًا. تاريخ البشرية هو التحول من مملكة الضرورة إلى الحرية. فإذا لم يكن هناك تعميم وتلخيص، فإن شبكة التفكير لا يمكن تشكيلها ولا يمكن اتخاذ التدابير اللازمة لمواجهة المشاكل التي يتم حدوثها في أي وقت. كما لا يمكنك المضي قدمًا أو التحسن دون تلخيص. يتقدم الناس خطوة فخطوة. فطالما أنك تتقدم خطوة صغيرة إلى الأمام في كل مرة، عندما تنظر إلى الوراء بعد بضع سنوات، ستجد أنك حققت قفزة كبيرة إلى الأمام."

يقوم الموظفون في شركة هواوي بكل شيء من البداية حتى النهاية. بغض النظر عن حجم المشروع، فهم لا ينسون وضع "خاتمة" له، وذلك من أجل تلخيص الخبرات وتعلم الدروس والحفاظ على الإنجازات. على سبيل المثال، تقوم شركة هواوي بإعداد المؤشرات المعنية لكل مشروع وإجراء عمليات تقييم للمشروعات وقبولها وفقًا لهذه المؤشرات؛ كما تولي شركة هواوي أهمية كبيرة لجمع وثائق المشروع. حيث أن جميع الملفات تحتاج إلى أرشفة للرجوع إليها في المستقبل، وكذلك من أجل تطوير عادات العمل الصارمة.

الفصل العاشر

نظام المكافأة والمعاقبة

تمثل شركة هواوي جيشا قويا وصارما، حيث يلعب نظام المكافأة والمعاقبة من المرتبات العالية وملكية أسهم رأس المال دورا كبيرا في تكوينه، كما يسمح لموظفي هواوي بالبقاء جعانين ومكافحين من أجل تحقيق المزيد من النتائج.

1. "سياسة العليا الثلاثة" في هواوي

"سياسة العليا الثلاثة" في هواوي هي قوة دافعة هامة للإدارة الفعالة للشركة. وبشكل خاص، تشير "العليا الثلاثة" إلى الراتب العالي والضغط العالي والكفاءة العالية. حيث أن الراتب العالي يجلب كفاءة جيدة ولكن عادة ما يتبعه ضغط كبير، في المقابل، كمية مناسبة من الضغط تعزز الكفاءة الجيدة، والتي غالبا ما تأتي جنبا إلى جنب مع أداء ونتائج أفضل.

يعتبر عمومًا موظفي الشركات الأجنبية في الصين مجموعة من المهنيين ذوي متوسط الراتب اللائق؛ مع ذلك، فهم يحسون بسياسة الراتب العالي في شركة هواوي. إن الرواتب والرفاهية لموظفي شركة هواوي في الخارج لا تقل عن متوسط الرواتب والرفاهية من نفس الصناعة في تلك البلد، إن لم يكن أفضل. إذا كان هناك شخص ما بموهبة نادرة، فإن عرض هواوي سيكون مرتفعا "بشكل صارخ".

يوضح التقرير المالي لهواوي في عام 2012 أن الشركة أنفقت 12.5 مليار يوان على

المكافآت السنوية في ذلك العام. حيث تم منح الموظفين حوالي 80000-330000 يوان لكل فرد. ومع نمو الأعمال المستمر، في النصف الأول من عام 2012، زادت هواوي رواتبها بنسبة 11.4٪ لأكثر من 40000 موظف من المستوى القاعدي والمتوسط، كما حصل العديد من الخريجين الجدد على رواتب شهرية تزيد عن 10000 يوان. مثل هذا الراتب المرتفع بمثابة حافز قوي للموظفين في هواوي من أجل العمل بكامل طاقتهم.

كما تظهر سياسة الراوتب المرتفعة من شركة هواوي في العديد من الجوانب الأخرى. خذ تسجيل الموظفين الجدد كمثال: عندما يسافر الخريجون الجدد لأول مرة إلى الشركة، يمكن تسديد جميع نفقاتهم للسفر ورسوم نقل الأمتعة الخاصة بهم وتحويل الأموال إلى حسابهم في الشهر الأول مع الراتب. علاوة على ذلك، خلال فترة تدريبهم التمهيدية قبل التوظيف، فهم يحصلون على راتب كامل ويتمتعون بالرفاهية المناسبة أيضًا.

وتبدو هذه السياسة بمثابة استثمار ضخم، ولكنها في الحقيقة تساعد في تحويل الخريج الجديد ليصبح محترف ناضج ومستقل، سيخلق قيمة أعلى بكثير من الاستثمار الأولي. دعونا نلقي نظرة على تطور الرواتب لأحد مهندسي هواوي.

في نهاية عام 1997، حصل أحد مهندسي هواوي على 80000 من تخصيص الأسهم (كل سهم بقيمة 1 يوان). وفي ذلك العام، بدأت شركة هواوي تخصيص حصصها الداخلية من حقوق الأولوية في الأول من أكتوبر، لذلك اضطر جميع الموظفين الذين سجلوا بعد ذلك التاريخ إلى الانتظار حتى الأول من أكتوبر من العام القادم.

عمل هذا المهندس في شركة هواوي لمدة أربع سنوات، لكنه بدأ العمل مع شركة هواوي بعد الأول من أكتوبر، لذلك كسب رواتب أقل من الزملاء الآخرين الذين أكملوا التسجيل قبل 1 أكتوبر من نفس العام بقدر ثلاثمائة ألف يوان. وعندما استقال من منصبه في يناير 2002، تحولت حقوق الأولوية لهواوي إلى خيار الأسهم. وبعد أن أنهى جميع إجراءات الاستقالة، حصل على حقيبة نقدية ثقيلة. وفجأة أدرك أن الاستقالة كانت خطأً فادحًا.

بدأت شركة هواوي في تخصيص الأسهم منذ عام 1997، وكانت هذه الخطوة نادرة في ذلك الوقت. حصل هذا المهندس على 800000 سهم في وقت واحد، الأمر الذي سينتج عنه مكافآت سنوية بحلول نهاية العام. وعندما استقال من منصبه في عام 2002، تغير سعر سهم هواوي (الأسهم الداخلية)، وبالتالي حصل على تعويض أعلى.

قال شخص آخر من هواوي: "تولي هواوي أهمية كبيرة على مطوريها. في عام 1995 عندما انضممت إلى الشركة، قدمت الشركة راتبا لي بمبلغ يصل إلى 6500 يوان شهريًا ..." لقد

كان يعتبر هذا الراتب مرتفعًا جدا في عام 1995.

في عـام 1996، قدمـت هـواوي راتبـاً سـنوياً قـدره 100000 دولار أمريكي لمجموعـة مـن "العائـدين" (خـبراء صينيـون درسـوا أو عملـوا في الخـارج)، وتـم توظيفهـم للمشـاركة في البحـث والتطويـر التكنولوجـي. ذات مـرة قامـت شركـة هـواوي بتوظيـف مهنـدس متخصـص في البحـث والتطويـر في مجـال الرقائـق براتـب سـنوي قـدره 40000 دولار أمريكي؛ وعندمـا بـدأ المهنـدس بالعمـل، اكتشـفت شركـة هـواوي قيمتـه حيـث كانـت أكـبر بكثـير مـما توقعـت الشركـة، ورفعـت راتبـه السـنوي إلى 500000 دولار أمريكي عـلى الفـور. وقفـت العديـد مـن الشـركات ذات التمويـل الأجنبـي في رهبـة مـن سياسـة الراتـب العـالي التـي تتبعهـا شركـة هـواوي. هذا وقال موظف في شركـة موتـورولا قال ذات مـرة: "إنـه مـن الصعـب جـداً عـلى شركـة موتـورولا اقتنـاص مواهب شركـة هـواوي، ولكـن مـن السـهل السـير في الاتجـاه المعاكـس."

تجـذب وتدعـم سياسـة الراتـب العـالي في شركـة هـواوي مجموعـة كبـيرة مـن المواهـب المبدعـة والمبتكـرة، وتغـذي روحهـا للعمـل الجـاد، وتشـجعها عـلى مواصلـة تحقيـق اختراقـات في التكنولوجيـا.

الراتـب العـالي يـأتي مـع ضغـوط عاليـة، حيـث يعتقـد رن تشـنغ في أن الضغـط العـالي يمكن أن يجعـل الراتـب العـالي يحقـق عائـدات متسـاوية أيضـا. لذلـك، مـن الطبيعـي أن يكـون الضغـط العـالي مصحوبًا بالراتـب العـالي.

الهـدف مـن الراتـب المرتفـع في شركـة هـواوي هـو تمكـين الشركـة مـن تحقيـق أداء أعـلى. لـذا، فـإن هـدف الأداء الـذي وضعتـه الشركـة هـو أيضًـا تحـدٍ كبـير وبالتـالي يجـب عـلى الموظفـين العمـل بجـد للوصـول إليـه. وتلبـي الشركـة توقعـات موظفيهـا، ويتـم مكافـأة الموظفـين مـن خـلال تلبيـة توقعـات الشركـة في المقابـل. في الواقـع، إن الجمـع بـين الراتـب العـالي والضغـط العـالي يشـكل إسـتراتيجية مربحـة للجانبـين.

قـال موظـف في شركـة هـواوي بصراحـة إنـه: "بعـد أن انضممنـا إلى الشركـة، كان علينـا أن نعمـل بجـد حتـى نتمكـن مـن أن 'نسـبق الآخريـن'. وقـد عكـس ذلـك بشـكل غـير مبـاشر بيئـة العمـل الداخليـة عاليـة الضغـط في هـواوي التـي كانـت مدعومـة بروتـب مرتفعـة وأربـاح الأسـهم المغريـة."

تبلـغ تكلفـة الرواتـب السـنوية لشركـة هـواوي عـشرات المليـارات مـن اليـوان، وإذا أردنـا احتسـاب النفقـات الأخـرى، فـإن الأرقـام سـتكون أكـبر. وهـذا يفـرض ضغـوطا كبـيرة عـلى التدفقـات النقديـة لشركـة هـواوي، وفي الوقـت نفسـه، يضيـف المزيـد مـن المسـؤوليات عـلى مـدراء وموظفـي هـواوي.

في عام 2002، أدلى رن تشنغ في بتصريحاته التالية عندما كان يخاطب الاجتماع الداخلي للشركة (مقتطفات): "عندما يتعلق الأمر بالمناقصات، فإن سعرنا هو تقريبا نفس سعر الشركات الغربية. إذن، ما هي مزايانا؟ لا شيء. اعتدنا إن نقول إن ميزتنا هي الجودة العالية مع السعر المنخفض، لكننا لن نجرؤ في الحديث عن السعر المنخفض الآن، لأننا إذا فعلنا ذلك، فإننا نفقد الكثير. إلى حد ما، نحن نفقد ميزتنا. لكن لا يزال لدينا أساليب أفضل منها، إذا استطعنا التقاط المزيد من الأنفاس، سنبقى على قيد الحياة. "ما دام هناك طعام في جعبتنا، فهناك راحة بال". على سبيل المثال، في مكان مثل شنتشن، طالما أننا نمتلك المال في جيبنا، سنكون قادرين على القيام بالأمور بسهولة. في اللحظات الأكثر أهمية، يجب أن نولي اهتماما كبيرا على الدور الذي يمكن أن يلعبه التدفق النقدي في دعم الشركة. فيما يتعلق بأساليب المبيعات ونماذج المبيعات، نحتاج إلى تغيير نموذج العمل الشامل السابق. وأفضل أن أبيع بسعر أقل قليلاً بشرط أن أكون قادراً على الحصول على المال. وإذا لم نتمكن من تجميع ما يكفي من التدفق النقدي في فصل الشتاء، فلن تنجو شركتنا من الربيع. وبحلول ذلك الوقت، يمكننا تحسين قدرتنا التنافسية إلى حد كبير. لقد تركت الفقاعة المالية الهائلة بالفعل أثراً على الشركات الغربية، وبعد أن تعرضت لهذه الضربة، أصبحت الأمور صعبة بعض الشيء. إذن، ماذا نفعل الآن؟ سنزرع هناك ما دامت الشمس تشرق ونكسب المزيد من الأسواق والمزيد من الفرص، ثم سنتمكن من العيش في الربيع. وعندما نعيش في الربيع، نأكل كل أطعمتنا المخزنة، ونزرعه مرة أخرى."

"أعتقد أنه يجب علينا مساعدة آنشنغ Ansheng (باعت شركة هواوي شركة إلكترونيات آنشينغ Ansheng Electronics إلى الشركة الأمريكية Emerson في عام 2001). أعتقد أنه إذا كان لدينا مثل هذا النوع من اجتماع تحليل السوق في المستقبل، يجب علينا دعوة جميع مدراء المكاتب الفرعية في آنشنغ للمشاركة فيه. لدينا الآن عدة مليارات يوان في حسابنا. من أعطانا هذه الأموال؟ إن شركة آنشنغ قامت بذلك. قدمت لنا "سترة الشتاء" التي تمكننا من البقاء في فصل الشتاء لمدة عامين! كيف يمكننا ببساطة أن نتمتع بدفء هذه السترة بينما ننسى أن نشعر بالامتنان تجاه من صنعها!"

من الخطاب الموضح أعلاه، يمكن أن نشعر بمدى الضغط الذي كان لدى هواوي: "إذا لم نتمكن من تجميع ما يكفي من التدفق النقدي في فصل الشتاء، فإن شركتنا لن تنجو من الربيع". بسبب فقدان ميزة التسعير، لم تعد هواوي تمتلك ورقة رابحة في المنافسة ضد خصومها، مما جعل تطوير سوق هواوي أكثر صعوبة. وتحدث رن تشنغ في حول ذلك قائلا "ازرع ما دامت الشمس تشرق واستغل الوقت جيدا لكسب المزيد من الأسواق والمزيد

من الفرص"، وضع موظفو هواوي هذا الطموح الكبير في الواقع موضع التنفيذ. لقد عملوا بجهد بالغ وتغلبوا على العديد من الصعوبات في توسيع الأعمال التجارية في الخارج.

وفي جمهورية الكونغو الديمقراطية، كانت البنية التحتية سيئة للغاية وكانت العديد من الأماكن بدون طرق. وكان تسليم المشروع يطلب من مهندسي هواوي تركيب وتشغيل محطات أساسية في الميدان، كانوا يقودون السيارة لمدة ثلاثة أو أربعة أيام متتالية في الغابة من أجل الوصول إلى موقع البناء. وفي هذه الحقول المهجورة، جلبوا بضعة براميل المياه وبعض الطعام البسيط، وناموا في السيارة.

الناس الذين عملوا في هذا المشروع قاموا بوصف ظروفهم قائلين: "معظم الوقت كان لدينا خبز للأكل فقط. وإذا كان هناك ماء ساخن لطهي علبة من المكرونة السريعة التحضير مع جزء صغير من صلصة الفلفل الحار، حيث يمكن اعتبار تلك الوجبة وليمة فاخرة."

اضطر قاو شيويه شين، مهندس الخدمة في المكتب التمثيلي في الكونغو إلى التنقل بين مواقع مختلفة عدة مرات لتشغيل المحطات الأساسية. وبسبب الإرهاق المفرط، عانى من الملاريا 4 مرات في غضون 3 أشهر، لكنه استمر في العمل في الجبهة الأمامية.

لتوسيع الأسواق الخارجية، غادر العديد من الموظفين في شركة هواوي وطنهم وأحبائهم. وذهبوا إلى أفريقيا حيث تسببت الأمراض في دمار كبير في عدد كبير من الدول، وإلى الشرق الأوسط حيث اندلعت المعارك في كثير من الأحيان، وإلى إندونيسيا حيث اجتاحت أمواج تسونامي، وإلى القطب الشمالي حيث يكون كل شيء متجمدا ومغطيا بالثلج والجليد ... 20 سنة من التدويل يرافقه العرق والدموع والمصاعب والإحباطات والتضحيات.

لم تمنع بيئات المعيشة الشاقة والمخاطر المهددة للحياة موظفي شركة هواوي من الكفاح من أجل الأسواق الخارجية. دفعتهم روح هواوي للمضي قدما، لكن كرم الشركة شجعهم أكثر. حيث يمكن لموظفي شركة هواوي أخذ أفراد أسرهم معهم إلى الدول التي يعملون فيها. ويتم احتساب المكافأة باستخدام معامل السلامة. على سبيل المثال، إذا كانت المكافأة الحالية 10000 دولار أمريكي، في الولايات المتحدة كان معامل السلامة 1، ستكون المكافأة الحقيقية للموظف هو 10000 × 1 دولار أمريكي، لتصبح 10000 دولار أمريكي؛ في العراق، كان معامل السلامة 5، إذن ستكون المكافأة الحقيقية 10000 × 5 دولار أمريكي، أي ما يعادل 50000 دولار أمريكي بالمجموع.

ويكمن خلف هذا الراتب المرتفع منافسة شديدة، وخلقت روح الكفاح الدائم عند الموظفين في شركة هواوي. يوجد مثل هذا الجو عالي الضغط في كل جوانب من جوانب إدارة

شركة هـواوي، وكان نظام "الرتبة والقضاء" للشركة مثالًا حيًّا: عادةً مـا يتم فصل وتسريح الموظفين الذين تـم تقييمهم بـأداء غيـر فعال، ولم يكن هناك استثناء حتى للمدراء.

يمكن أن يزيد الضغط مـن كفاءة الأفراد (القوة الدافعة). كمـا أُظهر البحـث الـذي قام بـه الباحـث الأمريـكي ج. ويليامسون أن مسـتوى الضغط والقـوة الدافعـة للفـرد أو أدائـه في علاقـة معكوسة، كـما هـو موضح في الصفحة التالية:

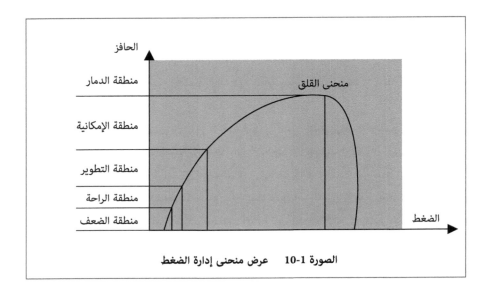

الصورة 10-1   عرض منحنى إدارة الضغط

- منطقـة الضعـف: عندمـا يكون الضغـط في هـذه المنطقـة، سـيكون سـلوك الموظفيـن كـما يلي: لا يعرفون لمـاذا عليهـم العمـل بجد، لذلك ليس هناك قوة دافعـة. يتم الكشـف عـن طابـع الكسـل الخاصـة بهـم. إنهـم في حالـة مـن الارتبـاك، والعجـز، والتعـب.

- منطقـة الراحـة: يشـعر الموظفـون ببعـض الضغـط، ولكنهـم لا يرغبون في التغييـر بشـكل عـام، لذلك يتم اتخـاذ الإجراءات للحفـاظ عـلى "الراحـة"، فهـم لا يشـعرون بالحاجـة إلى بـذل الكثيـر مـن الجهـد.

- منطقـة التطويـر: في هـذا المصطلح يصبح الضغط واضحـا، ومـن أجـل تخفيـف الضغـط والحفـاظ عـلى "الراحـة"، يحتـاج الموظفـون إلى بـذل جهـود متواصلـة، كـما

تـزداد القـوة الدافعـة بشـكل سـريع. وتكـون غالبيـة الحوافـز فعالـة في منطقـة الضغـط هـذه.

- منطقـة الإمكانيـة: عندمـا يسـتمر الضغـط في الزيـادة، تصبـح الطاقـة الحاليـة العاديـة غيـر كافيـة، يحتـاج الموظفـون إلى حشـد الطاقـة الكامنـة للتعامـل مـع الوضـع. ومجـرد أن تصبـح الإمكانيـة في وضـع التشـغيل الكامـل، قـد تنفجـر قـوة مذهلـة مـن الموظفيـن.

- منطقـة الدمـار: عندمـا يتـم تجـاوز ذروة منحنـى القلـق، سيشـعر الموظـف باليـأس والضعـف. ونتيجـة لذلـك، يختـار الاستسـلام بوعـي أو مـن دون وعـي وتنخفـض القـوة الدافعـة بشـكل دراماتيـكي إلى الصفـر.

يوضـح منحنـى الضغـط أنـه عندمـا يتعـرض الموظفـون للضغـط، فإنهـم ميلـون إلى إطلاق العنـان لإمكانيـات كبيـرة. يتـولى العديـد مـن الموظفيـن الجـدد في شـركة هـواوي مهـام تطويـر المشـاريع مباشـرة بعـد الانتهـاء مـن التدريـب التمهيـدي دون أي فتـرة إعـداد، وتحـدد النتائـج مباشـرة أداء أعمالهـم، مـما يفـرض ضغطًـا كبيـرًا عـلى الموظفيـن الجـدد لشـركة هـواوي، ولكنهـم لـن يستسـلموا لمثـل هـذا الضغـط.

أشـار رن تشـنغ في ذات مـرة في خطابـه إلى أن إمكانيـة البشـرية هـي مثـل عمـود تقطيـر النفـط: لا ضغـط، لا مكاسـب. وللتصـدي للمشـكلة التـي انغمـس بهـا بعـض الأفـراد بأسـلوب العمـل المريـح والهـادئ داخـل الشـركة، أطلقـت شـركة هـواوي "حملـة التنافـس للمناصـب".

في عـام 1995، حققـت شـركة هـواوي اختراقـا تكنولوجيـا رئيسـياً في مبـدل C&C08، حيـث بـدأ المنتـج في الحصـول عـلى حصـص هائلـة في السـوق. حيـث وصلـت مبيعـات هـواوي السـنوية إلى 1.5 مليـار يـوان، ودخلـت الشـركة مرحلـة تطـور سـريع.

مـع ظهـور مجموعـة مـن الأفـراد الأبطـال خـلال فتـرة ريـادة الأعـمال في هـواوي، وجـدوا أن مسـاحة التطويـر الخاصـة بهـم أصبحـت ضيقـة بشـكل متزايـد. وهكـذا، بـدأ بعـض كبـار المـدراء التنفيذييـن يفقـدون شـغفهم، وأصبحـوا راكديـن في عملهـم، الأمـر الـذي أثـر بشـكل كبيـر عـلى حماس مرؤوسيهـم، وبالتـالي فـإن تنميـة هـواوي وصلـت إلى عنـق الزجاجـة. في هـذه المرحلـة، اتخـذ رن تشـنغ في قـرارًا: إعـادة الجميـع إلى حيـث بـدأوا، وعليهـم التنافـس عـلى وظائفهـم مـرة أخـرى، وأولئـك الذيـن يتمتعـون بالقـدرة ممكنهـم مواصلـة عملهـم، وأولئـك الذيـن لم يسـتطيعوا تلبيـة متطلبـات الوضـع الحـالي، ينبغـي تعيينهـم في وظائـف أخـرى أو تسـريحهم.

إن طريقـة هـواوي في تصنيـف الموظفيـن بنـاء عـلى قدراتهـم بـدلا مـن الأقدميـة لم تعـط الأمـل لجميـع الموظفيـن فحسـب، بـل أشـعلت مبادرتهـم في العمـل، وحثـت أولئـك الذيـن

يشغلون مناصب عالية لبذل المزيد من الجهد في تحسين أنفسهم. مثل هذه المنافسة الداخلية وآلية الاختيار تضع المزيد من الضغوط على الموظفين وتعزز شعورهم بالمنافسة الذاتية.

في فبراير عام 1996، أطلق رن تشنغ في مؤتمرا للتدريب والإصلاح لقسم التسويق مع تقرير متكون من 10000 كلمة بعنوان "الوضع الحالي ومهمتنا".

أدلى رن تشنغ في بخطاب حماسي قائلا: "من أجل الغد علينا إصلاح اليوم. تظهر استقالتكم الجماعية الروح العظيمة من عدم الخوف والأنانية، وسوف تلمعون في تاريخ هواوي!" وبعد ذلك، قادت سن يا فانغ، نائبة رئيس هواوي المسؤولة عن التسويق، 26 مديرا رئيسيا من كل المكاتب الفرعية لكتابة تقريرين وقدمواهما إلى الشركة، واحد منهما هو التقرير الافتتاحي لعام 1995 والآخر تقرير استقالاتهم. كما أدلى سن يا فانغ بخطاب شغوف حول الاستقالة الجماعية. وعندما أنهى قسم التسويق قراءة قائمة الاستقالات، توجه العديد من الأفراد إلى المنصة بالدموع، وبدأ شخص ما في الجمهور يهتف بشعار: "إلى الأمام، هواوي! إلى الأمام، هواوي!" حيث أن الجو وصل إلى ذروته.

واستمر مؤتمر التدريب والتعزيز في شركة هواوي لمدة شهر كامل، تبعه دفاعات شفوية للمنافسة على المناصب، وبدأت الشركة عملية الاختيار بناءً على الأداء الفردي الحالي، وإمكانات التطوير، واحتياجات التطوير المستقبلي للشركة. فقد تم تسريح ثلاثين في المئة من المسؤولين من مناصبهم، من بينهم رئيس قسم التسويق بالوكالة ماو شنغ جيانغ.

من خلال خلق إحساس قوي بالأزمة، فرض رن تشنغ في الضغط على الموظفين من جميع المستويات في شركة هواوي، الأمر الذي جعل الآلية الداخلية لشركة هواوي في حالة نشطة دائمًا، وأبقاها حساسة ومرنة إلى الأبد. واعتقد أنه بهذه الطريقة فقط، يمكن أن تنفجر هواوي بإحساس قوي للتقدم، وتحقيق التنفيذ الفعال، وأن تصبح ناضجة وتنمو بسرعة وسط السوق الدولية شديدة التنافس.

2. تنفيذ نظام الرواتب بالتدرج

إلى جانب "سياسة العليا الثلاثة" التي تتبعها شركة هواوي، يأتي نظام الرواتب بالتدرج. يشير هذا النظام إلى نفس الرواتب لنفس المساهمة. إنه أحد المفاهيم التي

تشاركها هـواوي مـع موظفيهـا. وأشـار رن تشـنغ في ذات مـرة في مقالـه بعنـوان "كـم مـن الوقـت يمكـن لعلـم هـواوي أن يرفـرف":

"دعـوا الجميـع يبذلـون قصـارى جهدهـم، ووضـع نظـام عـادل لتوزيـع الدخـل. كيـف نشـجع موظفينـا عـلى بـذل قصـارى جهدهـم؟ المفتـاح هـو وضـع نظـام تقييـم وتوزيـع عـادل ومـبرر بحيـث يمكـن للموظفـين تكويـن توقعـات معقولـة، ممـا يجعلهـم يؤمنـون أنهـم بذلـوا قصـارى جهدهـم فـإن الشركة سـوف تمنحهـم عوائـد معقولـة. ولكـن كيـف نحقـق تقييـم القيمـة العادلة؟ هـذا هـو السـبب في أننـا بحاجـة إلى تنفيـذ مبـدأ نفـس المسـاهمة ونفـس الرواتـب. سـواء كنـت حاصـلاً عـلى درجـة الدكتـوراه، أو الماجسـتير، أو درجـة البكالوريـوس، طالـما أنـك تسـتطيع تقديـم نفـس القـدر مـن المسـاهمة، فـإن الشركة سـتقدم لـك نفـس المكافـأة، وهـذا سيشـعل حماس الجميـع."

يعتقد رن تشـنغ في أنـه "عـلى الجميـع أن يبـدأ مـن مكان مـا، بغـض النظـر عـن الخلفيـة التعليميـة. إذا كانـت المسـاهمة نفسـها، فسـتكون المكافـأة نفسـها أيضـا، يمكـن لهـذا الحافـز تحفيـز إمكانيـات الموظفـين إلى أعـلى مسـتوى. في وقـت لاحـق، أنشـأت هـواوي مجموعـة مـن نظـام توزيـع الرواتـب المعـروف بالتـدرج أيضا باسـم الرواتـب القياسـية للوظائـف.

قـام قسـم المـوارد البشريـة في شركة هـواوي بتقييـم الرواتـب القياسـية للوظائـف وتقسـيمها إلى 22 مسـتوى، مـع تصنيـف كل مسـتوى إلى ثـلاث درجـات C ،B ،A وفقًـا لكفـاءة فريـق العمـل. الموظفـون تحـت المسـتوى الـ13 هـم في الأسـاس عاملـون عاديـون، لذلـك لـن نقـوم بوصـف محـدد هنـا. دعونـا نركـز عـلى المسـتوى الـ13 ومـا فـوق. .يظهـر الجـدول 1-10 تفاصيـل الرواتـب القياسـية لموظفـي هـواوي وتحليلهـا.

يعتـبر 22A أعـلى مسـتوى. حيـث تقـوم هـواوي بربـط مسـتوى الموظفـين مـع نتائـج تقييـم أداء عملهـم.عـلى سـبيل المثـال، إذا حصـل الموظـف عـلى 15C في تقييمـه (نتيجـة تقييـم مسـاهمة الموظـف)، فـإن راتبـه الأسـاسي سـيكون 10500 يـوان، ويتـم حسـاب المكافـآت وخيـارات الأسـهم بشـكل منفصـل ولكـن ليـس بشـكل مسـتقل، لأنـه سـيتم تقييمهـا أيضًـا مـن خـلال أداء الموظـف؛ بالنسـبة إلى المسـتوى الـ15، فـإن خيـارات الأسـهم المخصصـة عـادة مـا تـتراوح بـين 30000 و40000 سـهم.

يوجـد أيضًـا مؤشر كفـاءة مخصـص للرواتـب القياسـية للوظائـف لمكافـأة الموظفـين الذيـن يعملـون بجـد ومعاقبـة الكسـالى. مؤشر الكفـاءة للموظفـين المؤهلـين تأهيـلا كامـلا هـو 1، وللموظفـين المؤهلـين بشـكل أسـاسي هـو 0.9 وللموظفـين غـير المؤهلـين مؤقتـا هـو 0.8.

بالاضافـة إلى ذلـك، مـن أجـل تشـجيع موظفـي هـواوي عـلى ورث ثقافـة الشركة، قامـت

الشركة بوضـع مـؤشر الفـرق الإقليمـي، حيـث أن المـؤشر للطبقـة الأولـى هـو 1 وللطبقـة الثانيـة هـو 0.9 وللطبقـة الثالثـة هـو 0.8 وللطبقـات الأخـرى هـو 0.7.

الجدول 10-1   التفاصيل والتحاليل للرواتب القياسية لموظفي شركة هواوي (الوحدة: يوان صيني)

مستوى / درجة	C	B	A
13	5500	6500	7500
14	7500	9000	10500
15	10500	12500	14500
16	14500	17000	19500
17	19500	22500	25500
18	25500	29000	32500
19	32500	36500	40500
20	40500	44500	49500
21	49500	54500	59500
22	59500		

يتـم تحديـد مستوى الرواتـب القياسـية مـن خـلال عاملـين: الأول هو نتائـج المقابلـة والأداء خـلال فتـرة الاختبـار، والآخـر هـو تقييـم العمـل اليومـي وتقييـم تنفيـذ المشـروع. باختصار، كلمـا زادت المسـاهمات التـي يقدمهـا الموظـف، فتـزداد إمكانيـة حصولـه عـلى مسـتوى أعـلى. وقـد تـم وصـف المسـتوى لموظفـي شركة هـواوي عـلى النحـو التـالي.

- المستوى التقني لمساعد مهندس: 15B – 13C.
- مستوى مهندس عام من درجة B: 16A – 15A.
- مستوى مهندس عام من درجة A: 17A – 17C.
- مستوى كبير المهندسين من درجة B: 19B - 18B.
- مستوى كبير المهندسين من درجة A أو خبير تقني: 20A - 19B.
- مستوى رئيس القسم من الدرجة الثالثة: 19B, 19A.

- مستوى رئيس القسم من الدرجة الثانية: 20A.
- مستوى رئيس القسم من الدرجة الأولى: 22B، 21A، 21B.
- أعلى مستوى: 22A.

ومـن بيـن هـذه المسـتويات، فـإن مسـتوى خبيـر تقنـي في هـواوي يعـادل رئيـس القسـم مـن الدرجـة الثالثـة، وقـد يصـل مسـتوى كبيـر الخبـراء حتـى إلى درجـة رئيـس القسـم مـن الدرجـة الأولى 22B-21A، الأمـر الـذي يعكـس أيضًـا مبـدأ هـواوي في "نفـس المسـاهمة، نفـس المكافـأة". منـذ تطبيـق نظـام الرواتـب القياسـية، لم يعـد الرؤسـاء في هـواوي يعينـون أو نـادراً مـا يقومـون بتعييـن أو تقييـم موظفيهـم، فالأمـر مـتروك للعاملـين لتقديـم الطلـب للحصـول عـلى المسـتوى المناسـب وفقًـا للأحـكام المعنيـة. عـلى سـبيل المثـال، يمكـن للموظـف الـذي عمـل في شركـة هـواوي لأكـثر مـن ثمـاني سـنوات تقديـم الطلـب للحصـول عـلى A16، ويمكـن للموظـف الـذي عمـل لسـت سـنوات تقديـم الطلـب للترقيـة إلى A15 أوB15، والرؤسـاء مسـؤولون فقـط عـن التقييـم. هـذا النظـام يضـع حـدا لجميـع أنـواع السـلوكيات الظالمـة أو غـير العادلـة.

- يمكـن للموظـف ذو الكفـاءات العاليـة والخبـرات في المشـاريع الـذي اكتسـب منصبـا عـلى مسـتوى المديـر أو الخبيـر الفنـي تقديـم الطلـب للحصـول عـلى المسـتوى 18.
- يمكـن للموظـف الـذي يمتلـك خبـرة عمـل لا تقـل عـن 10 سـنوات أو يعمـل كمديـر إداري سـابقاً (للموظفـين المعينـين مـن المجتمـع) تقديـم الطلـب للحصـول عـلى المسـتوى 17A أو أعـلى وسـيتم إرسـاله إلى الخـارج.
- يمكـن للموظـف الـذي يتمتـع بخبـرة عمـل لا تقـل عـن سـت سـنوات ولديـه قـدرات ومهـارات فنيـة عاديـة، ولكنـه مؤهـل أساسًـا للعمـل وانضـم إلى الشركـة مـن خـلال التوظيـف الاجتماعـي تقديـم الطلـب للحصـول عـلى المسـتوى 15B أو 15A، إذا كان الموظـف عـلى المسـتوى الإداري في الشركـة التـي سـبق لـه العمـل فيهـا، يمكنـه تقديـم الطلـب للحصـول عـلى المسـتوى 16B أو 16A.
- الموظفـون العاديـون الذيـن انضمـوا إلى شركـة هـواوي مـن خـلال التوظيـف الاجتماعـي وعملـوا لمـدة ثمـاني سـنوات، يمكـن منحهـم المسـتوى 16A أو 17B بشـكل عـام.
- الموظفـون الذيـن انضمـوا إلى شركـة هـواوي مـن خـلال عـرض توظيـف خـاص، يمكـن منحهـم المسـتوى 18A-17A بشـكل عـام، وبالإضافـة إلى ذلـك، سـيتم تخصيـص مبلـغ معـين مـن رسـوم التوقيـع وحصـص الأسـهم لهـم.

- الموظف الـذي سبق لـه العمل في شركة Cisco أو Ericsson أو Alcatel-Lucent أو نوكيا سيمنز أو أنواع مشابهة مـن الـشركات وتـم تعيينـه رسـميًا كمدير للقسم (أو رئيس القسم) يمكن منحه المستوى 19B أو 19A، وهو نفس مستوى رئيس قسم مـن الدرجـة الثالثـة في هـواوي.
- يمكـن للطـلاب الخريجـين الجـدد تقديـم الطلـب للحصـول عـلى المسـتوى 13C أو أعـلى.
- يجب تصنيف المشغلين على خط الإنتاج على المستوى 13C أو أقل.

ملاحظة: يشير رسم التوقيع إلى تعويض الموظف الـذي اسـتقال مـن شركتـه السـابقة مـن أجل العمـل في شركة هـواوي، إلى جانب مكافأة اتفاقيـة العمـل الجاد التي يـتراوح قدرها بـين ‎30000 و50000 يوان.

كـما تربط هواوي المستوى التقني مـع المؤهلات الوظيفية، أي أنـه يتـم أخذ المسـمى التقنـي في الاعتبـار عنـد تصنيـف الموظف. تقيم هـواوي الدرجـة الفنيـة ‎13 + = مؤهـل؛ عـلى سبيل المثال، إذا كان الدرجـة الفنية لشخص مـا هو 3A، فإن مؤهلاته تصبح ‎3A+13=16A. وهذا يوفر فرصة للعديد مـن الفنيـين لتحقيـق نفس المعاملـة الماليـة التي يتمتـع بها فريق الإدارة.

وقد شجع إنشـاء نظام توزيع الرواتب بالتدرج موظفـي شركـة هـواوي إلى حـد كبـير، بالتـالي جلب الشركة ازدهارا لم يسبق لـه مثيل.

3. آلية التخصيص الديناميكي لجميع الموظفين

مـع ازديـاد نضـج إدارة شركة هـواوي، أصبـح نظام توزيـع القيمـة في الشركـة أكثـر مرونـة وفاعليـة. حيـث تطـورت ممارسـة تقاسـم المصالـح مـع أولئك الذين يكافحون مـن أجل تطويـر هـواوي بشكل طبيعي إلى نظام دفـع دينامـيكي، ويوفر مـردود فـوري لموظفـي شركـة هـواوي.

يلعـب نظام توزيـع القيمـة دوراً هامـاً في سلسلة القيمـة في شركـة هـواوي. وأشـار رن تشـنغ في إلى أنـه "إذا أرادت شركـة هـواوي البقـاء عـلى قيـد الحيـاة، فإن عمليـة توزيـع القيمـة هـي قضيـة رئيسية يجب التعامل معهـا." تستند إسـتراتيجية توزيـع القيمـة في هـواوي عـلى الاعتبارات الثلاثة التالية:

– التوزيع الاجتماعي: لتحمل المسؤولية الاجتماعية؛

– التوزيع بين موظفي الشركة: يمكن للموظفين أن يعيشوا حياة سعيدة؛

– التوزيع من أجل التنمية المستقبلية: لتوفير رأس المال للتوسع المستمر للشركة.

كما حدد "القانون الأساسي لشركة هواوي" المبدأ والنهج لتوزيع القيمة بشكل واضح، ويمكن تلخيصهما في الجوانب التالية:

(1) مبدأ توزيع القيمة (المادة 18)

ما هي المبادئ التي يجب اتباعها في توزيع القيمة: مزيج من التوزيع وفقا للأعمال والموارد.

– "الأعمال" تشمل العمل العام والعمل العقلي؛

– "الموارد" تشمل رأس المال الفكري، وإدارة رواد الأعمال، ومخاطر المؤسسات؛

– أما نسبة التوزيع للأعمال والموارد فهي قابلة للتعديل اعتمادًا على البيئة الداخلية والخارجية للشركة؛

– تستند هذه الفكرة على مفهوم وجوب مكافأة جميع الأشخاص الذين يناضلون من أجل مصالح الشركة بشكل مناسب (المادة 4).

(2) أساس توزيع القيمة (المادة 16)

أساس المعايير لتوزيع القيمة: "القدرة، والمسؤولية، والمساهمة، وموقف العمل، والتزام المخاطر".

– تستند القيمة على قدرة مقدم الخدمة على خلق القيمة، فضلا عن المسؤولية، وموقف العمل، والمساهمة أثناء عملية خلق القيمة؛

– يتم التعرف على هذا الأساس من قبل الشركة بعد التقييم والتقويم الذي يتم إجراءهما وفقاً لمعايير وإجراءات الشركة.

(3) عناصر القيمة المخصصة (المادة 17)

ما هي القيم التي يمكن تخصيصها: "السلطة التنظيمية والمصالح الاقتصادية".

– "إن المساهمين يستحقون عائدًا معقولًا" (المادة 4)، وذلك يعني أن الشركة "تكافئ العمل حسب الوظيفة"؛

– إجـراء تقييـم وتقويـم دقيقيـن للمـدراء الذيـن يمتلكـون بالفعل سـلطة تنظيميـة معينـة (مثـل نظام الإبلاغ المنتظم)، لإضفاء الطابـع المؤسسـي وتوحيـد آليـة تشجيع وتنزيـل الكـوادر؛

– تتطلـب مـن الشركـة تأسيس المزيـد مـن المناصب الإداريـة لأولئك القادريـن ولكـن ليـس لديهـم قـوة تنظيميـة بعـد، وتوفر لهـم فرصـة عادلـة للوصـول إلى مسـتوى إدارة الشركـة؛

– "الاعتمـاد عـلى جهودهـم وموهبتهـم في اكتسـاب الفـرص التـي توفرهـا الشركـة" (المـادة 54)، وتميزهـا عـن المنافسـة العادلـة، واكتسـاب القـوة التنظيميـة، ومـن ثـم التمتـع بمزيـد مـن الفائـدة الاقتصاديـة التـي تـأتي معهـا.

(4) أشكال القيمة المخصصة (المادة 17)

إن الأشـكال التـي يتـم فيـه تسـليم القيمـة المخصصـة للشركـة إلى المشـاركين يتمثـل في: "الفـرص، والسـلطة الوظيفيـة، والرواتـب، والمكافـآت، والأسـهم، والأربـاح، وغيرهـا مـن الفوائـد".

– هذا هو التجسيد الحقيقي "للسلطة التنظيمية والمصالح الاقتصادية؛"

– تنقسـم القيمـة التـي تخصصهـا الشركـة للأفـراد إلى ثلاثـة أنـواع: الأول هـو العملـة التـي يملكها الموظـف وتُترك بشـكل كامل للسـلطة لتقديـره، مثـل الراتب والمكافـأة والأربـاح والفوائـد؛ والثـاني مملـوك للشركـة، ولكنـه يخضـع للفرد خـلال فـترة زمنيـة معينـة تحـت بعـض القيـود، مثـل فرص الترقيـة أو التدريـب؛ والثالـث هـو الالتـزام بالمخاطـر الـذي يمتلكه الأفـراد ولكـن تحـت تـصرف الشركـة، مثـل الأسـهم.

– هـذا ليـس تخصيصًـا ثابتًـا، ولكنـه مزيـج مـن التوزيـع وإعـادة التوزيـع للقيمـة الداخليـة للشركـة.

(5) معايير لتحديد أشكال التوزيع (المادة 69)

أي مـا هـي المعايـير المطبقـة في عمليـة توزيـع القيمـة الحاليـة للأشـكال المذكـورة أعـلاه. يحـدد القانـون الأسـاسي لشركـة هـواوي عـدة فئـات:

– الراتب: نظام الراتب الوظيفي؛

– المكافأة: المرتبطة بإجمالي الربح؛

– التوزيع: يتعلق بالمساهمة والمسؤوليات من الأفراد أو الجماعات.

– المعاش: موقف العمل.

- التأمين الطبي: يعتمد على مقدار المساهمة؛
- الأسهم: يعتمد على المساهمة والمسؤولية والوقت.

(6) سياسة التوزيع المحددة

يتم تحديد القيود اللازمة، والقضايا المعنية، والنقاط المركزة لعملية تخصيص القيمة.

- يجب أن يكون توزيع القيمة الذي يستند إلى العمل العام مراعياً للاختلافات الواسعة بين الأفراد (المادة 18)، وبالتالي ينفي بشكل أساسي مبدأ المساواة (المادة 54)؛

- يجب أن يحافظ منحنى التوزيع على استمراريته ويتجنب نقاط التحول (المادة 18)، وذلك يشير إلى التوزيع بين الأقسام والوظائف والمستويات يجب أن يكون مستقرا نسبياً، وأن يحافظ على توازن ديناميكي بشكل عام، مع حالات صعود وهبوط معتدلة نسبياً وبعض الأجزاء المتداخلة.

- فيما يتعلق بتوزيع الأسهم، فإن شركة هواوي تمارس ملكية الموظفين، ولكن يجب أن يكون توزيع حقوق الملكية للموظفين الموهوبين ذوي الإحساس القوي بالمسؤولية (المادة 18)؛

- تلبية مصالح الموظفين على المدى القصير (المادة 69) في ظل الشرط المسبق لضمان مصالحهم على المدى الطويل. من أجل خدمة المصالح طويلة الأجل، يمكن للشركة التضحية مؤقتًا بالمصالح قصيرة الأجل ضمن حدود معينة، مثل تخفيض الأجور تلقائيا (المادة 70). كما لا توافق الشركة على سلوك قصير النظر أثناء عملية التوزيع (المادة 54)؛

- تحاول الشركة تشكيل نظام حقوق الملكية المتميز الذي يقوم على أساس مفهوم جديد من خلال توزيع القيمة (المادة 17).

(7) معيار لتقييم توزيع القيمة (المادة 19)

لمعرفة أي نوع من المعايير يتم تطبيقها لقياس ما إذا كانت عملية ونتائج توزيع القيمة معقولة أم لا، وهل تتفق مع مفهوم توزيع قيمة الشركة أم لا، وهل هي ناجحة وفعالة أم لا؟ إن المعايير الواردة في القانون الأساسي لشركة هواوي هي "الإنجازات التي حققتها الشركة، والروح المعنوية للموظفين، وإحساسهم بالانتماء إلى الشركة" (المادة 19). وبعبارة أخرى، يميل التقييم إلى أخذ الجوانب التالية في الاعتبار:

- هـل تـم تحسـين الأداء العـام للشركـة ومـا هـو مـدى سرعـة تحسـنه؟ هـل زاد بسـرعة أكـبر مـن معـدل سرعـة الصناعـة وسرعـة المنافسـين الآخريـن (المـادة 13)؟
- هـل تـم تحفيـز حماسـة الموظفـين بشـكل تـام وإذا حققـت الشركـة التأثـير الحافـز المتوقـع أم لا؛
- هـل يتفـق الموظفـون مـع قيـم الشركـة وثقافتهـا، وهـل شـكلوا بالفعـل "مجتمـع المصـير المشـترك"، "مجتمـع المسـؤولية المشـترك"، و "مجتمـع المصالـح المشـترك" مـع الشركـة أم لا.

لـم يكـن توزيـع القيمـة ثابتًـا أبـداً، فهـو يتغـير مـع الأفـكار والأشـياء وعوامـل أخـرى لتوزيـع القيمـة، ولكـن غرضـه النهـائي هـو خلـق القيمـة.

4. تفعيل المنافسة من قبل نظام الرواتب الوظيفية

نظـام الرواتـب هـو جوهـر توزيـع القيمـة في شركـة هـواوي. وتعتقـد شركـة هـواوي أنـه يجـب توحيـد مفهـوم توزيـع القيمـة ونظامـه مـن خـلال نظـام الرواتـب لتحقيـق الجـدوى منـه؛ كـما يرتبـط نظـام الروابـت بالمصالـح الاقتصاديـة للموظفـين، وبالتـالي يشـكل الأسـاس الاقتصـادي المهـم لتلبيـة احتياجاتهـم الماديـة والنفسـية؛ كـما يمكـن أن تولـد الحوافـز مبـاشرة؛ كتوزيـع منتظـم، يجـب أن يتـم تنفيـذه شـهريا.

هنـاك ميـزات مختلفـة لـكل نظـام راتـب متـاح. في الوقـت الحـالي، يوجـد مـا يقـرب مـن أربعـة أنـواع مـن نظـم الرواتـب الشـائعة الاسـتخدام في الجـدول 10-2.

هـذه هـي أنظمـة الرواتـب السـائدة؛ فـما هـو نظـام الراتـب الـذي اختـاره شركـة هـواوي؟

ينـص القانـون الأسـاسي لشركـة هـواوي بوضـوح عـلى أن "توزيـع الراتـب يجـب أن يكـون موجهًـا نحـو القـدرة، وبالتـالي يعتمـد عـلى نظـام الراتـب الوظيفـي" (المـادة 69). إذن لمـاذا تختـار هـواوي نظـام الراتـب الوظيفـي؟ ومـا هـي اعتباراتهـا؟

(1) الاعتبارات المتعلقة بالقيمة
يتلاءم نظام الرواتب مع مفاهيم هواوي في خلق وتقييم وتوزيع القيمة.

الجدول 2-10   نظم الرواتب السائدة

الميزات	المقصود به	نظام الرواتب
يركز على قيمة المنصب وتقييم قيمة المنصب.	تحديد الراتب بناء على طبيعة ومستوى ومسؤوليات المنصب	نظام الرواتب حسب المناصب
في الحقيقة أنه يربط القدرات الشخصية وكفاءة العمل مع مدة العمل المستمرة والعمر.	يعرف أيضاً باسم نظام Nenko ويحدد راتب الموظف حسب عمره الحقيقي ومدة عمله المستمرة في الشركة.	نظام الرواتب حسب الأقدمية
هو تركيبة من الرواتب حسب المناصب والرواتب حسب الأقدمية حيث يحول عوامل خلق القيمة إلى مستوي تطبيق المهمة.	يعرف أيضا براتب التأهل المهني، حيث يتم تحديد الراتب بناء على قدرة الموظف على القيام بالمهام الوظيفية والخبرة والأقدمية.	نظام الرواتب الوظيفي
يختلف نظام الراتب السنوي بشكل ضئيل عن نظام الراتب الشهري.	يقيم ويحدد الدخل السنوي بناء على الأداء المستهدف في بداية كل عام ويقسم إجمالي الدخل ويوزعه شهرياً.	نظام الراتب السنوي

- من حيث خلق القيمة. ترتبط قيمة الشركة ارتباطًا وثيقًا بالمعرفة والعمل الفكري والتقنية وإدارة رواد الأعمال وتراكم المخاطر؛ لذلك، تحتاج شركة هواوي إلى توفير عائد معقول عبر نظام توزيع معين.

- من حيث تقييم القيمة. قبل أن تقدم شركة هواوي العائد، يجب عليها إجراء تقييم علمي حول عملية ونتائج القيمة التي تم خلقها، وإجراء توزيع القيمة على أساس نتائج التقييم. هذا يربط عمليات نظام الرواتب مع التقييم بشكل وثيق.

- من حيث توزيع القيمة. يجب على الشركة أن تمتلك مجموعة كاملة من نظام توزيع القيمة، وأن تقوم بتوحيدها من خلال النظام من أجل التنفيذ الكامل لتوزيع القيمة مع الإنصاف والعدالة.

باختصار، تسعى شركة هواوي أن يعكس نظام الرواتب مفهومها الخاص بالقيم بشكل كامل، وذلك يعد أحد أهم الأسباب التي دفعت هواوي إلى اختيار نظام الرواتب الوظيفية.

(2) بالنظر في نظام إدارة شؤون الموظفين

النظر في خصائص نظام إدارة شؤون الموظفين في هواوي.

- تؤيد شركة هواوي نظام التوظيف الحر (المادة 56)، حيث لا يتم الاعتراف بطول مدة الخدمة والعمر وغيرهما من العوامل الشخصية في عملية خلق القيمة لدى شركة هواوي. لأن شركة هواوي لم تختار أبدا نظام Nenko، الذي يأتي جنبا إلى جنب مع نظام التشغيل مدى الحياة.

- تؤيد شركة هواوي ترقية كوادرها وتنزيلهم بشكل حر ومرن، "تكلف الموظفين الأكثر مسؤولية وموهبة بأهم الواجبات"، و"اتخاذ المهمة باعتبارها مسؤولية" و"المكافأة مقابل العمل"، وذلك يحدد أن شركة هواوي لا تستطيع اختيار نظام الراتب حسب المناصب الذي يأخذ بعين الاعتبار قيمة المناصب كقيمة رئيسية.

(3) بالنظر إلى شروطها العملية الخاصة

عند اختيار نظام الراتب، تدرس هواوي تمامًا الوضع الفعلي للشركة.

منذ تأسيس الشركة حتى الآن، كانت شركة هواوي تمارس نظام الراتب الوظيفي بشكل أساسي، على الرغم من أنها لم تكن موحدة في البداية. حيث كانت تنظر هواوي بشكل كامل إلى احتياجاتها الفعلية وتصر على الالتزام بنفس المبدأ، مثل هذه الاستمرارية تساعد الشركة في تجنب التأثير المحتمل الذي قد يتركه تغيير طريقة توزيع القيمة على إدارة أعمال الشركة بشكل عام.

(4) بالنظر إلى مستوى الإدارة

قد أخذ نظام الراتب المعتمد في الاعتبار الجودة والقدرة الحالية للإدارة

أشار خبير نظام الراتب السنوي الياباني إلى أنه "من الخطير جداً إدخال نظام الراتب السنوي إلى الراتب حسب المناصب، أو الراتب حسب الأقدمية، أو نظام الراتب الوظيفي غير الناضج". صحيح أن هواوي اختارت نظام الراتب الوظيفي، ولكن بطريقة أخرى، اختار النظام هواوي أيضًا. هذا خيار معقول في اتجاهين وهو الخيار الوحيد.

يؤكد نظام الراتب الوظيفي على أن القدرة تأتي أولاً، ويتم من خلالها توزيع المعاملة العادلة وفقاً لقدرة كل شخص وأدائه. كما يحتوي على مضامين غنية يمكن تفسيرها بطرق عديدة.

- احترام الفرد (IBM، اليابان)
- الفردية المرنة (NEC)
- الواقعية
- السلطة
- الأداء
- القدرات
- النَتائج
- بناء الشعور بالضغط
- روح التحدي

يعمل الراتب الوظيفي على أساس نتائج تقييم الموظفين، من خلال ترقية (تخفيض) مستوى التأهيل، سيتم رفع (خفض) مستوى الراتب وذلك من أجل تحقيق الغرض من رفع (خفض) الراتب. وبهذه الطريقة يتم ربط نتائج التقييم مع مستوى الراتب مباشرة. إن العمر ومدة العمل والخلفية التعليمية وغيرها من العوامل الطبيعية الشخصية لم يعد يؤخذ بها في تحديد رواتب الأفراد، بل يتم أخذ قدرة الشخص على الوفاء بالمسؤوليات الموكلة إليه ومساهمته الفعلية في الاعتبار. لذلك، فان الجميع يريدون تحسين قدرتهم على القيام بعمل جيد من أجل الحصول على معاملة أفضل.

بسبب آلية الحوافز الخاصة بشركة هواوي، فإن نظام الراتب الوظيفي يجعل إنفاق الشركة على رواتب الموظفين لم يعد يمثل نفقات تكلفة العمالة، بل تحول إلى استثمار رأس مال بشري. عائد الاستثمار في رأس المال البشري أعلى من أي عائد رأس مال مادي. لأنه يلبي طلب الشركة في إيلاء أهمية كبيرة من حيث المعرفة والقدرة الفردية، فضلا عن التأكيد على الموظفين للاستمرار في تطوير الذات.

5. آلية الحوافز الخاصة بخطة ملكية الأسهم لجميع الموظفين (ESOP)

كما نعلم جميعا، كانت هواوي واحدة من أوائل الشركات الصينية التي تنفذ آلية ESOP. تنتمي خطة ملكية الأسهم لجميع الموظفين إلى نطاق الحوافز بحقوق المساهمين، حيث تشير الحوافز بحقوق المساهمين في الشركة إلى إعطاء حقوق اقتصادية معينة للموظفين المعنيين على شكل الأسهم، حتى يتمكنوا من المشاركة في عملية صنع القرار في الشركات كمساهمين، وفي عملية تقاسم الأرباح وتحمل مخاطر الشركة. إنها وسيلة لتحفيز حماس الموظفين على المدى الطويل.

ESOP هو نوع محفوف بالمخاطر نسبيا من حوافز بحقوق المساهمين، ولكن له العديد من الفوائد الهامة. وبالعودة إلى الوقت الذي كانت فيه شركة هواوي تروّج لآلية ESOP، كان من العدل أن نقول إن الشركة كانت شجاعة للغاية لتكون أول شركة رائدة في هذا المجال، وأصبح ذلك بمثابة دعامة صعود هواوي، ولا تزال شركة هواوي تواصل تنفيذ هذه الآلية الآن. بدأ حافز الأسهم الداخلية لشركة هواوي في عام 1990 وقد تم إجراء ثلاث جولات من حوافز بحقوق المساهمين الضخمة.

(1) حافز الأسهم خلال فترة ريادة الأعمال

تم إنشاء شركة هواوي في عام 1987، بعد عدة سنوات من التنمية، ما زالت الشركة تواجه صعوبات في توسيع سوقها والبحث والتطوير وإدارة التدفق النقدي. لذلك قرر رن تشنغ في تنفيذ نظام الأسهم الداخلية والأرباح المرتفعة. وفي عام 1990، اقترحت شركة هواوي آلية ESOP، وكان سعر كل سهم 10 يوانات وتم استخدام 15 في المائة من الأرباح (بعد الضرائب) كأسهم موزعة. بعد انضمام الموظفين إلى الشركة لمدة عام واحد، يتم تخصيص الأسهم لهم بناءً على مستوى مناصبهم والأداء الفصلي وما إلى ذلك. وتم شراؤها بالمكافأة السنوية للموظفين. إذا لم تكن المكافأة السنوية كافية لشراء الأسهم، فإن الشركة ستساعدهم في الحصول على قروض من البنك لشراء الأسهم.

عززت آلية ESOP شعور الموظفين بالانتماء إلى الشركة. ورسمت رؤية مستقبلية للموظفين، ووعدتهم بعوائد عالية في المستقبل. في الوقت نفسه، ساعد الموظفين على تكوين شعور بأنهم أصحاب الشركة، وبالتالي يغذي شعورهم بالمسؤولية والانتماء إلى الشركة.

بفضل حوافز الأسهم والشعور بأنهم أصحاب الشركة، يعمل موظفو هواوي بجد ليلاً ونهاراً. حتى مع رواتب متواضعة ومساكن ريفية بسيطة، فإنهم دائمًا يتمتعون بحماس

كبير، ويتطلعون إلى المكافآت والأرباح وجوائز الأسهم في نهاية العام.

كانت آلية ESOP حافزًا كبيرًا لزيادة أداء الموظفين. حيث جعلت كل موظف يشعر أنه مرتبط بالشركة من خلال الاهتمامات المشتركة، لذلك يبذل الجميع الكثير من الجهود لتعزيز أداءهم الشخصي وأداء الفريق. وذات مرة سخر موظفو هواوي من أنفسهم: من يعرف متى سيتم تحويل هذه "الأرقام" على الورق إلى الأموال الحقيقية. لكن في الوقت نفسه، كانوا يدركون تمامًا أن هذه الأرقام لن تكون "حقيقية" بدون جهود.

مع الجهود المتواصلة من قبل موظفي شركة هواوي، بدأت الشركة تحتل جزءًا كبيرًا من حصص السوق، كما ارتفعت تقنيتها في البحث والتطوير إلى مستوى جديد، وازدادت ثروة الشركة باستمرار. بحلول نهاية عام 2000، تجاوز حجم مبيعات هواوي 10 مليارات يوان صيني.

(2) حافز الأسهم خلال فترة "شتاء هواوي"

تتغير آلية ESOP كوسيلة لتحفيز الأداء مع بيئة الأعمال من أجل تحقيق أداء أفضل.

في عام 2000، عندما انفجرت فقاعة تكنولوجيا المعلومات، دخلت هواوي لأول مرة فصل "الشتاء" في تاريخ تنميتها. ومن أجل ضمان التدفق النقدي الكافي وحل مشكلة العمالة المفرطة، بدأت هواوي بتنفيذ خيار الإصلاح المسمى بـ"الأسهم المقيدة الافتراضية."

أخذت الأسهم الافتراضية شكل ومحتوى الأسهم، بينما في الواقع، لم يكن هناك مساهمون، وكانت أشبه بالوعد. لكن أعطت صاحبها عددا معينا من الأرباح وحقوق تقاسم الأسهم.

طرحت شركة هواوي أيضًا العديد من سياسات حوافز الأسهم الجديدة:

- أوقفت تخصيص سهم واحد بقيمة يوان للموظفين الجدد؛
- تحويل أسهم الموظفين القدامى تدريجياً إلى خيارات الأسهم؛
- إلغاء العائد الثابت، مع احتسابه من الزيادة في رأس المال الصافي للشركة.

وفقا لنظام تقييم الشركة، خصصت شركة هواوي عددا معينا من خيارات الأسهم لموظفيها، وكانت فترة خيارات الأسهم أربع سنوات، مع صرف ربع من المبلغ إلى النقود كل سنة. ومن أجل التأكد من جدوى خيارات الأسهم دون التأثير على الأنشطة التجارية العادية، قامت هواوي بتحديد أربعة أساليب للصرف:

–　صرف فروق الأسعار؛
–　إعادة شراء أسهمها بسعر 1 يوان لكل سهم؛
–　الصرف في وقت لاحق؛
–　التخلي (للحفاظ على الوضع الراهن).

وكانـت خيـارات الأسـهم أكـثر منطقيـة مـن الأسـهم للحصـول عـلى أقـصى قـدر مـن المنافسـة في إطار فرضية ضـمان فوائـد الموظفـين. في الماضي، إذا كان الموظفـون يحتفظـون بأسـهم، حتـى لـو لم يعملـوا، سـيظلون يحصلـون عـلى أربـاح. ومـع مـرور الوقـت، أدى هـذا النظام إلى تقويـض البيئـة التنافسية العادلة للشركة، كـما لم يكـن مسـاعداً عـلى تحسـين قـدرات الأفـراد وكذلـك أداء الشركة. في حين أن خيارات الأسـهم تتطلب نضالاً شخصياً، عـدد خيـارات الأسـهم الـذي يمكـن للموظفين الحصول عليه كان يتفـق مـع مسـتوى الأداء الشخصي، فقـد أدى ذلـك إلى خلـق فجـوة أكـبر في الدخـل بـين الموظفـين وتنشـيط المنافسـة الداخليـة بشـكل فعـال.
لتنفيذ خيارات الأسهم، وضعت شركة هواوي أيضًا بعض التدابير الوقائية.

–　بالنسبة للموظفـين الجوهريـين الذيـن يمتلكـون عـددا كبـيرا مـن الأسـهم، يجـب ألا يتجـاوز معـدل السـداد النقـدي السـنوي 10٪؛
–　ينبغي تخصيص عدد أكبر من الأسهم للموظفين الرئيسيين؛
–　وضـع حـدود لتخصيـص الأسـهم، في غضـون فـترة معينـة مـن السـنوات، لـن يسـمح بصرفهـا إلى النقـد، وإذا غـادر الموظـف الشركة خـلال هـذه الفـترة، فلـن تصبـح الأسـهم صالحـة.

وكانـت الأسـباب الكامنـة وراء إجـراءات التقييـد هـذه واضحـة. حيـث وضعـت هـواوي آليـة حوافـز منافسـة ومفتوحـة ومقيـدة ممـا يوفـر لهـا بيئـة جديـدة، وارتفعـت مبيعاتهـا وصـافي أرباحها بشـكل كبـير.

(3)　حافز الأسهم خلال فترة الأزمة الاقتصادية

في عـام 2008، اندلعـت الأزمـة الاقتصاديـة العالميـة، أطلقـت هـواوي مـرة أخـرى جولـة جديـدة مـن الحافـز بخيـارات الأسـهم. في ذلـك العـام، بـدأت هـواوي أكـبر مسـتوى مـن تخصيـص الأسهم في تاريـخ التنميـة للشركة.

كان التخصيص "وضعًا مشبعًا"، وتم توزيع كميات مختلفة من الأسهم وفقًا لمستوى المناصب. يظهر نموذج التوزيع المشبع على النحو التالي.

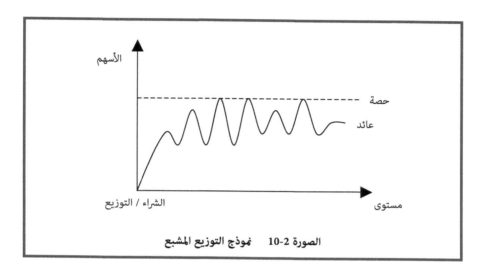

الصورة 10-2   نموذج التوزيع المشبع

يمكننا أن نرى من النموذج أن مستوى المناصب المختلفة يتطابق مع الكميات المختلفة من خيارات الأسهم، على سبيل المثال، فالموظفون على المستوى الوظيفي 13 لديهم حد أعلى لامتلاك 20000 سهم، والموظفون على المستوى الوظيفي 14 لديهم حد أعلى لامتلاك 50000 سهم. وكان العائد في خط متموج، وذلك يرجع إلى كميات مختلفة للشراء أو التوزيع. بالإضافة إلى ذلك، إذا وصلت كمية الأسهم إلى الحد الأعلى من مستواها، فإن الموظف لا يشارك في توزيع الأسهم.

خلال هذه الجولة من توزيع حصص الأسهم، خففت هواوي من ناحية الضغط المالي للشركة، ومن ناحية أخرى رفعت دخل الموظفين. وفي الوقت نفسه ربطت الأداء (خيارات الأسهم) مع المستوى الوظيفي، وبالتالي حسنت آلية التوزيع القائمة على أساس الأداء، بحيث تم تشجيع الموظفين على العمل بجدية أكبر.

6. استخدام الحوافز السلبية لتفعيل القوة الدافعة الداخلية

تـأتي المكافـآت جنبـا إلى جنـب مـع العقوبـات، وهنـاك أيضا تدابيـر الحوافـز السـلبية المكثفـة فـي نظـام الحوافـز فـي شـركة هـواوي.

ان التطـور السـريع المتواصـل لشـركة هـواوي جعـل بعـض موظفيهـا يشـعرون بأنهـم كانـوا فـي بيـت زجاجـي آمـن، تمامـا مثـل حيـوان الرنـة الـذي يشـعر أنـه فـي مأمـن مـن الوقـوع فريسـة للذئـاب، وفقـدوا شـغفهم للعمـل. وقـد وصـف رن تشـنغ فـي هـذا الأمـر قائـلاً: "بعـض قادتنـا وعمالنـا تلوثـوا بالكبريـاء والراحـة وبدأوا التركيـز علـى الاستمـاع بالحيـاة، والتخفيـف مـن متطلبـات الـذات، والخـوف مـن المشـاق والتعـب، ولـم يعـودوا يعملـون بضميـر واع فـي عملهـم، وأصبـح مـن الصعـب إرضاءهـم وانشـغالهم بالمسـاومة علـى كل أوقيـة مـن الكسـب الشـخصي." حتـى أن مجموعـة مـن أبطـال الشـركة الذيـن كانـوا يعملـون بجـد فـي فتـرة ريـادة الأعمـال للشـركة فقـدوا شـغفهم.

ومـن أجـل مواجهـة هـذا الوضـع، قـال رن تشـنغ فـي بثقـة: "بالنسـبة لأولئـك الكـوارد الذيـن لا يسـتطيعون تصحيـح أخطائهـم، سـنقيم حفـل وداع لهـم. يمكـن لجميـع الموظفيـن مراقبـة مـا إذا أصبـح شـخص مـا (لا سـيما القـادة) فـي فريقنـا متكاسـلا، ويتخلـي عـن التقاليـد الجيـدة للعمـل الجـاد، خاصـة كبـار المـدراء لدينـا. نحـن نريـد أن نجـد المزيـد مـن الأشـخاص الذيـن يمتلكـون نفـس التفكيـر والذيـن يرغبـون فـي الانضمـام إلينـا فـي العمـل الشـاق".

هنـاك مقـال بعنـوان "نحـل رأس الرجـاء الصالـح"، والـذي وصـف نوعـا مـن النحـل الـذي "يتمتـع بالحيـاة فقـط ولا يعمـل"، واعتمـد علـى وظيفـة التمويـه فـي بيضـه، ويخلـط بيضـه مـع بيـض الأنـواع الأخـرى مـن النحـلات، ولـم يتـم اكتشـافه أبـدا. وكان لا يعمـل بـل يـأكل العسـل الجاهـز. ومـع هـذه "القـدرة"، كان يتـم خدمتـه مـن قبـل النحـلات العاملـة الأخـرى طـوال اليـوم. وبعـد بضعـة أشـهر، فـإن عـدد نسـل هـذا النـوع مـن النحـلات يضاعـف عـدة مـرات مقارنـة مـع عـدده الأصلـي ويصبـح وضـع العـش كلـه علـى حافـة الانهيـار. فـي هـذا الوقـت، سـيخرج ويجـد هدفـه التالـي.

إن الكسـل والتخلـف يشـبهان الأمـراض المعديـة المزمنـة التـي تنتشـر وتتكاثـر بسـهولة دون تحكـم مناسـب. إذا كان الشـركة تسـتوعب الكثيـر مـن النـاس الكسـالى، فعندئـذ سـوف يضعـف بشـكل كبيـر مـن الحمـاس والـروح المعنويـة للفريـق. ونتيجـة لذلـك، بـدءاً مـن مقدمـة التدريـب، التزمـت شـركة هـواوي بشـكل صـارم بنظـام الحوافـز السـلبية بنسـبة 5%. فـي فئـة مـن 20 إلى 30 شـخصًا، بغـض النظـر عـن مـدى جـودة النتائـج العامـة، سـيتم القضـاء علـى الطالـب الأخيـر.

حيث يأمل رن تشنغ في أن يساعد نظام الحوافز السلبية الشركة على التخلص من الناس المتخلفين والكسالى، لتحفيز القوة الدافعة الداخلية للشركة، بحيث يشعر الموظفون بحق أن الناس في هواوي ليسوا فقط في مواجهة الأزمات الخارجية، ولكن أيضا يواجهون المنافسة الداخلية.

كان جاك ويلش، الرئيس السابق لشركة جنرال إلكتريك، منفذًا لنظام "الرتبة والإقالة". كان لديه فهمه الفريد تجاه هذا النظام. ففي كل عام، كان يطلب من المدراء التنفيذيين للشركة على جميع المستويات بإجراء تقييم دقيق للموظفين في إداراتهم، حيث قسمهم إلى 20٪ من الموظفين النجمين (الفئة A)، و70٪ من الموظفين الفعالين (الفئة B) و10٪ الموظفين المتخلفين (الفئة C). ومن الطبيعي إقالة الموظفين الأسوأ أداءً لتحسين الأداء العام للمنظمة. وممارسة نظام الحوافز السلبية عاما بعد عام جعل ويلش يسميه "سر إنشاء منظمة عظيمة."

كما أشاد بان شي يي، رئيس مجلس إدارة شركة SOHO الصينية، بشدة بنظام "الرتبة والإقالة". في شركة SOHO، نشأ جميع موظفي المبيعات في هذا النظام. حيث أعطى بان شي يي زيادات في الرواتب والترقيات، حتى فرص السفر إلى الخارج لهؤلاء الموظفين مع الأداء المتميز، ولكنه أقال الموظفين مع الأداء السيئ بلا هوادة.

لا منافسة، لا ضغط. بدون ضغط، كيف سنشعر بالأزمة؟ إذا لم يكن هناك أي شعور بالأزمة، فلا يوجد قوة دافعة. ومن أجل التخلص التام من تفكير الموظفين في هواوي حول إكمال جميع الأعمال مرة واحدة إلى الأبد، أصر رن تشنغ في على تطبيق نظام الرتبة والإقامة، بما في ذلك مع كبار المدراء "ذوو الخبرة". حيث قال رن تشنغ في: "لدينا الكثير من كبار المسؤولين الذين يجيدون إجراء الحديث الفارغ، كما يتبع المرؤوسون سلوكياتهم، وبالتالي ينتج عنها مجموعة أكبر من المسؤولين المليئة بالكلمات الفارغة. أعتقد أنه إذا بدأنا في فحص وتقييم هؤلاء المسؤولين، سندفعهم يعملون بجد، بالتالي سنكون قادرين على تأسيس نظام الرتبة والإقالة." كان هذا النظام هو الذي وضع حداً لخلط أولئك الذين لا يتمتعون بمؤهلات كافية إلى موظفي هواوي المجتهدين في العمل.

لقد استبعدت آلية الحوافز السلبية أولئك الذين تخلفوا عن الركب، وزادت من شعور موظفي هواوي بالأزمة، كما قامت بتعبئة حماسهم، وتجنب بشكل فعال حالة الإفراط في العمالة وعدم الكفاءة. في هذا الصدد، أدلى رن تشنغ في بالملاحظات التالية في اجتماع نظمته لجنة البحث في عام 2004: "نحن ننفذ نظام الرتبة والإقالة للقضاء على أولئك الذين لا يعملون بجد أو ليسوا مؤهلين لمناصبهم الوظيفية، ليس لدينا خطة واسعة

النطاق لتسريح العمال. وضعنا المالي لم يكن بهذا السوء. بالمقارنة مع منافسينا، ما زال التدفق النقدي لدينا جيدًا وكافيا نسبياً وكافياً ليمكننا من المنافسة في فصل الشتاء.

كما يساعد نظام الرتبة والإقالة على حماية الموظفين المتميزين. يجب علينا تفعيل المنظمة بأكملها. يقول الجميع إن الجنرالات في الولايات المتحدة صغار جداً، بينما في الواقع، بالنسبة لأولئك الذين يفهمون نظام تدريب الضباط الغربيين ونظام ترقية الرتبة، يعرفون أن الطريق إلى أن يصبح جنرالاً مليء بالمشقة، بالنسبة إلى ويست بوينت (الأكاديمية العسكرية في الولايات المتحدة)، فهي تنفذ بشكل ثابت نظام الرتبة والإقالة".

من الواضح أن تطبيق نظام الرتبة والإقالة هو آلية التمثيل الغذائي الجيدة؛ من خلال الحوافز السلبية، تبنت هواوي مفهوم المنافسة، ومنعت بشكل فعال الكسل داخل المنظمة، وشكلت جيشا قويا ومهنيا يقادر على الالتزام طويل الأجل في محاربة المصاعب والصعوبات.

إدارة المشاكل

عندمــا يعتــز الآخــرون بلحظــات المجــد، يشــعر موظفيــن هــواوي بعيوبهــم ويسعون إلى التحسين. إن شعور موظفي هــواوي بالفخر والسعي وراء المزيد من الإنجــازات يضيئــان العالــم بـأسـره.

1. تعزيز روح السعي الدؤوب من أجل التميز

نشر الكاتب الصيني الشهير هــو شي عملاً بعنوان "سيرة السيد 'تقريباً'"، والتي وصف فيها بوضوح هذا الرجل الغريب:

"إن مظهر السـيد 'تقريبا' يشبه مظهرك ومظهري. لديه زوج من العيون، لكنه لا يرى بوضوح. أذنان، ولكــن لا يسـمع بوضوح أيضا. أنف، ولكن ليس شديد الحساسية للرائحة. دماغه ليس صغيرا، لكن ذاكرته ليست جيدة، ولا يمكن أن يفكر جيدا. غالبا ما يقول: "من الجيد بما فيه الكفاية إذا كان كل شيء أكثر أو أقل حسنا. وما الهدف من الكمال المتطور؟"" يفترض السـيد 'تقريبا' أن السـكر البنـي والسـكر الأبيـض تقريبا متشابهين، وشـنشي وشـانشي تقريبا نفس المكان، والمغادرة اليـوم أو غـدا لا فرق تقريبا، وأخيرا مات بسبب "تقريبا". الآن، أصبح النمط "تقريبا" موقفا مشتركا لكثير من الناس، وبسبب هذا الموقف تجاه العمل، أصبح النــاس غير قادرين على السـعي من أجل التفوق، الأمـر الـذي أدى إلى الانحدار وتباعد واسع عن النتائج المتوقعة.

في هـواوي، كان هنـاك بعـض النـاس مثل السيد"تقريبا"، ويميلـون إلى تجاهـل بعـض التفاصيـل في العمـل، والفشـل في أداء واجباتهـم مائـة بالمائـة، ممـا جلـب الكثيـر مـن المتاعـب إلى شركة هـواوي في نهايـة المطـاف.

ذات عـام، كان عيـد الربيـع الصينـي ينتهـي، وكان الجميـع مـا زالـوا منغمسـين في الجـو الاحتفالـي، فشـل أحـد منتجـات هـواوي التـي تـم تركيبهـا في مدينـة بشـمال الصيـن في الاختبـار، وكان الزبـون مسـتاءً إلى حـدٍ مـا. واتصـل بأفـراد الصيانـة في شركة هـواوي، وطلـب منهـم الإسـراع إلى الموقـع في أقـرب وقـت ممكـن وحذرهـم أنـه إذا لـم يتمكنـوا مـن حـل المشكلـة بسـرعة، فسـينهي التعـاون مـع شركة هـواوي. وقـد تفاجـأ أفـراد الصيانـة مـن هـذا الحـادث، لأن كل منتـج مـن منتجـات شركة هـواوي يخضـع لاختبـارات صارمـة للغايـة وبالتالـي لا ينبغـي أن يكـون لديـه أي مشكلـة في الجـودة. فاستشـاروا الموظفيـن المشـاركين في تطويـر المنتجـات وحصلـوا علـى الإجابـة التـي تقـول "يجـب ألا تكـون هنـاك مشكلـة." ومـع ذلـك، مـن أجـل إعطـاء العميـل ردا مرضيـا، كافـح أفـراد الصيانـة لإجـراء تحقيـق شـامل ومفصـل، وأخيـرا حـددوا المشكلـة: اسـتخدم أحـد مطـوّري المنتجـات ترميـزًا غيـر قياسـي أثنـاء برمجـة المنتـج.

في الواقـع، كان لـدى هـواوي مجموعـة مـن المواصفـات الواضحـة بشـأن الترميـز القياسـي، ولكـن كان هنـاك بعـض المطوريـن الذيـن كانـوا غيـر جديـن عنـد تعديـل البرامـج، واعتقـدوا أن "كل شيء جيـد إذا لـم يكـن سـيئًا للغايـة"، ممـا أدى مباشـرة إلى فشـل المنتـج وبالتالـي تلـف صـورة الشركة. كمـا كشـف هـذا الحـادث أيضًـا عـن عـدم كفايـة المهنيـة لـدى بعـض موظفـي شركة هـواوي الذيـن لـم يشـكّلوا موقفًـا يسـعى باسـتمرار إلى التميـز في العمـل.

في الواقـع، إن موقـف العمـل هـذا هـو المشكلـة الأكبـر لمعظـم الصينيـين. وقـد دفعنـا ثمنًـا باهظًـا لذلـك. نشـرت إحـدى الصحـف ذات مـرة مقالا بعنـوان "البطـل الشـجاع يهـز السـماء – قصـة مثيـرة عـن رحلـة تجريبيـة للطائـرة المقاتلـة ليوبـارد"، حيـث كتـب المقـال:

"عندمـا نزلـت إلى ارتفـاع قـدره 1540 متـرا، سـمعت صوتًـا ضخمًـا. وطـار غطـاء الفتحـة الأماميـة. وأجبـر تيـار الهـواء القـوي علـى تـان شـو تسـاي (الطائـر لإجـراء الرحلـة التجريبيـة) علـى الجلـوس علـى مقعـده ولـم يسـتطع التحـرك علـى الإطـلاق، تدفـق الهـواء الـذي زمجـر في أذنيـه، لـم يتمكـن تـان شـو تسـاي مـن رؤيـة المجـال الجـوي أمامـه، ولا يمكنـه سـماع صـوت القائـد علـى الأرض مـن السـماعات. وعـلاوة علـى ذلـك، ولأن غطـاء الفتحـة الأماميـة قـد ضـاع، فـإن نظـام المظلـة لـم يعـد مضمونًـا، لذلـك يمكـن طـرده مـن الطائـرة في أي وقـت. ونـادرا مـا تحـدث هـذه المشكلـة في مجـال الطيـران، وكان المـوت يقتـرب مـن الطيـار! وكشـف التحقيـق في الحـادث أنـه أثنـاء التركيـب في المصنـع، تـم تثبيـت مسـامير صمـام غطـاء قمـرة القيـادة رأسًـا علـى عقـب."

كاد الطيار الشجاع أن يفقد حياته الشابة، الأمر الـذي جعلنا نفكر في موقف "أكـثر أو أقل جيد بما فيه الكفاية" هـو أكبر عيب لدينا، وغالبا مـا يصبح عقبة أمام تطوير العديـد مـن الشركات المحلية.

لتجنب حـدوث مثل هـذه العيوب في شركة هـواوي، يطلب رن تشـنغ في مـن الجميـع أن يركـزوا على العمـل وأن يكونـوا حذرين وأن يحققـوا "عـدم وجود عيوب" في العمل. ومن وجهة نظر رن تشـنغ في، لا يمكن لشركة هواوي اكتساب ثقة عملائها والتميز بـين منافسيها إلا مـن خـلال عـدم التسامح مطلقا مـع عيوب المنتج وسط المنافسة الشرسة في السـوق.

في مكان قريب مـن الدائرة القطبية الشمالية في فنلنـدا، كان أكـثر مـن نصـف السـنة شتاءً، وكانت درجة الحرارة أقل بكثير مـن الصفر. اضطر موظفو هـواوي الذين عملـوا هناك إلى الاسـتيقاظ في السادسة صباحاً كل يـوم، والوصول إلى مبنى المعدات الخاص بالعميـل في الساعة السابعة صباحا والانتظار في الريـاح البـاردة قبـل أن يفتح العميـل البوابة، ثم دخـول المختبر لبـدء الاختبارات. كان وقت الاختبار ضيق للغاية، لأن العميـل طلـب مـن الشركة حـل المشكلة في غضون يومين، وإلا فإنها ستوقف الاختبار، ثم توقف التعاون مـع شركة هـواوي. مـن الواضح أن فريق مـشروع هـواوي كان تحت ضغط كبـير مـن العميل. ومـن بـين جميـع الاختبارات، كان الاختبار الأكـثر إزعاجًا لأعضاء فريق المـشروع هـو اختبار "تدبيـل بينـغ بونـغ"، حيـث أضطروا إلى التبديل يدويًا بـين الشبكة الجديـدة والقديمـة مـرارًا وتكرارًا.

ذات مـرة، كان فريـق المـشروع في حاجة إلى التبديل بـين شبكات الاتصال مـن الأجيـال الثاني والثالث والرابـع. أرسل العميل ثلاثة مهندسـين مـن ذوي الخبرة إلى الموقع لفحصها وقبولهـا. بعـد بضعـة تبديـلات، اعتقد فريـق المـشروع أنـه يجب ألا تكـون هناك مشكلة، وبالتـالي قامـوا بتسليم المـشروع إلى العميل. قام العميـل بإجراء اختبارات وفقًّا لأسـاليب الاختبـار التي قدمتها شركة هـواوي، وحـاول خمـس مـرات وكانـت جميـع المحاولات ناجحة. أخرج الهواتف المحمولة لاختبار الشبكة في المناطق المحيطة بها، وليس لديها مشكلة. لقد تحمس موظفو هـواوي لأنهم افترضوا أنهم سـيجتازون الاختبار. ومـع ذلك، فإن العميـل لم يتوقف واكتشف مشكلة أثناء الاختبار السـادس عـشر: تـم فقدان الإشـارة. في ذلك الوقت، اشتكى بعـض أعضاء فريق المـشروع سرا لبعضهـم البعض: "كان هناك الكثير مـن التبديـلات غـير الضرورية". ومـع ذلك، قامـوا بإعادة التحليل مـن أجل العثور على سبب المشكلة قبـل الموعد النهائي.

وتجمـع الجميـع في المختبـر لإجراء فحـص شـامل وتعديـل الإشارات. وأخيـرًا، بعـد أن أجرى العميـل أكـثر مـن 10 مـرات مـن التجـارب دون أي فشل، تنهـد فريق المـشروع بارتياح

كبير، تمكنوا من تحويل النجاح "العرضي" إلى النجاح "المحدد". وعندما انتهى اختبار قبول المختبر، حصلت شركة هواوي على "القبول" الذي وقعه العميل في جميع أوراق الاختبار البالغ عددها 158 ورقة.

لتغيير "العرضي" إلى " المحدد" والسعي للتميز هما ليسا أن تكون مسؤولا تجاه العميل، ولكن تجاه الشركة ونفسك أيضا. فقط عندما يكون العميل يقبل تماما منتجك، يمكن للشركة الحصول على قبول العملاء والاعتراف بها، بالتالي الحصول على مساحة أكبر للتطوير الشخصي.

لذلك، يجب على الجميع السعي وراء التفوق، لأن التفوق هو الحالة الأكثر مثالية، ويجب علينا دائما أن ندفع أنفسنا إلى تجاوز حدودنا والسعي إلى الكمال.

يوجد لدى العديد من موظفي هواوي ملف خاص يسمى "تحليل السبب الجذري"، وكان تشاو رونغ (اسم مستعار) غير مستثنى منهم. حيث حفظ تشاو رونغ ما يقرب من 40 نسخة كاملة من الرسوم البيانية للعظام السمكية داخل ملفه. وبالنسبة لأولئك الذين تلقوا التدريب، سيعرفون أن الرسم البياني للعظام السمكية سهل الرسم من الناحية الفنية، ويمكن لأي شخص أن ينسخ رسما جميلا للعظام السمكية، ولكن العثور على السبب الجذري من خلال الرسم البياني للعظام السمكية لم يكن عملا سهلا.

ذات مرة، تعطل جهاز العميل، وتجمع موظفو هواوي مع العملاء لإجراء عملية عصف ذهني لاكتشاف المشكلة. في الجولة الأولى، اقترحوا أكثر من 60 سببًا؛ وفي الجولة الثانية، طرحوا أكثر من 40 سؤالا بشأن عطل آخر. وفي الجولة الثالثة، بدأ بعض الأفراد يشكك في المقترحات وتحولت قاعة الاجتماع إلى "ساحة معركة" من الآراء. في هذه اللحظة، اقترح أحد العملاء أن يحدد السبب الجذري ببساطة. لكن تشاو رونغ لم يوافق. قال: "إذا حددنا السبب الجذري الآن، فما الفرق بينه وبين إعطاء الدواء الخطأ للمريض؟ لن نجعل أعمالنا السابقة سدى فقط، بل سنضر بسمعة شركتنا أيضا". في النهاية، لجأوا إلى قائد الفريق للحصول على المساعدة. يبدو أن قائد الفريق لديه خبرة أكبر بكثير وظل يطرح أسئلة. بعد مناقشات عديدة، أصبح الرسم البياني للعظام السمكية واضحًا، وتم العثور على "المشتبه به" الذي تسبب في حدوث العطل في نهاية المطاف. لقد لقي موقف العمل "الجاد" الذي تتخذه شركة هواوي تقدير العملاء.

لا يكمن نجاح الشخص في أحلامه وأهدافه الكبرى، بل في أسلوب العمل الدقيق في طريقه إلى النجاح. طالما أنك تستطيع أن تعمل بشكل أفضل، يجب عليك أن تفعل ذلك. إذا كان لديك فرصة لإكمال العمل بنسبة 100٪، فيجب ألا تستسلم أبدا إلى نسبة 99٪.

النجـاح دائمـا ينتمـي إلى الأفـراد الذيـن يسـعون للتفـوق.

2. الأخطاء مسموحة ولكن يجب أن يكون هناك التقدم

إن تطويـر الـروح المهنيـة التـي تسـعى للتفـوق لا يعنـي منـع الموظفيـن مـن ارتكاب الأخطـاء. تطلـب شركـة هـواوي مـن موظفيهـا أن يكونـوا صارميـن وحذريـن في العمـل، وأن يعرفـوا كيفيـة إحـراز تقدم بعد تصحيـح الخطـأ وتجنب تكـرار ذلك في المستقبل.

مـن المحتـم عـلى شركـة هـواوي، بصفتهـا مشغل معـدات اتصالات شـاب، أن ترتكـب أخطاء عندمـا تتنافس مـع شركـات الاتصالات الدوليـة العملاقة. إلا أن رن تشـنغ في أكد عـلى مـا يـلي: "نسـمح بحـدوث أخطاء، لكـن يجـب تحقـق التقـدم معهـا". ويتم تحقيـق هـذا التقـدم مـن خـلال تحسـين الـذات.

قام عـالم نفسي بمثل هذه التجربة.

قـام بوضـع أنبـوب زجاجـي في غرفـة مظلمـة مع إغـلاق طـرف واحـد منـه والطـرف الآخر مفتـوح. ثـم وضـع عـالم النفس نحلـة وذبابـة في الأنبـوب، وأشـعل الأنبـوب الزجاجـي بالقـرب مـن الطـرف المغلـق. ونتيجـة لذلـك، خرجـت الذبابـة مـن الأنبـوب بسـرعة كبـيرة، في حيـن أن النحل اصطـدم مـرارا بالطـرف المضاء (الطـرف المغلـق) في محاولـة للخروج.

لمـاذا؟ لأنـه بعـد أن اكتشـفت الذبابـة أنها لا يمكـن أن يمـر عـبر الطـرف المضاء، فإنهـا تتلمـس في كل مـكان حتـى تجـد الخروج عـن طريـق الصدفـة.

تُظهر التجربـة أن الأخطاء الضروريـة قـد تقربنـا مـن هدفنـا. في شركـة Sony، إذا لم يرتكـب أحـد المسـؤولين خطـأ مـن قبـل، فلـن يتم ترقيتـه. الشـركات الأخرى ذات الشـهرة العالميـة مثل Samsung أو 3M تكون متسـامحة جدا تجاه الإخفاقـات في مسـاعيها البحثيـة والتطويريـة.

وكذلـك هـواوي، خاصة في مجال البحـث والتطويـر، سـتعطي هـواوي موظفيهـا الحريـة وتتسـامح مـع أخطائهـم. لكن شركـة هـواوي "تقبل الأخطاء الإبداعيـة ولكن لا تسـمح بالأخطاء الإجرائيـة".

كان هنـاك موظف مسـؤولاً عـن صنع لوحة PC التي كانت تسـتغرق عادةً سـت سـاعات للإغـلاق. وفي وقت لاحـق، بسـبب درجـة حـرارة التشـغيل التـي تـم تعديلهـا إلى درجـة حرارة أعـلى، قـام الموظـف بتدمـير خمـس لوحـات عـلى التـوالي. في هـذا الصـدد، قال رن تشـنغ في إنه إذا كان الموظف قـد وضـع لوحة واحـدة في البدايـة، لكان قـد تم تشـجيعه، ولكن وضـع

خمس لوحـات، فارتكـب خطأً إجرائياً.

بشكـل عـام، يختـار النـاس واحـدة مـن هاتيـن الطريقتيـن في التعامـل مـع الأخطـاء أو النكسـات: الأولى هـي إعفـاء أنفسـهم مـن المسـؤولية باتهـام الآخريـن، مثـل "هـذا هـو خطـأك، وليـس خطئـي" أو بعـض الأعـذار الأخـرى، وهـذا النـوع مـن الشـخص لـن يكـون لـه أي تطـور؛ والثانيـة هـي التراجـع في منتصـف الطريـق، والتفكيـر في "أن هـذا أمـر صعـب للغايـة" أو العثـور عـلى ذريعـة أخـرى للتراجـع. لـن يعـترف سـوى الأشـخاص الأذكيـاء بأخطائهـم ويقلبونهـا، ومـن خـلال تلخيـص الخـبرة المكتسـبة في العمـل، يتجنبـون الانعطـاف المسـتقبلي والابتعـاد عـن المسـار الصحيـح.

فقـط مـن خـلال تلخيـص مختلـف الخـبرات والـدروس في العمـل والدراسـة والحيـاة، مكننـا أن ننمـو. في هـذا الصـدد، أدلى أحـد مـدراء اختبـار PDT في هـواوي بالتصريحـات التاليـة:

"بعـد مراجعـة عمليـة IPD التـي أجريـت اليـوم، وجـدت أننـي كنـت أعمـل بشـغف وشـعور بالمسـؤولية، لكـن بـما أننـي لـم يكـن لـدي أي قـدرة لعمـل خرائـط طـرق أو خطـط عمـل. لذلـك، شـعرت دائـمًا بالقلـق الشـديد عندمـا كان الجميـع يكافحـون مـن أجـل أن يصبـح المنتـج مسـتقرًا، ولا يسـتطيع أي شـخص تقريبًـا تقديـر موعـد تقريبـي لموعـد إطلاق المنتـج في النهايـة. وفي هـذه المـرة شـعرت وكأننـي "بطـل"، حيـث أن فريقـي أنهـى المهمـة بسـلاسة في أقـل مـن 10 أيـام. اسـتغرقنا تسـعة أشـهر فقـط مـن إعـداد المـشروع لاسـتكمال النسـخة النهائيـة منـه، والتـي لـم يسـبق لهـا مثيـل في النسـخ السـابقة للمنتـج. هـذه هـي قـوة الاحـتراف!"

يتفـق رن تشـنغ في مـع ذلـك تمامـا. في عـام 1997، أكـد رن تشـنغ في في اجتمـاع داخـلي عـلى أنـه: نحـن بحاجـة إلى الاسـتمرار في مراجعـة عمـل اليـوم والتخطيـط للغـد.

"يجـب أن نكـون حاسـمين مـع أنفسـنا حتـى نهايـة أيامنـا، لأن الوقـت لـم يفـت بعـد للتعلـم. إن تعبـير "لـم يفـت الأوان بعـد للتعلـم" يعنـي أيضـا أنـه لـم يفـت الأوان بعـد عـلى أن تكـون ناقـدا لذاتـك. إذا لمـاذا نتعلـم؟ لتطويـر أنفسـنا. ومـا هـو التطـور الـذاتي، هـو تصحيـح أخطـاء الأمـس. عندمـا كنـا نسـتمتع بالنجـاح الـذي حققنـاه في شـبكات الجيـل التـالي (NGN)، انقلـب نظـام G9 الخـاص بنـا رأسـا عـلى عقـب أمـام شركـة AIS التايلانديـة، ورفضـت الشـبكة. وتعطـل جهـاز HLR في تايلانـد ومقاطعـة يونـنان، الأمـري الـذي دق ناقـوس الخطـر بالنسـبة لنـا. إذا لـم نشـكل عـادة مـن النقـد الـذاتي، فإنـه لـن نحقـق أي نجـاح في تسـليم T-Board لشركـة تشـاينا موبايـل. كـما كان ضـمان موسـم الحـج للمملكـة العربيـة السـعودية بمثابـة سـاحرة للنقـد الـذاتي، والـذي غـير التطـور التكنولوجـي العالمـي، فضـلا عـن تطـور اتجـاه تنميـة الشـبكة الأساسـية لدينـا. ومنـذ ذلـك الحيـن، اجتاحـت الشـبكة الجوهريـة لدينـا العالـم، وبحلـول نهايـة

30 يونيو 2008، وصلت مبيعات الشبكة الجوهرية السلكية إلى 280 مليون خط. وبلغ عدد شبكة GU الجوهرية 830 مليون شخص؛ وعدد المستخدمين لشبكة CDMA الجوهرية 150 مليون شخص."

يعتقد رن تشنغ في أنه من خلال ممارسة "التأمل الذاتي على أساس يومي"، ومن خلال تلخيص الخبرات الناجحة والفاشلة بعناية، يمكن أن نأخذ الدروس من الماضي، والتمييز بين الصح والخطأ، وبين الحق والباطل، وبين المراجعة المستمرة وإعادة التفكير.

3. استمر في البحث عن السبب حتى تجده

إعادة التفكير في المشكلة وإيجاد حل له يمكن أن يجعل الفرد أو الفريق ينمو. ومع ذلك، يفشل بعض الأفراد دائمًا في العثور على ضرورة لدراسة مشكلة ما بشكل أكثر أو أعمق قليلاً، أو ببساطة يفترض أنهم حددوا سبب أو أصل المشكلة ثم أسرعوا إلى اتخاذ إجراءات طارئة. وفي النهاية، يبدو أنهم حلوا المشكلة ولكن نفس المشكلة تعود لاحقًا ويجدون أنفسهم يفقدون المزيد من الموارد.

تخيل أنه عند حدوث مشكلة في عملية معينة من عمليات خط الإنتاج الآلي، لكن فشل فريق الإنتاج في العثور على سبب ذلك، ماذا سيحدث؟ يجب إلغاء جميع المنتجات التي تم إنتاجها بالفعل، وكلما طالت المشكلة، كلما ازدادت الخسارة. لذلك، يمكن أن نرى في خطوط الإنتاج مثل فورد موتور، تحدد الشركة على أنه في حالة وجود أي خطأ في الإنتاج، يجب إيقاف خط الإنتاج بأكمله حتى يتم تحديد المشكلة الحقيقية وحلها.

عندما تحدث مشكلة أثناء العمل، تطلب شركة هواوي من موظفيها التمسك بموقف إجراء "تحقيق شامل"، وتؤكد أن هذا هو ما يحدث فرقًا بين موظف من الدرجة الأولى وموظف عادي.

فالعثور على جذر المشكلة يتطلب صبرا كبيرا ومثابرة.

ذات مرة، دعت هواوي مجموعة من الخبراء الألمان لمساعدة الشركة على تحسين عملية تصنيع PCB (لوحة الدوائر المطبوعة). في المرحلة الأولى من التحسين، كانوا بحاجة إلى مساعدة فريق مشروع هواوي على إجراء مسح في البداية، حيث سيتم جمع عشرات الآلاف من البيانات. ولأن البيانات تأتي دائمًا بشكل مفاجئ، في حين أن وقت بقاء الخبراء في الموقع كان محدودًا، لذلك عمل فريق المشروع بتوتر شديد. فبعد انتهائهم من جمع

المجموعـة الأولـى مـن البيانـات، أسرعـوا مباشرة إلى جمـع مجموعة أخـرى مـن البيانات دون أن يكون لديهـم الوقت للاسـتراحة...

ومـع ذلـك، كان هـؤلاء الخبـراء الألمـان دائمًـا هادئـين جـدًا. وانتظـروا بفـارغ الصـبر فريـق المشروع لجمع البيانات، ومراجعة وتحليل البيانات واحدة تلو الآخري، وصنع نسخة، ومـن ثـم حفظهـا في مـكان أمـن. وعندمـا كان الخبـراء يـزورون موقـع الإنتـاج، كانـوا يتنقلـون مـن الطابـق الأول إلى الثانـي ثـم إلى الثالـث، وكانـوا يسـيرون طـوال اليـوم حـول الموقـع مـن أجـل عـدم تفويـت أي تفاصيـل. وأعضـاء فريـق مشـروع هـواوي الذيـن كانـوا يتبعـون هـؤلاء الخبـراء أصبحـوا متعبـين مـن المشـي، في حـين أن الخبـراء اسـتمروا في تقديـم مقترحـات جديـدة. وبعـد يـوم واحـد، تـم اكتشـاف العشـرات مـن المشـاكل.

لذلـك، يجب أن نركـز على تنميـة روح "القيام بالأشياء بطريقـة شاملة"، مثلما كان تايشـي أوهنـو، مؤسـس أسـلوب إنتـاج تويوتـا، يقـول: "اسـتمر في البحـث عـن السـبب حتى تجده."

غالبًـا مـا يتم فقـدان لوحة الإعلانـات في مصنع تويوتـا. لـذا، قـرر مستشـار الشـركة السـيد هاياشـي زيادة عـدد اللوحـات لحـل هـذه المشـكلة. بهـذه الطريقـة، في بعـض الأحيـان سـيكون هنـاك مخـزون مفـرط. بعـد أن علـم تايشـي أوهنـو بهـذه المشـكلة، غضب ودعـا هاياشـي للعثـور علـى اللوحـات المفقـودة. ومـع ذلـك، بعـد سـاعة مـن البحـث، لـم يتمكـن هاياشـي مـن العثـور عليهـا.

أبلـغ هاياشـي السـيد أوهنـو الوضـع، لكـن أوهنـو وبخـه وصـاح: "فقـط بعـد سـاعة مـن البحـث، أتيـت لتخبرنـي أنـك لا نسـتطيع العثـور عليهـا، مـا هـذا؟" لـذا، عـاد هاياشـي إلى المصنع وواصـل البحـث عـن اللوحـات ولسـوء الحـظ، لـم تمكـن مـن العثـور عليهـا.

سـأل أوهنـو: "هل تعـرف لمـاذا لا يمكنـك العثـور عليهـا؟" لـم يكـن لـدى هاياشـي أي فكـرة حـول كيفيـة الإجابـة علـى هـذا السـؤال. وأضـاف السـيد أوهنـو: "السـبب بسـيط للغايـة! لأنـك لم تسـتمر في البحـث عنهـا حتـى تجدهـا!"

رفـض هاياشـي الاعتـراف بهـذه الهزيمـة وذهـب للبحـث عـن اللوحـات للمـرة الثالثـة، وأخيرا وجدهـا. كانـت ملصقـة في الجـزء السـفلي مـن بعـض الصناديـق لقطـع الغيـار. قـام هاياشـي بتنظيـف قـاع الصناديـق ولم يفقـد المصنع أي لوحـة منـذ ذلـك الحـين.

زيـادة عـدد اللوحـات كانـت مجـرد تدبـير مؤقـت، بغـض النظـر عـن العـدد الـذي قمـت بإضافتـه، فسـتظل تفقدهـا مـرة أخـرى. بعـد تحديـد السـبب الحقيقـي وتحسـين الصنـدوق، تـم حـل المشـكلة بشـكل تـام. لذلـك، للعثـور علـى السـبب الجـذري للمشـكلة، تحتـاج أولاً إلى اتخـاذ موقـف علـى "إنجـاز الأشـياء بشـكل شـامل".

4. اسأل المزيد من "لماذا"

عندما يواجه الشخص مشكلة ما، فإن الصبر على "اكتشافها بالكامل" هو أمر مهم للغاية، لكن في بعض الأحيان، على الرغم من أننا نفكر تكرارا ومرارا، لا نتمكن من معرفة أصل الخطأ.

كان رئيس تويوتا السابق، فوجيو تشو، يمر بهذه التجربة عندما كان مسؤولاً عن مصنع في ولاية كنتاكي في الولايات المتحدة. في ذلك الوقت، أمل السيد فوجيو تشو أن تكون السيارات التي يتم إنتاجها في الولايات المتحدة بنفس جودة تلك التي تم إنتاجها في اليابان. ومع ذلك، كان هناك مشكلة في رذاذ الطلاء لقشرة السيارة بشكل دائم. لقد قام الفنيون والعمال باستكشاف الأخطاء وإصلاحها ووجدوا العديد من "الاحتمالات". وقاموا بإعادة وضع العملية القياسية للتشغيل، وحسنوها عدة مرات. ومع ذلك، كانت النتيجة لا تزال غير مرضية. وأخيرًا، قرر الفنيون والموظفون "التنازل"، وقالوا إنه "ربما هذا ما يمكن أن تحققه تكنولوجيا الرذاذ الحالية."

نحن نواجه أوضاعا مماثلة في العمل. عندما نجري "محاولة" للتوصل الى سبل حل مشكلة، ولكن المشكلة لم تتحسن، فمن السهل أن نتنازل ونترك المشكلة دون حلها.

في الواقع، إن المشكلة لا تكمن في أننا لا نستطيع العثور على السبب الجذري للمشكلة، بل يمكن في عدم إتقاننا لطريقة فعالة للقيام بذلك. دعونا نعود إلى المثال السابق.

لم يتنازل السيد فوجيو تشو، بل كرس لإدراك المشكلة. في غضون بضعة أشهر، قام بالتحقيق الدقيق في كل جوانب من جوانب ورشة العمل مرة أخرى وسأل نفسه باستمرار "لماذا" قد تحدث مثل هذه الحوادث. وأخيرا، وجد السيد فوجيو تشو السبب الحقيقي للمشكلة. فإن الطلاء يتأثر من مستحضرات التجميل التي تستخدمها العاملات ومكونات ماء الصنبور في المصنع. وهذا العامل لم يتم النظر فيه من قبل العمال والفنيين.

السبب في أنه لا يمكننا العثور على الحقيقة هو ليس لأنه لا يوجد حقيقة، ولكن لأننا غالباً ما فشل في كسر التفكير التقليدي. إذا كنا مثل السيد فوجيو تشو، وأبقينا على طرح السؤال "لماذا"، قد تكون النتيجة مختلفة.

لذلك، في نموذج إدارة تويوتا، هناك قول مختصر عملي يقول: "كرر 'لماذا' خمس مرات". هذه الجملة توضح روح تويوتا في السعي لتحقيق التفوق. إنهم لن يتوقفوا عند حل معقول، ولكنهم يخوضون في تحقيقات جدية لمعرفة السبب الحقيقي وراء ذلك.

في الواقع، إن أحد الأسرار التي جعلت شركة تويوتا شركة ذات أعلى درجة من الإنتاج

الدقيـق وتحقـق التقـدم الحقيقـي في جميـع أنحـاء العـالم، هـو كان مدراءها وموظفوهـا يسـألون "لماذا" دائمًـا. كشـركة، تعتبر جودة المنتج حياتها، لـن يستسلم موظفـو هـواوي لأي مشـكلة، بـل يسـتمرون في البحـث حتـى يجـدوا السـبب الجذري.

بالطبـع، لا تشـبه هـواوي تويوتـا، ولا تطلـب مـن موظفيهـا أن يسـألوا "لمـاذا" خمـس مرات، بـل يتبنـون نهجًـا مشـابهًا، وهـو إيجـاد المشـكلة عـن طريـق المسـائلة الذاتيـة المسـتمرة.

لقـد أتقـن موظفـو هـواوي مجموعـة مـن الخطـوات لتحليـل المشـاكل. كانـت الخطـوة الأولـى هـي فهـم الوضـع. في هـذه الخطـوة، سيسـأل موظفـو هـواوي أنفسـهم "مـاذا أعـرف الآن؟ مـا الـذي حـدث بالفعل؟ هـل هنـاك أي مشـاكل أخـرى؟ إلى أيـن سـأذهب لإجـراء التحقيـق؟ مـا هي القضيـة التـي ينبغـي عليـي الاهتمـام بهـا؟ مـن قـد يكـون لديـه معلومـات ذات صلـة؟" اسـتنادًا إلى الإجابـات علـى هـذه الأسـئلة، سـيكون بمقـدور موظفـي هـواوي فهـم الوضـع الراهـن.

بعـد ذلـك، سـيقوم موظفـو هـواوي بالتحقيـق في المشـكلة. في هـذا الوقـت، كانـوا يسـألون الأسـئلة مـرة أخـرى: "لمـاذا حدثت هـذه المشـكلة؟ هـل يمكـن أن أرى السـبب المبـاشر للمشـكلة؟ إن لم أتمكـن مـن ذلـك، مـا الـذي يمكـن أن يكـون السـبب المحتمـل؟ كيـف أتحقـق مـن السـبب المبـاشر للمشـكلة؟"

وأخيـرًا، سـيقوم موظفـو هـواوي بالتأكـد مـن السـبب المبـاشر للمشـكلة اسـتنادًا إلى هـذه الحقائـق، وبعـد التأكـيد، سـيقومون بصياغـة خطـة التحسـين.

مـع ذلـك، يبـدو أن السـؤال "لمـاذا" هـو عمليـة بسـيطة، ولكنهـا ليسـت عمليـة سـهلة. كـما يمتلـك العديـد مـن موظفـي شـركة هـواوي خبـرة مـريرة فيـما يتعلـق بهـذه العمليـة:

"في البدايـة، كان بإمكانـي دائمًـا أن أسـأل "لمـاذا" مـرة أو مرتيـن. ولكـن في وقـت لاحـق، لم أسـتطع الاحتفـاظ بـه. عندما فشـلت في فعـل ذلـك، كانـت الممارسـة العامـة هـي الاسـتيلاء عـلى عـدد قليـل مـن "الاحتـمالات" لإيجـاد مخـرج لنفسـي. عندمـا كان مـن الصعـب العثـور عـلى أسـباب بعـض المشـاكل، كان علـيّ أن أسـأل نفسـي مـراراً وتكـراراً "لمـاذا" حتـى وجـدت الأسـاس، ولم يكـن الأمـر سـهلاً عـلى الإطـلاق."

في الواقـع، النـاس كسـالى بشـكل طبيعـي، وبعـد عـدة مـرات مـن السـؤال "لمـاذا" مـع عـدم وجـود إجابـة، فـإن البعـض يميـل إلى تنـازلات وإيجـاد سـبب أو سـببين لإنهـاء الأمـر. لـذا، فـإن مفتـاح سـؤال "لمـاذا" في العمـل هـو التحلـي بالصبـر والاسـتمرار. في حيـن أن المعنـى الحقيقـي لموظفـي تويوتـا عندمـا يقولـون "فكـر في الأمـر لخمـس مـرات" هـو اقـتراح النـاس عـلى إعـادة النظـر في الأمـور، ربمـا أكـثر مـن خمـس مـرات. في هـذه الحالـة، يلعـب الصبر والمثابـرة دوراً أكـبر.

5. كن مرآة للآخرين

تتطلب إدارة المشاكل أو إدارة إعادة التفكير من جميع الموظفين ألا يهتموا بمشاكلهم الخاصة فحسب، بل يطرحون أيضًا الآراء ويقومون بمناقشة لمشاكل الآخرين، فقط عندما نكون في فريق إيجابي ومحفّز يعرف كيف يحسن نفسه، يمكننا الاستفادة من إمكانات إدارة المشاكل.

ومع ذلك، نحن معتادون على التستر على المشاكل في العمل، وعدم السعي إلى الحصول على التقدير، ولكن فقط إلى تجنب ارتكاب الأخطاء. وتظهر الحقائق التي لا حصر لها للشركات الفاشلة أن الشركة الأكثر هدوءًا، توجد فيها مزيد من المشاكل. ومن منظور طويلة الأجل، العمل "الهادئ" مثل السم المزمن الذي يقوض الشركة تدريجيا.

ولتفادي مثل هذا السم المزمن من تآكل شركة هواوي، يطلب رن تشنغ في من موظفي هواوي أن يواصلوا روح "انعدام الخجل"، وقال إن: "فضح الأشياء في ضوء الشمس، حتى تضيء كل شيء". لذلك، في هواوي، لا يحتاج الموظفون إلى معرفة كيفية إجراء الانتقاد الذاتي فقط، ولكن أيضا يجرؤون على الإشارة إلى العيوب وأوجه القصور للآخرين.

قال رن تشنغ في إن: "ماء الوجه هو الدرع الذي يستخدمه الجبناء لحماية أنفسهم. أما المتفهمين فهم الذين يسعون للعثور على الحقيقة، بدلا من حفظ ماء الوجه. فقط أولئك الذين يجرؤون على فقدان ماء وجههم يمكن أن ينجحوا. التغيير الكامل يولد رجلا حقيقيا." تؤكد شركة هواوي على أنه يجب على الجميع تصحيح أنفسهم قبل تصحيح الآخرين. وقبل انتقاد شخص ما يجب أن يتعلم المرء أولاً من مزايا ذلك الشخص. في ما يتعلق بالنصيحة التي يقدمها الآخرون، يجب على المرء أن يقبلها بتواضع دون أن يشعر بالقلق من فقدان ماء وجهه.

ذات مرة، أخبر زميل تشين تيان تشو (اسم مستعار): "في أيامنا الحالية، بعض الناس ليس لديهم فكرة عما يحدث خارج الشركة، لا يفكرون إلا في هواوي فقط. فهم لا يمتلكون أدنى فهم لمزايا وعيوب الشركات الأخرى." وافق تشين تيان تشو بشكل كامل مع ذلك الزميل. ولاحظ أن الكثير من الناس أغلقوا أنفسهم داخل دائرة صغيرة من هواوي ولم يتمكنوا من رؤية مزايا الآخرين، وذلك لم تكن حالة واعدة على الإطلاق. أدرك تشين تيان تشو أنه إذا لم يكن هناك موقف منفتح، ولم يتعلم من التجارب الناجحة للشركات الأخرى، فإن عقل المرء قد يصبح حادا ومتخلفا، أو في أسوأ الأحوال، يفقد الفطنة والشجاعة لمواجهة الواقع والحقيقة.

هناك مثل صيني يقول: "قد تخدم الأحجار من التلال الأخرى لتلميع اليشم المحلي. " هذا تعبير يقول إن نصيحة الآخرين قد تساعد في التغلب على أوجه القصور لأنفسنا. كما يجب أن نحسّن أنفسنا من خلال الاستفادة من مزايا الآخرين. لذلك، في حين أننا نؤكد انتقاد الآخرين، ينبغي لنا أيضا التعلم من مزايا الآخرين في تحسين أنفسهم.

بدأت هواوي حملة "انتقاد"من أجل تمكين موظفيها من إجراء الفحص الذاتي بطريقة أكثر شمولاً، وفي البداية، شكك العديد من موظفي هواوي فيما إذا كانت هذه الحملة ستنجح فعلاً، حتى أن بعضهم قلقون من أن ذلك قد يأتي بنتائج عكسية في العلاقات بين الموظفين، ويحول "الإخوة إلى الأعداء". بعد كل شيء، انتقاد الذات أسهل بكثير من انتقاد الآخرين أمامهم، حيث يمكن اعتبار الأخير سلوكًا هجوميا. ومع ذلك، كان رن تشنغ في واثقًا جدًا بهذه الحملة.

عمل السيد تانغ شنغ بنغ في شركة هواوي من قبل، وشهد جلسة واحدة لمثل هذه الحملة. طوال العملية برمتها، كان تانغ شنغ بينغ أبعد ما يكون عن القلق من الإساءة إلى الناس وكان يتخذ موقفا داعما تجاه "ثقافة الانتقاد".

الخلفية: تم تعيين شخص معين يحمل اسم ليو (يشار إليه فيما بعد باسم ليو) كمدير لمكتب فرع هانغتشو. بعد وقت قصير من تولي منصبه، سمع الكثير عن المشاكل في المكتب وشهد شخصيا بعض النزاعات بين الموظفين. وفي اجتماع دوري، قام بتنظيم جلسة حملة الانتقاد.

ليو: "اليوم يجب أن نتحدث بصدق مع بعضنا البعض. ضع المشاكل على الطاولة، وتحدث عن نفسك، لذلك سيكون من الأسهل لنا أن نقوم بحلها. الآن، من يريد أن يتكلم أولاً؟" وقف وانغ لي أولاً وبدأ في الحديث قائلا:" بصفتنا مدراء للعملاء، فإننا نناضل من أجل الشركة في الجبهة الأمامية. ومع ذلك، ليس لدينا أي دعم من الإدارة. على سبيل المثال، كنت أتنقل بين عدة شبكات محلية، لكنني لم أستطع الحصول على سيارة لقيادتها..."

ليو:" لم تلمس القضية الأساسية بعد، من التالي؟ "وقف خه لونغ جيون، لكنه لا يزال لا يشير إلى المشكلة الجوهرية التي أراد ليو سمعها. لذا، قال ليو: "لم تتطرق إلى المشكلة الجوهرية. تانغ شنغ بنغ، أنت التالي. ألم ترد الاستقالة من الشركة منذ بعض الوقت؟ أخبرنا ماذا كنت تفكر!"

وقف تانغ شنغ بينغ ثم بدأ التكلم:" أريد أن أشير إلى مسألتين: الأولى التي ذكرتها سابقاً في اجتماع مجموعتنا، فإن آلية حوافز هواوي تعاني من مشاكل. حولت الشركة الأسهم الداخلية لجميع الموظفين القدامى الى خيارات الأسهم، لذا بغض النظر عن

الجهد الذي يبذله الموظفون الجدد، فلن يكونوا قادرين على اللحاق بالموظفين القدامى. إن الأسهم هي شريان الحياة لشركة هواوي. وإذا لم يتم تحفيز الموظفين الجدد بشكل صحيح، فستفقد الشركة قوتها الدافعة. نقطتي الثانية هي، في الوقت الراهن، نظام التقييم والإقالة هو فقط للموظفين على المستوى القاعدي. في حين يتم تأمين مناصب المسؤولين على المستوى المتوسط. أعتقد بغض النظر عن مرتكب الخطأ، يجب على المسؤولين على المستوى المتوسط تحمل جزءا من المسؤولية ... وأعتقد أن ذلك يجب أن يكون اتجاه التنمية. هذا كل ما أردت قوله."

في رأي الكثير من الناس، كان تانغ شنغ بينغ يمتلك الشجاعة الكافية للتحدث عن هذه الكلمات، وما قاله لمس مصالح كبار الموظفين والقادة على المستوى المتوسط. ولكن بالنسبة لليو، فإن تانغ شنغ بينغ لم يتطرق إلى أبرز النقاط. وأضاف: "تانغ شنغ بينغ، يبدو أن كلمتك رسمية جدًا، لكنك لم تتحدث من قلبك، لذلك سأقولها لك. أعلم أنك أنت وتشانغ لديكم خلافات، تحدثت ما تشانغ قبل يومين، وقلت له إنك لم تكن جيدًا في التسامح مع الآخرين. كما ذكر تشانغ هذه المشكلة عندما أقال أقال من العمل، وأعتقد أن تشانغ كان لديه مشكلة في هذا الصدد."

كلمات ليو الحادة اكتوت قلب الجميع، وشعروا بعدم الارتياح بسبب سماعهم هذه الكلمات، ولكن هذا هو بالضبط ما تريد "حملة الانتقاد" تحقيقه. إن الروح المتمثل في "انعدام الخجل" هي التسمية بوضوح أثناء "انتقاد" الآخرين، سواء كانت مريحة أم لا، ووضع كل شيء على الطاولة. هذه هي النتيجة التي يتطلع رن تشنغ في إليها، لأنه بالنسبة له "انعدام الخجل" قد يؤدي إلى التقدم.

بشكل عام، هناك العديد من الناس الذين يتحدثون في جلسات حملة الانتقاد في شركة هواوي، حيث يمكن للجميع أن يكونوا مفتوحين للآخرين ويتبادلوا الآراء والأفكار. بعد ذلك، لم يظن أحد أنه يتعرض للانتقاد، على العكس، يقدر الجميع أن الآخرين كانوا يقولون الحقيقة بكل إخلاص.

كان هناك مدير منتج انتقد مدير عملاء معينا على النحو التالي:

"أعتقد أن مدراء العملاء في الوقت الحاضر لا يتمتعون حتى بأدنى قدر من الاحترام تجاه مدراء المنتجات. عندما نحتاج إلى تشارك سيارة مع أربعة أو خمسة أشخاص، فإن مدير العملاء، بغض النظر عن أي شيء آخر، يذهب مباشرة إلى المقعد الأمامي بدون أي إيماءة مؤدبة، ويترك كل موظفينا الكبار للجلوس في المقاعد الخلفية. في المساكن الخاصة بالموظفين من قسم الشبكات المحلية، يتم تعيين غرفة منفصلة مجهزة بسرير كبير لمدير

العملاء، في حين كان على مدراء المنتجات تشارك غرفة صغيرة واحدة".

في رأي مدير العملاء، كان مدير المنتج يقول الحقيقة، كان الانتقاد مع حسن النية وبالتالي يصالح للتنمية في المستقبل. لذلك، لم يشعر مدير العملاء بالإهانة. لكن بدلا من ذلك شعر بالارتياح.

يمكن القول إن ثقافة الانتقاد والمراجعة لدى هواوي قد حسنت جو المنظمة وقاربت الموظفين من بعضهم البعض إلى حد ما. في وقت لاحق، أثنى رن تشنغ في على النتائج قائلا:

"اليوم، يدرك العديد من الناس بوضوح أننا نقضي المزيد من الوقت مع زملائنا في العمل أكثر من وقتنا مع عائلاتنا وأصدقائنا، لذلك عندما نتمكن من اختيار ظروف بيئة عملنا، يجب أن نختار معاملة زملائنا كإخوة وأخوات وعملنا كشركة عائلية. لن يكون هناك اضطهاد بيننا، ولا مؤامرات ضد بعضنا البعض، ولا يصرخ أحد على الآخرين، ولا خصومة، ولا خيانة. نقف كتفا بكتف وندعم بعضنا البعض. نحن نحب بعضنا بعضاً ونهتم ببعضنا البعض. ونحن نتقاسم الاهتمامات المشتركة، والأهداف المشتركة، ونحن على استعداد للتحدث مع بعضنا البعض والاستماع إلى بعضنا البعض بعد العمل..."

مع مثابرة رن تشنغ في والموظفين في هواوي، حققت كل من الشركة وموظفيها النتائج المرجوة. بعد تحقيق مطالبات الموظفين من خلال القنوات المعقولة للمنظمة، أصبحوا أكثر نشاطًا وإيجابية في العمل؛ في حين أنه بدون اشتباه وإخفاء، يعمل الموظفون معًا بشكل أوثق، مما يخلق بيئة أكثر تضامنا للشركة.

6. القيام بالتحسينات استنادا إلى حكمة الفريق

سواء في الرخاء والشدة، سواء أكان الأمر يتعلق بحل المشاكل أو تشارك السعادة، دون تعاون الجميع والحكمة الجماعية، حتى إذا تم تحقيق النجاح، فلن يستمر ذلك طويلاً. قال رن تشنغ في: "بغض النظر عن مدى ذكاء الشخص، لا يمكن إلا أن تلمع حكمته بضع مرات في حياته. من ناحية أخرى، إذا كان نور جميع المطورين يأتي معًا، فإن مستقبل شركة هواوي سيكون مشرقًا للغاية."

في عام 2006، بعد أن نقل فريق صيانة هواوي في مقاطعة جيلين ثلاثة عمال جدد من قسم التطوير، تلقى الفريق تقريرًا عن فشل في الشبكة، وطلب العميل من هواوي اتخاذ إجراء على الفور. بسبب أن العامل الجديد تشين لو (اسم مستعار) كان مسؤولاً عن دعم

الشبكة، قرر قائد الفريق إرساله إلى الموقع.

لم يكن لدى تشن لو أي خبرة صيانة في الموقع، لذلك عندما سمع أنه سيتم إرساله إلى غرفة معدات العميل، لم يكن لديه الثقة في حل المشكلة على الإطلاق. ونتيجة لذلك، وبعد التحقيق لعدة أيام، فشل في معرفة سبب العطل. وذلك لم يجعله قلقا للغاية فحسب، بل خاب أمل العميل أيضا.

عندما ذهب قائد الفريق لتفحص الموقع، قرر استدعاء جميع فريق المشروع لمعرفة المشكلة سويا على الفور. لم يعتقد أعضاء الفريق الآخرون أن هذه المشكلة لا تتعلق بأنفسهم، بل شاركوا فيها بنشاط وقدموا اقتراحات. وحددوا المشكلة وقدموا قائمة مفصلة بالعيوب المحتملة بشكل جماعي. وفي وقت لاحق، استغرق تشن لو أقل من يومين لإكمال المهمة بنجاح، حتى تلقى الفريق رسالة شكر.

يولي رن تشغ في أهمية كبيرة على تطوير حكمة الفريق ويعارض عمل الموظفين في هواوي بمفردهم. وقال رن تشغ في 'دليل الموظف الجديد' "إن هواوي هي مجموعة، وسيكون لدى الموظفين في هواوي روح الجماعة، ولا ترحب الشركة بمن يحب العمل بمفرده."

يعتبر النقاش الديمقراطي شائعًا جدًا في هواوي، حيث أن نهج العمل الجماعي هذا لا يقدم أعضاء الفريق فرصة للمشاركة في الأنشطة فحسب، بل يساعدهم على استخدام حكمة الفريق لإكمال العمل أيضا.

في هواوي، تشبه إدارة الأعمال من قبل مدراء الأقسام أسلوب العمل الميداني في كثير من الأحيان: وعندما يكتشفون أو يواجهون مشكلة، يتصلون بالأفراد المعنيين ويستدعونهم إلى مقعده لإجراء مناقشة صغيرة. في بعض الأحيان يقوم المدير بإعداد لوحة بيضاء، ويتحدث ويكتب عليها في نفس الوقت. كما يقدمون خطة العمل الخاصة بهم للحاضرين، أو أن الحاضرين يتحدثون عن خطة العمل الخاصة بهم. وبعد ذلك يتحدثون بحرية ويعبرون عن آرائهم وأفكارهم. وفي نهاية المطاف، قد تظهر الكثير من المشاكل أثناء المناقشات أو الترتيبات للعمل، ويعزز هذا النهج من العصف الذهني كفاءة العمل إلى حد كبير.

"العمل على المزايا، ثم لن تكون هناك جهود مهدرة". إذا كان الناس يلعبون دور نقاط قوتهم، فمن المفترض أن يحققوا النجاح. لذلك، بصفتنا عضوًا في فريق، يجب أن نتصدى لأوجه القصور الخاصة بنا وأن نتعلم كيفية الاستفادة من قوة الفريق وتطوير المزايا الخاصة بكل عضو، بحيث يمكن حل العديد من المشاكل المعقدة واحدة تلو الأخرى.

يعرف الكثيرون عن المناقشة الديمقراطية، ولكن من الصعب وضعها قيد التنفيذ الحقيقي. على سبيل المثال، لا يعبر بعض الموظفين عن أفكارهم إلا أثناء المناقشة، ولكن

لا يستمعون إلى اقتراحات وآراء الآخرين. إن جوهر المناقشة ليس وعظ الآخرين، بل جمع حكمة كل فرد والسماح لهم بطرح أفكارهم وخططهم الفريدة.

لدى موظفي تويوتا فكرة واضحة عن المناقشة الديمقراطية، فهم يعتقدون أن: "أنشطة التحسين المناسبة تعمل فقط في إطار التعاون. فبدون المساعدة من الآخرين، حتى لو كان عملي ناجحًا مائة بالمائة، فإن القيمة ستكون النصف. فقط مع المشاركة النشط من الفريق وتعاونه، يمكننا الحصول على النتيجة القصوى."

إن هدف الموظفين في تويوتا من المناقشة الديمقراطية هو: تمكين الجميع من التعبير عن أنفسهم، والتعبير عن أفكارهم الخاصة، حتى لو كانت بعض الأفكار خاطئة. وفي هذا الصدد، نفذت تويوتا نظام الاقتراح المعقول بغرض تحقيق التحسين المستمر من خلال العمل الجماعي.

كان نظام الاقتراح المعقول الذي روجته شركة تويوتا يسمى "نظام التفكير الإبداعي". فإن موظفي شركة تويوتا يؤمنون أن المنتجات الجيدة تأتي من الأفكار الجيدة، وبالتالي فإن الشعارات التي استخدموها في "نظام التفكير الإبداعي" هي "أفكار جيدة"، و"منتجات جيدة". كما تم اعتماد نظام الاقتراح المعقول على نطاق واسع لإلهام التفكير الإبداعي لجميع الموظفين، وذلك من أجل الحصول على "أفكار جيدة" من الجميع.

لذلك، يجب أن نهتم بحكمة الفريق وأن نرشد الجميع للتحدث بنشط عن أفكارهم. بالنسبة إلى الاقتراحات الجيدة، يجب علينا قبولها؛ أما بالنسبة إلى الاقتراحات السيئة، فيجب أن نقدر الجهود التي بذلها الآخرون من أجلها ونواصل تشجيع مشاركتهم النشطة.

7. التلخيص مرارا وتكرارا

السبب في أن موظفي هواوي أكثر كفاءة من المتوسط هو أنهم يولون أهمية على كل تجربة من حالات الفشل، حتى لو كان خطأ شخص آخر. ويعتقد موظفو شركة هواوي أنهم لا يملكون شيئًا يخجلون منه من حيث إخفاقاتهم الخاصة أو غضبهم من أخطاء الآخرين. فقط أولئك الذين يكررون الأخطاء يجب أن يُسخروا.

لذلك، تعد الاستفادة من الفشل أحد الممارسات الشائعة لموظفي شركة هواوي. إنهم قادرون على كسب الكثير من الخبرات القيمة من عدد كبير من حالات الفشل. وبصفته رئيس شركة هواوي، يحترم رن تشنغ في بشكل كبير الدروس المستفادة من إخفاق الآخرين

في تجنب ارتكاب نفس الأخطاء. وقال: "إذا لم تقم بإجراء مقارنات، فمن الصعب بوضوح يمكنك الغرق في تقدير الذات وعدم القيام بأي محاولة لإحراز تقدم. هذا ينطبق على كل شركة وكذلك كل فرد."

لذا، طرح رن تشنغ في أن أفضل طريقة لتحسين الذات هي التعلم من البارع في مجال معين، والتبادل مع المتميزين، ليس فقط للتعلم من تجربتهم الناجحة، ولكن أيضًا لاستخلاص الدروس من إخفاقاتهم السابقة ولتفادي وقوع نفس الإخفاقات.

العديد من الموظفين في شركة هواوي يذهبون إلى منافسيهم من أجل تحسين أنفسهم من خلال "تعلم الخبرة" منهم، حتى رن تشنغ في نفسه يسافر في كثير من الأحيان إلى الخارج لمواصلة دراسته. لأن موظفي هواوي يعتقدون أن المنافسين هم أفضل معلميهم.

في مقال "ما يمكن أن نتعلمه من الشعب الأمريكي"، أدلى رن تشنغ في بهذه التصريحات على وجه التحديد:

"إذا قللنا فترات الربيع والخريف والممالك المتحاربة التي استمرت لمدة نحو خمسمائة سنة إلى يوم واحد، فمن سيكون البطل؟ هناك موجة هائلة من المعلومات، وهي ترتفع وتهبط. مع التقدم في تكنولوجيا الشبكة وتكنولوجيا المعالجة، وأصبح الأبيض أسرع فأسرع. لذلك سيكون من الصعب الحصول على نتيجة بشأن من هو البطل، وأي بطل عابر سيعطي دفعة لتطوير صناعة المعلومات. يجب أن نحترمهم، نتعلم منهم، ونتابعهم بشكل حاسم."

يعتقد رن تشنغ في أن المنافسين المحليين والأجانب يتمتعون بمزايا جديرة بالاهتمام، وتحتاج شركة هواوي إلى بذل جهود هائلة للتعلم منهم لتجاوزهم.

ذات مرة، أشار رن تشنغ في بشكل حاد أمام موظفي هواوي: "ما هو مستقبل الشركة إذا لم تكن جيدة في تلخيص تجاربها؟ لذلك، لا يتعلم الشخص من أخطاء شخص آخر فقط، بل أيضًا من أخطائه الخاصة. لذلك يسهل عليه تحسين نفسه."

وفيما يتعلق بالتلخيص وإعادة التفكير، تمتلك لينوفو، وهي شركة محلية أخرى على الدرجة الأولى، طريقة تُعرف باسم "إعادة اللعبة". هذا هو المصطلح في لعبة الشطرنج، ويشير إلى استعراض عملية اللعبة بعد انتهائها، يراقب الجانبان "تحركاتهما" بشكل موضوعي لتجنب تكرار الأخطاء نفسها في المرة القادمة.

في لينوفو، سيضع الموظفون "إعادة اللعبة" موضع التنفيذ بمهارة، أي إعادة النظر في أعمالهم، بما في ذلك الهدف، والتدابير التي اتخذوها، والظروف الداخلية والخارجية، والحدود، والعوامل الحتمية والعرضية، وما إلى ذلك. لذا، كيف بدأت لينوفو باستخدام

طريقة "إعادة اللعبة "هذه؟

روى ليو تشوان تشي قصة حقيقية حدثت عندما أصبح المدير العام لشركة لينوفو في الثمانينات من القرن العشرين. في غرفة صغيرة، عندما بدأ ليو تشوان تشي العمل في الصباح، جاء زميل له للحديث عن شيء ما. وكان زميله في غاية الجدية حول هذا الشيء. ومع ذلك، عندما انتهى من الشوط الأول، قاطعه شخصًا آخر للحديث عن مشاكله. ثم جاء الثالث وخلال ذلك الصباح، جاء هناك خمسة أشخاص إلى ليو تشوان تشي، ولم يكن أحد منهم قد أنهى حديثه.

بعد عودته إلى المنزل في المساء، فكر ليو تشوان تشي في هذه الأمور مرة أخرى، وتوصل إلى استنتاجين: الأول، لم ينته أحد منهم من حديثه ولم يعرف ما يريدونه منه. الثاني، والأهم من ذلك، أن أياً من الأمور التي تحدثوا بها لم تكن من القضايا الحيوية بالنسبة للشركة.

ونتيجة لذلك، لدى ليو تشوان تشي فكرة: ما الذي أردت فعله بالضبط؟ يجب ألا يتم جرّني من قبل مرؤوسي، ولكن لتوضيح ما إذا كانت الأمور تتعلق بي أم لا، أنا في حاجة للتعامل معها وفقًا لأولوياتها.

لذلك، من أجل تحسين القدرة على التصرف بعد التخطيط، من المهم جداً معرفة كيفية التعلم من الدروس. خاصة بعد الفشل، يحتاج المرء إلى إجراء تحليل دقيق لنفسه. يجب علينا التعلم من موظفي هواوي، والتعلم من الإدارة الداخلية لأي شركة ممتازة، وتلخيص أوجه القصور الخاصة بنا. فقط بهذه الطريقة، يمكننا تحسين أنفسنا باستمرار.